아발론 연대기

Hic jacet Arthurus
Rex quondam
Rexque futurus

아더 왕 이곳에 잠들다
일찍이 왕이었고
이후로 왕일 사람이…

―글래스턴베리 수도원, 아더 왕의 묘비에서

Le Cycle du Graal

Rex quondam rexque futurus

LE CYCLE DU GRAAL
GAUVAIN ET LES CHEMINS D'AVALON tome 5

by Jean Markale
Copyright © Editions Pygmalion / Gérard Watelet, Watelet, Paris, 1995
Korean Translation Copyright © BOOKSPHERE Publishing Co. Ltd., 2005
All rights reserved.

This Korean edition was published by arrangement with
Editions Pygmalion (Paris)
through Bestun Korea Agency Co., Seoul

국립중앙도서관 출판시도서목록(CIP)
아발론 연대기. 5, 오월의 매 가웨인 / 장 마르칼 지음 ; 김정란 옮김
서울 I 북스피어, 2005p. ;   cm
원서명 I Le cycle du graal
원저자명 I Markale, Jean
ISBN 89-91931-06-5 04860 : \11000
ISBN 89-91931-01-4(전8권)
863-KDC4   843.914-DDC21   CIP2005002260

Le Cycle du Graal

05

Hic jacet Arthurus
Rex quondam
Rexque futurus

오월의 매 가웨인

아발론 연대기

장 마르칼 지음 | 김정란 옮김

마법 그 자체인 신화를 읽다

아, 아발론의 연대기, 멀린과 모르간이 지배하는 신비로운 꿈속을 걷는 마법.
이야기 자체가 실제 마법인 책을 만난다.

　　정의로운 아더와 아름다운 귀네비어, 위대한 마법사 멀린과 최고의 시인 탈리에신, 멋있는 가웨인과 순진한 퍼시발. 비비안과 멀린의 마법 같은 사랑, 트리스탄과 이졸데의 애절한 사랑, 귀네비어와 란슬롯의 불온한 사랑. 드넓은 평야를 달리는 기사들의 말발굽 소리, 그들의 주위를 서성이는 마법사들과 요정들……. 내 어린 시절의 밤을 설레게 한 친숙한 이름들이 실존하는 이 신화의 세계는 오랜 시간을 넘어 다시금 나의 마음을 두드린다.

　　신화는 현실과 맞붙은 무의식이 꾸는 꿈이다. 내 현실은 삶의 진원을 꼭짓점으로 하여 시간의 축을 따라 올라가며 공간을 넓혀 가는, 거꾸로 꽂아놓은 원뿔형의 세계이다. 신화는 그 현실이라는 거꾸로 된 원뿔형의 꼭짓점 밑으로 다시 시간의 축을 따라 거슬러 아래로 내려가는 제대로 된 원뿔형의 세계가 존재함을 이야기해 준다. 그게 바로 장자나 그런 사람들이 말하는 '꿈'의 세계인지도 모르겠다. 현실의 꼭짓점에서 이어져 있는 꿈의 세계.

　　오늘 나는 내 현실의 꼭짓점, 내 삶의 진원을 통해 '아발론 연대기'라는

'꿈' 속으로 들어간다.

　　그 꿈 속에서 나는, 평등과 존중의 의미인 원탁에 둘러앉은 기사들이 상징하는 덕목들을 바라보며, 마땅히 그러해야 할 인간의 가치를 다시금 되새기고, 성배를 찾아 떠나는 그들의 여행과 함께 나의 내면의 자아로 침잠한다. 또한, 성배가 상징하는 하얀 여신에 대한 김정란 교수의 해설을 통해 이성과 물질의 근대를 벗어서 야성과 신화의 탈근대로 향하는 여성성의 역할에 대해 생각해 보기도 한다.

　　왕국을 떠돌던 바람, 공기, 냄새 그리고 인간들. 신들의 시대가 지나고 아직 인간의 시대가 도래하지 않았던 그때, 그 시간의 주름 사이를 떠돌던 마법의 기운. 물질과 정신의 접점, 역사와 신화의 접점, 현실과 꿈의 광원뿔의 접점에서 우리는 '아발론 연대기'란 꿈을 들여다보며 과연 존재란 것이 어디로 와서 어디로 가는 것인가에 대한 무수한 질문과 대답을 던진다.

　　그 대답의 끝에서 나는 오래된 신화의 세계가 다시 우리의 미래를 향해 길을 열어 놓는 것을 느낀다. 모든 이야기된 세계들은 표본적이란 말처럼 이 왕국의 돌 하나하나 나무 하나하나 그들의 사랑과 모험과 죽음 모두에는 현재 우리의 삶이 담겨 있다.

마법이란 바로 이런 것이다. 현재를, 실존을 만드는 힘.

————

로즈마리 잭슨의 말처럼, 나는 『아발론 연대기』라는 과거의 신화를 통해 오히려 우리 삶의 모습이 돌연 또렷해짐을, 우리 현실의 진실이 드러남을 느낀다.

카잔차키스의 말처럼, 처음에는 '사람과 새들, 물과 돌'의 겉모습의 현실만 보던 이성의 눈은 이 책을 통해 '생각과 꿈과 환상과 번쩍거리는 섬광'을 보게 되고, 또 '죽음처럼 무서운 침묵의 밤'을 응시하게 되고, 그 '어둠의 벽'을 뚫을 수 없다고 절망하다가 결국 그 절망과 응시의 반복으로 인해 더욱 빛나고 깊어진 상상의 눈으로 다시 '사람과 새들, 물과 돌'의 현실을 돌아보며 마침내 그 이면에 감추어진 세계의 진실을 깨닫는다.

그리고 다시금 느낀다.

이야기 자체가 실제 마법인 이 책의 무게를.

2005년 늦가을 어느 날

오수연(드라마작가. 〈가을 동화〉, 〈겨울 연가〉 등을 집필)

contents

Le Cycle du Graal

주요등장인물
main characters

가웨인 Gawain

웨일즈 이름은 그왈흐마이. '오월의 매'(또는 '평원의 매')라는 뜻의 이름이다. 로트 왕의 맏아들로 아더 왕의 조카이자 후계자로 지명된 그는, 란슬롯과 함께 원탁의 기사 가운데서도 가장 걸출한 기사이다. 그는 해가 중천에 떴을 때 가장 큰 힘을 발휘했다가 해가 지면 힘이 점점 빠지는 태양 영웅의 원초적 성격을 띠고 있다. 다른 기사들과 함께 갖가지 모험을 겪는다.

모르간 Morgan

'위대한 여왕'이라는 뜻. 자주 '요정 모르간'으로 불린다. 아더의 이복누이이자 멀린과 같은 예언자이며 마법사이기도 하다. 아더 왕 전설 전반에 걸쳐 수많은 여성으로 변신하여 등장하며 때로는 멀린 이상의 중요한 역할을 수행하기도 한다. 멀린이 건설자이며 유지하는 자라면, 모르간은 파괴자이고 변화를 일으키는 자이다. 아발론의 주인이기도 하며, 그녀의 역할에 비추어 보면 본래는 고대의 대여신이었을 가능성이 크다.

란슬롯 Lancelot

베노익 반 왕의 아들. 어릴 적 호수의 부인 손에 자라 '호수의 기사'로 불린다. 아더 왕 전설을 통틀어 가장 유명하고 가장 출중한 원탁 최고의 기사로, 어부왕의 딸과 관계를 맺어 성배 탐색을 완수할 '선한 기사' 갈라하드를 낳는다. 하지만 나중에는 귀네비어 왕비와의 불륜 때문에 왕국을 해체시키는 장본인 역할을 떠맡고, 결국 아더 왕과 전쟁까지 벌이게 된다.

어부왕 Fisher King

성배 수호자. 아리마테아 요셉이 처음 운반자가 된 후, 어부왕은 상처입은 몸으로 성배의 성에서 성배를 지키며 '선한 기사'를 기다린다. 어부왕은 적절한 질문을 받아야 상처를 치유받을 수 있는데, 그런 후에야 세상은 풍요를 되찾을 수 있다.

케이 Kay

아더의 젖형제로 원탁의 기사 일원이다. 키가 엄청나게 커서 케이 히르, '키다리 케이'라는 별명으로 불렸다. 놀라운 힘을 가진 기사이기도 했지만 경솔한 행동으로 잦은 문제를 일으켜 궁정에 분란을 일으키는 인물이기도 하다.

대머리 아가씨

퍼시발의 누이 오넨. 그의 연인이 어부왕의 초대를 받고도 그의 상처와 피 흘리는 창에 대해서 묻지 않았기 때문에 머리를 모두 잃고 '대머리 아가씨'로 불리게 되었다. 그녀는 선한 기사가 와서 성배 탐색을 완수해야 머리카락을 모두 찾을 수 있다.

....

아더 Arthur

아더 왕과 성배 전설의 중심 인물로, 브리튼의 왕이다. 마법사 멀린의 도움으로 우터 왕은 이그레인 왕비와 관계하여 아더를 낳는다. 아더는 안토르라는 가신의 손에 자라 열일곱 되는 해에 바위에 박힌 엑스칼리버를 뽑고 브리튼의 왕위에 오른다. 아더는 멀린과 함께 원탁을 설립하여 기사를 모으고 왕국을 정비하는 데 힘을 쓴다. 아더는 원탁의 기사들을 중심으로 성배 탐색에 나서지만, 탐색의 성공 뒤로 브리튼 왕국의 불화가 앞당겨지고 결국 캄란 전투에서 죽음을 맞이한다. 그를 상징하는 동물은 곰. '과거와 미래의 왕'으로 불린다.

....

멀린 Merlin

켈트 최고의 마법사이자 예언자이며 드루이드. 아더를 낳은 산파이자, 요정 모르간과 함께, 죽은 뒤에도 아더 왕 전설에서 가장 중요한 역할을 하는 정신적인 축이기도 하다. 어머니가 '몽마'와 관계하여 그를 낳았기 때문에 어린 시절 멀린은 "아비 없는 자식"이라고 불렸다. 엠리스와 우터를 도와 색슨족을 물리치고 아더를 낳는 데 결정적인 조력을 하지만 전쟁의 비참함에 은둔한다.

....

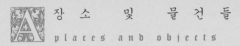

장 소 및 물 건 들
places and objects

- ## 성 배 Graal(Saint Grail)
  성배는 예수의 피를 담은 잔으로, 본래는 단순히 '그릇'이나 '잔'을 의미했지만, 아더 왕 전설에서는 세상의 모든 부정을 정화하는 성물聖物로 등장한다. 아리마테아 요셉이 성배를 운반할 역할을 맡게 되며 나중에는 성배 수호자인 어부왕의 손에 넘겨져 탐색을 완수할 기사들을 기다린다. 많은 기사들이 성배를 찾으려고 노력하지만 갈라하드와 보호트와 퍼시발만이 성배의 탐색에 성공한다.

- ## 아 발 론 Avalon
  '사과나무 섬'이라는 의미로, 아더 왕이 죽은 뒤 이곳으로 옮겨진다. 한편으로는 저승이면서 한편으로는 낙원인 아발론의 주인은 아더의 누이 모르간이다. 북유럽 신화의 발할라와 비교되기도 하는 아발론에서 아더 왕은 영생을 누리며 세상이 그를 다시 필요로 할 때를 기다리고 있다고도 전해진다. 아발론의 실체를 밝히려는 학자들에 의해 글래스턴베리를 아발론과 동일시하려는 노력이 있었으나 정확히 알려진 바는 없다.

- ## 원 탁 The Round Table
  멀린과 우터 펜드라곤이 함께 설립한 탁자. 그 자리에 앉는 자들은 모두 평등하다는 의미에서 둥글게 만들어졌으며 원탁에 앉은 자들은 아더 왕과 함께 '원탁의 기사'로 불리며 많은 무훈을 세우게 된다.

- ## 위 험 한 자 리 Siege Perilous
  원탁의 한 자리로, 성배 탐색을 완수할 '선한 기사'가 앉을 자리이다. 선택받지 않은 사람이 앉으면 죽임을 당한다.

- ## 엑 스 칼 리 버 Excalibur
  '격렬한 번개'라는 뜻. 엑스칼리버는 아더 왕의 검으로, 몬머스의 제프리는 칼리번Calibum으로 부르고 있다. 이 검에 대한 전설은 꽤 많은 편인데, 원래는 가웨인이 소유했던 검이라는 설도 있지만 가장 유명한 이야기는 역시 아더 왕에 연관된 것이다. 아더는 돌에 꽂힌 엑스칼리버를 뽑음으로써 정식으로 왕위를 획득한다. 토마스 말로리는 엑스칼리버를 바위에 박혀 있는 검으로 묘사하지 않고 호수의 여인에게서 받는 것으로 이야기한다. 마지막 전투에서 깊은 상처를 입은 아더는 거플렛 또는 베디비어의 도움으로 호수에 엑스칼리버를 던지고 죽음을 맞이한다.

● 카 멜 롯 Camelot

카얼리온과 함께 아더 왕이 자주 머물렀던 성. 아더가 사랑하는 성 가운데 하나였다.

....

● 카 얼 리 온 아 르 위 스 그 Caerleon ar Wysg

'위스그 강가의 카얼리온'. 카얼리온은 웨일즈 지방의 작은 마을인데, 웨일즈어로 '군 요새' 라는 뜻을 가지고 있다. 카멜롯과 함께 아더가 자주 머물며 궁을 여는 장소였다.

....

● 코 르 베 닉 Corbenic

아리마테아 요셉이 운반한 성배가 위치한 성. 아더의 치세 동안 이 성의 주인은 펠레스였다. 코르베닉이라는 말은 '성체聖體' 라는 의미에서 유래했으며 많은 기사들이 성배를 찾기 위해 이 성을 방문했다.

....

● 틴 타 겔 Tintagel

콘월 지방의 골레이스 공작이 다스린 성. 콘월의 북쪽 해안에 위치해 있으며, 이그레인이 우터에게 속아 아더를 잉태한 곳이다. 나중에 마크 왕이 콘월을 다스리면서 그의 소유로 넘어갔다.

....

● 브 로 셀 리 앙 드 Brocéliande

온갖 모험의 무대가 된 브르타뉴의 마법의 숲. 비비안이 멀린을 속여 가둔 숲이기도 하다.

....

● 캄 란 Camlann

아더의 마지막 전투가 벌어진 장소. 이 전투에서 아더는 모드레드를 죽이고 자신도 목숨을 잃는다. 이로서 아더의 긴 치세는 막을 내린다.

....

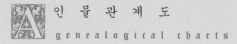

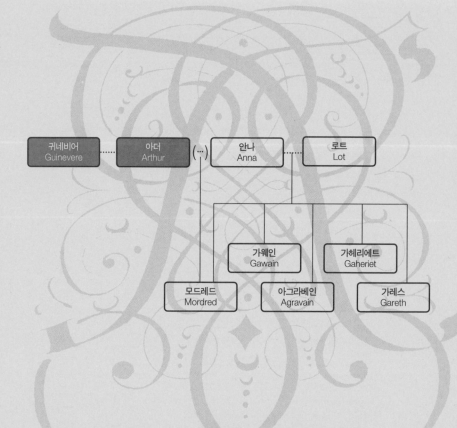

귀네비어
Guinevere

아더
Arthur

(…)

안나
Anna

로트
Lot

가웨인
Gawain

가헤리에트
Gaheriet

모드레드
Mordred

아그라베인
Agravain

가레스
Gareth

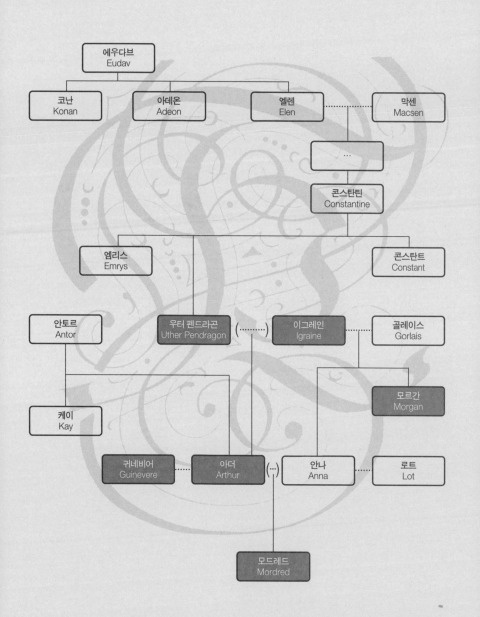

Bretagne celique et irlande

오크니 제도

픽트족

에든버러(처녀들의 성)
글래스고
스코틀랜드
(로디안)
아데리드
하드리아누스의 빙벽
칼라일

울스터

맨 섬

아일랜드

코노트

보이네 강
뉴그랜지
타라
더블린
리페 강
앵글시 섬
디나스 엠리스
브리튼
(로그레스)
렌스터
그위네드

먼스터

세번 강
애버리스트위스
웨일즈
카마던
몬머스
글로스터
카엘리온
옥스퍼드
런던
서머셋 솔즈베리 평원
템즈 강
글래스턴베리
π 스톤헨지
도버
틴타겔
솔즈베리
캐드베리

콘월

오순절이었다. 아더 왕은 카얼리온 아르 위스그에서 대회의를 개최했다. 왕의 뛰어난 동지들이 모두 모였다. 아더 왕의 곁을 한시도 떠나지 않는 케이와 베디비어, 이베인, 거플렛, 잘생기고 용감한 기주메르, 보호트와 리오넬도 와 있었고, 자신들이 겪은 모험담을 들려주고 싶어 마음이 급한 여러 기사들이 함께 있었다. 호수의 란슬롯은 아직 모습을 드러내지 않았다. 그가 어디에 있는지 아는 사람은 아무도 없었다.

태양이 뉘엿뉘엿 지평선을 넘어가고 있었다. 태양은 카얼리온을 에워싸고 있는 거대한 숲 속으로 침몰하고 있는 것처럼 보였다. 시종들이 만찬을 위해 식탁을 차리기 시작했다. 그때, 아름다운 진홍색 옷을 입은 젊은 여자가 화려한 마구로 장식한 말을 타고 연회장 안으로 들어왔다. 그녀는 홀을 가로질러 왕 앞으로 다가가 절을 하고 나서 정중하게 말했다.

"폐하, 주님께서 폐하의 왕국에 축복을 내려 주시기 바랍니다. 저는 폐하께 선물을 청하러 왔습니다. 불미스러운 청을 드리지는 않을 것입니다. 심려를 끼쳐 드리는 일도 없을 것입니다."

아더 왕은 무슨 청인지 말하면 들어주겠다고 했다.

"저는 내일 폐하와, 폐하와 함께 식탁에 앉을 기사들에게 술시중을 들고자 합니다. 폐하께서는 가장 용감하고 명성이 높은 기사를 택하셔서 제가 폐하의 궁에 머무는 동안 아무도 저를 모욕할 수 없도록 지켜 주십시오. 그러한 보장이 없다면 이곳에 오래 머무를 수 없습니다."

"소원대로 해 주겠다. 그대는 고결하고 아름다우니 그대에게 시중을 받는 일은 내게 영예로운 일이 될 것이다. 그러나 내 기사 중에서 최고의 기사를 선택하는 것은 내가 아니라 그대가 해야 할 일인 듯하다. 좋은 교육을 받은 것처럼 보이니, 몸가짐과 눈빛을 보면 남성을 평가할 수 있을 것 같구나. 직접 선택하여 그대가 이 궁에 머무는 동안 그대를 보호할 의무를 그 기사에게 부여하도록 하라."

"폐하의 동지들을 제가 무슨 수로 분별할 수 있겠습니까? 폐하께서 몸소 지목해 주십시오."

"허허, 자기가 무엇을 원하는지 알고 있고 또 그걸 두려움 없이 표현할 줄 아는 처자로다. 알겠다. 그렇다면 내가 그대의 안전을 지켜 줄 기사를 골라 주도록 하마."

왕은 좌중을 둘러보더니 잠깐 생각하고는 입을 열었다.

"잘생기고 용감하고 지혜롭고 예의바른 기사에게 그대를 맡기노라. 그가 내 가족만 아니었다면 한없이 칭찬했을 것이다."

"그가 누구인가요?"

"내 옆에 앉아 있는 조카 가웨인 경이다. 그대를 그의 보호에 맡긴다."

"감사합니다. 저는 이곳에서 멀리 떨어진 곳에 살고 있지만 가웨인 경을 칭송하는 이야기를 무수히 들었습니다. 그를 보호자로 받아들이겠습니다."

가웨인은 왕이 자기를 지명했다는 사실이 기뻤다. 여자가 뛰어난 미인이었기 때문에 더 기분이 좋았다. 그는 그녀를 자기 처소로 데리고 가서 두 명의 시녀에게 시중을 들게 하고는 이름을 물었다.

"아무에게도 말하지 않겠다고 약속하기 전에는 말할 수 없어요."

가웨인이 그러마고 약속했다.

"제 이름은 놀웬이에요. 어느 나라에서 왔고 누구 딸인지는 말씀드리지 않을래요."

가웨인은 젊은 놀웬에게 물러가겠다는 인사를 했다. 놀웬은 그녀를 기쁘게 해 주려고 애쓰는 두 명의 시녀와 함께 저녁을 보냈다.

다음 날, 사람들은 아침 일찍 일어났다. 왕과 왕비는 미사를 드리러 갔고, 식사 시간이 되자 아가씨는 약속한 대로 식탁에 둘러앉은 사람들의 잔에 술을 따라 주었다. 성대한 잔치가 시작되었다. 음식은 풍성했고 맛있었다. 아더 왕은 손님들이 모두 만족하도록 각별히 신경 쓸 것을 시종들에게 지시해 두었던 터였다. 첫 번째 요리가 나오고 사람들이 막 식사를 시작했을 때, 기사 한 사람이 말을 탄 채 연회장 안으로 들어왔다. 창만 바깥의 벽에 기대어 놓았을 뿐 완전 무장을 한 모습이었다.

그는 말의 속도도 줄이지 않고 오만하기 짝이 없는 태도로 왕이 있는 곳까지 그대로 달려왔다. 왕 앞에 이르러서야 갑자기 말을 멈추었기 때문에 말고삐가 식탁에 부딪혔다. 모두들 미처 끼어들 생각도 못하고 멍하니 앉아 있었다. 낯선 사나이는 자신의 느닷없는 침입에 사람들의 얼이 빠져 있다는 것을 알고 오만한 표정으로 오랫동안 사람들을 훑어보았다. 그러고는 놀웬 쪽으로 몸을 돌려 그녀의 어깨를 붙잡더니 달랑 들어 말 위에 앉히면서 큰 소리로 외쳤다.

"왕이여, 이 여자는 나의 연인이오! 나는 사실을 숨길 생각이 없소. 이 여자를 사랑하게 된 이후로 나는 여러 곳의 궁정으로 따라다녔지만 이 여자를 납치할 엄두를 낼 수 있는 궁정은 없었소. 보아하니 이곳은 무엇을 해도 될 것 같소이다. 무방비에, 기사라는 이름에 걸맞은 변변한 무사 하나 없구려. 이 방에 모여 있는 기사들 중에 무서워해야 할 사람은 아무도 없소. 폐하와 함께 앉아 식사하고 있는 사람들 중에 이 아가씨를 빼앗아 가기 위해 무기를 들 사람은 아무도 없는 것 같소이다."

말을 마친 기사가 말에 박차를 가했다. 그는 벽에 기대어 놓았던 창을 들고 성문을 지나 숲으로 사라졌다.

왕 옆에 앉아 있던 가웨인은 혼란에 휩싸였다. 어떻게 하는 것이 옳은지 판단을 내릴 수가 없었다. 식탁을 뛰어넘어 당장 기사를 따라가야 하나? 아니면 조용히 식사를 마쳐야 하나? 그는 일단 참는 것이 낫겠다는 판단을 내렸다. 이 세상 어느 말보다도 빨리 달릴 수 있는 애마 그린갈렛*만 있으면 납치범이 어디에 있든 쉽게 따라 잡을 수 있을 것이라는 생각도 그렇게 판단하게 만든 원인 중의 하나였다.

침착한 태도를 유지하고 있던 가웨인과는 반대로, 케이는 화가 나서 거품을 물고 떠들어 댔다. 그는 벌떡 일어나더니 사람들을 향해 고함을 질렀다.

"겁쟁이들 같으니라구! 이 궁전에 한시도 머물고 싶지 않소! 이게 뭐요? 저항하는 사람이 어떻게 한 사람도 없소? 그 기사는 우리가 보는 앞에서 여자를 납치하여 폐하와 우리를 모욕했소! 그중에서도 제일 비겁한 자는 여자를 보호할 임무를 부여받은 자요! 겁에 질려서 구석에 처박혀 있는 꼴을 좀 보시오! 그의 용기를 처음으로 칭송한 사람이 누군지 모르겠지만 그 사람에게 백배의 저주가 내리기를!"

케이는 당장 갑옷을 챙겨 입고 납치범이 사라진 길로 말을 타고 뒤쫓아 갔다. 아더 왕은 아무 말도 하지 않았다. 그는 방금 전에 있었던 이상한 일 때문에 큰 모욕감을 느꼈다. 그는 나이프를 집어 들고 빵 한가운데에 박더니 있는 힘을 다해 내리 눌렀다. 칼날이 우지끈 하고 부러졌다.

왕이 입을 열었다.

"경들이여, 나는 그 이름 모를 기사가 저지른 짓으로 큰 수치를 겪었다. 나를 더욱 부끄럽게 만든 것은 가웨인 경의 무능함이다. 나는 그가 모든 이방인의 모욕에서 나를 지켜 줄 것이라고 믿었다. 하지만 내 명예가 위협당하고 있는데도 가웨인 경은 아무 행동도 하지 않았다. 경이 나를 고통스럽게 했다!"

왕에게서 아주 가까운 곳에 있던 누드의 아들 이다가 말했다.

✠ 프랑스어로 된 이야기 안에서 가웨인의 말은 그린갈렛Gringalet이라고 불린다. 그러나 이것은 브리튼어(그리고 필사본에 나타나 있는 것처럼 웨일즈어) 케인칼렛Keinkalet을 잘못 옮겨 쓴 것이다. 이 이름은 '단단한 등뼈'라는 뜻으로서, 지구력과 빠르기가 남다른 말을 수식하기에 적합하다.

"폐하, 너무 심려치 마소서. 집사장이 떠났으니 곧 폐하가 겪으신 모욕을 설욕할 것입니다."

"케이 경이? 나는 점쟁이는 아니지만 이미 알고 있다. 아마 지금쯤 자신의 경솔한 행동을 뉘우치며 말에서 떨어져 땅바닥에 뒹굴고 있을 것이다."

그 말을 들은 가웨인이 자리에서 일어났다.

"폐하, 케이 경에 대해 너무 가혹하십니다. 케이 경은 혼자서 도전에 응했습니다. 저도 그가 아가씨와 납치범을 잡아올 수 있을지 확신하지는 못하지만, 그의 용기에 경의를 보냅니다. 저에 대해 하신 비난은 받아들일 수 없습니다. 저는 이 도전 앞에 한가하게 앉아 있을 생각은 추호도 없었습니다. 서두르지 않았을 뿐이지요. 지금 당장 떠나겠습니다. 적에게 자비를 구걸하게 만들고, 폐하께서 보호하게 하신 아가씨를 구하기 전에는 돌아오지 않겠습니다."

그는 곧 시종들에게 무기와 말을 준비하라고 명령했다. 시종들이 그린갈렛을 끌고 오자 가웨인은 등자도 밟지 않고 말 등에 훌쩍 뛰어올라 숲을 향해 달려갔다.

그는 납치범의 흔적이 보이지 않는다는 사실에 놀랐다. 애마 그린갈렛은 화살보다 더 빨리 달리기 때문에 납치범을 금방 따라잡을 것이라고 생각했던 것이다. 그때 빠른 속도로 달려오고 있는 케이의 말이 보였다. 가웨인은 말을 알아보고 앞을 막아섰다. 좁은 길이었기 때문에 쉽게 붙잡을 수 있었다. 말은 비참한 상태였다. 이마는 가죽이 벗겨져서 피를 뚝뚝 흘리고 있었고 안장은 산산이 부서진데다 마구도 여기저기 찌그러져 있었다. 가웨인은 말의 상태로 보아 말의 주인이 포로가 되든지 죽든지 했을 것이라고 생각했다.

"전능하신 하느님! 대체 제가 무슨 죄를 저질렀단 말입니까. 제가 잘못하여 왕께서 그토록 사랑하는 기사를 잃어버리신다면, 이 불행을 어찌 해야 합니까! 사람들은 끊임없이 이 일을 떠올릴 것이고 저는 일생 동안 이 일로 인하여 비난당하게 될 것입니다. 그가 죽었다면 그것은 제가 아가씨를 지켜 주어야 할 저의 의무를 소홀히 했기 때문입니다."

오솔길에서 조금 떨어진 곳에서 힘겹게 몸을 일으키는 케이의 모습이 보였다. 가웨인이 달려갔다.

"케이 경, 불행한 일을 겪게 되어서 마음이 아프군요. 경이 이 일로 저를 비난하실까 봐 무척 두렵소이다."

케이가 퉁명스럽게 받았다.

"경은 비겁했소! 오늘 내가 겪은 모든 일은 경의 잘못이오. 왕비 궁으로 갈 때 잘난 체는 혼자 하더니만 싸워야 할 때가 되니 코빼기도 안 보이셨소! 한 여성을, 그것도 자신의 보호 하에 맡겨진 여성을 구하지도 못하면서 부인들에게 멋진 무용담을 늘어놓다니 부끄럽지도 않소? 왕의 명예는 또 어떡할 거요? 경이 약속을 지키지 않았기 때문에 폐하의 명예에 금이 갔단 말이오!"

"진정하시오, 케이 경. 이만하길 얼마나 다행이오. 죽거나 많이 다치시기라도 했다면 나는 일생을 자책하며 살아야 했을 거요. 내 잘못이라는 걸 부정할 수 없었을 테니까. 여기 경의 말이 있소. 말을 타고 궁으로 돌아가시오. 나는 우리를 욕되게 만든 기사를 따라가서 멋지게 복수하겠소."

케이가 화를 내며 버럭 소리를 질렀다.

"닥치시오! 비겁한 자의 손에서 내 말을 받을 수 없소! 내게 은혜를 베풀었다고 신이 나서 사방으로 떠들고 다닐 거 아니오?"

가웨인은 조용히 대답했다.

"그렇다면 하는 수 없군요."

가웨인은 아무 말도 하지 않은 채 케이의 말을 나무에 매어 놓고 그린갈렛과 함께 나무 사이로 사라졌다. 케이를 쉽게 물리친 납치범은 계속 달아나고 있었다. 가웨인도 쉴새없이 달렸다. 숲을 빠져나오자 넓은 벌판이 눈앞에 펼쳐졌다. 그곳에서 가웨인은 드디어 납치범의 모습을 발견했다. 납치범은 벌판 끝에서 어둡고 무성한 다른 숲으로 막 들어가는 중이었다. 가웨인 역시 그의 뒤를 따라 숲으로 들어갔다. 오랫동안 말을 달렸지만 납치범의 모습은 어디로 갔는지 보이지 않았다. 그렇게 숲을 달리고 있을 때 어디선가 여러 사람이 지르는 절망에 가득 찬 탄식 소리가 들려왔다.

"전능하신 하느님, 우리를 불쌍히 여겨 주소서. 세상의 모든 기쁨이 고통으로 바뀌었으니 불쌍한 우리는 어찌 해야 합니까? 우리의 희망과 구원이 사라져 버렸습니다!"

가웨인은 소란스러운 곡소리에 이끌려, 따라가던 길을 버리고 소리가 들려오는 쪽으로 방향을 돌렸다. 황야의 끝에 서로 몸을 기댄 채 웅크리고 있는 세 명의 젊은 여자들이 보였다. 가웨인은 인사를 하고, 무엇 때문에 그렇게 슬퍼하는지 물었다.

여자 하나가 대답했다.

"이토록 큰 상실을 겪었으니 이제 우리의 삶은 고통뿐이에요. 우

♣ 세 명이 짝을 이루는 여자들

아더 왕 전설 곳곳에서 세 명이 짝을 지어 나타나는 여성들을 만나게 되는데, 이것은 본질적으로 켈트 여신이 삼중三重 여신이라는 사실과 연관이 있다. 삼중 여신의 이미지는 켈트 전통뿐 아니라 세계 전역에 퍼져 있는데 그리스-로마 신화의 운명의 여신인 파르크가 그 대표적인 경우이다. 가웨인은 모험 도중에 끊임없이 세 명이 함께 다니는 여성들을 만나게 된다.

"여자들은 단 한 명의 똑같은 여자"(본문 353쪽) 같이 보인다는 대목에서 이 여성들이 본래 한 명의 여신이라는 사실은 분명하게 드러난다. 특히 사슴이 끄는 수레를 끌고 나타난 세 명의 여성들을 눈여겨볼 것. 노새를 타지 않고 뛰어서 따라가는 세 번째 여성은 영적 현실 안에서 '인간의 몸'을 상징하는 것 같다. 신학적으로는 '원죄의 속죄'라고 해석할 수 있는데, 이 여성이 어떤 죄를 지었는지 분명하게 드러나지 않고 있다는 점을 상기할 필요가 있다.

이 대목에서 세 명의 여성은 가웨인에게 진정한 정체성을 찾을 것을 주문하는 제의적 죽음의 입문 안내자 역할을 하고 있다. 그리고 그것은 영적인 재탄생으로 이어진다. 가웨인의 복수는 단순히 범죄를 저지른 자에 대한 복수가 아니라, 가웨인 자신의 육체적인 부활과 영적 재탄생을 상징하고 있다. 따라서, 이 일화에서 눈이 파인 젊은 남자는 가웨인의 영적인 부분을 상징하며, 토막 난 시체는 가웨인의 육체적인 부분을 상징한다. 눈을 '영혼의 창'이라고 부르는 것은 인류학적으로 아주 오래된 일이다. 가웨인이라는 잃어버린 이름은 육체의 부활과 영혼의 회복을 통해서 비로소 완전히 복구된다. —역주리의 슬픔을 표현할 수 있는 말은 이 세상에 없답니다. 기사님은 우리가 왜 울고 있는지 이해하실 수 없을 거예요.”

말을 마친 여자가 정신을 잃고 쓰러졌다. 다른 두 명의 여자는 더욱 서럽게 통곡했다. 가웨인은 어찌할 줄 몰라 망연히 서 있었다. 주위를 둘러보니 땅 위에 젊은 남자 하나가 누워 있었다. 아주 우아하게 차려입은 그는, 키가 크고 늘씬한데다 놀라울 정도로 잘생긴 남자였다. 그런데 두 눈이 파여 있었다. 일을 당한 지 얼마 되지 않았는지 얼굴에서 아직도 피가 줄줄 흘러 내렸다. 그의 얼굴을 바라보고 있자니 마음속에 참을 수 없는 분노가 치밀어 올랐다. 이렇게 잘생긴 청년에게 누가 이런 잔인한 짓을 저지른 것일까.

가웨인이 여자들에게 물었다.

“이 끔찍한 일은 어떻게 일어난 것인가요? 무슨 일이 있었던 겁니까? 두려워하지 말고 이야기해 주십시오. 저는 슬픔에 빠진 여성들을 결코 모르는 체하지 않습니다. 사실대로 이야기해 주십시오.”

한 여자가 대답했다.

“참으로 친절하신 분이군요. 우리가 겪은 고통을 말씀드려도 괜찮을 것 같다는 생각이 듭니다. 우리의 통곡은 아직도 충분치 않답니다. 우리가 오늘 얼마나 귀한 보물을 잃었는지 안다면 세상 전체가 통곡할 것이기 때문입니다.”

“이 젊은이는 아직 죽지 않았잖습니까. 살릴 수 있습니다.”

“아닙니다. 그 사람 이야기가 아닙니다. 똑같은 운명의 희생자가 되기는 했지만요. 오늘 그 용맹과 지혜로 세상에 명성을 떨치던 이가 죽임을 당했답니다. 방금 얼마 전에, 바로 이곳에서 살해되었지요. 누군지 아시겠습니까?"

"이곳에 있지도 않았는데 제가 어떻게 알겠습니까. 그 사람이 누구입니까?"

"그분은 고결하신 아더 왕의 조카 가웨인 경이랍니다. 세상 사람들의 사랑과 칭송을 한 몸에 받았던 가장 뛰어난 기사였지요."

가웨인은 크게 놀랐지만 아무 말도 하지 않았다. 무슨 이야기인지 알고 싶다는 궁금증이 일었기 때문이다.

"그래요. 오늘 가웨인 경은 무기도 지니지 않고, 친구나 호위병도 없이 혼자서 이 숲속에서 산책하고 있었답니다. 창과 검과 방패를 들고 있었을 뿐이지요.✚ 그런데 그를 오래전부터 증오해 왔던 세 명의 기사가 그를 따라왔어요. 그들에게 저주가 내리기를! 이 골짜기를 벗어났을 때 기사들 중 한 사람이 그에게 덤벼들었습니다. 다른 두 사람은 매복하고 있었지요. 두 사람 사이의 결투는 오랜 시간이 걸렸지만 결국은 가웨인 경이 승리했습니다. 그런데

✚ 기사가 "무기를 지니지 않았다"라고 말할 때, 그것은 그가 '갑옷'을 입지 않았다는 뜻이며, 오늘날 우리가 '무기'라고 말하는 것을 들고 있지 않았다는 뜻이 아니다. "무장을 해제시킨다"고 말할 때, 그것은 투구와 갑옷을 벗긴다는 뜻이다.

가웨인의 죽음에 대한 혼동은, 가웨인이 아름다운 외모와 용맹으로 알려져 있었지만 '무장 해제한', 즉 갑옷을 벗은 그의 모습을 본 사람은 얼마 없다는 사실로 설명된다. 대부분의 경우 갑옷에 새겨져 있는 문장을 통해 기사를 알아보았다. 이름을 알리지 않고 싸우고 싶을 때에는 식별이 불가능한 갑옷을 입고 싸웠다. 아더 왕 전설에서 못 알아본다거나 다른 사람으로 오인하는 이야기들은 많이 나온다.

숲속에 숨어 있던 두 사람이 튀어나와 가웨인 경을 공격했습니다. 가웨인 경은 힘껏 저항했지만 이기지 못했습니다. 저기 누워 있는 젊은이는 가웨인 경을 도우려고 용기 있게 덤벼들었지요. 가웨인 경이 죽었으니 그의 용기는 아무 소용도 없었지만요. 그 기사들은 복수하기 위해서 젊은이의 두 눈을 파내어 버렸답니다. 이제 우리가 왜 울고 있는지 아시겠습니까?"

그녀가 말을 마치자 세 여자는 더욱더 서럽게 울기 시작했다. 여자들의 울음소리가 숲 전체에 윙윙 울려 퍼졌다. 이야기를 듣고 가웨인은 아연실색했다. 이들은 내가 죽었다고 생각하는 게 아닌가. 그는 놀라움을 감추고, 이들이 가웨인이라고 생각하는 사람을 돕다가 장님이 된 젊은이의 복수를 하기 전에는 자신의 정체를 밝히지 않겠다고 마음먹었다.

그는 여자들에게 다정한 목소리로 말했다.

"슬퍼하지 마십시오. 저는 방금 궁에서 오는 길인데 그곳에서 왕의 조카를 보았습니다. 아주 건강한 모습으로 식사를 하고 있던데요."

땅에 쓰러져 있던 젊은이가 고통을 무릅쓰고 입을 열었다.

"가웨인 경은 분명히 죽었습니다. 저주받을 자들이 그를 죽이는 걸 제 두 눈으로 똑바로 보았는걸요. 저는 그를 알아보았어요. 그를 구하려고 애썼다는 것이 자랑스럽습니다. 하지만 그를 구하는 것은 신의 뜻이 아니었던 것 같습니다."

가웨인이 여자들에게 말했다.

"가웨인 경의 시신이 어디에 있는지 알려 주십시오. 제가 보면 가웨인 경인지 아닌지 알 수 있을 겁니다."

"그건 불가능한 일입니다. 살인자들이 그의 시신을 토막 내서 어딘가로 가져가 버렸거든요. 아마도 늪에 던져 버렸을 거예요. 그런 다음에는 자기들 나라로 돌아가 숨어 버렸습니다. 살인자들이나 가웨인 경의 시신이나 모두 찾아낼 수 없을 겁니다."

가웨인의 마음은 젊은이에 대한 동정심과, 그에게 그런 끔찍한 짓을 저지른 자들에 대한 분노로 가득 찼다. 그는 이들이 가웨인이라고 생각했던 자를 죽인 살인마를 끝까지 찾아내어 왜 그렇게 행동했는지 반드시 알아내고 말리라 다짐했다.

하지만 그는 매우 난처한 처지에 빠져 있었다. 시간이 이미 많이 흘러갔기 때문에 아더 왕의 궁에서 젊은 여자를 납치해 간 기사는 멀리까지 갔을 것이다. 누구를 추적해야 한단 말인가? 여자를 납치해 간 기사를 생각하자 분노가 치밀어 올랐다. 자기가 비겁하게 행동했기 때문에 그를 놓쳤다고 생각하자 더 화가 났다.

가웨인은 일단 첫 번째 모험을 끝내고 두 번째 모험에 뛰어들기로 결심했다. 그는 여자들과 고통스러워하고 있는 청년을 향해 말했다.

"친구들이여, 저는 저의 길을 가야 합니다. 신의 가호를 빕니다. 제가 조금 더 일찍 이곳에 왔더라면 이 젊은이가 이런 일을 당하기 전에 아마 제가 당했을 거라는 생각이 듭니다. 모험을 끝내고 돌아와서 제 이름을 밝히지요. 돌아와서 복수를 하든지 죽든지 하겠습니다."

가웨인은 여자들과 불행한 젊은이에게 작별 인사를 하고 다시 길을 떠났다. 그는 황야를 오랫동안 달렸다. 다시 숲을 지나자 넓은 계곡이 나타났다.

멀리 반대편 언덕에서 말을 달리고 있는 납치범의 모습이 보였다. 가웨인은 찾고 있던 사람과 멀리 떨어지지 않았다는 사실을 확인하자 마음이 놓였다. 날이 어둑어둑해지기 시작했지만 가웨인은 그린갈렛을 몰아 골짜기를 건넜다.

돌로 지어진 튼튼한 성채가 눈앞에 모습을 드러냈다. 성벽의 높이가 족히 백 피트는 될 것 같았다. 어떤 공격도 두려워할 필요가 없을 만큼 잘 방어되어 있는 성이었다. 이미 날이 어두워졌기 때문에 적이 성안에 몸을 숨겼을 거라고 가웨인은 생각했다. 그도 성안에 들어가 납치범의 동태를 살피고, 아침이 밝는 대로 도전하리라 마음먹었다. 그는 말을 몰아 성문을 향해 달려갔다. 놀랍도록 잘 지어진 성벽 아래에서 한참 동안 성을 올려다보다가, 큰 소리로 문지기를 불렀다.

문지기가 망루에 나타나 외쳤다.

"가슴이 터지도록 소리쳐 봐야 아무 소용없소이다. 이미 해가 졌기 때문에 날이 환하게 밝기 전에는 문을 열어 줄 수 없소. 성주님께서 지시하신 것이라 따라야 한다오. 해가 뜨고 난 다음에야 빗장을 열 수 있소. 안됐지만 명령이 지엄해서 어쩔 수 없구려."

가웨인이 다시 말했다.

"친구여, 나는 먼 길을 왔소. 나도 말도 지쳤소이다. 늦은 시간인 줄 알고 있지만 어디에 가면 묵어갈 수 있을지 이야기해 줄 수 없소?

부탁이오."

"이곳에서 십 리외 안쪽으로는 기와집도 초가집도 없다오. 얘기해 주고 자시고 할 것도 없소. 밤새 숲이나 벌판을 헤매어 보아도 소용없을 것이외다."

"알겠소. 할 수 없군요. 신의 가호를 비오."

가웨인은 왔던 길을 되짚어 돌아갔다.

언덕을 내려가다 보니 길가에 작고 아름다운 성당이 보였다. 성당 뒤쪽으로는 두터운 담장에 둘러싸인 묘지가 있었다. 저곳에 가면 새벽까지 안전하게 쉬어갈 수 있겠다고 생각한 가웨인은 성당을 향해 말을 몰았다.

문이 닫혀 있었기 때문에 성당을 한 바퀴 돌아 묘지 안으로 들어가 말에서 내렸다. 그는 창과 방패를 벽에 기대어 놓고 말안장을 내린 뒤 말이 다친 곳을 붕대로 감아 주었다. 정성스럽게 빗질까지 해 주고 나서, 가웨인은 화강암으로 만들어진 바닥에 앉아 평온함을 만끽했다. 그때 묘지 밖에서 말발굽 소리가 들렸다. 그는 묘지 밖으로 나가 보았다. 말을 탄 젊은이 하나가 숲에서 나와 성을 향해 가고 있었다.

가웨인이 그에게 말을 걸었다.

"이렇게 늦은 시간에 길을 가는 나그네는 누구요?"

가웨인의 말을 들은 젊은이는 말에서 떨어질 정도로 화들짝 놀라 비명을 지르며 도망치기 시작했다.

"오, 성모 마리아님, 제 이성을 온전하게 지켜 주소서! 신의 전능하심으로 저를 지옥의 위험에서 지켜 주소서!"

젊은이의 호들갑스러운 반응에 놀란 가웨인이 젊은이에게 다가서며 말했다.

"형씨, 걱정하지 마시오! 전능하신 신께서 모든 위험에서 우리를 지켜 주실 것이오."

젊은이는 상대방이 신을 언급하는 것을 듣고 안심했는지, 말을 세운 다음 어디에서 온 누구냐고 물었다.

"나는 오카니의 로트 왕의 아들이며, 아더 왕의 조카인 가웨인이오. 그런데 내가 말을 걸었을 때 왜 그렇게 놀랐던 거요?"

젊은이가 솔직하게 대답했다.

"무서웠어요. 악마가 저를 공격하는 줄 알았다니까요!"

가웨인이 어안이 벙벙한 표정으로 물었다.

"뭐요? 악마라구? 대체 왜 그런 괴상한 생각을 하게 됐소?"

"기사님께서는 지금 '위험한 아궁이'(중세기에 아궁이âtre는 '묘지'를 의미했다—역주)에 잠자리를 정하셨다는 걸 모르시나요? 맹세코 말씀드리는데, 매일 밤 악마들이 이곳에 나타난답니다. 두 놈인지 세 놈인지 저도 숫자는 정확하게 모릅니다만……. 그 때문에 벌써 백 년 전부터 이곳에서 잠을 청했던 사람들은 전부 죽었어요. 기사, 목동, 사제, 부자 상인, 모두 아침이 되면 죽은 모습으로 발견되었어요. 저주받은 묘지 말고 다른 곳에 잠자리를 정하세요. 괜찮다면 제가 재워드리지요. 저 언덕 위에 있는 성이 보이시죠? 저 성은 옛날에 제 소유였답니다. 아버님께서 물려주신 건데, 제 누이와 결혼한 기사에게 선물했지요. 오늘 아침 두 사람이 아직 잠들어 있을 때 저는 사냥을 하러 숲에 들어왔지요. 하루 종일 사슴 한 마리를 추격하여 결국 잡았답니다. 그놈의 껍질을 벗기고 살코기를 토막 내느라고 이렇게 늦어진 것이죠. 말에 싣고 왔는데, 국도 끓여 먹고 구워 먹을 수도 있을 거예요. 살고 싶거든 이곳에 계시면 안 됩니다. 저희 집으로 가십시다. 환영할 겁니다."

"초대해 주셔서 감사하오만 방금 그곳에 다녀오는 길이라오. 무장한 사람이 나와서 아무리 가슴이 터져라 외친들 소용없다고 대답하더군. 내일 새벽이나 되어야 문들이 열릴 것 같더이다."

"그 사람 말이 맞아요. 하지만 해자 건너편에 사냥감을 던져 놓고 해자를 뛰어넘은 다음 성벽을 기어 올라가면 됩니다. 해가 질 때까지 제가 돌아오지 않으면 제 병사들이 망을 보거든요. 그들이 우리 두 사람과 사냥감을 위로 끌어올려 줄 거예요."

"말들은 어떻게 하오?"

"밤새 풀을 뜯어먹으라고 성 밖에 풀어주면 됩니다. 제 말들은 이런 일에 아주 길이 잘 들어 있지요. 절대로 먼 곳으로 가지 않습니다. 내일 아침이면 다시 튼튼해진 놈을 만날 수 있을 겁니다."

"하지만 이곳을 잘 모르는 내 말은 어떡하란 말이오? 이리 떼나 다른 야생 동물에게 희생되기라도 하면 나는 내 나라에서 평생 욕을 먹습니다. 십중팔구 그런 일이 생길 것이 틀림없는데, 그랬다간 비겁하게 야생 동물에게 말을 희생시켰다고 비난당하게 될 것이오. 녀석을 밖에 혼자 둔다는 건 있을 수 없는 일이오. 좋은 일이든 나쁜 일이든 녀석과 함께 겪는 수밖에 없소."

젊은이가 큰 소리로 외쳤다.

"그게 무슨 바보 같은 이야기입니까! 말에 대한 사랑 때문에 자신의 생명을 위험에 빠뜨리다니……. 부탁입니다, 저와 함께 가십시다. 후회하지 않을 거예요."

가웨인이 단호하게 대답했다.

"그럴 수 없소. 말이 성안에 들어갈 수 없다면 나는 이곳에 남아 있 겠소. 성에 돌아가거든 내 부탁이나 한 가지 들어주시오."

"그러지요. 무슨 부탁입니까?"

"내 말을 잘 들으시오. 아주 키 큰 기사 한 사람이 성에 머물고 있 을 거요. 그는 붉은 비단옷을 멋지게 차려 입은 아름답고 날씬한 아 가씨와 함께 있을 겁니다. 아더 왕의 궁전에서 납치해 온 여자라오. 내 보호 하에 맡겨진 여자지요. 그 때문에 나는 큰 모욕을 겪었소. 하 루 종일 그를 추격했지만 만나지 못했소. 내일은 설욕할 거요. 그런 데 그가 그 여자와 함께 있다는 것이 마음에 걸리는군요. 그러니 무 슨 수를 쓰든 내일 아침까지 그대의 누이가 여자를 돌보아 주도록 조 치해 주시오. 그러면 내게 큰 은혜를 베푸는 거요. 만일 그 기사가 여 자를 능욕하기라도 하는 날에는 난 영영 명예를 잃고 말 것이오. 내 일이 되어 그가 어디로 가든 그것은 상관없소이다. 내가 따라가서 결 투를 신청할 테니까."

"부탁하신 대로 하겠습니다. 하지만 이 묘지에서 밤을 보내겠다니 정말 정신 나갔다는 말을 하지 않을 수 없군요."

가웨인이 생각을 바꾸지 않으리라는 것을 안 젊은이는 더 이상 종 용하지 않았다. 그는 말을 달려 성을 향해 갔다.

처남이 돌아왔다는 소식을 들은 성주가 그를 만나러 달려왔다. 그 는 처남이 무사한 것을 보고 기뻐했다. 그의 아내도 시녀들에게 둘러 싸여 달려왔다. 문지기 한 명 남기지 않고 모두 광장에 모여들었다.

그가 숲으로 사냥을 떠났다는 것을 알고 있었기 때문에 모두 크게 기뻐했다. 그들은 위험한 아궁이에 있는 악마가 그에게 해코지라도 하지 않았을까 걱정하던 참이었다.

사람들은 큰 방으로 들어갔다. 젊은이는 가웨인이 말했던 기사와 아가씨를 그곳에서 보게 되었다. 젊은이는 그 기사의 엄청난 키와 오만불손한 태도를 보고 놀라지 않을 수 없었다.

그가 매부에게 말했다.

"오늘 밤 위험한 아궁이에서 큰 비극이 일어날 겁니다. 여러분 모두 그 사실을 알게 되면 크게 슬퍼할 것입니다. 오늘 밤 위험한 아궁이의 희생자가 될 사람은 이 세상 누구보다도 관대하고 정중한 사람입니다. 또한 매우 용감하지만 교만하지 않은 사람입니다. 그가 잠자리로 삼은 묘지에 저주가 있기를! 아더 왕이 이 소식을 알았다가는 우리에게 복수할 것입니다. 지금 이 순간에도 목숨이 꺼져가고 있는 조카에 대해 왕이 우리에게 그 책임을 묻는 것은 당연한 것이지요. 어떤 일이 일어났는지 알게 되면 아더 왕의 동료들이 얼마나 슬퍼하겠습니까!"

젊은이는 잠깐 말을 끊었다가 다시 말을 이었다.

"이제 어떤 끔찍한 모욕 때문에 가웨인 경이 죽음의 위험에 처하게 되었는지 말씀드리지요."

젊은이는 방 한가운데로 갔다.

"저기 앉아 있는 기사가 보이십니까? 저자는 아더 왕이 만찬을 하고 있을 때 그의 궁에 쳐들어 왔다고 합니다. 그가 데리고 온 저 아가씨는 왕의 술시중을 들겠다고 하면서 어제 궁에 왔답니다. 가웨인 경은 그녀가 모욕과 불명예를 겪지 않도록 보호할 책임을 지게 되었다더군요. 그런데 저 기사는 왕과 가웨인 경이 보는 앞에서 아가씨를 납치하는 만행을 저질렀습니다. 가웨인 경은 하루 종일 숲에서 저 기사를 추격했지만 우리 성 앞에 도착했을 때는 이미 날이 어두워 안으로 들어올 수 없었다는 겁니다. 그는 지금 위험한 아궁이에서 밤을 보낼 수밖에 없는 처지입니다. 그곳에서 그를 만나 오래 이야기를 나누었습니다. 저는 이곳에 와서 유숙하라고 정중하게 권했지만 무슨 일이 있어도 말과 떨어질 수 없다고 하더군요. 이제는 매부의 우정을 저에게 보여 주어야 할 시간이 되었습니다. 부탁할 것이 있습니다."

"말해 보시오. 들어 드리리다."

"고맙습니다. 오늘 밤 저 아가씨를 누이가 보호하게 해 주십시오. 그리고 내일은 아무 말 없이 그녀를 데리고 온 기사에게 돌려주시구요. 가웨인 경이 저에게 한 부탁입니다. 오늘 밤 납치범이 무슨 짓을 할지 모르니 그녀를 보호해 달라는 겁니다."

그 말을 들은 기사가 화가 난 표정으로 자리에서 벌떡 일어났다.

"그렇게 할 수는 없소. 내가 오십만 번 저주를 받는다 해도 그럴 수는 없소! 아가씨를 따라서 여러 궁전을 헤맨 끝에 아더 왕의 궁에 가게 되었는데, 그곳에 있는 기사들을 보고 용기를 내어 여자를 데리고 나온 거요. 그런데 내가 아닌 다른 사람의 보호 하에 아가씨를 맡겨야 한다구요? 이런 모욕은 결코 받아들일 수 없소!"

성주는 아주 점잖은 사람이었다. 그는 자신의 의지와 상관없이 잡혀온 아가씨를 내어 주라고 좋은 말로 기사를 타일렀다. 부인도 나서서 기사를 설득했다. 또 그곳에 있는 성주의 친지들이 전부 나서서 한마디씩 거들었다. 그러나 키 큰 기사는 막무가내였다.

"다들 집어치우시오! 누가 무슨 말을 한다 해도 내 생각은 변함없소!"

그러자 젊은이가 화를 냈다.

"그만둡시다. 제 뜻대로 되지 않는다면 가웨인 경에게 돌아가서 그의 청을 들어줄 수 없게 되었다고 말해야 합니다. 사기꾼으로 여겨지느니 그와 함께 밤을 보내면서 무슨 일이든 함께 겪는 편을 택하겠습니다!"

성주는 처남의 결심이 매우 확고하다는 것을 알아차렸다.

"알았소. 말로 해서 안 된다면 힘을 사용하는 수밖에 없겠지. 성을 나가겠다는 생각은 하지도 마시오."

그리고 납치범을 향해 말했다.

"마지막으로 한 번 더 부탁하겠소. 아가씨를 순순히 내어 주는 것이 좋을 것이오. 무력으로 빼앗긴다면 그대의 체면이 뭐가 되겠소. 말로 해서 안 되면 힘이라도 사용하는 수밖에 없소이다."

성주의 단호한 눈빛과 말을 들은 기사는 조용히 침묵을 지키고 있었다. 거절했다간 무력으로 제압당하리라는 것을 알고 있었다. 혼자서 이 많은 사람들을 상대해야 한다. 그는 조금 뒤에 입을 열었다.

"알겠소. 꼭 데려가야겠다고 하니 데려가시오. 대신 내일 아침에는 돌려주어야 하오."

"약속은 약속이오. 내일 아침에는 데리고 가실 수 있소."

부인은 아가씨 손을 잡고 자기 처소로 데리고 갔다. 두 여성은 그곳에서 기분 좋게 저녁을 먹었다. 성주는 큰 방에서 자기 사람들과 식탁에 둘러앉았다. 모두들 아주 기분이 좋았다. 키 큰 기사만이 화가 난 얼굴로 말없이 앉아 있었을 뿐이다.

해가 진 후 위험한 아궁이에 아더 왕의 조카 가웨인이 머물러 있다는 소문이 성 전체에 퍼졌다. 그가 큰 위험에 처하게 되었다는 것을 알고 모두 슬퍼했다. 어떤 이들은 악마들과 대적하기를 두려워하지 않는 용감한 기사를 위해 교회로 기도하러 가기도 하고, 또 다른 이들은 성벽에 올라가 저주받은 무덤에서 무슨 소리가 들려오지는 않을까 하고 귀를 기울이기도 했다.

가웨인은 벽과 창살 사이에 있는 회색 대리석 무덤 위에 앉아 있었다. 섬세하게 조각되어 있는 아름다운 무덤이었다. 그는 무덤 위에 앉아 꽤 오래전부터 졸고 있었는데, 어느 순간 밑에 있던 묘석이 흔들리더니 조금 위로 솟아올라왔다. 가웨인은 혼비백산해서 주위를 돌아보았지만 아무도 없었다. 돌은 계속해서 위로 솟아올라왔다. 이제 가웨인의 발이 땅에 닿지 않게 되었다. 가웨인은 다른 곳으로 옮겨 앉았다. 그가 미처 네 발자국을 걷기도 전에 무덤 뚜껑이 완전히 열렸다. 그는 무덤에 누워 있는 여자를 온전히 볼 수 있었다. 여자는 하얀 옷을 입고 있었다. 여자가 일어나 앉았다. 가웨인은 오른손을 들어 올려 얼른 성호를 그었다. 그러나 여자는 너무나 순수하고 아름다워서 도저히 악마라고는 생각되지 않았다.

여자가 가웨인을 가만히 바라보더니 물었다.

"왜 나를 무서워하세요?"

가웨인은 어떻게 대답해야 할지 몰랐다. 미지의 여자의 아름다움에 충격을 받은 그는 조그만 소리로 중얼거렸다.

　"아가씨, 나는 지금 전에 한번도 보지 못했던 것을 보고 있소. 그러니 내가 무서워하는 것도 당연한 일이 아니겠소? 당신은 나를 유혹하기 위해 여자의 모습을 하고 나타난 악마인가요?"

　"천만에요. 나는 신의 피조물이에요. 나를 구해주도록 신께서 그대를 이곳으로 이끌어 오신 거예요. 그대가 도와주지 않으면 나는 이 슬픔과 고통의 삶을 벗어날 수가 없기 때문이에요."

　"누구인지 나에게 말해 주시오. 왜 이곳에 갇혀 있는 겁니까? 이 장소는 왜 위험한 아궁이라고 불리는 것이오?"

　젊은 여자는 무덤 가장자리에 앉았다. 그녀의 기이한 아름다움은 가웨인의 마음을 온통 뒤흔들어 놓았다.

　"나는 가난한 가신의 딸이랍니다. 어머니가 돌아가신 뒤 아버님은 자신보다 지위가 높은 부인과 재혼하셨지요. 그녀는 아주 아름다운 여자였지만 내가 더 아름다웠기 때문에 나를 무척 질투했어요. 계모는 나를 추하게 만들려고 여러 가지 마법을 부렸지만 성공하지는 못했어요. 그러자 나에게 한층 더 강한 마법을 걸어서 이성을 잃어버리게 했답니다. 오랫동안 나는 내가 무엇을 하는지도 모르고 미친 여자처럼 행동했어요. 그러다 어느 날 혼자 길 위에 있을 때 사람의 모습을 한 악마를 만나게 되었지요. 그는 어쩌면 오래전부터 숨어서 나를 지켜보았는지도 몰라요. 왜냐하면 나의 고통을 잘 알고 있었고, 자기 여자가 되어 준다면 병을 완전히 고쳐 주겠다고 했거든요. 병을 고쳐서 이성을 되찾고 싶다는 욕망이 너무 강했기 때문에 나는 그가 시키는 대로 하겠다고 그 자리에서 약속했어요. 그는 거짓말을 하지 않았어요. 당장 고통에서 해방되었죠. 그 이후로도 그런 종류의 고통은 겪지 않았어요. 하지만 그 대신 얼마나 비싼 대가를 치렀는지!

그는 나를 말에 태워 이 묘지로 데리고 와서는 하루 종일 이 무덤 안에 있으라고 명령했어요. 밤이 되면 나를 찾아와 자기가 원하는 쾌락을 취한답니다. 그날 이래로 나는 말할 수 없이 불행해졌어요. 그에게 친절한 구석도 있긴 하지요. 옷과 보석, 맛있는 음식도 가져다 주거든요. 그러나 이 묘지를 떠날 수는 없어요. 그는 자기가 죽지 않으면 사라지지 않을 강력한 마법을 걸어 놓았거든요. 나를 능욕하고 악마의 마법으로 가두어 놓은 그자를 증오해요. 매 순간 그가 죽었으면 좋겠다고 생각해요. 당신은 그자와 싸워야 해요. 지금 이곳으로 오는 중이니까 곧 도착할 거예요. 내가 다른 남자와 이야기를 나누고 있는 것을 보면 가만히 두지 않을 거예요. 그는 무척 추하고 힘센 사람이에요. 놀랄 것은 없어요. 당신은 용감하고 관대한 사람이니 신에 대한 믿음만 가지고 있다면 싸워 이길 수 있을 거예요. 그러면 나는 자유로워질 수 있어요. 이 무덤 위에 있는 십자가가 보이지요? 싸우다가 힘이 빠진다고 느껴지면 얼른 십자가를 보세요. 그러면 다시 힘을 얻어 싸울 수 있어요. 자, 이제 준비하세요. 그자가 다가오고 있어요.”

가웨인은 투구를 쓰고 그린갈렛 위에 올라탔다.

흰 옷 입은 젊은 여자가 그에게 서둘러 방패와 창을 내어 주며 말했다.

"무슨 일이 일어나든 용기를 잃지 마세요."

그 순간 악마가 문을 지나 묘지 안으로 들어왔다. 그가 여자를 향해 소리 쳤다.

"창녀 같은 년! 네년의 목숨과 네 기둥서방의 목숨이 위태로운 줄 알아라. 두 년놈의 만남이 비참하게 끝나게 해 주마. 네놈은 이곳에 와서는 안 되었 다."

그런 험한 욕을 들으면서도 아가씨는 위엄 있게 응수했다.

"나는 무섭지 않다. 네놈에게 숱하게 능욕당했던 것만이 원통할 뿐이다. 이제 모든 것이 바뀔 것이다. 지금 여기 계신 이분은 아더 왕의 조카인 가웨 인 경이시기 때문이다. 네놈은 이분에 비하면 먼지만도 못한 존재야! 네 저 주스러운 욕망을 고분고분 따라야 하는 것도 이제 마지막이다!"

악마는 맞수의 이름을 듣고 부들부들 떨었다. 가웨인의 명성을 익히 알고 있었기 때문이다. 두 사람은 당장 엉겨 붙어 상대방에게 겁을 주려고 큰 소리 로 고함을 치면서 무자비한 공격을 주고받았다. 싸움은 이루 말할 수 없이 격 렬했고, 분노한 악마의 힘은 상상할 수 없을 정도로 엄청났다. 가웨인은 악마 에게 밀려서 묘지 문 쪽에 있는 성당 입구까지 뒷걸음질쳐야 했다.

젊은 여자가 외쳤다.

"가웨인! 당신의 신앙은 굳건하지 않은가요? 십자가를 보세요!"

가웨인은 그 말을 듣고 적을 격렬하게 밀어붙여 다시 묘지 안으로 몰아넣 었다. 자기가 밀렸다는 사실에 악마의 분노가 폭발했다. 이번에는 그가 가웨 인에게 덤벼들어 가웨인의 오른쪽 허리를 세게 쳤다. 가웨인은 두 군데에 부 상을 입고 입구 바깥으로 밀려났다.

젊은 여자가 다시 소리쳤다.

"어떻게 저주받은 악마가 저렇게 힘이 셀 수가 있다는 말인가? 아, 기사여, 지금 무얼 하고 있습니까? 십자가를 잊어버린 건가요?"

여자의 목소리를 듣고 가웨인은 십자가 위로 시선을 던졌다. 당장 힘이 솟는 느낌이 들었다. 그는 적에게 돌진하여 검으로 세게 무릎을 찔렀다. 상대가 심한 부상을 입었다는 것을 안 그는 계속 밀어붙여 무덤 위로 넘어뜨렸다. 넘어지면서 악마의 투구가 벗겨져 멀리 날아가고 맨 머리가 드러났다. 가웨인은 냉혹하게 악마의 머리를 턱까지 갈랐다. 그러고는 목을 날려 버렸다.

젊은 여자가 환호성을 질렀다.

"신께 영광이 있기를! 아, 기사여, 이곳에 온 그대에게도 축복이 있기를! 고통과 아픔에 희생된 내 삶은 오랫동안 비참했었다. 이제 가웨인 경이 불행에 빠져 있는 여성들을 구해 줄 준비를 하고 있는 선한 기사임을 세상 전체에 알릴 수 있을 것이다!"

그녀는 가웨인의 발치에 무릎을 꿇고 기쁨의 눈물을 흘렸다.

성벽 위에 올라와 있던 섬의 주민들은 거리가 상당히 떨어져 있었는데도 두 맞수가 결투하는 소리를 들었다. 침묵이 찾아오자 둘 중 하나가 죽었다는 것을 알게 되었지만 누가 죽었는지는 알 수 없었다. 사람들은 혹시 가웨인이 죽었을까 봐 걱정스러웠다. 그렇게 새벽이 될 때까지 걱정하면서 두려움에 떨었다. 결투에 지친 가웨인은 아가씨의 가슴에 머리를 올려놓고 성당 가까운 곳에 있는 땅바닥에 누워 잠이 들었다.

해가 뜨기 무섭게 성주의 처남은 시종에게 말을 내오라고 이른 뒤, 위험한 아궁이를 향해 달려갔다. 가웨인이 어떻게 되었는지 궁금했던 성의 주민들이 모두 그 뒤를 따랐다. 그는 가웨인이 무사한 것을 보고 안도의 한숨을 내쉬었다. 나라를 약탈하면서 괴롭히던 악마가 죽어 넘어져 있는 것을 보고 사람들은 크게 기뻐했다. 악마가 패했다는 소식이 사방으로 빠르게 퍼져나갔다. 저주받은 묘지는 이제 더 이상 위험한 아궁이라고 불리지 않게 되었다.

가웨인은 잠에서 깨어나자마자 젊은이에게 물었다.

"친구여, 키 큰 기사가 아더 왕의 궁에서 납치해 온 아가씨는 어찌 되었소?"

"걱정하지 마십시오. 원하시는 대로 다 조치하였습니다. 간밤에는 제 누이가 아가씨를 돌보았습니다. 동이 트고 성문이 열리자마자 그 기사는 떠날 것을 청하였지요. 제 누이는 어젯밤에 약속한 대로 그 기사에게 아가씨를 돌려주었습니다. 그는 아가씨를 데리고 곧 떠났습니다. 하는 말로는 아더 왕의 비겁한 기사들 덕택에 얻은 아가씨를 데리고 자기 나라로 돌아간다 하더이다."

가웨인은 그 말을 듣고 화가 나서 견딜 수가 없었다. 물론 그 젊은이는 아무 잘못도 없었다. 가웨인은 조만간 그 납치범과 대면하여 싸우게 되리라는 것을 알고 있었다. 아더 왕과 케이, 그리고 자신의 명예를 위해 복수할 시간이 언젠가는 다가올 것이다.

가웨인이 젊은이에게 말했다.

"친구여, 이제 나와 내 말에게 먹을 것을 좀 주시지 않으려오? 그리해 주시면 고맙겠소이다. 간밤에는 아무것도 먹지도 마시지도 못했소."

젊은이는 얼른 자기 말을 타고 서둘러 성으로 돌아갔다. 그는 시종 두 사람을 불러 빵과 구운 노루 고기, 자고새 두 마리를 넣어 만든 파이를 내주었다. 또 하얀 접시와 잔, 소금과 포도주, 말에게 줄 귀리도 챙기게 했다. 그러고는 묘지에서 기다리고 있는 가웨인에게 달려갔다.

가웨인은 젊은 여자와 함께 맛있게 식사하고 나서 말과 무기를 챙겨 달라고 말했다. 그러자 젊은 여자가 말했다.

"신의 이름으로 명예를 위하여 부탁드립니다. 나를 이곳에 버려두지 마세요. 나는 혼자이고 아무것도 가진 게 없어요. 나를 경의 나라로 데려다 주세요!"

이번에는 젊은이가 말했다.

"괜찮으시다면 이 여자 분을 위해서 말을 한 마리 끌고 오겠습니다. 저도 데리고 가 주십시오. 저는 오래전부터 경을 섬기고 싶었습니다!"

가웨인이 대답했다.

"친구여, 원하는 대로 하시오."

젊은이는 다시 한번 성으로 돌아가 멋진 말을 한 마리 끌고 왔다. 아가씨는 기뻐하면서 곧 말 위에 올라탔다. 가웨인은 투구를 쓰고 그린갈렛을 탔다. 세 사람은 키 큰 기사를 찾아 떠났다.

그들 앞에서 멀리 달려가고 있는 키 큰 기사의 모습을 찾았을 때는 정오가 지난 시각이었다. 그들은 그가 타고 있는 말과, 햇빛을 받아 반짝이는 붉은색 방패를 보고 그를 알아보았다. 여자를 자기 앞에 태워야 했기 때문에, 방패를 말 엉덩이에 매달아 놓았는데, 그 때문에 더 알아보기 쉬웠다. 그런데 붉은 방패의 기사를 바라보더니, 가웨인이 위험한 아궁이에서 구해낸 여자가 탄식하며 눈물을 흘리는 것이었다.

"가웨인 경, 경이 맞아 싸워야 한다는 사람이 저 사람인가요? 서너 사람이 함께 상대해도 저 사람을 이기기는 힘들어요. 브리튼 전체를 통틀어서 저 사람만큼 잔인하고 대담한 사람은 없어요. 저 사람의 나라에서도 무서워한답니다. 단지 재미삼아 죽인 사람이 얼마나 많은지 그 수를 헤아릴 수 없어요. 치욕을 겪기 전에 이 결투를 포기하고 돌아가세요. 나는 저 사람에 대한 이야기를 너무나 많이 들었어요. 그의 힘과 용맹은 따를 자가 없다는 거예요!"

가웨인이 그 이야기를 받아쳤다.

"나 자신과 아더 왕의 명예가 걸려 있는 일을 그렇게 비겁하게 포기할 수는 없소. 그런데 그대를 그렇게 두렵게 하는 저 기사는 누구요?"

"아마도 들어 보신 적이 있을 거예요. 나를 오랜 비참함에서 구해 주신 분이 죽거나 다치는 것을 내 두 눈으로 보느니 차라리 죽는 편을 택하겠어요. 새끼손가락 하나도 다치셔서는 안 돼요. 나는 경이 저 기사와 대적하는 것이 너무나 무서워요. 나는 저 사람이 누구인지, 또 얼마나 무서운 사람인지 악마에게 들었답니다. 오후까지 그는 가장 용맹한 기사 세 사람만큼의 힘을 가지고 있어요. 해가 지기 시작하면 점점 힘을 잃기 시작하지요.* 그러나 그렇다고 해도 힘을 모조리 잃지는 않아요. 힘이 없을 때에도 가장 뛰어난 기사와 싸울 수 있는 힘은 남아 있거든요.

한 마디만 더 덧붙일게요. 나는 경의 어머님을 아주 잘 알고 있었어요. 아주 현명하신 분이셨어요. 게다가 멀린의 마법 덕택에 사람들의 운명을 읽을 수 있는 능력을 가지고 계셨지요. 어머니는 경에 대한 모든 것을 알고 계셨어요. 당신에게 큰 능력이 있어서, 용감하게 행동하면 누구와 싸우더라도 패배하거나 죽지 않으리라는 것을 아셨어요. 그러나 두 사람의 예외가 있다고 하셨지요. 한 사람은 신께서 이름을 말하지 말라고 하셨기 때문에 발설할 수가 없었고, 다른 한 사람의 이름은 말해 주셨어요. 그는 브리튼 전체에서 가장 사납고 오만하고 집요한 자라 하셨지요. 지금 경이 뒤쫓고 있는 기사가 바로 그 사람이에요. 그 사람의 이름을 말하면 내가 지금 거짓말을 하고 있는 게 아니라는 것을 아실 수 있을 거예요. 그는 '산의 에스카노르'라는 사람이에요. 경의 어머님께서는 언젠가 경이 그와 싸우게 될 때를 대비해서 그 이름을 말해 주셨던 것이지요. 그러나 어머니께서는 두 사람 중 누가 결투에 이기게 될지 말씀하시지 않았어요. 그걸 누설할 권리가 없었으니까요."

"그래요, 기억나는군요. 나도 어머니에게 같은 이야기를 들은 적이 있소. 그러나 나는 한번 결정하고 나면 뒤로 물러나지 않는다오.

✚ 아더 왕에 관한 어떤 이야기들에서 이 특성은 가웨인 자신의 특성이기도 하다 (『아발론 연대기』 2권 「가웨인」 참조). 그것은 이 키 큰 기사가 가웨인과 똑같은 존재라는 것을 나타낸다. 그에게서 꼭 태양 영웅의 특징을 찾아내어야 할 이유는 없다. 키 큰 기사는 교만하고 잔인한 범죄자로서 가웨인과 반대되는 존재이다. 그는 세계의 조화를 끊임없이 깨뜨리는 악마적인 존재이다. 그가 초자연적인 힘을 소유하고 있는 이유는, 그 역시 이론의 여지없는 여성적 요소로부터 초인적인 힘을 물려받았기 때문이다. 그러나 그것은 뒤집힌, 따라서 사악한 세계를 의미한다. 그러므로 심연의 용과 대적하는 성 미카엘처럼 적을 물리침으로써, 그것을 넘어서면 균열이 생겨나는 경계를 넘지 못하도록 막고, 우주의 평형을 회복하는 것은 가웨인에게 맡겨진 의무이다.

불명예를 겪느니 차라리 죽는 것이 낫소.✝ 죽음은 금방 지나가지만 수치는 오래 남지요. 누구나 다 제멋대로 이야기를 만들어서 떠들어 대니까 말이오. 그런 불명예를 견딜 수 없소. 따라서 나는 내가 죽든 아니면 저 기사가 죽든 끝까지 따라가야 하오."

"경에게 불행한 일이 생길까 두렵습니다. 그러나 당신을 말릴 능력이 없군요. 한 가지만 부탁할게요. 해가 지면 저 기사의 능력이 줄어드니까 저녁에만 그를 치겠다고 약속하세요."

"그렇게 하리다. 해가 지고 난 다음에 공격하겠소."

일행은 하루 종일 말을 달렸다. 그들은 가시덤불이 많아 통과하기 힘든 숲의 입구에 이르게 되었다. 그 사이에 키 큰 기사는 이미 숲을 지나 골짜기 안으로 들어가 버렸다. 가웨인 일행은 숲에서 귀중한 시간을 다 허비했다. 겨우 숲을 헤치고 나와 보니, 키 큰 기사는 어디론가 사라져 보이지 않았다.

조금 시간이 지나 그들은 저 멀리 벌판 한가운데를 달리고 있는 에스카노르의 모습을 다시 만나게 되었다. 벌판 끝에 잘 지어진 튼튼한 성이 보였다. 에스카노르는 밤을 보내기 위해 그 성에 들를 것이 틀림없었다. 거리가 너무 떨어져 있었기 때문에, 그가 성에 들어가기 전에 따라잡는 것은 불가능했다.

가웨인은 동행하고 있는 젊은 남자에게 물었다.

"어찌 하면 좋겠소? 산의 에스카노르가 저 성에 묵을 것이 분명해 보이는

✝ 우리는 아르모리크 브리튼의 명구인 '더러움보다는 죽음을' 을 떠올리게 되는데, 이 명구는 브르타뉴의 흑백 깃발로 상징된다

데, 그리하면 나로서는 난감한 상황이외다."

젊은이가 대답했다.

"전혀 문제될 것 없습니다. 제가 함께 있는데 걱정하시다니 당치 않으십니다. 저 성과, 성을 에워싸고 있는 큰 숲은 예전에 저의 소유였지요. 용감하고 현명한 기사와 결혼한 또 다른 한 명의 제 누이에게 지참금으로 주었답니다. 경의 적은 제 매부에게 가서 묵어가기를 청하겠지요. 거절당하지 않을 겁니다. 경은 저곳에서 묵지 마십시오. 원수와 함께 같은 곳에 머문다는 것은 현명한 일이 못됩니다. 이 근처에 저와 친하게 지내고 있는 부유한 상인의 집이 있는데, 그곳으로 가십시다. 편하게 지낼 수 있을 겁니다."

"그럼 앞장서시오. 먼저 가서 우리가 도착한다고 알려 주시구려."

젊은이가 상인의 집에 도착하자 상인은 크게 기뻐하며 젊은이를 맞았다. 젊은이가 아더 왕의 조카 가웨인이 하룻밤 묵어가기를 청한다고 말하자 상인의 얼굴이 기쁨으로 환해졌다. 그는 하인들을 불러 불을 피우게 하고 자리를 살핀 뒤 저녁 식사를 준비하라고 일렀다. 그러고는 튼튼한 말을 타고 마중을 나왔다.

가웨인은 벌써 대문 앞에 도착해 있었다. 상인은 가웨인과 아가씨를 정중하게 맞아들인 뒤 집으로 데리고 갔다. 큰 방에는 양탄자가 깔려 있고 군데군데 아름다운 쿠션들이 놓여 있었다. 벽난로에서 불이 활활 타올랐다. 시종들이 달려와 가웨인의 갑옷을 벗기려 했지만, 가웨인은 완강하게 거절했다.

가웨인이 젊은 남자에게 말했다.

"친구여, 지금 당장 아까 그 성으로 가서 그 저주받은 에스카노르가 아가씨를 범하지 못하도록 어제와 똑같은 조치를 취해 주시오. 나를 위해서 형씨의 누이가 밤새 그 아가씨를 돌보게 해 주시오. 에스카노르가 거절하면 당장 그와 맞서 싸울 것이오."

젊은이는 서둘러 성으로 달려갔다. 성주인 젊은이의 매부가 달려 나와 기뻐하며 맞아 들였다.

에스카노르가 한눈에 젊은이를 알아보고 소리쳤다.

"저주가 있기를! 언젠가 반드시 복수하고 말겠소. 지금 당장 당신을 성 밖으로 내쫓을 수도 있소."

그러고는 성주에게 말했다.

"저는 이렇게 황당한 젊은이는 처음 봅니다. 이자가 간밤에 강제로 제 연인과 함께 있지 못하도록 했습니다."

성주가 영문을 몰라 어리둥절한 표정을 짓고 있을 때, 젊은이는 차분하고 예의 바른 태도로 일어났던 일을 설명하고 나서 덧붙여 말했다.

"이 사람이 아더 왕 앞에서 저지른 것에 대해서는 매부 자신이 판단하시기 바랍니다. 저는 가웨인 경의 명령을 따를 뿐입니다. 이 사람이 협박한다고 해서 그 명령을 어기지는 않을 겁니다. 그리고 매부에게 청이 한 가지 있습니다."

"어떤 청이오?"

"이 젊은 여자 분을 밤 동안에 누이가 돌보게 해 주시고, 내일 아침 저 기사가 성을 떠날 때 그에게 돌려주십시오."

"처남의 청을 물리칠 수는 없소. 지금은 내가 이 성의 주인이지만, 이 성은 처남이 나에게 선물한 것이니까……. 그렇게 하리다. 이곳에 머무는 동안 아가씨는 내 아내가 돌볼 것이오."

산의 에스카노르가 즉각 거칠게 항의했다.

젊은이가 말했다.

"받아들이지 않겠다면 가웨인 경이 이곳으로 와서 싸울 것이오."

성주가 끼어들었다.

"기다리시오. 그런 일이 일어나서는 안 됩니다. 나는 이분에게 유숙할 것을 허락했기 때문에 이분을 돕고 보호해야 할 의무가 있소. 그러나 기사여, 그대 또한 나의 손님이기 때문에 내 부탁을 들어야 할 의무가 있소. 내 부탁을 거절한다면 나는 그대의 안전을 보장할 수 없소이다."

한참 이런저런 말이 오간 후 에스카노르는 할 수 없이 양보했다. 성주의 아내가 즉시 아가씨를 자기 처소로 데리고 갔다. 젊은이는 곧 상인의 집으로 돌아가 가웨인에게 명령대로 수행했다고 보고했다.

가웨인은 그제야 갑옷을 벗는 데 동의했다. 얼굴은 여기저기 긁혀 있고, 뺨에는 피가 길게 흘러내려와 있었다. 상인의 누이가 그를 씻기고 정성스레 돌보아 주었다.

저녁 식사가 차려졌다. 가웨인은 불가에 있는 자리에 편안하게 자리 잡고 앉았다. 오른쪽에는 상인과 묘지의 아가씨가, 왼쪽에는 상인의 누이와 젊은 남자가 앉았다. 곧 빵과 포도주, 고기와 생선, 구운 닭고기 등이 잔뜩 나왔다. 모두 편하고 즐거운 분위기에서 먹고 마셨다. 식사가 끝난 뒤, 사람들은 불가에다 가웨인의 잠자리를 보아 주었다. 왕의 조카는 다음날 그를 기다리고 있는 힘든 시련에 대한 생각도 잊고 깊이 잠들었다.

날이 밝자마자, 산의 에스카노르는 출발 준비를 서둘렀다. 성에서 꾸물대고 싶은 생각이 전혀 없었기 때문이다. 그는 전날도 또 그 전날도 젊은 여자와 함께 있지 못했다는 사실 때문에 잔뜩 화가 나 있었다. 종자 하나가 그에게 급히 갑옷을 입혀 주고 말을 끌고 왔다. 기사는 젊은 여자를 데려다 달라고 했다. 부인이 여자를 데려다 주자 그는 여자를 말에 태운 뒤 목에 방패를 건 채 뒤도 돌아보지 않고 성을 빠져나갔다.

성주는 시종 한 사람을 시켜 상인의 집으로 가서 가웨인에게 기사가 출발했다는 것을 알려주라고 일렀다. 가웨인은 그 소식을 듣더니 불쾌한 표정으로 얼른 자리에서 일어나 옷을 입은 다음 무기를 가져오라고 명령했다. 상인은 그의 무기들이 전부 심하게 망가진 것을 보고 새 투구와, 무술 경기를 위해 제작된 우아한 갑옷, 촘촘한 쇠사슬로 만들어진 흰색 신발을 준비했다. 반짝이는 날카로운 검과, 아주 귀한 장식이 달린 방패도 가져다주었다. 가웨인이 태어나 처음 보는 멋진 무기들이었다.

가웨인이 집주인에게 말했다.

"이렇게 극진한 대접을 받고도 보답하지 않는다면 신께서 노여워할 것이오. 어느 날 기회가 되면 내가 받은 대접에 보답할 수 있도록 신께서 내게 용기와 힘을 주시기를 바랍니다."

젊은이와 집주인의 딸이 서둘러 가웨인에게 갑옷을 입혀 주었다. 곧 종자들이 안장을 올려놓은 말을 끌고 왔다. 가웨인은 훌쩍 뛰어 그린갈렛 위에 올라탔다. 젊은이 역시 말에 안장을 올려놓고 방패와 창을 챙겨 들었다. 집주인은 아가씨가 말을 타는 것을 도와준 뒤, 숲이 시작되는 곳까지 배웅하겠다고 말하면서 말을 타고 따라나섰다.

숲이 시작되는 곳에 이르렀을 때 그가 말했다.

"저는 이제 그만 돌아가 보겠습니다. 여러분에게 신의 가호가 함께하기를 바랍니다."

가웨인과 동료들은 집주인에게 다시 한번 감사하다고 말한 다음 그에게 작별 인사를 하고 숲속 깊이 들어갔다.

그들은 오랫동안 말을 달려야 했다. 길은 좁고 구불구불했다. 가웨인은 에스카노르 역시 같은 어려움을 겪었을 터이니 멀리까지 가지 못했을 것이라고 생각하며 마음을 달랬다. 아닌게아니라 숲을 나오자 별로 멀지 않은 곳에 붉은 방패의 기사가 보였다. 가웨인은 말에 박차를 가하여 곧 그를 따라잡았다.

가웨인이 그를 향해 큰 소리로 외쳤다.

"기사여, 그 아가씨를 당장 내려놓아라! 그대의 말은 너무 오랫동안 아가씨를 태우고 왔다. 나와 결투하지 않으면 그녀를 데려갈 수 없다!"

에스카노르가 대꾸했다.

"자기 자신부터 탓하시지. 아발론의 성 나자르의 이름에 걸고 말하건대, 그대는 나보다 더 빠른 말을 타고 있으니, 원했다면 어제 이미 나를 만날 수 있었을 것이다. 내 말은 달리지 않고 걸어왔다. 그러니 그대가 나와 싸우려는 의지가 결연하다고 생각되지 않는다. 나도 싸워 달라고 부탁할 생각이 없다. 나를 내버려두고 아더 왕의 궁으로 돌아가시지. 아, 그 전에 한 가지 알아둘 것이 있다. 이 해맑은 얼굴의 아가씨를 혼자 아더 왕의 궁으로 보냈던 것은 바로 나였다는 말씀이야. 그 다음에 아더 왕의 궁으로 가서 제후들이 지켜보는 가운데 소란을 피우며 데리고 나온 거지. 그건 단지 그대와 싸우기 위한 명분을 만들기 위해서였다."

가웨인의 얼굴이 분노로 붉게 달아올랐다.

"좋아! 그대가 원한 대로 내가 여기 왔다. 그 도전에 응하겠다. 자, 이제 원했던 대로 싸움에 응하라."

묘지의 아가씨나 가웨인과 동행한 젊은이의 생각은 달랐다. 그들은, 이제 해가 점점 더 위로 솟아오르고 있으므로 산의 에스카노르의 힘이 점점 강해지리라는 걸 알고 있었다.

젊은이가 가웨인에게 말했다.

"가웨인 경, 이 길 위에서 싸우실 수는 없습니다. 나무 때문에 편하게 결투하실 수 없어요. 이곳에서 멀지 않은 곳에 넓고 아름다운 황야가 있습니다. 그곳에 있는 풀밭은 트인 장소라 결투에 훨씬 더 적합합니다. 진흙탕에 빠진 수레 자국 때문에 울퉁불퉁한 이 길에서는 두 분 기사님들께서 제 역량을 발휘하실 수 없을 겁니다."

그 말을 들은 붉은 방패의 기사가 말했다.

"일리 있는 말이다. 가웨인이 찬성한다면 그곳에 가서 싸우겠다."

에스카노르의 대답을 듣고 젊은이는 뛸 듯이 기뻐했다. 이제 에스카노르와 가웨인의 결투를 몇 시간 뒤로 미룰 수 있게 되었기 때문이다.

그들은 계속 앞으로 걸어갔다. 젊은이가 길을 알고 있었으므로 선두에 서서 걸었다. 골짜기 여러 개를 건너고, 무성한 숲을 몇 개 지나자 커다란 황야가 나왔다. 그 한가운데에 아주 넓은 풀밭이 있었다. 그 사이에 해는 벌써 많이 기울었다. 에스카노르는 젊은 여자를 숲 그늘 아래 내려놓은 다음, 갑옷 끈을 다시 조였다. 가웨인도 무기를 세심하게 챙겼다.

드디어 두 사람은 마주 서서 격돌했다. 몇 합 겨루지도 않았는데, 두 사람의 창은 모두 부서져 버렸다. 두 사람 모두 다친 데 없이 말 위에 버티고 앉아 있었다. 가웨인은 창이 부서지자 검을 뽑아 들고 무서운 기세로 상대를 향해 돌진했다.

에스카노르가 외쳤다.

"가웨인, 이건 우리 나라 관습과 다르다. 다른 사람과 결투하기를 마다하지 않을 만큼 용감한 기사라면, 두 사람 중 한 사람이 말에서 떨어지기 전에는 검을 뽑지 않는 법이다. 두 사람 모두 우선 마상에서 창으로 겨루어야 한다. 힘세고 빠른 말을 탄 저 젊은이를 시켜 성으로 돌아가 창을 가져오라고 이르라. 두 사람 중 한 사람이 말에서 떨어질 때까지 창으로 겨루자."

그 이야기를 듣자마자 젊은이는 말 위에 올라탔다. 그는 서두르지 않았다. 해가 완전히 질 때까지 가능한 한 결투를 지연시킬 생각이었던 것이다. 젊은이가 자리를 비운 사이에 두 사람의 기사는 휴식을 취했다.

젊은이가 두툼하고 큰 창 여섯 개를 가지고 돌아왔다. 그중 하나는 각진 창대로 이루어져 있었는데, 다른 창들보다 길고 두꺼웠다. 아더 왕국의 기사는 아무리 키가 크고 힘이 세고 호전적이라 할지라도 그 창을 마상 시합에서 부러뜨릴 수 없을 것 같았다.

가웨인은 창들을 들여다보며 한참 생각하다가 젊은이에게 말했다.

"저 기사에게 이 창 여섯 개를 가지고 가서 마음에 드는 것 세 개를 고르라고 하시오. 그가 선택하게 하고 싶소. 그리고 나머지 세 개를 나에게 다시 가져다주시오. 그러면 내가 제일 좋은 것을 골랐다는 비난은 할 수 없겠지."

젊은이는 시키는 대로 했다. 그는 에스카노르에게 창을 들고 가서 먼저 세 개를 고르라고 말했다. 에스카노르는 찬찬히 살펴보더니 가장 두툼한 것 세 개를 골랐다. 나머지를 돌려주면서, 이처럼 좋은 선물을 해 주어서 고맙다고 가웨인에게 전해 달라고 말했다. 젊은이는 가웨인에게 돌아왔지만, 키 큰 기사가 싸움에 이기게 될까 봐 이만저만 걱정이 아니었다. 가웨인은 차분하게 결투 준비를 하고 있었다. 이제 곧 밤이 될 것이므로 산의 에스카노르를 쉽게 제압할 수 있을 거라고 생각했다.

그들은 다시 격돌했다. 창과 방패가 부서졌지만, 두 사람 모두 말에서 떨어지진 않았다. 가웨인은 그린갈렛이 걱정되기 시작했다. 그는 애마의 목숨을 구하기 위해서라면 무슨 일이든 마다하지 않을 만큼 말을 사랑했다. 그래서 일부러 말에서 떨어졌다. 이제 검으로 싸울 수 있게 된 것이다. 날이 저물어 갈수록 두 사람의 결투는 격렬해졌다.

젊은이와 두 명의 아가씨는 나무 아래 앉아 두 사람을 걱정하고 있었다. 에스카노르와 함께 있던 여자가 더 절망하고 있는 것처럼 보였다. 한순간 그녀는 정신을 잃고 쓰러졌다.

정신이 돌아오자, 그녀는 고통스러워하며 눈물을 펑펑 쏟아냈다.

"나는 얼마나 불행한 여자인지! 이 낯선 땅에서 내 친구를 잃으면 어찌 될까요? 사람을 모욕해서 좋은 결과를 얻어낼 수 없다는 말을 들은 적이 있는데, 그 말이 정말 맞아요. 에스카노르도, 그를 도운 나도 모두 잘못한 거예요. 그는 자기 나라에서 힘세고 부유한 사람이고, 나도 불편한 것 없이 잘 살았답니다. 그런데 괜한 공명심 때문에 나를 아더 왕의 궁에 보내어 가웨인 경의 보호를 끌어냈어요. 가웨인과 겨루기 위한 명분을 만들어 내기 위해 나를 뒤따라왔고, 제후들과 기사들이 보는 앞에서 나를 빼앗은 거지요. 가웨인과 싸워 이길 수 있다면, 이 세상의 어떤 기사도 다시는 자기에게 도전해 오지 못할 거라고 생각했던 거랍니다."

묘지의 젊은 여자도 그녀 못지않게 슬퍼하고 있었다.

"나를 그토록 끔찍한 비참함에서 구해준 그 훌륭한 기사를 잃으면 나는 어찌 될까요? 나를 그의 나라로 데려다 주기로 했는데……. 나는 의지할 사람 하나 없이 이곳에서 슬퍼하며 살아야겠지요!"

젊은이는 젊은이대로 에스카노르가 결투에서 이길 경우 자신의 운명이 어찌 될 것인지 걱정하고 있었다.

싸우고 있는 두 사람은 적당히 타협할 생각이 전혀 없는 것 같았다. 두 사람 모두 상대방의 죽음을 원하고 있었다. 에스카노르의 방패는 완전히 부서져 버렸다. 가웨인은 아직 방패를 들고 있었으므로 상대에 비해 유리한 입장이었다. 가웨인은 상대방에게 틈을 보이지 않고 계속해서 검을 휘둘렀다. 가웨인의 검이 상대방의 투구를 세게 쳤다. 에스카노르의 투구 끈이 끊어지면서 투구가 풀밭 저 멀리로 나가 떨어졌다. 가웨인은 끝장내 버리겠다는 생각으로 공격을 늦추지 않았다.

에스카노르는 죽을힘을 다해 저항했지만, 이제 가망이 없다는 것을 알았다. 투구도 방패도 없었다. 몸을 보호해 주는 수단을 다 잃어버린 것이다. 그는 항복하겠다고 말하며 자비를 빌었다. 가웨인은 이 세상 누구보다도 에스카노르를 두려워해야 한다고 말했던 어머니의 조언을 떠올렸다. 살려 주면 언제 화근이 될지 모른다. 가웨인은 힘껏 에스카노르의 머리를 쳤다. 그는 쓰러졌고 다시 일어나지 못했다.

가웨인은 지쳐서 몸을 가누기도 힘들 지경이었다. 젊은이가 달려와 비틀거리는 그를 부축했다. 묘지의 젊은 여자도 생명의 은인이 승리하게 해 주서서 고맙노라고 하늘을 향해 기도하면서 기쁨의 환호성을 질렀다.

에스카노르와 동행했던 아가씨만이 절망한 표정으로 나무에 기대어 앉아 아무 말도 하지 못하고 눈물만 줄줄 흘렸다. 조금 정신을 차린 가웨인은 젊은이의 도움을 받아 갑옷을 벗고 그녀에게 다가가 위로의 말을 건넸다.

"에스카노르의 죽음에 대해 나를 비난해서는 안 됩니다. 그의 교만과 잔인함을 비난해야 하오. 이런 모험에 아가씨를 끌어들이다니……. 어떻게 나와 싸우기 위해 아가씨를 공범으로 만들 생각을 했을까요? 이제 보니 아가씨가 그를 사랑했다는 걸 알겠소. 사랑 때문에 그런 일을 저질렀던 거요. 어떤 위험을 겪게 될지 몰랐던 거지요.

무서워하지 마시오. 그에 대한 증오를 당신에게 전가하지는 않을 겁니다. 아더 왕의 명예와 나 자신의 명예를 위해 그와 싸워 이길 수밖에 없었다는 걸 이해해 주시오. 모든 사람들이 보기에, 아가씨를 보호해야 할 책임은 내게 있는 것이었으니까 말이오."

"경을 원망하지 않아요. 그렇게 될 수밖에 없었어요. 운명을 억지로 도발하면 나쁜 결과를 얻게 될 뿐이라는 걸 알게 되었어요. 그렇지만 낯선 땅에서 나라는 가엾은 여자는 이제 어찌 될까요?"

"나는 여전히 아가씨의 보호자가 아니오? 안심하시오. 아가씨가 겪은 손해를 보상해 드리리다. 슬프고 고통스럽겠지만, 나를 믿으시오. 아더 왕의 궁으로 모시고 가서 방법을 찾아보겠소이다. 마음에 드는 남자를 골라서 연인이나 남편으로 삼으셔도 됩니다."

"무슨 말을 더 하겠습니까? 말씀하신 대로 할게요. 경이 명예를 얻으실 수 있는 방법으로 행동하시면, 그것이 나에게도 유익한 일이 될 것입니다."

일행은 떠날 준비를 했다. 가웨인은 묘지의 여자가 말을 타도록 도운 다음, 애마 그린갈렛 위에 올라탔다. 몸무게가 얼마 나가지 않는 젊은이는 자기 말 앞쪽에 에스카노르의 연인을 태웠다. 젊은이가 그들이 전에 방문했던 성으로 안내했다. 그곳에서 그들은 융숭한 대접을 받았다. 성주는 가웨인을 보고 너무나 기뻐하면서, 더할 나위 없이 정중하게 대접했다.

아침이 되어, 손님들이 떠날 차비를 할 때 성주는 화려한 마구가 갖추어진 말 한 필을 에스카노르의 연인에게 선물했다. 일행은 성주에게 작별한 뒤 다시 길을 떠났다. 날이 저물기 전에 카얼리온 아르 위스그로 가서 아더 왕과 그의 신하들을 만날 생각이었다.

그들은 빠른 속도로 숲을 달려 지나갔다. 그런데 달리다 말고 가웨인이 갑자기 멈추어 섰다. 다른 사람들도 말을 세우며 물었다.

"무슨 일이지요?"

"들어보시오. 저 날카로운 비명 소리……. 어려운 처지에 빠진 여성이 지르는 소리가 아니오?"

다른 사람들이 귀를 기울였다. 숲속 어디에선가 어떤 여자의 비명이 계속 들려왔다.

젊은이가 말했다.

"그렇군요. 고통을 겪고 있는 여자가 틀림없습니다."

가웨인이 말했다.

"불행에 빠져 울부짖고 있는 여자를 모르는 체할 수는 없지요. 이 오솔길을 죽 따라가면 만날 수 있을 것 같소."

젊은이가 말했다.

"우리도 따라가겠습니다."

"아니오, 그러지 마시오. 형씨는 이곳에서 이 두 여자 분과 함께 기다려요. 무슨 일인지 알게 되면 돌아오리다. 사고가 일어나지만 않는다면 곧 돌아오겠소. 만일 일이 생겨서 내가 생각처럼 빨리 돌아오지 못하는 일이 생긴다면, 이 큰길을 따라 카얼리온에 가서 귀네비어 왕비를 만나시오. 왕비님에게 내가 돌아올 때까지 이 여자 분들을 잘돌보아 달라고 부탁하더라고 전하시오. 형씨나 아가씨들에 대해 왕비께서 물으시거든 일어났던 일을 말씀드리시오."

"이르신 대로 하겠습니다. 우리가 겪은 모험을 거짓 없이 모두 말씀드리겠습니다."

가웨인은 소리가 들려오는 곳으로 곧장 달려갔다. 잠깐 말을 달린 뒤 언덕을 내려가니 울고 있는 여자의 모습이 보였다. 눈부시게 흰 말을 타고 아름다운 흰 옷을 입은 젊은 여자였다. 그녀를 괴롭히고 있는 사람은 아무도 없었다. 주위에는 아무도 보이지 않았다.

궁금해진 가웨인은 말을 달려 그녀에게 다가가 말을 걸었다.

"신께서 기쁨과 명예를 베풀어 주시기를 바랍니다. 왜 이렇게 슬퍼하고 계시오? 무슨 일로 그렇게 절망하신 건가요? 괜찮으시다면 말씀해 주실 수 있겠소?"

여자가 울음을 멈추었다.

"말씀드릴게요. 어떤 잘생긴 기사가 나를 사랑한답니다. 나도 그를 사랑하고요. 그는 모험을 떠날 때마다 나를 데리고 갔지요. 오늘 아침, 이 지역을 함께 지나던 중이었습니다. 젊은 여자의 찢어지는 듯한 울음소리가 들려오는 거예요. 내 연인은 나에게 이곳에서 기다리라고 말하곤 무슨 일인지 알아보고 오겠다고 하더군요. 떠나기 전 그는 나만 빼면 이 세상 무엇보다 좋아하는 새매를 내게 맡겼어요. 그는 새매를 잘 돌보아 주라고 말했지요. 그런데 내가 미쳤지, 매에 대해서 아무것도 모르면서 새에게 먹을 것을 주려고 했던 거예요. 그놈이 잡아온 새끼 새를 먹이려고 했는데 그만 몸을 비틀더니 족쇄를 풀어 버리고 도망쳤지 뭐예요. 연인이 돌아오면 이성을 잃을 거예요. 무슨 일이 일어날지 몰라요. 어쩌면 우리 사랑도 끝날지 몰라요. 그런데 새를 불러 줄 사람이 아무도 없는 거예요. 난 정말 불행해요.……."

가웨인은 아가씨의 이야기를 들으면서 한편으로는 재미있기도 하고, 한편으로는 가엾기도 했다. 그는 새를 찾을 때까지 자기가 옆에 있어 주겠다고 하면서 아가씨를 안심시켰다. 아가씨는 그 약속에 마음이 흐뭇해져서 진심으로 고마워했다.

"신께서 도와주셨으면 좋겠어요. 새를 잡아다 주신다면 정말이지 나를 구해주시는 거예요. 평생 당신에게 고마워하게 될 거예요."

"새를 어떻게 부르는지 가르쳐 주면 새를 불러 보겠소."

그는 오랫동안 떡갈나무 꼭대기에 올라앉아 있는 새매를 불러 보았지만 아무 소용도 없었다. 놈은 들은 체도 하지 않았다. 가웨인은 앞으로 갔다가 뒤로 물러났다가 하면서 새를 불러 보았다. 놈은 아예 관심이 없는 눈치였다. 그래도 끈이 나뭇가지에 걸렸는지 더 이상 멀리 도망가지는 못했다. 그게 유일한 위안이라면 위안이었다. 가웨인은 목청이 터져라 새를 불러 보아야 소용없다는 것을 깨닫고 갑옷을 벗은 다음 떡갈나무 위로 기어 올라갔다.

가웨인이 나무에 올라가 있는 동안 기사가 말을 타고 달려왔다. 떡갈나무 아래에 갑옷이 있는 걸 보더니 누구 거냐고 물었다.

새매를 잡기 위해 나무 위로 올라간 기사

여자가 대답했다.

"당신 빼고 세상에서 제일가는 기사의 것이랍니다."

여자는 새매를 잃어버려서 울고 있는데 가웨인이 찾아와 새를 잡아 주겠다고 말했다는 것을 이야기했다.

기사는 버럭 화를 냈다.

"이런 나쁜 여자 같으니! 거짓말 마시오. 당신은 거짓말을 하고 있소. 나는 비열한 짓을 숨기려는 사람들이 어떻게 하는지 잘 알고 있지. 그 얘기를 믿을 만큼 내가 멍청한 놈으로 보이시오? 난관을 피하려고 여자들은 얘기를 잘도 꾸며내는군. 날 속이지는 못할 거요!"

기사는 한쪽 손으로 흰 말을 잡고, 다른 손으로는 그린갈렛을 잡았다. 그는 여자를 향해 이제 다시는 그녀를 연인으로 생각하지 않겠다고 말했다. 그곳에 혼자 두고 갈 테니 멍청한 놈이나 하나 꼬드겨 보라고 비아냥대며 온갖 욕설을 퍼부었다.

그때 가웨인이 나무 위에서 기사를 향해 외쳤다.

"형씨, 대체 지금 무슨 생각을 하고 있는 겁니까? 나는 형씨를 모욕하기 위해 온 것이 아니오. 나나, 이 젊은 여자 분이나 비난당할 만한 일은 아무것도 하지 않았소. 나쁜 의도는 전혀 없었소이다. 그러나 원한다면 형씨가 직접 고른 열아홉 명의 기사들 앞에서 맹세를 할 수도 있소."

기사가 대답했다.

"내가 그 핑계를 믿을 거라고 생각하지는 않겠지. 맹세 따위가 무슨 소용이 있단 말이오. 배반을 저지른 자들은 그것을 씻어 내기 위해 언제라도 거짓말을 할 준비가 되어 있지 않은가!"

그는 그렇게 내뱉고는 말들을 몰고 가 버렸다. 그의 모습은 곧 시야에서 사라졌다. 가웨인은 새매를 붙잡은 다음 나무에서 내려와 다시 울먹이기 시작한 여자에게 다가갔다.

"걱정하지 마시오. 내가 아가씨를 도와 드리겠소."

"신께서 기사님을 지켜 주시기 바랍니다. 기사님에게 닥친 불운 때문에 슬퍼요. 나를 도와주시려고 하시다가 어려운 처지에 빠지셨으니……."

"그런 이야기가 무슨 소용이 있겠소. 슬퍼해 보아야 아무 도움도 되지 않소. 명예를 위하여 올바르게 행동하려는 사람들은 누구나 다 그런 어려움을 겪지요. 일어난 일은 일어난 일이오. 이 상황에서 벗어날 궁리나 해 봅시다."

가웨인은 나무 아래 놓아두었던 갑옷을 다시 입고 아가씨와 함께 곧 그곳을 떠났다. 어느 쪽으로 가야 할지 알 수 없었다. 어떤 모험을 만나게 될지도 알 수 없었다. 가능하면 애마 그린갈렛을 빼앗아 간 기사를 찾을 수 있는 모험을 만나게 되면 좋겠다고 생각했다.

날씨가 갑자기 나빠졌다. 비와 우박에, 커다란 눈송이까지 마구 쏟아져 내렸다. 설상가상으로 주위에는 몸을 숨길 수 있는 성은 고사하고 암자나 조그만 초가집 하나 없었다.

젊은 여자가 말했다.

"오늘 아침 길에서 지붕이 씌워진 십자 묘석을 보았어요. 그곳에 갈 수 있다면 그나마 조금 나을 것 같아요."

"그 수밖에는 없을 것 같소. 얼른 그곳으로 가 봅시다."

그들은 십자가를 향해 급히 달려가 가능한 한 몸을 웅크리고 있었다. 폭풍우는 밤새 이어졌다. 두 사람은 딱딱한 바닥에 누워서 폭풍이 지나가는 것을 기다리는 수밖에 없었다. 떡갈나무 위에서 잡아온 새매는 지붕의 가로대 위에 앉혀 두었다.

아침이 되자 다시 날씨가 좋아졌다. 여전히 가웨인의 근심은 사라지지 않았다. 그가 여자에게 물었다.

"이제 어찌 하면 좋겠소?"

"기사님이 결정하시는 대로 따를게요. 이곳에서 우리를 도와줄 사람들이 나타나는 걸 기다리는 게 좋을지, 아니면 다시 길을 떠나는 게 좋을지 잘 모르겠어요."

"여기서 꾸물거리고 있으면 더 위험할 것 같다는 생각이 드는군요."

그때 정직해 보이는 기사 한 사람이 종자 한 명을 데리고 나타났다. 종자는 또 다른 말 한 마리를 끌고 가는 중이었다. 기사는 두 사람을 보더니 말에서 내렸다. 그는 이 여행자들이 어려운 처지에 빠져 있다는 것을 알아차렸다. 가웨인이 기사를 향해 다가갔다. 두 사람은 정중하게 인사를 주고받았다.

가웨인이 먼저 입을 열었다.

"기사님을 만나게 되어 얼마나 마음이 놓이는지 모르겠습니다. 우리는 지금 아주 어려운 처지에 빠져 있습니다."

기사가 말했다.

"괜찮으시다면 두 분이 누구신지, 어디에서 오셨는지 이야기해 주실 수 있겠습니까? 밤은 어디에서 보내셨습니까? 무슨 목적으로 여행하고 계신지도 알려 주십시오."

가웨인은 그간 일어났던 일을 가능한 한 자세히 들려주었다. 아주 좋은 교육을 받은 것으로 보이는 기사는 가웨인의 이야기를 듣더니 놀라워하며 성호를 그었다.

"형편을 알게 되었으니 도움을 드려야겠군요. 그전에 한 가지 부탁이 있습니다. 제가 이와 유사한 상황에 처하게 되면 도움을 주십사 하는 것입니다."

"이르다 뿐이겠습니까. 제 명예에 금이 가는 일만 아니라면 당연히 돕겠습니다."

"제 말을 가져가십시오. 이 아름다운 아가씨에게도 마구가 완전히 갖추어진 말을 드리겠습니다. 기회가 닿으면 오늘 이 선물에 대한 보상을 해 주시기 바랍니다."

"이처럼 훌륭한 선물을 받고 어찌 모르는 체할 수 있겠습니까?"

"잘 알겠습니다. 괜찮으시다면, 보상을 받기 전에 우선 저 새매를 저에게 주실 수 없으신지요?"

가웨인은 그 기사에게 새를 주면 어떻겠느냐고 아가씨에게 물었다. 아가씨는 조금도 망설이지 않고 그러마 대답했다.

기사가 말했다.

"감사합니다. 그대가 제 선물에 대한 보답을 하게 되면, 그때 제 이름을 말씀드리도록 하지요."

기사는 종자에게 말에서 내리라고 하고는 그 말 위에 올라탔다. 그는 두 사람에게 작별 인사를 하고 왔던 길을 되짚어 사라졌다. 종자는 걸어서 그의 뒤를 따라갔다.

가웨인은 마구가 더 화려한 말에 아가씨를 태웠다. 자신은 다른 말 위에 올라탔다. 그래도 그린갈렛이 그리웠다. 젊은 여자는 신께서 그들에게 보내주신 도움에 못내 행복한 표정이었다. 어려운 처지에 빠져 있었지만 이제 살아날 길이 생긴 것이다. 가웨인은 그 이름 모를 기사의 태도에 어딘가 석연치 않은 구석이 있다는 생각을 떨쳐버릴 수가 없었다.

두 사람은 모험이 명하는 대로 길을 따라 똑바로 나아갔다. 그들은 먹지도 마시지도 못한 채 정오가 지날 때까지 말을 타고 갔다. 가웨인은 길 한가운데에서 그들을 향해 다가오고 있는 숯쟁이 한 사람의 모습을 보았다. 그는 두 마리 나귀와 짐말 하나를 데리고 어디론가 급하게 가고 있었다. 가웨인이 그를 불러 세워 근처에 음식을 대접받을 만한 곳이 있느냐고 물어보았다.

"아주 가까운 곳에 붉은 도성이라는 곳이 있기는 한데……. 그곳에는 가지 마세요. 무서운 시련을 겪게 되실 겁니다."

"어떤 시련인가?"

"그 도성을 다스리고 있는 왕은 사납기가 아주 말할 수 없고, 교만이 하늘을 찌르는 사람이랍니다. 하기야 주변에 있는 모든 왕국에 힘과 용맹에 있어 그를 따를 자가 없다는 것이 확인되었으니 교만할 만도 하지요. 오늘 붉은 도성에 들어가면, 무장을 하고 우물 곁에 서 있는 그를 만날 수 있을 겁니다. 그게 관습이니까요. 기막히게 아름다운 젊은 여자를 데리고 일주일에 네 번 그 우물에 온답니다. 그에 대해서는 더 이상 알고 있는 것이 없지만, 그 여자의 꾸밈과 자태는 가히 완벽하다 할 만합니다. 그처럼 아름다운 여자는 이 세상 어디에도 없을 겁니다. 그러나 놀라지 마십시오. 왕은 그 여자를 참혹하게 다룬답니다. 사람들이 보는 앞에서 옷을 모두 벗겨 차갑고 어두운 물속으로 들

어가게 한 다음, 해가 지고 난 뒤에야 우물 밖으로 끌어내지요. 아무
도 감히 왕에게 항의하지 못해요. 그랬다간 왕의 아들이라 해도 남아
나지 못하거든요. 붉은 도성의 왕은 항의하는 자들을 모두 죽인 다음
목을 베어서 반짝이는 투구를 씌워 우물 주위에 있는 말뚝에 꽂아 놓
는답니다. 죽임을 당한 사람들은 모두 용감한 사람들이었지요. 나으
리도 조심하세요. 도성에 들어가시더라도 목소리를 높이지는 마세
요. 자칫하면 나으리 머리도 다른 사람들 머리와 나란히 말뚝에 꿰이
게 될지 모르니까요."

가웨인이 소리쳤다.

"세상에 별 이상한 일도 다 있군! 자세히 이야기해 주어 고맙네.
그 도성에 가서 무엇 때문에 그렇게 행동하는지 이유를 물어보아야
겠군. 진짜로 그 이유가 알고 싶어졌어!"

그는 숯쟁이를 떠나 말을 달렸다. 산을 하나 넘자, 도성의 가장자
리에 있는 우물이 나타났다. 씩씩하고 튼튼한 말을 타고 있는 무장한
기사의 모습도 보였다. 좀처럼 찾아보기 힘든 잘생긴 말이었다. 기사
가 들고 있는 무기도 형언하기 어려울 만큼 화려한 것이었다. 탄탄하
고 두툼한 창은 선혈보다도 더 붉은색이었는데, 끝에 잘 벼리어진 날
이 달려 있었다. 날카로운 검 역시 불타는 듯한 붉은색이었다.

가웨인은 말고삐를 바짝 당겨 우물 옆에 멈추어 섰다. 물에 반쯤 몸
을 담그고 있는 젊은 여자의 모습이 보였다. 그는 그녀의 빛나는 아름
다움에 충격을 받았다. 그는 그녀에게 인사하고 기사를 향해 말했다.

"어떤 죄를 지었기에 이 젊은 여자 분에게 이토록 잔인한 벌을 주

는 거요?"

"알고 싶거든 직접 물어보구려. 그 여자가 직접 대답할 거요. 그러나 그전에 당신의 목숨을 걸어야 하오."

가웨인이 대답했다.

"무슨 정신 나간 소릴 하는 거요. 어쨌든 나는 아가씨에게 이야기해 달라고 부탁하겠소이다."

가웨인은 아가씨에게 다가갔다.

"어쩌다가 이런 야만적인 벌을 받게 되었는지 얘기해 주겠소?"

그러자 샘물의 아가씨가 대답했다.

"말씀드리지요. 저 기사는 붉은 도성의 왕이랍니다. 교만과 잔인함에 있어 따를 자가 없지요. 작년에 저는 그와 함께 과수원으로 산책을 갔었습니다. 이야기하는 도중 그는 아더 왕의 궁전에는 자기보다 더 무술이 뛰어난 사람이 없다고 단언하더군요. 그런데 저는 그만 어리석게도, 우리 나라에서는 원탁의 기사들을 용맹함이나 무술에 있어 제일로 치더라고 말했답니다. 그는 자기가 원탁의 기사 그 누구보다도 훨씬 뛰어나다고 대답했지요. 저는 불행하게도 그 정도 되는 사람은 수없이 많으며, 왕국 전체에서 자기가 가장 뛰어나다고 주장하는 사람은 어리석고 교만한 사람이라고 말했습니다. 그는 제 말을 듣고 미친 듯이 화를 내면서, 자신을 형편없는 사람으로 취급한다고 비난하더군요.

그는 자신을 델릴라에게 배반당한 삼손에 비유하면서 여자들은 언제나 자기 연인보다 다른 남자를 더 높이 평가한다고 말했습니다. 가슴이 열에 들떠 그렇게 자기를 무시하게 되었기 때문에 식혀 주어야 한다면서, 제가 자기에게 가한 비난을 속죄해야 한다고도 말하더군요. 일주일에 나흘 동안 사람들이 보는 앞에서 옷을 벗고 이 어두운 우물에 몸을 담가야 한다는 겁니다. 해가 질 때까지 이 안에 있어야 한답니다. 그 시련은 누군가가 와서 자기를 죽이기 전까지 계속 되어야 한다는 거예요. 그는 벌을 주는 것이 자신의 정당한 권리이므로, 이의를 제기하는 자는 모조리 머리를 베어 우물 가까이 있는 말뚝에 그 머리를 꽂아 놓겠다고 했어요."✚

가웨인이 그 이야기를 듣고 있는 동안 붉은 도성의 왕은 새매의 아가씨에게 다가가 지금 목숨을 내놓고 자기 연인과 대화를 나누고 있는 저 미친 기사의 이름이 무엇이냐고 물었다.

아가씨가 대답했다.

"맹세코 그의 이름은 말씀드릴 수 없습니다."

"이름을 모른다는 말이오?"

"토마스 성인의 이름을 빌어 말씀드리건대, 알지 못합니다."

✚ 이 13세기 문헌에 이르면, 고대의 여신-신성한 인간 왕의 짝의 의미가 완전히 뒤집혀 버린 것을 알 수 있다. 아름다운 여신은 완전히 인간 남성의 소유가 되어 버렸으며, 공동체의 영속을 위해 신성한 행위로 여겨지던 배우자의 교체(여기에서는 배우자와 다른 남성의 비교)는 저주받을 행위가 된다. 여신의 장소인 샘은 축복받은 재생이 이루어지는 촉촉하고 따스한 물의 장소가 아니라, 저주받은 징벌의 장소이며 음란한 남성적 관음증을 충족시키는 습하고 춥고 어두운 장소이다. 인간 왕의 희생(잘린 머리)이라는 고대의 도식은 겉모양만이 유지되어, 남성 일인자의 권력을 과시하는 전리품으로 전락해 있다. —역주

그녀는 그와 함께 겪었던 모험에 대해 간략하게 이야기를 들려주었다. 붉은 도성의 왕은 그 이야기를 주의 깊게 들었다. 그는 내심 놀란 듯했다.

"그가 누구든 그것은 중요하지 않소. 그는 오만의 대가를 치러야 할 것이오."

가웨인은 차분한 목소리로 샘물의 아가씨에게 말했다.

"오래 고생하셨습니다. 이제 그만 물에서 나오시오. 신 앞에서 맹세하리다. 내가 살아 있는 한, 아가씨는 다시는 그 물에 들어가지 않으셔도 됩니다."

아가씨는 당장 물에서 나와 샘물가에 흩어져 있던 옷을 집어 들었다. 왕이 가웨인을 큰 소리로 불러 세웠다.

"그 말로 인해 비싼 대가를 치르게 될 것이오. 명심하시오!"

가웨인이 조용히 대답했다.

"얼마든지 협박하시오. 그런 협박에 굴할 내가 아니오. 나와 겨루고 싶은 사람이 있다면 얼마든지 응해 주겠소. 난 준비되어 있소이다."

두 사람은 곧 결투 준비에 들어갔다. 두 마리 말이 상대방의 말을 향해 거친 콧김을 내뿜으며 달려들었다. 날카로운 두 개의 창날이 상대의 방패를 뚫었다. 창은 부러지고 갈라졌다. 두 사람 모두 주고받는 거친 공격에도 불구하고 말 위에 버티고 앉아 있었다. 붉은 도성의 왕은 상대방을 쉽게 제압할 수 없다는 사실 때문에 자존심이 많이 상한 듯 잔뜩 얼굴을 찌푸리고 있었다. 그는 검을 뽑아 들고 가웨인을 공격했다. 가웨인의 빛나는 투구가 머리카락이 있는 부분까지 찌그러졌다. 하마터면 말에서 떨어질 뻔했지만 그는 잘 버티고 앉아 있었다. 이번에는 가웨인의 검이 상대방의 방패 윗부분을 세게 쳤다.

그러면서 상대방의 사슬 갑옷의 사슬을 끊어냈다. 검은 아래쪽으로 내려오면서 말의 목 부분을 쳤다. 상처를 입은 튼튼한 말이 쓰러졌다. 왕이 땅바닥에 떨어졌다.

그는 곧 일어나면서 소리쳤다.

"성 데비의 이름으로 말하건대, 애송이의 솜씨는 아니군. 땅으로 내려와라! 거절한다면 네놈의 말을 죽이겠다. 말이 그렇게 죽는다면 네놈에게 별로 명예스러운 일은 아닐 터!"

가웨인은 상대방이 중간에 적당히 그만둘 생각이 없다는 걸 깨달았다. 힘세고 사나운 사람이니, 원했다면 진작 그의 말을 죽일 수도 있었을 것이다. 가웨인은 땅으로 내려서서 있는 힘을 다해 상대를 공격했다. 상대의 방어는 만만치 않았다. 한순간 가웨인은 정신이 멍해지는 것을 느꼈다. 상대방의 검이 보석으로 장식되어 있는 투구 윗부분을 세게 갈겼기 때문이다. 검은 방패 위로 미끄러지면서 사슬 갑옷을 망가뜨렸다. 다행히도 검은 바깥쪽으로 스치고 지나가 버렸다. 그렇지 않았더라면 가웨인은 가슴을 찔렸을 것이다. 어쨌든 대단한 공격이었다. 가웨인은 자칫 땅으로 넘어질 뻔했다. 그는 다시 정신을 수습하고 결연한 자세로 적을 공격했다. 왕은 꿈쩍도 하지 않았다.

도성의 많은 사람들이 결투 장소로 모여들었다. 성안에는 아무도 없었다. 남자건 여자건, 등이 곧은 사람이건 꼽추건, 젊은이건 늙은이건, 키가 큰 사람이건 작은 사람이건, 힘센 사람이건 약한 사람이건 몽땅 모여들었다. 귀족, 평민, 성직자, 상인들, 기사들과 귀부인들, 종자들과 시종들이 와글와글 떠들어 대며 왕을 돕기 위해 거리와 거리로 쏟아져 나왔다.

사람들이 그렇게 모여들자, 왕은 그들에게 입 다물고 아무 소리도 하지 말라는 엄명을 내렸다.

"명령을 어기는 자는 내 손에 죽을 줄 알라. 나나 내 적수를 상대로 어떤 배반 행위도 이루어지지 않기를 바란다. 그의 앞에서 엄숙하게 맹세하거니와, 나와 결투하여 그가 이긴다 하여도 그는 아무도 두려워할 필요는 없을 것이다."

그는 가웨인을 향해 말했다.

"어떻게 생각하시오? 내 신민들이 보는 앞에서 나는 나에게 어떤 일이 닥치더라도 다른 사람들이 그대를 공격하지 말도록 엄숙하게 선서하였소. 나는 이론의 여지없는 그들의 주인이오. 따라서 아무도 감히 내 명령을 어기지 않을 것이오."

가웨인이 대답했다.

"고맙지만 결투를 포기할 생각은 없소."

"나도 마찬가지요."

둘은 다시 상대에게 덤벼들었다. 백중세였다. 선수를 치는 것은 언제나 가웨인이었는데, 상대는 그 공격을 잘 막아냈다. 두 사람의 사슬 갑옷에서 사슬이 모두 떨어져 나갔고 방패는 부서졌다. 둘은 여기저기 맨살이 드러난 상태로 싸워야 했다. 싸움은 해가 질 때까지 계속되었지만 실력이 막상막하여서 승패를 짐작하기가 쉽지 않았다.

싸움이 한없이 길어지겠다는 생각이 든 가웨인은 결정적인 공격을 시도했다. 그는 온 힘을 다해, 상대에게 쉴 틈을 주지 않고 공격을 퍼부었다. 순간적으로 상대방이 수세에 몰렸을 때, 그의 방패를 세게 쳤다. 검은 아래로 내려가 검을 잡고 있는 왕의 손 위에서 멈추었다. 조금 더 내려갔더라면 왕의 손가락이 잘려 나갔을 것이다. 가웨인의 그 일격에 왕의 검이 손에서 빠져 달아났다. 무기를 놓쳐 버린 왕은 미친 듯이 화를 내며, 달려가서 왼손으로 검을 붙잡은 다음 가웨인에게 덤벼들었다. 그가 가웨인의 투구를 내리쳤다. 그러나 가웨인은 슬쩍 옆으로 피하면서 다시 싸움의 주도권을 잡았다. 그는 적의 방패를 마저 부수어 버리고, 투구를 완전히 벗겼다. 이제 적은 맨머리였다. 가웨인이 머리를 날려 버리려고 검을 들어 올리자 붉은 도성의 왕이 소리쳤다.

"자비를! 그대가 이겼소! 자, 내 검을 돌려주겠소!"

가웨인은 그 검을 받을 생각이 없었다. 그는 아직도 싸움의 열기에 휩싸여 중얼거렸다.

"이자를 죽이지 말아야 할 이유를 모르겠어."

패배자가 외쳤다.

"아, 기사여! 내가 자비를 구하고 있기 때문에 지금 나를 죽이면 그대는 비열한 행동을 저지르는 것이 되오."

"그건 맞는 말이오. 목숨은 살려 주겠소. 단 한 가지 조건을 걸겠소. 스스로 포로가 되는 것이오. 그동안 씻을 수 없는 고통을 안겨 주었던 이 아가씨를 데리고, 내일 당장 아더 왕과 귀네비어 왕비에게 가서 내가 그녀를 선물로 보냈다고 이야기하시오. 오늘 일어났던 전투를 보고해야 하오."

"그렇게 하겠소이다. 아더 왕에게 가서 그대의 명령대로 말하리다. 이름을 알고 싶소. 왕의 궁에 가면 나를 보낸 사람의 이름은 대야 할 테니 말이오."

"나는 이름을 잃어버렸소. 이름 없는 기사라고만 말하시오. 이름을 되찾을 때까지는 궁에 돌아가지 않을 거라고 전해 주시오. 자, 이제 그대의 이름을 말하시오."

"사람들은 나를 '무자비한 갈색머리'라고 부른다오. 나는 붉은 도성의 왕이오."

"아주 잘 어울리는 이름이군. 오늘 밤은 휴식을 취하시오. 내일 날이 밝는 대로 아가씨를 데리고 떠나시오."

무자비한 갈색머리는 맹세를 되풀이했다. 주위에 둘러서 있던 기사들과 시종들은 주군이 부상을 당해 지친 것을 보고 슬퍼했다. 그들은 그가 잔인하고 무자비하기는 하지만 명예를 귀하게 여긴다는 것을 알고 있었다. 다들 주군이 내린 명령을 기억하고 아무 말도 하지 않고 도성으로 돌아갔다.

가웨인은 곧 떠나겠다고 선언했다. 그는 새매의 여자에게 말 위에 오르라고 말했다.

무자비한 갈색머리가 말했다.

"괜찮다면 오늘 우리 성으로 가서 하룻밤 쉬고 가시오."

그 자리에 있던 기사들도 가웨인에게 같은 이야기를 했다. 가웨인은 곧 길을 떠나야 하기 때문에 그럴 수 없다고 대답했다. 그는 작별 인사를 하고 다시 길을 떠났다. 사실 그는 상처를 치료할 약과 휴식을 위한 좋은 침대가 간절히 필요했다. 동행하고 있던 새매의 여자는 계속 울었다.

가웨인이 말했다.

"울지 마시오. 상처는 곧 나을 거요. 한두 번 겪는 일도 아닌데 뭘 그러시오. 그건 그렇고 그 기사 말인데, 그렇게 무공이 높은 사람은 처음이오. 그래도 그의 성에서는 머물고 싶지도 않고, 또 그래서도 안 됩니다. 그와 그렇게 으르렁대며 싸워 놓고 그의 초대를 받아들인 다는 것은 온당한 태도가 아니라오. 한 가지 걱정되는 것이 있다면 당신이 아무것도 먹지도 마시지도 못했다는 사실뿐이오."

"그런 걱정일랑 하지 마세요. 배고프지 않아요. 지금은 아무리 맛 있는 빵이 있다고 해도 한 조각도 먹을 수 없을 것 같아요."

여자는 눈물을 닦고 나서 그를 따라왔다.

그들은 계곡을 빨리 달렸다. 거의 밤이 되었을 때 그들 바로 앞에 무장을 잘 하고 튼튼해 보이는 기사 한 사람이 나타났다. 그는 방금 사람을 죽이고 오는 길이었다. 단단해 보이는 검에는 아직 피가 잔뜩 묻어 있었다. 가웨인은 그에게 점잖게 인사했지만 상대방은 인사를 받지 않고 도전하는 목소리로 외쳤다.

"기사 양반, 그 여자를 그렇게 데려가서는 안 되지! 네놈을 혼내 주겠다!"

가웨인은 무슨 영문인지 알 수 없었지만, 가만히 있을 수만은 없었 다. 두 사람 사이에 싸움이 벌어졌다. 몇 합 겨루고 나니 방패는 벌써 넝마가 되었다. 미지의 기사가 가웨인의 투구를 세게 갈겼다. 투구에 서 번쩍하고 불꽃이 튀겼다. 이번에는 가웨인이 상대방의 가슴을 세 게 찔렀다. 상대방의 말이 껑충 뛰더니 부상당한 기사를 싣고 숲을 지나 달려가 버렸다. 가웨인은 그 뒤를 따라 달리다가 아가씨를 혼자 내버려두고 싶지 않다는 생각에 아가씨에게로 돌아왔다.

여자는 감동하며 그를 맞아 들였다.

"어떻게 하루 종일 그렇게 힘든 싸움을 하시고도 또 결투하실 수 있어요?"

"그건 아무것도 아니오. 나는 많은 모험을 겪었고, 앞으로도 신께서 내 생명을 지켜 주신다면 또 많은 모험을 겪게 될 것이오."

그날 두 사람은 서로 꼭 껴안고 숲에서 잤다. 여자는 거친 잠자리를 불평하지 않았다. 날이 밝아, 두 사람은 다시 말을 타고 숲을 꼬불꼬불 가로지르는 길을 따라 갔다. 그들은 여전히 아무것도 먹지도 마시지도 못한 상태였다.

03 이름 없는 기사

어떤 에움길에 이르렀을 때 훌륭하게 무장하고 풍채가 당당한 기사가 가웨인을 향해 외쳤다.

"기사여, 신께서 그대와 그대의 아름다운 친구를 구원해 주시기를!"

가웨인이 정중하게 대답했다.

"그대 또한 신의 축복을 받으시기를! 우리는 하루 종일 말을 달렸습니다. 그런데 어디로 가야 할지 모르겠군요."

"당신이 누군지 한번 알아맞혀 보리다. 길을 잃으신 것 같군요. 간밤에는 이 숲에서 지냈고, 빵도 생선도 고기도 못 먹고 쫄쫄 굶으셨구려."

"점쟁이처럼 알아맞히시는군요. 지금 우리 처지가 그러하답니다."

남자가 계속해서 말했다.

"저는 간밤에 전혀 다른 환경에서 잤답니다. 제가 묵은 성의 성주는 아주 아름다운 아가씨였는데, 그야말로 최상의 대접을 받았지요."

"우리보다 운이 좋으셨군요. 어제도 오늘도 우리는 아무것도 먹지도 못하고 마시지도 못했으니까요."

"저런! 걱정하지 마십시오. 제가 도와 드리지요. 편안한 곳으로 안내해 드리겠습니다. 하지만 우선 제 이야기를 들어 보세요. 들을 만할 것입니다."

기사는 이야기를 시작했다.

"다섯 해인가 여섯 해 전 일입니다. 그때까지만 해도 저는 경험 없는 신참내기였지요. 저는 카얼리온에서 제일 예쁜 여자에게 빠져 있었어요. 사랑 때문에 너무 괴로워서 그녀에게 고백하기로 결심했지요. 그런데 그 잔인한 여자는 제 사랑을 귀하게 여겨주기는커녕 저를 무척 괴롭혔답니다. 어쨌든, 시험하기 위해서였는지 생각해 볼 시간을 달라고 하더군요. 그러나 만날 때마다 결정을 뒤로 미루곤 했어요. 결국 저는 더 기다릴 수 없다고 얘기하고 말았지요. 그녀는 반지 하나를 주면서, 세상을 다니면서 많은 공을 세우면 제 사랑에 대답하겠다고 하더군요. 자신의 사랑을 얻고 싶으면 모든 천박함과 오만과 또 과도한 행동들을 피해야 한다고 덧붙여 말했습니다. 저는 그 명령에 복종하겠다고 대답한 뒤 그녀와 작별했습니다. 그 해에 제가 명예와 정중함에 있어 타의 모범이 되었음은 말씀드릴 필요도 없겠지요.

한 해가 지난 뒤에, 저는 사랑하는 여자를 찾아갔습니다. 하지만 크게 실망할 수밖에 없었습니다. 그녀가 했던 약속을 상기시키면서 사랑에 답해 줄 것을 빌었지만, 그녀는 제가 그녀가 원했던 것만큼 뛰어나지도 않고 명성도 얻지 못했다고 말하면서 저의 오만을 나무라더군요. 그러면서 다음 해로 대답을 미루는 것이었습니다. 그 다음 해에 저는 더욱 노력했습니다. 그녀에게 돌아갔을 때 그녀는 또 다시 저의 오만을 탓했습니다. 그녀의 믿음을 얻기에 제가 충분히 뛰어나지 않다는 것이었습니다. 저는 세 번째로 영광을 찾아 떠났습니다. 모험이건, 무술 경기건, 전쟁이건 기회가 있을 때마다 뛰어들었어요. 그 결과, 저는 정중함과 용맹함과 고결함에 있어 누구보다 뛰어난 사람이 되었습니다. 저는 모든 사람들이 기억하며 사랑해 주는 사람이 되었던 것입니다. 저는 제가 모든 희망을 걸고 있는 여인을 찾아갔습니다."✝

가웨인이 기사의 말을 끊었다.

"이번에는 그 여성이 항복할 수밖에 없었겠군요."

"그렇기도 하고, 그렇지 않기도 했습니다. 그녀도 이번에는 제가 옳다는 것을 인정했습니다. 사람들이 한결같이 저를 칭송한다는 것을 부인하지 않았습니다. 하지만 그녀는 남자들의 마음이 쉽게 변하는 게 두렵다고 했어요. 연인에게 사랑을 애원하다가 욕망이 채워지면 곧 다른 여자에게 가 버린다는 것이었어요. 저는 결코 그런 남자가 아니라고, 원한다면 맹세라도 하겠다고 말했지요. 그녀는 그런 서약으로는 만족할 수 없다고 하더군요. 그녀는 용감하면서도 정중한 태도로 모든 사람의 칭송과 사랑을 한 몸에 받고 있는 아더 왕의 조카 가웨인 경을 제 사랑의 보증인으로 세워 줄 것을 요구했습니다.

✝ 귀부인이 기사에게 부과하는 이 일련의 시련들은 이른바 '궁정식 사랑' 또는 '섬세한 사랑'이 요구하는 '제의'이다.

하지만 그런 멍청한 소리가 어디 있겠습니까? 가웨인 경이 죽었다는 건 누구나 다 알고 있는 사실인데 말입니다. 가엾게도 그녀는 그 사실을 몰랐던 것입니다. 저는 그가 죽었다는 사실을 말하지 않은 채, 그를 알지 못한다고 대답했지요. 그녀는 생각을 바꾸지 않았습니다. 가웨인 경의 보증을 받아 오면 저를 믿겠다는 것입니다. 저는 가웨인 경이 죽었다는 사실을 알고 있었지만, 그녀가 저의 성실성을 의심하지 않도록 가웨인 경을 찾아가 보증을 받아 오겠다고 맹세했지요. 우리의 약속은 그렇게 이루어졌습니다. 그리고 어떻게 되었을까요? 어제 저녁 저는 소원을 이루었답니다. 그녀와 함께 밤을 보냈거든요."

가웨인이 깜짝 놀라 물었다.

"그렇다면 왜 그 여자 분 곁에 있지 않은 거지요? 이렇게 이른 아침에 어디에 가시는 겁니까?"

"솔직하게 말씀드리지요. 저는 지금 이곳과 아일랜드에서 제일 예쁜 여자를 찾아가는 길이랍니다. 저는 오래전부터 그녀에게 구애해 왔는데 오늘 답을 주겠다고 했거든요."

가웨인이 그 말을 듣고 큰 소리로 외쳤다.

"이런 세상에! 삼 년간의 구애 끝에 여자의 사랑을 얻자마자 그녀를 버리고 다른 여자를 찾아간단 말입니까!"

"너무 그러지 마십시오. 그 여자는 저에게 너무 많은 시련과 고통을 주었습니다. 저에게 사랑을 베푼 것으로 그녀는 저에게 진 빚을 갚은 것입니다. 그렇게 오랫동안 그녀를 사랑하고 섬겨 왔으니 그만하면 그녀의 사랑을 얻을 만한 자격이 있는 것 아닌가요? 그녀의 사랑을 얻기 위해서 저는 너무 많은 기운을 낭비했어요. 일 년 내내 저를 안아 준다 해도 잃어버린 것의 반도 보충할 수 없다는 말입니다. 그녀를 얻기 위해서 너무 많은 고통을 겪었기 때문에 이제는 그녀가 고통을 겪을 차례예요. 누구나 다 자기 가치만큼 보답을 받는 법이니까요."

가웨인이 분노에 찬 목소리로 말했다.

"참으로 기사답지 못한 인간이로군! 형씨는 한 가지 잊은 게 있소. 가웨인 경의 보증을 받아 오겠다고 약속하지 않았소?"

기사 역시 지지 않고 맞받아쳤다.

"하지만 가웨인은 죽었소. 내 서약이 무슨 소용이 있겠소?"

가웨인은 점점 더 화가 치밀었다.

"그런지도 모르지. 나는 가웨인 경과 가장 가까운 친구요. 그의 이름이 비열한 행동에 연루되어 있는 걸 보고도 그냥 지나친다면 그건 옳은 행동이 아닐 것이오. 가웨인 경의 이름으로 그대가 사랑을 맹세한 그 여성에게 돌아갈 것을 명하오."

"무슨 소리를 하는 거요? 나에게 그 따위 건방진 명령을 내리는 당신은 대체 누구요?"

"사람들은 나를 이름 없는 기사라고 부르지요. 그러나 내 입을 빌어 말하는 이가 가웨인 경이라는 것을 명심하시오. 내 명을 듣지 않겠다면 힘으로라도 복종시키겠소!"

두 사람은 한바탕 겨루는 수밖에 없다는 결론을 내렸다. 그들은 넓은 장소로 나가 잠깐 서로 노려보다가 달려들어 싸우기 시작했다. 싸움은 곧 끝이 났다.

가웨인이 상대의 목에 칼끝을 들이대면서 말했다.

"그대가 연인에게 했던 약속을 지킨다는 조건으로 목숨을 살려 주겠소. 그대가 그 이름을 더럽힌 그분의 이름으로 분명히 말합니다."

"알겠습니다. 명한 대로 따르지요."

"이제 이름을 말하시오. 아더 왕의 궁에 돌아가면 이 이야기를 사람들에게 들려주어야 하기 때문이오."

"저는 에스피노그레라고 합니다. 저와 겨루어 이길 수 있는 사람이 있으리라고는 상상도 하지 못했습니다. 혹시 이름이라도 알려 주실 수 없겠습니까?"

가웨인이 말했다.

"내 이름은 말해 줄 수 없소이다. 이름을 잃었기 때문이오. 내 이름을 훔쳐 간 자가 누군지도 모른다오. 그가 어디에 있는지 어떤 나라 사람인지도 모르오. 하지만 나는 그자를 찾아내야 하오. 에스피노그레, 내 말을 들으시오. 나를 그대의 연인의 집으로 데려다 주시오. 그 다음에 나와 함께 모험을 떠나도록 합시다."

"그리하겠습니다. 저에게 요구할 필요조차 없습니다. 정정당당한 결투에서 이겼으니, 저는 온전히 당신의 사람입니다."

"우리의 탐색이 끝나면 내 이름을 되찾을 수 있을 것이오. 그때 내 이름을 알려 주리다. 함께 다니는 동안 아주 좋은 동료가 될 것을 약속하오. 아마 나처럼 기분 좋은 기사는 한번도 만나본 적이 없을 것이외다."

두 사람은 멀지 않은 곳에서 왔다갔다하는 말들을 다시 붙잡아왔다. 기사는 가웨인과 새매의 아가씨를 연인의 성으로 데리고 갔다. 그들은 성의 여주인에게 일어났던 일을 모두 이야기했다. 가웨인은 에스피노그레에게 일생 동안 그녀 외의 다른 여자를 사랑하지 않겠다고 맹세하게 했다. 부인은 그 맹세의 보증인이 된 그의 이름을 알고 싶어 했지만, 에스피노그레는 이름 없는 기사라는 말 외에는 해 줄 수가 없었다. 그의 설명을 들은 여자는 크게 감동하여 말했다.

"이름 없는 기사님, 감사합니다. 제가 가웨인 경의 이름을 빌어 서약을 받고 싶어 했던 것은, 제 권리를 지키기가 너무 어렵다고 판단했기 때문이지요. 저는 아무것도 몰랐습니다. 그러니까 저의 연인은 제 사랑을 즐기기만 했던 것이군요. 그러나 신의 도우심으로 그의 배반은 이루어지지 않았습니다. 가웨인 경에 대한 사랑으로 이름 없는 기사님께서 저에게 그 사람을 데려다 주셨군요. 그가 품고 있던 어리석은 생각에 대해 비싼 대가를 치르게 하셨어요. 가웨인 경 같은 영웅은 없어요. 기사님께서 그토록 그분을 사랑하시고 공경하시니, 얼마나 귀한 일인가요!"

부인은 손님들의 갑옷을 벗기고 귀한 대접을 하라는 지시를 내렸다. 저녁을 먹고 푹 쉬면서 가웨인과 새매의 아가씨는 피로를 풀 수 있었다. 다음 날 이름 없는 기사와 새매의 아가씨, 에스피노그레는 여자 성주에게 작별 인사를 한 다음 가웨인을 죽였다고 주장하는 사람들을 찾아 떠났다.

그들은 다시 넓은 벌판으로 나왔다. 저 멀리에서 기사 한 사람이 다가왔다. 그 기사는 멋지게 무장한 모습으로 튼튼하고 빠른 말을 타고 있었다. 아름다운 갑옷 위에는 엑스자형으로 뿔나팔이 걸려 있었다. 가웨인과 에스피노그레는 그 기사를 만나게 되어 기분이 좋았다.

기사는 아주 기뻐하는 모습이었다. 그는 종종걸음 치는 말 위에 올라탄 채 사랑 노래를 불렀다. 그러다가 갑자기 화가 난 모습으로 벌판 한가운데에 방패와 창을 집어 던졌다. 그러고는 절망한 모습으로 울다가 두 손바닥을 마주치는 것이었다. 다음에는 창과 방패를 집어 들고 안장 위에 올라타더니 창을 앞으로 내밀고 달리기 시작했다. 그는 아무 일도 일어나지 않았다는 듯이 다시 노래를 부르기 시작했다.

그의 모습을 바라보던 가웨인이 어처구니없다는 표정으로 말했다.

"맙소사! 저 기사는 마법에 걸린 모양이군!"

그 기사는 조금 달리다가 멈추어 서더니 창과 방패를 떨어뜨리며 외쳤다.

"아, 나는 불행으로 끝나게 될 모험에 뛰어들어야 한다."

기사는 다시 슬픔에 빠졌다. 그 모습을 본 사람은 누구라도 불쌍하다는 생각을 하지 않을 수 없을 만큼 격렬한 슬픔이었다. 조금 뒤에 또 방패를 집어 들더니 말을 달리며 노래를 흥얼거렸다.

가웨인이 말했다.

"무수한 모험을 겪어 보았지만, 저렇게 괴상하게 행동하는 기사는 처음이오. 왜 저렇게 이상하게 행동하는지 알아야겠소."

두 명의 동료는 그 기사를 향해 달려갔다. 가웨인은 다정하게 인사한 뒤 무엇 때문에 그렇게 기뻐했다가 슬퍼했다가 하느냐고 물었다. 그가 대답했다.

"이곳에서 오 리외 이상 떨어진 곳에 여울목이 있는데 곧 그곳으로 가야 한답니다. 정오 때까지 그곳에 가지 못하면 모든 것을 잃게 됩니다."

가웨인이 말을 받았다.

"괜찮으시다면, 우리와 함께 동행하는 게 어떻겠소. 가는 길에 무슨 일인지 이야기해 주시오."

"그러지요."

함께 길을 가면서, 기사는 자기 이름이 카드렛이라고 밝혔다. 그리고 자기 얘기를 털어놓기 시작했다. 일 년 전쯤에 그는 대영주를 섬기고 있었는데 어느 날 어떤 성에 머물게 되었다고 했다.

"그 성의 성주는 제 주인님을 아주 극진히 대접하더군요. 그와 그의 수행원들에게 잔치를 베풀어 주었습니다. 식탁에 자리를 잡을 때 저는 주인님 측근의 자격으로 성주 따님 옆자리에 앉게 되었어요. 얼마나 아름답고 부드럽고 다정한지 저는 그 자리에서 그녀에게 푹 빠져 버렸답니다. 그녀 역시 제 사랑에 무심하지 않았어요. 단둘이만 있게 되었을 때, 우리는 어떤 일이 있더라도 우리의 사랑을 지키자고 약속했지요. 이후로 저는 그녀를 자주 만났습니다. 물론 몰래 만났지요. 만날 때마다 기쁘고 행복했습니다. 그러다가 어느 날인가 제 연인의 어머니에게 들키게 되었어요. 부인은 무척 화를 내셨는데 아마도 자기 딸과 어울리기에는 제 출신이 너무 형편없다고 판단한 것이겠지요. 어머니는 딸을 엄격하게 감시했고 우리는 만날 수 없었습니다. 그러던 중 어떤 부자가 그녀에게 청혼했다는 소식을 들었습니다. 연인의 아버지는 아주 기뻐하며 그 청혼을 받아들였구요. 절망한 제 연인은 충실한 하인을 보내어 오늘 구혼자가 그녀를 만나러 온다는 사실을 알려 주었습니다.

저는 저에게서 그녀를 빼앗아가려는 사람에게 결투를 신청하려고 합니다. 그 때문에 기쁩니다. 그녀를 다시 만나 제 사랑이 변함없이 뜨겁다는 것을 증명할 수 있으니까요. 저의 맞수가 우리의 사랑을 알게 되었다는군요. 무술이 뛰어난 스무 명의 동료들과 함께 온답니다. 저는 용감하기 때문에 일대일 결투로는 맞수를 쉽게 물리칠 수 있지만 그렇게 많은 사람을 상대하는 건 겁이 납니다. 그래서 슬퍼하는 것입니다. 결투를 포기하지는 않을 겁니다. 연인을 구해낼 수만 있다면 죽거나 포로가 되는 것은 무섭지 않습니다."

가웨인이 에스피노그레를 바라보며 말했다.

"어찌 생각하시오? 이렇게 사랑 때문에 어려운 처지에 빠져 있는 기사를 돕지 않는다면 비열한 사람이 될 것 같소이다만……."

"물론이지요. 그건 가장 비겁한 행동이 될 것입니다. 그를 돕고 싶으시다면 저도 함께 하겠습니다. 저를 믿으십시오."

두 사람의 동료는 힘닿는 대로 돕겠다고 기사에게 약속했다.

카드렛이 대답했다.

"두 분의 관대함에 감사를 드립니다. 그러나 이 모험은 미친 짓입니다. 두 분을 끌어들일 수 없습니다. 두 분에게 불행한 일이 생겨나기를 원치 않습니다. 두 분 중 한 분이라도 저의 경박함 때문에 목숨이나 자유를 잃게 된다면 참으로 유감스러운 일이 될 것입니다."

그 말을 듣고, 가웨인의 마음이 동정심으로 가득 찼다.

"카드렛, 어떻게 되든 상관없소. 형씨를 돕겠소. 형씨에게 애인을 찾아 주든지 아니면 죽거나 포로가 되겠지."

"오, 하느님, 이러한 관대함 앞에서 어떻게 감동하지 않을 수 있겠습니까? 이제 이길 수 있다는 확신이 생겼습니다. 우리가 이긴다면, 제 목숨이 붙어 있는 동안 두 분을 섬기겠습니다."

그들은 즉시 여울목을 향해 떠났다. 그때 갑자기 새매의 아가씨가 끼어들었다.

"배가 고파서 미치겠어요. 한 조각의 빵이라도 곧 먹을 수 없다면 내 손가락을 씹어 먹을 것만 같아요."

가웨인은 그 말을 듣고 무척 화가 났다.

"아가씨, 당신의 배고픔을 달래 줄 음식을 여기에서는 구할 수가 없어요. 게다가 보시다시피 우리는 지금 꾸물거릴 시간이 없소. 에스피노그레와 나는 저 기사와 함께 가야 하오. 우리는 그를 돕겠다고 약속했소. 우리의 도움을 필요로 하는 사람을 모르는 체한다는 건 옳은 일이 아니오. 부탁이니, 모험이 끝날 때까지 조금만 참으시구려."

"당신 요구를 들어준다는 건 미친 짓이에요. 우선 내가 편해야 해요. 그 때문에 다른 사람에게 나쁜 일이 생겨난다면, 유감이지만 어쩔 수 없죠.✚ 부탁이에요. 난 정말 미치도록 배가 고프다구요. 금이나

✚ 원문은 암묵적인 반여성주의의 흔적을 지니고 있다. '섬세한 사랑'에 관한 강제적인 이론 앞에서 남성이 보이는 반응과 동일하다. 가웨인이 보호하고 있는 여성들은 위선적이고 이기적이다. 그러나 화자는 진정한 사랑과 사랑의 변덕을 구분하기도 한다. 가웨인은 많은 모험을 거치면서 약속을 충실하게 지킴으로써 더 큰 사람이 되지만, 동시에 그의 보호 하에 있는 '아가씨들'에게 휘둘림으로써 더 약한 사람이 되기도 한다. 우리는 가웨인이 긴 여행 동안에 만나는 많은 '처녀'들이 모르간의 원초적 이미지, 즉 영웅이 스스로를 초극할 수 있도록 강제하기 위해 수많은 함정들을 파놓는 '악마적인 여성'의 모습을 숨기고 있다는 것을 알 수 있다.

은을 준다고 해도 거절해야 할 지경이에요. 게다가 나는 지금 당신의 보호 하에 있잖아요? 내 요구를 거절한다면 엄청난 잘못을 저지르는 게 되지요. 내가 죽는다면, 그건 당신 잘못 때문이에요. 그리고 당신은 그 때문에 치욕을 겪게 될 거예요!"

"알겠소. 하지만 어디에 가서 음식을 구할 수 있다는 말이오?"

"나는 전에 이 근방에서 머물렀던 적이 있어요. 저기 맞은편에 보이는 골짜기를 넘어서 조금만 가면 성이 하나 있지요. 아마 일 리외 반도 되지 않을 거예요. 정말 멋진 탑들과 방이 있는 성이지요. 저 숲을 지나면 산 중턱에 있어요. 그곳에 가면 먹을 것이 많이 있답니다."

가웨인이 작은 소리로 투덜댔다.

"짐을 잔뜩 지고 가는 당나귀 위에 짐 하나를 더 얹어 놓는군."

그가 덧붙여 말했다.

"그렇다면 당신을 그곳으로 데려가는 것 말고는 다른 해결책이 없군요."

그는 에스피노그레를 향해 말했다.

"형씨가 목에 뿔나팔을 걸고 있어 아주 다행이오. 내 말을 잘 들으시오. 카드렛과 함께 여울목으로 가시오. 내 도움이 필요하거든, 뿔나팔을 네 번 부시오. 이 아가씨가 음식을 먹는 대로, 나팔 소리가 들리면 전속력으로 달려가겠소."

"그러시지요. 다른 방도가 없는 듯하니……."

가웨인과 여자는 왼쪽으로 조금 돌아서 성으로 가는 길에 들어섰다. 성은 높은 담과 해자로 둘러싸여 있었다. 뒤쪽에는 넓은 숲이 있었다. 아가씨는 그곳을 아주 잘 알고 있는 듯했다. 그녀는 망설이지 않고 안으로 들어갔다. 가웨인은 샛문을 지나 탑을 향해 올라갔다. 그러나 여자는 밖에 서 있었다. 가웨인은 커다란 방 안으로 들어갔다. 그곳에는 겨울에 내리는 눈보다 더 흰 식탁보가 덮인 둥근 탁자가 놓여 있고, 그 위로 맛있어 보이는 포도주가 찰랑찰랑 채워진 황금 잔이며, 플랑(크림, 달걀, 밀가루 등으로 만든 케이크. 우리 나라 묵처럼 반고체 상태이다―역주), 과자, 파이, 반짝이는 그릇에 담긴 고기 등이 차려져 있었다. 젊은 여자 하나가 그곳에 앉아 식사를 하고 있었다. 가웨인이 그녀에게 정중하게 인사한 뒤 먹을 것을 좀 나누어 주십사고 부탁했다.

"아가씨, 부탁이니 제 말을 좀 들어 보십시오. 지금 마당에는 말을 타고 있는 젊은 여자 분이 있답니다. 당장 먹을 것을 구해다 주지 않으면 마당을 나가지 않겠다는군요. 음식을 못 구해 가면 죽을지도 모릅니다. 저기 탑 앞에 있습니다. 그녀를 좀 도와주십시오."

젊은 여자는 가웨인을 무심한 시선으로 힐끗 보더니 건조한 목소리로 말했다.

"그대에게 선물을 하느니 차라리 저주를 받겠어요. 내가 시키는 대로 할 거라고 생각했다니 어쩌면 그렇게 오만할 수가 있나요! 내게는 오라버니가 일곱 명 있는데 이 일을 알면 가만두지 않을걸요. 그들이 마침 사냥하러 간 걸 다행으로 여기세요. 벌을 받기 전에 도망치는 게 신상에 이로울 겁니다."

가웨인은 아가씨의 그런 고약한 대접에 상당히 당황했지만 꾹 참고 다시 한번 부탁했다.

"케이크와 파이 한 개면 됩니다."

"나는 내 재산을 그런 식으로 낭비할 수 없어요."

그때 가웨인이 미처 보지 못했던 난쟁이가 모습을 나타냈다.

"그런 방법으로는 아무것도 얻을 수 없어요. 내가 아가씨를 잘 아는데, 부탁을 한다든지 하는 방법으로 절대 안 돼요. 반대로 거리낌 없이 대담하게 행동하면 그 방법은 통한답니다. 음식이 눈앞에 있잖아요. 그냥 가져가시면 됩니다."

가웨인은 식탁으로 다가가 한 손으로는 파이와 빵을, 다른 한 손으로는 고기 덩어리를 집어 들었다. 그러자 난쟁이가 그의 말고삐를 잡고 새매의 아가씨에게 데려다 주었다. 가웨인이 아가씨에게 말했다.

"자, 여기 당신이 원하는 것이 있소. 얼른 드시오. 빨리 떠나야 합니다."

"고맙습니다. 이 음식이 내 목숨을 구했어요. 하지만 이제는 뭘 좀 마셔야 해요. 오늘 아침부터 목이 말라서 죽을 것 같았거든요. 마시지 못하면 길을 떠나지 않을 거예요."

이름 없는 기사는 다시 방으로 돌아갔다. 그는 잔을 잡으려고 팔을 뻗었다. 그러자 앉아 있던 아가씨가 그를 가로막으며 볼멘소리로 말했다.

"오라버니들이 숲으로 사냥을 가지 않으셨다면 당신은 이렇게 쉽게 음식과 술을 얻지 못했을 거예요. 그들이 없으니 방어 수단도 없이 혼자 있는 나를 습격하는군요. 아무런 해도 끼치지 않은 여자를 이렇게 모욕하다니 아주 잘하시는군요!"

난쟁이가 화난 음성으로 외쳤다.

"뻔뻔하지 않으면 아가씨에게서는 아무것도 얻어낼 수 없답니다!"

가웨인은 아가씨는 거들떠보지도 않고 잔을 움켜쥔 다음 탑 앞에서 기다리고 있는 동행에게 가져다주었다. 아가씨는 잔 안에 들어 있는 음료를 꿀꺽꿀꺽 마셨다. 가웨인은 잔을 다시 가져다주는 것이 예의라고 생각했다.

잔을 들고 방으로 돌아온 가웨인을 향해 식탁 앞에 앉아 있던 여자가 소리를 질렀다.

"내 식사의 일부를 빼앗아 가다니 당신은 무례한 사람이에요! 그 빼어난 사람이 살아 있었더라면 이런 일은 없었으련만! 오, 죽음이여, 훌륭한 사람도 기어이 데려가고 마는 너는 참으로 뻔뻔하구나. 죽음이 데려가 버린 그 사람을 위해 브리튼의 모든 여자들이 울었다. 가웨인 경이 살아 있었더라면 아무도 내 손에서 잔을 빼앗아가지 못하고 내가 보는 앞에서 음식을 가져가지도 못했으련만! 그런 걱정은 할 필요조차 없었을 것이다. 이제 우리의 권리를 지켜 줄 사람은 아무도 없구나!"

가웨인은 자기 자신의 죽음에 대한 이야기를 여러 번 듣게 되자 이제는 그 이야기에 무덤덤해져 버렸다. 그는 잔을 난쟁이에게 돌려주고 새매의 아가씨에게 돌아갔다.

"자, 이젠 떠납시다. 시간을 너무 많이 허비했소."

다리를 건너기가 무섭게 두 사람은 기사를 한 사람 만나게 되었는데, 그는 바로 말을 빼앗기고 곤란한 처지에 빠져 있을 때 두 사람에게 말을 주었던 그 기사였다. 그는 그때 아가씨에게서 얻은 새매를 손에 들고 있었다.

그는 가웨인에게 인사한 뒤 대뜸 빚을 갚으라고 요구했다.

"좋습니다. 무얼 원하시는지요?"

"그대가 방금 나온 이 성은 지금 아주 고요하지요. 그대를 괴롭힐 사람은 아무도 없습니다. 성의 기사들이 모두 숲으로 사냥을 떠났거든요. 저 탑 안에는 제가 삼 년 전부터 사랑해 온 여자가 있답니다. 돌아가서 그 여자를 데려다 주십시오."

"그러지요. 신세를 졌으니 도망치지 않겠습니다. 기다리시오. 곧 데려다 드리리다."

가웨인은 말머리를 돌려 큰 방으로 돌아갔다. 여자는 그를 보더니 온갖 저주를 다 퍼부어 댔다. 그는 여자가 뭐라 하든 상관하지 않고 여자의 팔을 붙잡고 밖으로 데리고 나왔다.

여자는 엉엉 울면서 소리쳤다.

"아, 가웨인 경이 살아 있었다면 이런 모욕을 당하지 않았으련만!"

가웨인은 여자가 그러거나 말거나 들은 체도 하지 않고 새매를 든 기사에게 여자를 데려갔다. 여자는 가웨인이 살아 있었다면 이런 일은 있을 수 없다고 말하면서 계속 울었다.

"아더 왕의 조카였다면, 이렇게 모든 관습을 무시하고 알지 못하는 사람에게 여자를 넘겨주는 야만적인 일을 가만히 두고 보았을 리가 없어."

여자는 점점 더 요란하게 법석을 떨며 울부짖었다. 주위에 있는 벌판이 메아리 소리로 윙윙 울렸다.

"아, 나는 정말 불쌍한 여자야. 오라버니 코드로그윈이 이 일을 알았다면 가만히 있지 않았을 텐데……. 가웨인 경이 살아 있었다면 이렇게 뻔뻔스러운 짓은 생각조차 할 수 없었을 거야!"

그때, 새매를 들고 있는 기사가 말했다.

"사랑스럽고 아름다운 친구여, 나를 못 알아보는군요. 나는 그대의 영원한 연인, 그대를 사랑하며 그대에게 한없이 헌신하는 안가드의 라구이델이오. 그대는 나만을 사랑한다고 맹세했지요. 그대의 말이 진실이라면 이제 그 증거를 보일 때가 되었소."

그 말을 듣더니 아가씨의 태도가 완전히 바뀌었다. 그녀는 기뻐서 어쩔 줄 모르며 가웨인에게 말했다.

"기사님, 제가 먹을 것과 마실 것을 나누기를 거절했지요. 그런데 제게 은혜를 베푸셨군요. 제가 빚을 졌습니다. 제가 혼란에 빠져 있을 때 삶의 기쁨을 돌려주셨어요. 저를 이분에게 데려다 주셨어요. 제가 기사님께 했던 행동을 어떻게 용서받지요?"

"걱정하지 마시오. 너그럽게 이해하리다. 나도 멋대로 먹을 것을 빼앗지 않았소. 나 역시 용서를 빌어야 합니다."

"기꺼이 용서해 드리지요."

그렇게 말하는 아가씨의 얼굴은 기쁨으로 환하게 빛나고 있었다.

그 사이에 아가씨의 오라버니 중 한 사람인 코드로그윈이 아가씨가 질러 대는 비명 소리를 듣고 달려왔다. 누이가 어려운 처지에 빠져 있다는 것을 알고 말머리를 돌려 성으로 달려왔던 것이다.

그는 마당에서 시종 한 사람에게 야단법석에 대한 설명을 들었다.

"이게 무슨 소리냐! 내 집에 객이 들어와 그렇게 멋대로 휘젓고 다녔다니! 그럼 이제 이 집 주인은 내가 아니라는 말이냐?"

그는 마구간으로 가서 가장 좋은 말 위에 안장을 올리라고 일렀다.

종자 하나가 즉시 명령을 따른 뒤에 화려하게 장식한 말을 끌고 왔다. 그린갈 렛이었다. 코드로그윈은 바로 이유 없는 질투심 때문에 자기 연인과 가웨인을 숲속에 버려두고 그들의 말을 끌고 갔던 그 기사였던 것이다. 그는 말 위에 올라타고 침입자들을 쫓아내겠다는 생각으로 가웨인과 안가드의 라구이델과 두 명의 젊은 여자가 있는 장소로 달려왔다.

이름 없는 기사는 말이 달려오는 소리를 들었다. 휙 몸을 돌린 그는 그의 애마 그린갈렛을 알아보았다. 분노가 치밀어 올랐다. 질문을 던지지도 않고 그는 다짜고짜 코드로그윈에게 덤벼들었다. 두 사람은 거칠게 부딪쳤다.

코드로그윈이 먼저 공격했다. 가웨인의 창이 부서졌으나, 그는 방패로 상대를 후려친 다음 비틀거리는 틈을 타서 붙잡아 땅바닥에 쓰러뜨렸다. 그러고는 재빨리 검을 뽑아 찌를 준비를 했다. 새매의 아가씨가 끼어들지 않았더라면 머리를 날려 버렸을지도 모른다.

그녀가 비명을 지르며 애원했다.

"제발 죽이지 마세요. 그가 죽는다면 저는 모든 기쁨을 잃게 됩니다."

가웨인이 대답했다.

"기꺼이 용서해 주겠소. 허나, 내가 새매를 찾으러 나무 위에 올라갔을 때 그가 했던 행동에 대한 적절한 벌을 받아야 하오."

코드로그윈이 소리쳤다.

"아, 경의 마음은 고결함과 용기, 덕과 관대함으로 가득 차 있군요. 경은 나에게 아무 잘못도 저지르지 않았습니다. 나는 교만과 질투심 때문에 그런 못된 행동을 했던 것입니다. 용서 받기 위해서 무슨 명령을 내리시든 따르겠습니다."

"고맙소. 우선 새매를 되찾기 위해서 나에게 도움을 청했던 이 아가씨에 대한 모든 오해를 풀어 버리시오. 그대의 허락을 받아야 할 일이 한 가지 있소. 여기 있는 기사는 라구이넬이라고 하는 사람인데, 그대의 누이를 마음 깊이 사랑하고 있소. 누이를 이 기사와 맺어 주시오. 그리고 내 애마 그린갈렛은 돌려주시오. 이 친구가 없으면 쓸쓸하고 허전하게 느껴지니까."

"원하시는 대로 받아들이겠습니다."

이렇게 해서 그들 사이에 평화가 맺어졌다. 이름 없는 기사는 그린갈렛을 타고, 타고 온 말은 코드로그윈에게 주었다. 숲에서 사냥을 하던 코드로그윈의 다른 형제들도 숲에서 누이의 비명 소리를 듣고 달려왔다. 그들은 말에서 내리기도 전에 처음으로 만난 종자에게 무슨 일이 일어났는지 전해 들었다. 그들은 무기를 내오라고 이른 뒤 누이가 당한 모욕을 복수하기 위해 달려왔다. 코드로그윈은 형제들에게 다가가 그곳에 있는 기사들 중 한 사람이라도 건드리면 자기의 우애를 잃게 될 것이라고 말했다. 결투가 벌어지면 기사들 편에 서서 싸울 것이라는 이야기까지 덧붙였다. 형제들은 놀라서 멈추어 섰다.

코드로그윈에게서 자세한 설명을 듣고 난 형제들은 호전적인 태도를 버리고 손님들을 향해 다가가 인사말을 건넸다. 그들은 이름 없는 기사에게 성에서 쉬어가라고 청하기까지 했다. 이름 없는 기사는 그럴 수 없다고 대답했다. 동쪽 방향으로 두 리외 반 정도 되는 거리에다 연인을 구하러 가는 기사를 두고 왔기 때문에 그에게 급히 달려가야 한다고 말했다. 코드로그윈과 그의 형제들은 자기들도 함께 가겠다고 나섰다. 특히 코드로그윈은 그 지역의 에움길이며 오솔길과 지름길을 모두 알고 있다며, 곧 여섯 명의 형제들과 함께 뒤따라가겠다고 말했다. 가웨인은 그들의 제안에 감동하여, 사랑과 정의의 승리를 위하여 기꺼이 그러마고 응낙했다. 라구이델 역시 이름 없는 기사를 따라가 돕겠다고 말했다.

코드로그윈과 그의 형제들은 준비하기 위해 성안으로 들어갔고, 가웨인과 라구이델은 여울목으로 가는 숲길로 향했다. 투구를 덜컥거리면서 그들은 전속력으로 달렸다. 황야에 이르자 앞서갔던 사람들의 흔적이 보였다.

가웨인이 소리쳤다.

"서두릅시다. 전투가 끝난 다음에 도착하면 무슨 소용이 있겠소?"

카드렛과 에스피노그레는 이미 여울목에 도착해 있었다. 상대 일행이 나타났다. 카드렛의 연인을 데리고 가는 기사가 선두에 서 있었다. 그의 모습을 본 카드렛은 그만 참지 못하고 전속력으로 그를 향해 말을 달려가서는 방패 꼭대기로 후려쳐서 말과 함께 상대방을 쓰러뜨렸다. 이번에는 에스피노그레가 말을 탄 채로 그를 세게 쳐서 아가씨 발밑에 고꾸라지게 만들었다.

카드렛과 에스피노그레는 다른 사람들을 상대하기 시작했다. 그들은 창과 검을 휘두르며 잘 싸웠다. 여러 명을 상대로 싸웠지만, 둘은 조금도 힘든 기색이 없었다. 상대편 기사들은 두 사람의 기에 질려서 우왕좌왕하고 있었다. 달랑 두 명을 상대로 밀리고 있다는 것에 분개한 적들이 다시 정신을 차리고 한꺼번에 공격하기 시작했다. 카드렛과 에스피노그레는 숫자에 밀려 급히 후퇴하는 수밖에 없었다.

그제야 에스피노그레는 이름 없는 기사가 했던 말이 생각났다. 그는 뿔나팔을 들고 힘차게 네 번 불었다. 숲 전체가 나팔 소리로 쩌렁쩌렁 울렸다. 그 소리를 듣고 가웨인은 두 사람이 아직까진 잘 버티고 있다는 생각이 들어 적이 안심이 되었다.

가웨인과 라구이델은 뿔나팔 소리가 들려오는 쪽으로 말을 달렸다. 언덕을 달려 내려가자 싸우고 있는 두 동료의 모습이 보였다. 에스피노그레는 어려운 처지에 빠져 있었다. 상대편 기사들이 몽땅 그를 에워싸고 있었기 때문이다. 카드렛은 그를 돕기 위해 달려가다가 이름 없는 기사와 라구이델이 달려오는 것을 보았다. 마음속에서 용기가 솟아나는 것이 느껴졌다. 더욱이, 사랑하는 여자가 지켜보고 있었으므로 그는 용기백배하여 여울목을 건너가 맞수에게 덤벼들었다. 가웨인과 라구이델이 그 뒤를 따랐다. 다른 기사들은 그들의 주군이 고립되겠다는 생각에 에스피노그레를 내버려두고 그를 구하기 위해 말 머리를 돌렸다. 그러나 너무 늦었다. 카드렛은 이미 그의 투구를 벗긴 다음 땅바닥에 쓰러뜨려 목을 짓누르고 있었다.

카드렛의 맞수가 외쳤다.

"자비를! 항복하겠소."

그 순간 코드로그윈과 그의 형제들이 숲에서 튀어나왔다. 그들은 무서운 속도로 질주하면서 적들을 공격했다. 이제 적들은 전투에 승산이 없다는 것을 깨달았다. 그들은 주군을 그곳에 내버려두고 사방으로 뿔뿔이 흩어졌다. 싸움이 승리로 끝났다는 것을 알게 된 이름 없는 기사는 아가씨가 타고 있는 말의 고삐를 붙잡고 카드렛에게 데려다 주었다. 카드렛은 기뻐서 어쩔 줄 몰랐다. 사랑하는 여자를 다시 찾을 수 있게 해 준 사람들에게 어떻게 고마움을 표현해야 할지 몰라서 눈물만 글썽이고 있었다.

코드로그윈이 이름 없는 기사에게 자기 성으로 가서 휴식을 취한 뒤에 다시 길을 떠나는 것이 어떻겠느냐고 제안했다.

가웨인은 정중하게 거절했다.

"꾸물거릴 시간이 없소이다. 에스피노그레와 나는 모험을 떠나야 하오. 꼭 찾아야 할 것이 있소. 그것을 찾고 나면 이곳으로 돌아오리다. 약속하지요. 그때는 내가 누구인지 말씀드리리다. 그 전에는 내 이름을 말할 수 없소. 왜냐하면 나는 이름을 잃어 버렸고, 이제 내가 뛰어들려고 하는 모험을 통해서만 내 이름을 다시 찾을 수 있기 때문이오. 나를 위해 무엇인가 하고 싶다면 용감한 카드렛과 그의 연인, 그대의 누이와 서로 사랑하는 라구이델을 그대의 성에 받아들여 주시오. 그리고 코드로그윈이여, 질투심과 분노를 버리고 내가 새매를 잡기 위해 나무 위에 올라갔을 때 내 앞에서 그토록 아무렇게나 취급했던 이 여성을 돌보아 주시오."

"말씀하신 대로 하겠습니다. 걱정하지 마십시오."

가웨인과 에스피노그레는 일행과 작별 인사를 하고 다시 말 위에 올랐다. 그들은 이름 없는 기사에게 부끄러움 없이 이름을 되찾게 해 줄 모험을 찾아서 말이 이끄는 대로 길을 떠났다.

그들은 오랫동안 아무도 만나지 못한 채 황야와 숲을 가로질렀다. 어느 날 아침 어떤 암자 앞을 지나다가 기사 한 사람이 그곳에서 나오는 걸 보았다. 담비털로 안을 댄 아름다운 망토를 두르고, V자형의 신발을 신고 황금 박차를 찬 그는 아주 우아한 모습으로 말을 타고 있었다. 허리에 차고 있는 검을 빼면 다른 무기는 없었다. 그는 그곳에서 아름다운 여자를 만나 그녀에게 세상 소식을 들려주고 있었다. 이름 없는 기사가 그들에게 다가가 정중하게 인사했다. 아름다운 말을 타고 있는 기사가 인사를 받았다.

"신께서 그대의 모험 안에서 그대를 지켜주시기를……."

그런 다음 덧붙여 말했다.

"동행하고 계신 분과 함께 제 집으로 가셔서 편하게 하룻밤 묵고 가십시오. 집에 계신 것처럼 편하게 모시겠습니다."

"말씀은 감사합니다만, 조금도 지체할 수 없는 중요한 모험을 하고 있어서 초대를 받아들일 수가 없습니다. 너무 언짢게 생각하지 않으셨으면 합니다."

"지체하실 수 없다고 하시니, 그럼 아침 식사만 하고 가시지요. 이 골짜기만 넘으면 그곳에 제 집이 있습니다. 벌써 식사를 차려 놓았을 겁니다. 시간을 많이 허비하시지 않아도 될 것입니다."

"그러지요. 감사합니다."

그들은 곧 저택에 도착했다. 그들이 말에서 내리기도 전에 벌써 시종들은 식탁 위에 식탁보를 덮고 빵과 포도주를 빠르게 차려 놓았다. 그들은 손을 씻고 난 다음 먹기 시작했다. 시간이 조금 지난 뒤 저택 주인이 입을 열었다.

"최근에 일어났던 고통스러운 사건을 한 가지 이야기해 드리지요. 이 소식이 궁에 알려지면 폐하는 너무나 고통스러워하실 것입니다.

그렇게 훌륭한 기사를 죽여서 토막 냈다는 얘기를 어느 누가 왕에게 감히 고할 수 있겠습니까? 제가 얘기하는 것은 왕의 조카에 관한 것입니다."

가웨인이 큰 소리로 외쳤다.

"천국에 계신 성인들의 이름에 걸고 말하건대 참으로 놀라운 소식이군요! 부탁입니다. 무슨 이야기인지 들려주십시오. 그 얘기를 어디에서 들으셨습니까?"

"말씀드리지요. 어느 날 저녁, 바람이나 쐬려고 목장에 있는 소들을 보러 나갈 준비를 하고 있었습니다. 문을 막 나서려는 순간에 머리끝부터 발끝까지 완전 무장을 한 세 명의 기사가 멀리에서 오는 것이 보였습니다. 그중 한 사람이 동료들을 뒤에 남겨 두고 저를 향해 달려오더군요. 그러고는 하룻밤 묵어갈 수 있겠느냐고 물었습니다. 저는 그렇게 하라고 말했지요. 기사는 저와 함께 집 안으로 들어왔고, 저는 시종들에게 잘 모시라고 일렀습니다. 그가 어떤 사람인지 알아보았어야 했는데! 일단 유숙할 것을 허락했기 때문에 그자가 끔찍한 범죄를 저질렀다는 것을 알고 난 뒤에도 그를 내쫓을 수가 없었습니다. 곧 어떤 사람의 몸뚱이만 실려 있는 말 한 필을 끌고 다른 기사가 도착했습니다. 다른 사람은 시신의 사지와 머리를 운반하고 있었습니다. 신나서 어쩔 줄 모르겠다는 표정이었습니다. 저는 죽은 자가 누구인지, 왜 그렇게 즐거워하고 있는지, 무슨 이유 때문에 사람을 죽였는지 물어보았습니다. 그랬더니 첫 번째 남자가 대답하더군요.

'내 애인에게 이자의 머리를 가져다주겠다고 약속했으니까요.'

두 번째 남자가 말했습니다.

'나는 그의 몸을 가져다주기로 했습니다.'

놀라서 입을 다물지 못하는 제 앞에서 그들은 모든 것을 이야기해 줄 심산인 것 같았습니다."

가웨인은 참지 못하고 그의 말을 끊었다.

"그것이 바로 제가 지금 찾고 있는 모험입니다. 부탁입니다. 숨김없이 모든 것을 말해 주십시오."

"그러겠습니다. 그들이 들려준 이야기에 따르면, 세 명의 기사 중에서 두 사람이 북쪽 나라 귀족 가문 출신인 두 명의 아름다운 아가씨와 사랑에 빠졌답니다. 그들이 사랑을 애걸하자 그 여자들이 끔찍한 조건을 내걸었다더군요. 옛날에 그녀들의 아버지를 일대일 결투에서 죽였던 자에게 복수를 해 달라고 했답니다. 그 복수의 증거로 그녀들이 증오하는 그 사람의 머리와 몸을 요구했다는 겁니다. 그녀들이 복수하기를 원하는 사람은 바로 이 나라에서 가장 뛰어난 기사, 왕의 조카인 가웨인 경이었습니다. 이 복수를 수행하지 않으면 여자들의 사랑을 얻을 수 없다는 것을 알게 된 그들은 가웨인 경을 찾아 떠났습니다. 그리고 오랫동안 헤맨 끝에 어느 날 갑옷도 입지 않은 채 혼자 있는 가웨인 경을 만나 죽였습니다. 왕의 조카는 그렇게 해서 죽은 것이지요.

그가 죽었다는 소식을 듣고 저는 너무나 고통스러웠습니다. 살인자들이 애인들에게 가져다주기 위해 시신을 훼손했기 때문에 더더욱 고통스러웠지요. 저는 그들에게 시신의 오른팔 하나만 달라고 부탁했습니다. 그들은 흔쾌히 허락하더군요. 다음날 아침 그들은 떠났고, 저는 가웨인 경의 오른팔을 금과 은으로 만든 유골함에 정성껏 보관했습니다. 당대의 가장 뛰어난 기사였던 분에게 경의를 표하기 위해서였습니다."

이름 없는 기사가 물었다.

"주인장, 신의 이름으로 말해주십시오. 가웨인 경을 아시나요?"

"아니오. 한번도 만나 보지 못했습니다. 하지만 죽은 사람은 가웨인 경이 틀림없습니다. 제가 팔을 보여 드리지요. 그를 만나 보신 적이 있다면 쉽게 알아보실 수 있지 않겠습니까."

그는 시종들에게 유골함을 가져오라고 시켰다. 비단 천으로 싸놓은 유골함은 상자 안에 들어 있었다. 가웨인은 그 팔을 주의 깊게 들여다보았다. 그러고는 그 팔이 정말 누구의 것인지 알 때까지 잘 보관해 달라고 부탁했다. 주인은 그렇게 하겠다고 약속했다.

이름 없는 기사가 말했다.

"공연히 걱정하신 것 같습니다. 카얼리온 근처에서 가웨인 경을 만나본 지 채 나흘도 되지 않았습니다. 아주 건강한 모습으로 모험을 찾아 떠나는 걸 보았습니다. 그건 그렇고, 한 가지 부탁이 있습니다."

"말씀하십시오."

"이 기사를 죽여서 끔찍한 방법으로 시신을 훼손한 그자들의 이름을 일러 주십시오. 천국에 계신 성인들의 이름에 걸고 맹세합니다. 이 비겁한 자들을 세상 끝까지 쫓아가서 반드시 응징하겠습니다."

"저도 같이 가겠습니다."

"그것은 저와 제 동료가 해야 할 일입니다. 저에게 그들의 이름을 가르쳐 주는 것만으로도 그대는 큰일을 하는 것입니다."

"'교만한 파에' 라고 아십니까? 그의 정확한 이름은 모르겠군요. 이 별명은 필시 파에 바위에서 온 것일 텐데 그가 살고 있는 성을 그렇게 부르거든요. 다른 한 사람은 '무도한 고메렛' 이라는 별명으로 불립니다."

"별로 놀라운 별명도 아니군요. 훌륭한 자질을 드러내는 별명이 아니니 말입니다."

"오히려 완벽하게 어울리지요. 그들의 교만과 무도함을 보여 주고 있으니까요. 세 번째 사람의 이름은 모릅니다. 그냥 친구를 따라 갔던 것 같습니다. 그가 아무 일도 한 게 없다고 나머지 두 사람이 여러 차례 떠드는 걸 들었습니다. 그 사람은 착한 사람인 것 같았어요. 범죄에 가담하지 않았던 것 같습니다."

"제 요구에 놀라지 마시기 바랍니다. 오늘 밤 내내, 그리고 내일 오전까지 쉬지 않고 길을 계속 갈 수는 없을까요? 우리를 살인자들의 나라에 데려다 주십시오. 그곳에 가서 범인들과 싸워 그들을 심판하겠습니다."

그들은 식탁에서 일어나 차비를 갖춘 뒤 말 위에 올라탔다. 집주인은 꽤 오랫동안 그들과 함께 갔다. 헤어져야 할 시간이 되었을 때 그는 두 사람에게 신의 가호를 빌어 주었다. 가웨인이 말했다.

"너무 정신이 없어서, 그만 주인장께 큰 결례를 한 가지 했습니다. 성함도 여쭈어 보지 않았군요."

"괜찮습니다. 저는 '결코 웃지 않는 트리스탄' *이라고 합니다. 이름을 숨기고 싶지 않습니다. 두 분께 한 가지 청이 있습니다. 돌아가실 때 다시 이 길로 돌아가셨으면 하는 것입니다. 두 분과 마찬가지로 저 역시 이 모험이 어떻게 끝날지 알지 못하지만, 두 분이 모험에 성공하고 돌아가시게 된다면 어떻게 성공하셨는지 꼭 모험담을 듣고 싶습니다. 그때 두 분이 누구인지, 어떤 나라에서 오셨는지, 왜 이 모험에 뛰어들게 되었는지 들려주십시오."

"그렇게 하겠습니다."

그들은 인사를 나누고 곧 헤어졌다.

두 사람은 트리스탄이 알려 준 길을 따라갔다. 트리스탄은 교만한 파에가 자기 소유의 성에서 아더 왕의 조카를 죽였다는 얘기를 공공연히 떠들고 있다고 말했다. 무도한 고메렛 역시 가웨인을 죽인 뒤 그 시신을 가져다 보관하고 있다고 큰소리를 치고 있다는 것이었다.

가웨인과 에스피노그레는 곧 큰길로 접어들게 되었다. 얼마 가지 않아 트리스탄이 이야기해 주었던 네거리가 나타났다. 길 하나는 고메렛의 성으로, 다른 길은 파에의 성으로 이르는 길이었다. 두 사람은 같은 길로 가서 함께 살인자들과 싸울 것인지, 둘이 따로따로 가서 일대일로 맞설 것인지 결정해야 했다.

이름 없는 기사가 에스피노그레에게 말했다.

✝ "웃지 않는"이라는 형용사는 이 인물이 판단 유보의 중간 단계를 접하고 있는 존재라는 것을 나타낸다. 그는 '교만한 파에'와 '무도한 고메렛'이 상징하는 죽음의 세계로 가웨인을 안내하는 역할을 맡고 있다. 이 두 살인자들이 '북방' 사람이라는 것, 검은 갑옷을 입고 있다는 것도 죽음과 연관이 있다. ─역주

"친구여, 그대가 선택하시오. 함께 가는 것이 좋겠소? 아니면 각자 살인자 한 사람씩을 상대하는 것이 좋겠소? 두 번째 해결책이 더 낫다고 생각된다면 각자 맡은 곳으로 가서 일을 해결한 다음 결코 웃지 않는 트리스탄의 집에서 만납시다. 먼저 도착하는 사람이 그곳에서 기다리면 되지요."

"그렇게 하지요. 제게 선택권을 주셨으니 제가 먼저 선택하겠습니다. 저는 고메렛의 집으로 가는 왼쪽 길로 가겠습니다."

"그러면 나는 다른 길로 가겠소. 영광의 왕이 그대를 도와주시기를 바라오. 그가 그대를 모든 치욕과 고통으로부터 지켜 주기를!"

두 사람은 각기 말에 박차를 가하여 전속력으로 달려갔다. 에스피노그레는 반 리외도 가지 않아 숲을 지나게 되었다. 오랫동안 달려 숲을 빠져나오자 황야 한가운데에 서 있는 고메렛의 저택이 보였다. 에스피노그레는 앞으로 나아갔다. 문 앞에 있는 나무 아래에는 갑옷을 입은 기사 한 명이 앉아 쉬고 있었다.

에스피노그레가 그에게 물었다.

"당신이 무도한 고메렛이오?"

"그렇소이다."

"당신이 아더 왕의 조카 가웨인 경을 죽였다고 떠들고 다닌다던데, 그게 사실이오?"

"지금 내가 형씨와 이야기를 나누고 있는 것만큼이나 사실이외다. 그 사실을 증명할 수도 있소. 그의 몸을 가지고 있으니까. 팔 한 짝하고 교만한 파에가 가지고 있는 머리만 없소."

에스피노그레가 외쳤다.

"거짓말하지 마라. 나는 오카니 로트 왕의 아들이며 아더 왕의 조카인 가웨인이 펄펄하게 살아 있다는 것을 분명히 알고 있다. 너와 싸워서 내 말이 진실이라는 것을 증명하겠다. 너는 내 손에 죽거나 포로가 될 것이다!"

고메렛은 다른 설명은 들을 필요도 없다는 듯이 에스피노그레의 말에 일언반구도 않은 채 시종들에게 무기를 내오라고 일렀다. 시종들이 순은보다 더 반짝이는 튼튼한 쇠 신발과 사슬을 엮어 만든 단단하면서도 가벼운 사슬 갑옷, 그리고 훌륭하게 장식되어 있는 투구를 가지고 왔다. 무기는 모두 검은색이었다. 모든 준비를 갖춘 그가 풀밭으로 나갔다. 그는 오디보다 더 검은 말을 타고 있었다.

두 사람은 거칠게 맞붙었다. 방패에는 금이 가고 사슬 갑옷과 투구도 금세 찌그러졌다. 창으로 치고받는 힘이 너무 세서 그들이 타고 있는 말이 쓰러졌다. 두 사람은 거의 동시에 검을 빼어들고 오랫동안 힘들게 겨루었다. 어느 순간, 고메렛이 있는 힘을 다해 상대를 공격했는데 검이 상대방의 방패에 박혀 버렸다. 검을 빼려고 하자 손잡이가 달려 있는 곳에서 날이 뚝 부러져 버리고 말았다. 고메렛의 손에는 황금으로 장식된 화려한 손잡이만이 남아 있었다. 에스피노그레는 그 기회를 놓치지 않고 즉시 적에게 달려들었다. 그가 고메렛을 세게 치자 희망이 사라졌다는 것을 깨달은 고메렛이 큰 소리로 자비를 구했다.

에스피노그레가 대답했다.

"목숨은 살려 주지. 그 대신 조건이 있다. 아더 왕의 궁으로 찾아가 포로가 되어야 한다."

"뭐든지 원하시는 대로 다 하겠습니다."

한편 가웨인은 오랫동안 말을 달려 교만한 파에의 성에 도착했다. 도착했을 때 그는, 성주가 일대일 결투에서 아더 왕의 조카를 죽였다고 사람들을 향해 사령이 떠들어 대는 소리를 들었다.

가웨인은 앞으로 달려 나갔다. 그는 교만한 파에 앞에 서서 그에게 인사도 하지 않은 채 말했다.

"기사여, 만일 가웨인 경이 죽었다면 그것은 참으로 슬픈 일이오. 그는 당신에게나 또 그 누구에게나 나쁜 짓을 한 적이 없소. 그러니 그를 죽였다고 떠들고 다니는 것은 별로 현명한 일이 아닌 것 같소. 그가 죽지 않았다는 것을 결투로 증명하기 위해 내가 왔소이다. 가웨인 경은 분명히 살아 있소. 이제 모든 사람들이 그것을 알게 될 것이오."

파에가 대답했다.

"나도 내가 주장하는 것을 증명하겠소. 그의 죽음을 안타까워하는 사람들을 비웃어 주겠소!"

교만한 파에는 무기를 가져오게 한 뒤 무장했다. 말에 올라탄 그의 모습은 멋지고 당당했다. 백성들이 그의 주위를 둥글게 에워쌌다. 두 사람은 즉시 가장 빠른 속도로 말을 달려 서로 부딪쳤다. 파에가 튼튼한 창으로 먼저 공격했다. 이번에는 이름 없는 기사가 반격에 나섰다. 상대의 방패를 세게 치자, 절반으로 쪼개지면서 사슬 갑옷이 찢어졌다. 창이 파에의 어깨를 뚫고 지나가 등 뒤로 빠져나왔다. 가웨인은 상대를 계속 밀어붙여서 말과 함께 고꾸라지게 만들었다. 그는 검을 들고 적을 향해 달려갔다. 적은 허겁지겁 자비를 구했다.

가웨인이 말했다.

"항복을 받아들이겠다. 그러나 그전에 한 가지 경고할 것이 있다. 나와 함께 왕의 궁전에 가서 포로가 되어야 한다. 네놈이 비겁하게 죽여 사지를 자른 기사에 대해서도 증언해야 한다. 그리고 무도한 고메렛과 함께 저지른 살인을 모든 사람 앞에서 고백해야 한다."

교만한 파에는 그 말을 수긍할 수 없는지 아무 대답도 하지 않았다. 가웨인은 그의 목을 치려는 듯이 검을 들어 올렸다. 상대는 저항할 수 있는 처지가 아니었다. 파에는 계속 고집을 부릴 경우 목숨을 부지하기 어렵겠다는 생각을 했다.

"요구하는 대로 따르지요. 신 앞에서 맹세합니다!"

그러고는 덧붙여 말했다.

"내 공격을 그렇게 잘 받아치고 또 나를 이렇게 쉽게 제압할 수 있는 사람이 있다는 것을 몰랐습니다. 제발 이름을 알려 주십시오."

가웨인은 대답하기 전에 파에가 다시 몸을 일으킬 수 있도록 손을 내밀어 주며 말했다.

"자신이 세우지도 않은 공을 세웠다고 떠들어서는 안 된다. 며칠 전부터 나는 이름 없는 기사가 되었다. 이제 싸워서 이겼으니 내가 누구인지 말할 수 있게 되었다. 나는 네가 죽였다고 주장하는 아더 왕의 조카이며 오카니 로트 왕의 아들 가웨인이다."

"그랬군요. 제가 저지른 행동을 후회합니다. 참으로 부끄럽군요."

"오랜 편력과 고통스러운 싸움을 통해 나는 내 이름을 되찾았다. 네가 저지른 잔인무도한 범죄를 모든 사람에게 알려야 한다. 너희는 숲속에서 시신을 토막 낸 다음, 그것을 여기까지 가져왔다. 게다가 너희가 가웨인이라고 생각했던 사람을 도와준 젊은이의 눈을 도려냈다. 그 젊은이 곁에서 고결하고 아름다운 젊은 여성들이 고통스러워하며 울부짖고 있었다. 그 여성들은 가웨인이라고 잘못 알고 있었던 죽은 사람과 젊은이에게 닥친 불행을 슬퍼하면서 울고 또 울어서 얼굴에 핏기라곤 찾아볼 수 없었다. 나는 그곳에서 멀지 않은 곳을 지나가다가 그 울음소리를 듣고 그 여성들을 만나게 된 것이다. 그때 무슨 일이 일어났는지 알게 됐지. 누군지 알 수 없는 두 명의 기사가 아주 비겁한 방법으로 가웨인을 죽였다고 하더군. 분노가 치밀어 올랐다. 나는 세 명의 아가씨에게 반드시 젊은이의 복수를 해 주겠다고 약속했다. 그 이후로 너희가 저지른 추악한 범죄를 알리고 심판하기 위해 너희를 추적했던 것이다."

교만한 파에가 대답했다.

"제가 왜 그렇게 행동했는지 말씀드리지요."

그는 자신과 고메렛이 사랑하는 여자들이 사랑을 미끼로 그들에게 제시했던 조건에 대해 장황한 설명을 늘어놓았다. 그러나 그 이야기는 결코 웃지 않는 트리스탄에게 들어서 가웨인도 이미 알고 있었다.

가웨인이 차갑게 말했다.

"그럴 듯한 핑계로군! 너는 죗값을 치러야 한다."

"겉으로는 그렇게 보일 것입니다. 그러나 실상은 전혀 다릅니다. 경이 말하는 불행은 결코 돌이킬 수 없는 것이 아닙니다. 얼마든지 돌이킬 수 있습니다. 하느님과 천국에 계신 모든 성인들의 이름에 걸고, 이 나라의 모든 백성이 지켜보는 앞에서 맹세합니다. 그 젊은이를 치유하여 그 어느 때보다 더 튼튼하게 만들어 놓겠습니다. 저도 그 젊은이의 이름은 모릅니다. 그러나 장님이 된 그가 전보다 더 잘 볼 수 있게 고쳐 주겠습니다. 제 오른쪽 손을 그의 얼굴 위에 올려놓기만 하면 그 순간 나을 것입니다."

"믿을 수 없다. 그러나 그렇게 될 수만 있다면 너는 모든 죄를 면할 수 있을 것이다."

"저를 데리고 가십시오. 그러면 아시게 됩니다."

가웨인과 그의 포로는 상처를 대충 손보고 난 뒤, 말을 타고 급히 달렸다. 밤이 가까워 오고 있었기 때문이다. 그들은 가웨인이 에스피노그레와 헤어졌던 네거리에 도착했다. 그때 완전 무장한 두 명의 기사들이 다가오는 게 보였다. 엉망진창이 된 방패로 미루어 보건대 방금 살벌한 전투를 치른 것이 분명했다. 두 사람 모두 피범벅이었다. 한 사람은 흰말을 타고 있었고 다른 사람은 밤색 말을 타고 있었는데, 가웨인은 그중 한 사람을 쉽게 알아보았다. 에스피노그레였다. 교만한 파에가 다른 한 사람은 무도한 고메렛이라고 이야기해 주었다. 가웨인은 에스피노그레가 임무를 성공적으로 수행했다는 것을 알고 매우 기뻐했다. 네 사람은 더 이상 지체하지 않고 결코 웃지 않는 트리스탄의 저택을 향해 갔다.

트리스탄은 기사들이 다가오는 것을 보고 그들을 향해 달려 나왔다.

"어서 오십시오!"

트리스탄은 젊지만 경험이 많은 사람이었고 아주 잘생긴 외모를 지니고 있었다. 그는 얼른 달려 와서 가웨인의 등자를 붙잡고 가웨인이 땅에 내려서는 것을 도왔다. 종자들이 달려와 말을 끌고 마구간으로 데려갔다. 트리스탄은 가웨인의 손을 잡고 큰 방으로 데리고 갔다. 일행은 잘 먹고 일찍 잠자리에 들었다. 모두들 낮의 힘든 전투로 녹초가 되어 있었다.

다음 날 그들은 해가 중천에 뜬 다음에야 자리에서 일어났다. 그들은 낮 동안 저택에서 쉬면서 담소를 나누었다.

저녁이 되었을 때 가웨인이 근심에 잠긴 어두운 얼굴로 트리스탄에게 말했다.

"그대는 고결하고 선한 분이십니다. 우리 이야기를 자세히 알 뿐만 아니라, 제가 누구인지도 아십니다. 이제 그대가 전날 저에게 보여 주었던 죽은 자의 팔을 다시 보여 주십시오."

트리스탄이 교만한 파에를 바라보았다. 파에가 입을 열었다.

"가웨인 경의 주장은 정당합니다. 가웨인 경은 만일 제가 그 팔 주인의 목숨을 살려 내고, 제가 장님으로 만들어 버린 젊은이의 눈을 다시 원래대로 만들어 놓는다면 죄를 사해 주겠다고 했습니다. 저는 그걸로 우리의 결투를 마감하자고 제안했습니다. 경께서는 그 제안을 받아들이셨습니다."

트리스탄이 유골함을 가져오라고 일렀다. 교만한 파에는 팔을 꺼낸 다음 그가 가져온 머리 옆에 놓았다. 무도한 고메렛은 사슴 가죽에 싸 두었던 시신의 몸통을 옆에 놓았다. 교만한 파에가 그 처참한 시신 위로 손을 가져간 다음 아래위로 움직였다. 놀랍게도 잘려진 시신이 다시 합쳐지더니 푸들푸들 떨기 시작했다. 그리곤 마치 아무 일도 없었던 것처럼 완전히 생명이 돌아왔다. 죽었던 기사는 태연한 표정으로 일어나 앉아 놀라서 얼이 빠져 있는 좌중을 향해 인사했다.

그는 그가 어떻게 숲속에서 교만한 파에와 무도한 고메렛을 만나게 되었는지, 그들이 또 어떻게 자기에게 덤벼들어 죽였는지 이야기했다. 가웨인은 그 이야기를 듣고 놀라고 감동하여 몇 번씩이나 성호를 그었다. 트리스탄은 교만한 파에에게 어떻게 그렇게 놀라운 능력을 소유하게 되었느냐고 물었다.

파에가 대답했다.

"저도 잘 모릅니다. 제 어머니는 예전에 아더 왕의 누이 모르간과 친분이 있으셨는데, 제가 태어난 지 얼마 되지 않았을 때 모르간이 저를 보러 온 적이 있다고 말씀하신 적이 있습니다. 어머니 말씀에 따르면 모르간이 이 세상 어떤 사람도 가지지 못한 능력을 저에게 주기 위해 제 몸에 대고 주문을 외웠다고 합니다. 덕분에 저는 죽이지 않고 죽이는 능력을 가지게 되었습니다. 즉, 저 때문에 생겨난 죽음이나 상처는 결정적이지 않으며 어떤 조건이 충족되었을 때 오른손에서 빠져나가는 생명의 흐름이 제가 저질렀던 폭력을 지워 버릴 수 있는 능력을 발휘한 것입니다."

가웨인은 아직 모든 것이 끝나지 않았다고 생각했다. 그는 가능한 한 빨리 아더 왕의 궁으로 돌아가고 싶었다. 그전에 장님이 된 젊은이를 만나 고쳐 주어야 했다. 다음 날 아침 가웨인 일행은 다시 길을 떠났다.

무사히 여행한 끝에 교만한 파에가 젊은이의 눈을 파 버렸던 장소에 도착하게 되었다. 그들은 울고 있던 여자들의 집을 수소문했다. 한참 뒤에 그 집을 찾아낼 수 있었다. 집은 침울한 분위기에 잠겨 있었다. 여자들은 여전히 가웨인은 죽었고 그의 시신은 토막 났다고 생각하고 있었다. 가웨인이 자신의 정체를 밝히자 여자들은 뛸 듯이 기뻐했다. 가웨인이 젊은이는 어떻게 되었느냐고 물었다.

여자 하나가 대답했다.

"하늘도 땅도 더 이상 볼 수 없게 된 사람처럼 살고 있지요."

"그를 찾아서 가능한 한 빨리 내 앞에 데려다 주시오."

여자들은 서둘러 떠났다. 그리곤 젊은이의 손을 잡고 가웨인에게 데리고 왔다. 눈이 멀었는데도 젊은이는 아주 아름다웠다. 그를 보자 가웨인의 마음이 울컥하고 치밀어 올랐다.

그는 교만한 파에에게 짧게 말했다.

"자, 약속을 지키시오."

파에는 그 말이 떨어지기가 무섭게 젊은이의 얼굴에 손을 대고 아래로 쓰윽 훑어 내렸다. 그 순간 젊은이는 시력을 되찾게 되었다. 눈을 뜬 젊은이는 가웨인을 바라보더니 그를 알아보았다. 그는 아주 부드러운 목소리로 말했다.

"이런! 어서 오십시오. 저는 죽어서 몸이 토막 난 사람이 경이라고 생각했답니다. 여기 있는 이 기사님을 경이라고 생각했던 거로군요. 저는 이분을 압니다. '후버란트의 신사'라고 불리는 분이지요. 이분처럼 훌륭한 동료는 없답니다. 무사하신 걸 보니 기쁩니다."

젊은이는 자기가 겪은 일을 모두 들려주었다. 모두 교만한 파에의 놀라운 능력에 얼이 빠질 정도로 놀라 있었다. 가웨인은 그곳에서 꾸물거리고 싶은 생각이 없었다. 젊은이와 세 명의 여자들이 묵어가라고 간곡히 붙잡았지만 그는 동행들에게 다시 길을 떠나자고 재촉했다. 그들은 곧장 카얼리온으로 달려갔다.

그들이 도착했을 때는 벌써 저녁 식사가 차려질 시각이었다. 모두 손을 씻고 자리에 앉아 있었다. 그때 파수꾼이 달려 들어와 가웨인의 도착을 알렸다. 왕과 궁정 사람들 전체가 기뻐서 어쩔 줄 몰랐다. 그들은 모두 가웨인을 맞으러 나갔다. 왕은 가웨인을 다정하게 껴안더니 손을 잡고 제일 좋은 자리로 이끌었다. 저녁 시간 내내 가웨인은 자기가 겪은 모험에 대해 자세히 이야기했다. 그날 밤 가웨인은 어느 날보다 더 깊은 잠을 잤다.

04 실망스러운 편력 여행

 카얼리온 성 앞에 펼쳐져 있는 풀밭에서 왕은 나무그늘 아래 앉아 쉬고 있었다. 귀네비어, 케이, 보호트, 이베인, 가웨인과 그의 형제인 가헤리에트, 아그라베인이 함께 있었다. 시인 한 사람이 하프 반주에 맞추어, 조상들이 거인족과 싸우던 시절의 일을 읊었다. 시인이 노래를 끝내자, 시종들이 마실 것을 가져다주었다. 아주 더운 날씨였다.

 기사 한 사람이 숲에서 빠른 속도로 달려 나와 왕의 일행 앞에 멈추어 섰다. 왕은 그의 이름을 잘 알고 있었다. 그는 갱강브레질이라고 불리는 용감한 기사인데, 에스카발론 왕의 아들이었다. 그는 예전에 아더 왕의 권위를 인정할 수 없다고 버텼기 때문에 아더 왕과 심하게 충돌한 적이 있었다.

 갱강브레질은 가웨인 앞에 다가오더니 모든 사람들 귀에 다 들리도록 큰 소리로 외쳤다.

 "가웨인! 나는 그대에게 결투를 신청하는 바이오. 나는 마일군 왕의 아들로서 사랑의 대가로 그대의 머리와 몸을 요구했던 아가씨들의 오라버니요. 헛소문을 듣고 우리는 그대가 죽은 줄 알고 기뻐했소이다. 그런데 그대 대신에 엉뚱한 사람이 죽었다는 것을 알게 되었소. 그대가 아직 살아 있다는 것을 알고 내 누이들은 슬픔에 빠졌소이다. 가웨인, 그대는 내 아버지를 죽였소. 그런데 도전한다는 말 한마디 던지지 않고 공격했던 것은 아주 비열한 행동이었소이다. 그대는 비겁한 사람이니, 이 잘못된 행동에 대해 나에게 대가를 지불해야 하오. 이곳에 계신 제후 여러분은 내가 거짓말을 하고 있지 않다는 것을 알고 있소. 그대는 배반자요. 나는 그것을 증명해 보이겠소!"

가웨인은 당황한 표정으로 서 있었다. 그때 그의 동생 아그라베인이 갑자기 일어서서 형의 팔을 잡아당겼다.

"우리 가문을 모욕하는 걸 용납해서는 안 돼요! 형이 당한 모욕을 내가 반드시 갚아 주겠어!"

가웨인이 동생의 팔을 뿌리치며 말했다.

"너무 빨리 화를 내는구나! 나를 방어할 수 있는 사람은 나 자신밖에 없다. 저 기사가 이름을 거론한 것은 나 한 사람뿐이다. 너는 이 일과 아무 상관도 없다. 게다가 내가 그를 상대로 무슨 잘못을 저질렀다면 평화를 요청하든지 보상을 제공하든지 하겠지만, 그가 얘기하는 것은 전혀 사실이 아니다. 따라서 나는 그가 원할 때, 이곳이든 아니든 다른 곳에서 무기를 들어 내 입장을 방어하는 수밖에 없다."

갱강브레질이 말을 이었다.

"지금부터 사십 일 이내에 나와 싸워 이기지 못하면 에스카발론 궁에서 그대를 배반자로 선포하겠소!"

"그대가 정하는 장소로 즉시 따라갈 것이오. 그곳에서 누가 올바른지 알게 될 것이오!"

갱강브레질은 모여 있는 사람들에게 인사도 하지 않고 말을 달려 숲속으로 사라졌다.

가웨인은 무기와 그의 애마 그린갈렛을 준비하라고 일렀다. 많은 종자들이 달려와 창과 방패와 검을 건넸다. 그는 왕과 왕비, 그리고 원탁의 동지들에게 작별 인사를 하고 숲을 향해 떠났다. 그가 미처 마당을 나가기도 전에 사람들은 가슴을 치면서 안타까워하기 시작했다. 귀부인들도 걱정이 되어 눈물을 줄줄 흘렸다. 그러나 그들의 우정을 모르는 체하고, 가웨인은 그가 받게 된 의심과 불명예를 씻기 위해 그린갈렛을 타고 떠났다.

황야에 도착하자 한 무리의 기사들이 서 있는 게 보였다. 그는 목에 방패를 걸고 다른 사람들 뒤에 서서 말을 끌고 가는 종자에게 그들이 누구냐고 물어보았다.

"용감하고 씩씩한 리즈의 멜리앙 경과 그의 동지들이랍니다."

"너는 그 집안 사람이냐?"

"아닙니다. 저는 아네의 트라에 경을 섬기고 있습니다. 그분도 멜리앙 경만큼 씩씩한 분이지요."

"리즈의 멜리앙 경이라구? 전에 알고 지내던 사람인데……. 지금 어디로 가고 있느냐? 숨김없이 말하라."

"무술 경기에 갑니다. 틴타겔의 티보와 겨루기 위해서지요."

"하지만 리즈의 멜리앙은 티보의 집에서 성장하지 않았느냐?"

"그렇습니다. 멜리앙 경의 아버님은 티보를 무척 아끼셨지요. 임종할 때 아직 어린 아들을 티보에게 맡기셨어요. 티보는 아이를 맡아서 정성을 다해 길렀습니다. 그런데, 성장한 뒤에 젊은이는 양부의 딸을 사랑하게 되었어요. 아가씨는 무훈을 세워 명성을 얻은 기사에게만 사랑을 주고 싶어 했습니다. 멜리앙 경은 그래서 많은 공을 세웠지요. 그의 나라에서는 그의 용기를 많이 칭찬하게 되었습니다. 그는 희망에 가득 차서 다시 아가씨를 찾아가 사랑을 구했습니다. 그녀는 자기가 보는 앞에서 결투를 해서 그의 사랑을 증명해 달라고 말했어요. 그래서 멜리앙 경은 이 무술 경기에 참여하기로 한 것이랍니다. 그분이 이기지 못할까 봐 걱정이 되는군요. 경께서 성의 사람들을 좀 도와 드리면 좋을 텐데⋯⋯."

"네 주인을 따라가거라. 그렇게만 하면 된다. 다른 걱정은 하지 마라."

종자는 가웨인에게 작별 인사를 하고 일행을 따라갔다. 가웨인은 잠시 생각해 본 뒤 티보 성으로 가는 길로 접어들었다. 그 길이 유일한 길이기도 했다.

그는 혼자 생각에 잠겼다.

'어떻게 한담? 에스카발론 성으로 가서 갱강브레질과 싸워야 한다. 그러나 시간은 아직 많이 남아 있으니까⋯⋯. 그리고 이 무술 경기가 아주 궁금해⋯⋯.'

가웨인이 그런 생각을 하는 동안 틴타겔의 티보는 그의 제후들, 근방의 기사들, 또 친척들을 불러 모았다. 지위 높은 사람이나 낮은 사람, 젊은이나 노인 할 것 없이 모두 그의 부름을 받고 달려왔다. 그는 큰 혼란에 빠져 있었다. 양아들이기도 한 리즈의 멜리앙과 무술 경기를 해야 하는가? 현명한 그의 조언자들은 하지 않는 것이 좋겠다고 말했다. 멜리앙이 그들의 파멸을 원하고 있을지도 모른다는 것이 그 이유였다. 혼란스러웠다.

티보는 성의 모든 입구를 회반죽으로 막았다. 조그만 쪽문 하나만 남겨 두었다. 구리로 만들어진 문이었다. 문에는 무거운 쇠 빗장이 걸려 있었다.

일곱 나절 정도 걸어가기 전에는 다른 길을 찾을 수 없었기 때문에 가웨인은 성을 향해 다가가는 수밖에 없었다. 그는 쪽문이 닫혀 있는 것을 보고 말뚝으로 에워싸여 있는 풀밭으로 들어갔다. 탑이 세워져 있었다. 떡갈나무 아래까지 온 그는 말에서 내려 나무에 방패를 걸어 놓았다. 성에서 그를 내려다보는 사람들이 그의 생각을 오해하지 않게 하기 위해서였다. 그가 무술 경기를 포기했다는 것을 알면 성안에 있는 많은 사람들이 좋아할 것이다.

다르게 생각하는 사람도 있었다. 그는 땅을 많이 가지고 있는 늙은 가신이었는데, 가문에서 중요한 위치에 있는 현명한 사람이었다. 많은 사람들이 그를 찾아와 조언을 구하곤 했다. 모두들 그의 조언을 진지하게 받아들였다. 사람들이 그를 찾아가서, 저기 멀리 풀밭에 앉아 있는 남자의 모습을 가리키며 그의 생각을 묻자, 그 가신은 티보를 찾아가 말했다.

"방금 우리 성벽 아래에 기사 한 사람이 앉아 있는 것을 보았습니다. 그는 아더 왕의 동지인 듯합니다. 용감하고 힘센 사람은 혼자서도 너끈히 전투에서 승리를 끌어낼 수 있을 것입니다. 그러니 무술 경기에 참여하십시오. 안전하게 경기에 임하실 수 있습니다. 훌륭한 기사들과 좋은 병사들이 있고, 상대편 말을 죽일 수 있는 궁수들도 있습니다. 상대편은 이 문 앞으로 와서 경기를 벌일 것입니다. 그들이 오만하다면 그들이 지게 됩니다. 그리고 우리가 이기게 될 것입니다."

티보는 가신의 말을 주의 깊게 들은 뒤에, 그가 생각하고 있는 대로 행동하라고 재량권을 주었다. 가신은 함께 있는 사람들에게 경기에 참여할 생각이 있으면 무장을 하고 성 밖으로 나가라고 일렀다. 기사들은 그 지시를 받고 뛸 듯이 기뻐했다. 종자들은 무기를 가지러 뛰어가거나, 말에 안장을 올려놓는 등 바쁘게 움직였다. 아가씨들과 귀부인들은 경기를 구경하기 위해서 탑 꼭대기로 올라갔다. 눈 아래에 가웨인의 모습이 보였다.

여자들 중 하나가 탄성을 질렀다.

"이런! 저 기사는 어쩌면 저렇게 의젓할까! 오늘 틀림없이 혁혁한 전과를 올릴 것 같은데……. 어디서 왔지? 누굴까? 저기 저러고 있는 걸 보면 눈에 띄고 싶어 하는 거야. 틀림없이!"

여자들이 그렇게 이야기꽃을 피우는 동안 기사들은 성 밖으로 나갔다. 이 무술 경기가 열리게 만든 티보의 맏딸은 여자 친구들 사이에 자리를 잡고 앉았다. 그녀의 여동생이 그 옆에 앉았는데, 소매가 꼭 끼는 아주 독특한 스타일의 드레스를 입고 있었다. 마치 팔에다가 색칠을 해 놓은 것처럼 꼭 끼는 소매였다. 그 때문에 그녀는 '좁은 소매의 아가씨'라는 별명을 가지고 있었다.

그때 리즈의 멜리앙이 나타났다. 위풍당당한 기사들이 화려하게 장식을 한 말들을 타고 좌우에서 그를 호위했다. 멜리앙을 바라보던 좁은 소매의 아가씨가 자랑스러운 목소리로 말했다.

"보세요. 리즈의 멜리앙처럼 내 마음에 드는 기사는 아무도 없었어요. 솔직하게 말할게요. 저렇게 멋진 기사를 바라보는 건 정말 즐겁지 않아요? 얼마나 당당한 모습으로 말 위에 타고 있는지, 또 얼마나 솜씨 좋게 창과 방패를 들고 있는지 보아요. 그는 무기들을 정말 잘 다룰 수 있을 거예요."

옆에 있는 동생은 생각이 다른 것 같았다.

"난 언니의 멜리앙보다 더 잘생긴 남자를 알고 있어!"

언니는 화가 나서 동생을 한 대 때리려고 벌떡 일어났다. 주위에 있던 여자들이 자매를 뜯어말려야 했다. 그 사이에 경기가 시작되었다. 수많은 창이 부서졌다. 기사들은 검으로 수없이 공격을 주고받았다. 많은 기사들이 쓰러졌다. 리즈의 멜리앙은 두려움이 없어 보였다. 그는 창을 휘둘러 많은 적수를 말에서 떨어뜨렸다. 양쪽 진영을 통틀어서 감히 그를 대적할 만한 사람은 없는 것 같았다.

멜리앙의 연인은 기뻐서 큰 소리로 외쳤다.

"어때요, 여러분, 대단하지 않아요? 여러분은 지금 가장 뛰어난 기사를 보고 계신 거예요. 경기에 참여하고 있는 기사들 중에서 그가 가장 아름답고 가장 용감해요."

그러나 여동생은 계속 딴죽을 걸었다.

"난 그보다 더 잘생기고 훨씬 더 용감한 사람을 봤어!"

언니는 화가 나서 얼굴이 새빨개졌다.

"나쁜 계집애! 어떻게 내가 좋아하는 사람을 그렇게 폄하할 수 있니? 좋아, 건방을 떨면 어떻게 되는지 기억하게 해 주마."

그러고는 동생의 뺨을 세게 갈겼다. 동생의 뺨에 시뻘건 손가락 자국이 남았다. 자매를 떼어놓느라고 주위에 있던 부인들이 애를 먹었다. 여자들의 눈길은 이제 가웨인에게로 옮아갔다.

어떤 여자가 말했다.

"저기 나무 아래 있는 저 기사 말이야. 무장을 하고 있으면서 왜 결투에는 참가하지 않는 거지?"

다른 여자가 말했다.

"글쎄, 아마 평화를 맹세했나 보지."

세 번째 여자가 끼어들었다.

"저 사람은 장사꾼이야. 왜 그가 경기에 참여해야 해?"

네 번째 여자도 한마디 거들었다.

"아냐, 무기 바꿔 주는 사람이야. 아마 보따리 안에 가난한 기사들에게 나누어 줄 방패가 잔뜩 들었을걸."

그때 좁은 소매의 아가씨가 큰 소리로 말했다.

"다 틀렸어. 장사꾼이 저렇게 큰 창 들고 다니는 거 봤어? 말도 안 되는 소리 하고 있어. 듣고 있자니 괴로워 죽겠네. 저 사람은 장사꾼이나 무기 바꿔 주는 사람이라기보다는 무술 경기의 승자처럼 생겼어. 단언하는데 저 사람은 기사가 틀림없어."

여자들이 이구동성으로 그 말에 반박했다.

"겉으로 보기엔 그런 것 같지만, 아냐. 저 사람이 저렇게 차려입은 건 통행세 징수인에게 세금을 안 내고 다니기 위해서야. 하지만 그런 꾀가 들통 나지 않을 거라고 생각하면 오산이지. 아마 탈세를 저질렀다고 붙잡혀서 교수형을 당하게 될 거야."

어느덧 해가 서산에 뉘엿뉘엿 지기 시작했고 무술 경기는 끝났다. 많은 기사들이 포로가 되었다. 말이나 무기를 잃어버린 기사들도 있었다. 이긴 사람들은 자랑스럽게 전리품을 챙겼다. 헤어지는 순간에 그들은 다음 날 다시 만나 하루 종일 시합을 하기로 결정했다. 성에서 나온 사람들은 성으로 돌아갔다. 가웨인은 그들을 따라갔다. 문 앞에서 그는 현명해 보이는 가신을 만났다.

그가 가웨인에게 말을 걸어왔다.

"성안에 기사님을 모실 만한 숙소가 있습니다. 여기서 더 먼 곳으로 가시면 머무실 만한 곳이 아무 데도 없습니다. 우리와 함께 머무시지요."

"듣던 중 반가운 얘기입니다. 기꺼이 여러분과 함께 머물겠습니다. 따뜻하게 맞아 주셔서 참으로 감사합니다."

길을 가면서 가신은 왜 하루 종일 경기장에서 비껴서 있었는지, 왜 성의 기사들을 도와주지 않았는지 물었다.

가웨인은, 배반의 죄를 저질렀다는 고발을 당했기 때문에 고발자와 싸워 이겨야 한다고 대답했다. 자신의 정당성을 증명하고 모욕을 씻을 때까지는 부상을 당해서도 안 되고 싸움에 져서 누군가의 포로가 되어서도 안 되기 때문에 경기에 끼어들 수 없었다는 것이다. 가신은 가웨인의 처지를 금방 이해하고 더 이상 질문을 던지지 않았다. 그는 가웨인을 넓고 편안한 자기 집으로 데려갔다.

티보의 집에서는 당연히 경기에 관한 이야기가 한창이었다. 맏딸은 동생이 얄미워서 가웨인에 대한 이야기로 화제를 바꾸었다.

"아버님, 아버님은 오늘 아무것도 잃지 않으셨어요. 생각하신 것보다 더 많은 걸 얻으셨어요. 오늘 하루 종일 우리 편을 들지 않고 경기를 구경하기만 했던 기사를 잡아 오게 하세요. 사실 그 사람은 기사가 아니라 통행세 한 푼 안 내고 돌아다니려고 수를 쓰는 장사꾼이거나 무기 바꾸어 주는 사람에 불과해요. 그 사람에게 본때를 좀 보여 주세요. 가신 가랑이 자기 집으로 데리고 갔어요. 방금 전에 지나가는 걸 보았어요."

틴타겔의 티보는 당장 말을 타고 가웨인이 머물고 있는 집으로 가 보았다. 막내딸은 아버지가 집을 나서는 것을 보고 뒷문으로 살짝 빠져나와 가신의 집으로 달려갔다. 가신은 막 집을 나오고 있는 중이었다. 그는 성주에게 이야기하러 가는 길이었다. 손님을 들이면 성주에게 보고하는 것이 관례였기 때문이다. 그는 길 중간에서 티보를 만났다. 그가 어디 가시는 길이냐고 성주에게 물었다.

"그대에게 가던 길이오. 잠시 가벼운 얘기나 좀 나눌까 하고……."

"그것 잘 되었군요. 마침 집에 세상에서 가장 잘생긴 기사가 와 있답니다."

"사실은 그 사람 때문에 찾아가는 길이었소. 그러나 그와 대화를 나누기 위해서는 아니고, 사기를 친 값을 치르게 하기 위해서 겁을 좀 주려는 거요. 그자는 기사처럼 차려 입은 장사꾼이오."

가신이 깜짝 놀란 표정을 지었다.

"무슨 이야기인지요! 저는 영주님의 사람이기는 합니다만 저와 제 가문의 명예를 걸고, 제 집에 온 손님에게 그런 일을 겪게 할 수는 없습니다!"

티보는 아주 난처한 처지에 빠졌다. 가신의 손님에게 죄가 없다면, 그를 잡아갈 경우 수치는 고스란히 자기에게 돌아가게 된다. 그는 잠시 생각하다가 말했다.

"좋소, 없던 걸로 합시다. 결코 그대의 손님에게 불명예스러운 일을 겪게 하지 않겠소."

"감사합니다. 함께 제 손님을 만나러 가 주시면 영광이겠습니다만⋯⋯."

두 사람은 함께 가웨인이 머물고 있는 숙소를 향해 갔다. 가웨인은 두 사람을 보자, 교양 있는 기사답게 정중히 인사했다. 두 사람도 인사한 다음 가웨인 옆에 앉았다. 틴타겔의 티보는 왜 경기장에 왔으면서 하루 종일 경기에 참여하지 않고 구경만 했느냐고 물어보았다.

가웨인이 대답했다.

"제가 비난받을 만한 행동을 했다는 것을 부인하지 않겠습니다. 그러나 어떤 기사가 저를 배반자라고 비난하면서 결투를 청해 왔기 때문에 어쩔 수 없었습니다. 저는 왕궁에 가서 그와 싸우지 않으면 안 됩니다."

티보가 말했다.

"그렇다면 어쩔 수 없었겠군요. 결투는 어디에서 이루어지나요?"

"에스카발론 왕 앞에서 싸워야 합니다. 가장 가까운 지름길을 통해 그곳에 가야 합니다."

"그렇겠군요. 그곳에 안전하게 가실 수 있도록 호위병을 내어 드리리다. 그리고 아주 가난한 지방을 지나가셔야 할 터이니, 양식과 그것을 싣고 갈 말도 내어 드리리다."

가웨인은 어떤 길로 가든지 먹을 것을 살 수 있다고 말하면서 성주의 제안을 정중하게 거절했다. 이야기를 좀더 나누고 난 다음 티보는 돌아가려고 자리에서 일어났다. 그때 티보의 막내딸이 숨을 할딱거리면서 달려 들어와 가웨인의 무릎 앞에 몸을 던졌다.

"기사님, 내 말을 좀 들어주세요. 언니가 나를 때려서 하소연하러 왔답니다. 나를 위해 심판을 해 주세요."

티보가 딸을 향해 꾸짖듯이 말했다.

"딸아, 누가 너에게 이분을 괴롭혀도 괜찮다고 허락했느냐?"

가웨인이 깜짝 놀라 물었다.

"영주님의 따님이신가요?"

"그렇소이다. 내 막내딸이오. 하지만 괘념치 마시오. 아직 철이 없는 천둥벌거숭이에 천방지축이라오."

"이야기를 못하게 하는 건 예의가 아닌 듯합니다. 사랑스러운 아가씨, 말해 보세요. 어떤 심판을 해 드려야 하지요? 어떻게 하면 될까요?"

"그냥 나에 대한 사랑을 위해 내일 경기장에서 싸워 주시기만 하면 돼요."

"솔직하게 대답해 보세요. 기사에게 도움을 청해 보신 적이 있으신가요?"

"아뇨, 처음이에요."

아가씨의 아버지가 두 사람의 대화에 끼어들었다.

"제멋대로 종알거리게 내버려두시구려. 마음 쓰실 것 없소이다. 이 아이의 치기 때문에 시간을 버리는 건 소용없는 일이오."

가웨인은 아가씨의 도발적인 태도가 아주 재미있었다. 깜찍한 고집쟁이 아가씨의 태도가 사랑스러웠다.

"성주님, 따님은 아주 개성이 강한 분이군요. 전 그게 좋습니다. 따님의 부탁을 거절해야 할 이유를 찾지 못하겠는데요. 아가씨가 원하시니 내일 잠깐 동안 따님의 기사가 되겠습니다. 따님의 표식을 창에 달고 싸우겠습니다."

아가씨의 얼굴이 기쁨으로 환해졌다.

"고맙습니다, 기사님. 내가 이런 부탁을 하는 것은 당신을 위한 것이기도 하답니다. 왜냐하면 언니는 멜리앙을 돋보이게 하기 위해서 당신이 기사로 가장한 장사꾼이라고 깎아내렸거든요. 나는 멜리앙보다 더 훌륭한 기사가 있다고 언니에게 말했는데 그때 나는 당신을 염두에 두고 그렇게 말한 거랍니다. 그랬더니 언니가 나를 정신 나간 여자 취급을 하면서 머리끄덩이를 잡아당겼어요. 내 기사가 멜리앙을 이겨줄 수 있다면 머리카락을 목 있는 곳까지 짧게 자르겠어요. 물론 그랬다간 사람들에게 욕을 얻어먹겠지만……. 그러면 멜리앙에게 빠져 있는 언니도 정신을 차릴 거예요. 하루 종일 어찌나 멜리앙, 멜리앙 하고 떠들어 대는지 귀가 따가울 지경이었답니다. 부인들도 모두 지겨워해요. 하지만 조금만 참으시라! 조그만 빗방울이 폭풍을 쓸어버릴 수도 있으니까!"

아가씨가 신이 나서 종알종알 떠들어 대는 것을 보고 가웨인은 웃음이 터져 나오는 걸 참을 수 없었다.

"아가씨, 공연히 머리카락을 괴롭히실 필요는 없습니다. 내일 아가씨를 위해서 싸우겠습니다. 무기에 달고 싸울 수 있도록 아가씨 물건을 하나 주시면 좋겠습니다. 이를테면 소매 한 짝이라든가……."

아가씨는 그 자리에서 소매 한 짝을 뜯어 가웨인에게 내밀었다. 그러고 난 다음 작별 인사를 하고 아버지를 따라 집을 나갔다.

다음 날 아침, 경기 시간이 되자 기사들은 무장을 하고 성 바깥에 집결했다. 귀부인들과 아가씨들은 탑으로 올라갔다. 무사들은 여자들의 눈 아래에서 열을 지어 행진했다. 리즈의 멜리앙은 휘하의 무사들 선두에서 말을 타고 있었다. 그의 모습을 보자 성주의 큰딸이 참지 못하고 또 탄성을 질렀다.

"저기 모든 기사 중에서 최고로 인정받은 사람이 있어요!"

그때, 가웨인이 멜리앙을 향해 말을 달렸다. 멜리앙은 상대를 얕잡아보고 별로 경계하지 않았다. 가웨인은 솜씨 있게 상대방을 쳐서 말에서 떨어뜨렸다. 그는 멜리앙의 말고삐를 잡아 종자에게 건네며 그를 성주의 막내딸 앞으로 데려가라고 일렀다. 그날의 첫 번째 전리품을 아가씨에게 선물하고 싶었던 것이다. 종자는 마구를 화려하게 갖춘 말을 아가씨에게 끌고 갔다. 성벽 위에서 그 광경을 바라보던 아가씨는 언니에게 말했다.

"어때, 언니도 보고 있지? 언니가 그토록 칭송했던 멜리앙의 꼴을 좀 봐. 내가 어제 했던 말이 맞았잖아. 멜리앙이 임자를 만난 거라구. 그는 세상에서 가장 빼어난 기사가 아니야!"

아가씨는 언니를 놀려 먹는 것이 재미있어 죽겠다는 표정이었다. 언니는 결국 흥분하고 말았다.

"나쁜 계집애 같으니라구. 입 다물지 못하겠니? 한마디만 더 하면 정신을 못 차리도록 뺨을 갈겨 줄 거야."

"언니, 하느님을 기억하라구. 내가 진실을 말했기 때문에 나를 때리겠다구? 언니도 멜리앙이 땅바닥에 엎어진 걸 보았잖아! 일어날 힘도 없어 보이네. 멜리앙은 진 거야. 여기 있는 부인들도 땅바닥에 엎어져서 비참하게 사지를 버둥대는 그의 모습을 보고 있잖아."

부인들이 뜯어말리지 않았더라면 두 자매는 덤벼들어 싸웠을 것
이다. 그때 종자가 성주의 막내딸에게 다가와 가웨인의 선물을 전했
다. 아가씨는 수도 없이 고맙다고 말하며 말을 받았다. 그녀는 언니
에게 보복했다는 생각, 자기 소매를 무기에 매달고 싸우는 기사에 대
한 자랑스러움으로 마음이 뿌듯했다.

무술 경기는 계속 진행되었다. 가웨인은 거침이 없었다. 그를 상대
하는 기사들은 모두 말에서 떨어졌다. 그는 어느 때보다도 더 많은
말들을 전리품으로 얻었다. 말을 한 마리 얻을 때마다 성벽 꼭대기에
서 경기를 지켜보고 있는 부인들에게 선물로 보냈다.

무술 경기가 끝났을 때 가웨인이 그날의 우승자라는 것을 부인하
는 사람은 아무도 없었다. 그가 가신이 제공해 준 숙소로 돌아왔을
때 한 무리의 기사들이 그를 칭송하며 따라왔다. 그들은 가웨인이 어
느 나라 사람인지 알고 싶어 했다.

숙소의 문 앞에서 좁은 소매의 아가씨가 그에게 말했다.

"기사님, 진심으로 감사드립니다."

가웨인이 대답했다.

"아가씨, 늙고 힘이 없어지기 전까지는 아가씨를 섬기겠습니다.
아가씨가 부르시면 언제라도 달려와 도와 드리겠습니다."

아가씨는 감동으로 말문이 막힌 듯 아무 말도 하지 못했다.

그때 틴타겔의 티보가 다가왔다. 그는 무척 기뻐하면서 가웨인이
그의 성에 머물러 주기를 원했다. 그러나 가웨인은 지체하고 싶은 생
각이 없었기 때문에 정중하게 사양했다. 티보는 가웨인에게 이름을

물었다.

"저는 오카니의 로트 왕의 아들인 가웨인이라고 합니다. 원탁의 기사 일원이지요."

그 말을 들은 티보는 더욱 즐거워하면서 가웨인에게 자기 초대를 받아들여 달라고 거듭 부탁했다. 그러나 가웨인은 에스카발론 성으로 가야 한다고 말하면서 다시 거절했다.

다음 날 오후에 가웨인은 에스카발론의 성에 도착했다. 그는 성문을 향해 빠른 속도로 다가갔다. 성문에 도착했을 때 마침 긴 행렬이 성을 나오는 게 보였다. 짧은 옷을 입은 사람들과 개를 끌고 걸어가는 소년들이 선두였고, 그 뒤를 궁수들과 병사들이 따랐다. 후미에는 사냥용 창을 든 병사들과 수많은 기사들이 있었다. 멋진 말을 타고 있는 두 명의 기사들이 행렬의 맨 끝이었다. 그중 한 사람은 아주 젊고 대단한 미남이었다. 그가 가웨인을 보고 인사하더니 그에게 다가와 손을 내밀며 말했다.

"기사여, 그대를 맞아들입니다. 오늘 저녁 묵으실 숙소를 정하실 시간이 되었으니, 성으로 가서서 손님용 숙소에 머무십시오. 내 누이가 한 명 있는데 기쁘게 맞이해 줄 것입니다. 나와 함께 있는 이 친구가 안내해 드릴 것입니다."

그는 동료에게 말했다.

"이 귀한 기사님을 내 누이에게 데려다 주시게. 내 인사를 전해 주고 나의 손님을 잘 돌보아 드리라 말하게. 우리가 돌아올 때까지 오라버니인 나를 대하듯 잘 모시라고 이르게. 가능하면 빨리 돌아오겠네."

두 번째 기사는 가웨인을 데리고 성안으로 들어갔다. 가웨인은 이들이 지금 자기를 몰라보았기에 망정이지 알게 된다면 어떻게 될지 몰라 불안한 마음이 들었다. 그를 알게 되면 죽도록 미워할 것이기 때문이었다. 그러나 다행히 그를 알아보는 사람들은 아무도 없었다. 두 사람은 아무 문제없이 도성의 길을 가로질렀다.

도성은 해협에 자리 잡고 있었다. 그곳에 사는 사람들은 남녀를 불문하고 모두 아름다웠다. 환전상들의 탁자는 금화와 은화 그리고 조그만 동전으로 덮여 있었고, 광장과 거리는 여러 가지 일을 열심히 하고 있는 일꾼들로 가득 차 있었다. 여기에서는 투구와 갑옷을 만들고 저기에서는 안장과 마구들을 만들고, 또 다른 곳에서는 방패와 박차를 만들고 있었다. 검을 벼리는 사람이 있는가 하면, 담요를 짜고 있는 사람도 있었고, 은과 금을 녹이고 있는 사람, 아름답고 화려한 그릇과 잔, 귀한 칠보를 제작하는 사람도 있었다. 이 도성은 일 년 내내 장이 서 있는 것처럼 보였다. 풍요함이 흘러넘치는 곳이었다.

두 사람은 이윽고 아주 잘 지은 탑에 도착했다. 종자와 하인들이 얼른 달려 나와 말고삐를 받아 들었다. 기사가 앞장서자 가웨인도 그를 따라 탑 안으로 들어섰다. 기사는 곧장 젊은 여자의 방으로 가웨인을 안내했다. 여자는 혼을 빼 갈 정도로 아름다웠다.

기사가 여자에게 말했다.

"아씨, 전하께서 안부를 전하십니다. 이 기사님을 잘 모시라고 이르셨습니다. 원하는 것은 무엇이든 베풀어 드리라 하십니다."

그는 그렇게 가웨인을 아가씨에게 맡기고 가 버렸다. 여자는 예기치 않게 멋진 손님을 맞이하게 된 것이 무척이나 기쁜 듯했다.

"내게 이렇게 훌륭한 친구를 보내 주신 오라버니에게 축복이 있기를! 미남 기사님, 내 곁에 와서 앉으세요. 고귀하신 분인 듯하군요. 오라버니의 사랑을 위해 내가 좋은 친구가 되어 드릴게요."

가웨인은 여자 곁에 가서 앉았다. 시간이 지나갈수록 그는 여자의 매혹에 이끌려 정신을 차릴 수가 없었다. 여자도 가웨인에게 첫눈에 반한 눈치였다. 여자는 부드럽고 교양이 있었지만 자신의 감정을 드러내는 것을 두려워하지 않는 솔직한 성격의 소유자였다. 두 사람이 나누는 대화의 주제는 아주 자연스럽게 사랑으로 옮겨갔다. 가웨인은 갑자기 찾아온 사랑을 감당하지 못하고 여자를 와락 끌어안았다. 여자도 남자를 물리치지 않았다. 두 사람은 서로에게 입맞춤을 퍼붓고 상대방을 애무하기에 이르렀다. 애무는 점점 더 뜨거워졌다.

그때 가신 한 사람이 두 사람이 있는 방으로 들어왔다. 그는 당장 가웨인의 모습을 알아보았다. 사랑의 환희에 들떠 있는 두 사람을 보고 그는 참을

수 없어 분노에 가득 찬 목소리로 외쳤다.

"아씨, 이게 뭐 하는 짓입니까! 마치 창녀처럼 행동하고 있군요. 부끄러운 줄 아십시오. 세상에서 가장 증오해야 마땅한 남자를 기쁘게 맞아들여 추잡한 입맞춤과 애무를 허락하시다니요! 저주를 받으실 것입니다!"

그는 가웨인이 뭐라고 항변의 말을 꺼내기도 전에 바깥으로 뛰어나갔다. 아가씨는 수치심과 공포감을 동시에 느끼며 바닥에 쓰러졌다. 가웨인이 납처럼 창백해진 여자를 안아 올렸다. 정신을 차린 여자가 가웨인에게 말했다.

"아, 이 일을 어쩌지요! 나는 오늘 당신 때문에 죽게 되었어요. 이건 부당해요. 난 당신이 누구인지 몰랐어요. 당신도 나 때문에 죽게 될 거예요. 도성의 백성들이 몰려올 테고, 만 명도 넘는 사람들이 이 탑을 에워쌀 거예요. 이곳에 좋은 무기가 있으니 그것을 드리겠어요. 용감한 사람 하나면 오합지졸과 싸워 탑을 지켜 낼 수 있어요."

여자는 얼른 갑옷을 찾아다가 가웨인에게 입혀 주었다. 방패는 찾을 수 없었다. 가웨인은 그곳에 있던 체스판 하나를 얼른 집어 들었다.

"여기 방패가 있군요! 이거면 충분합니다."

탑을 나간 가신은 나란히 앉아 있는 행정관과 감독만, 한 떼의 부자 상인들을 만났다. 상인들은 어찌나 잘 먹었는지 살이 피둥피둥 쪄 있었다. 가신은 그들에게 달려가 자기가 본 것을 이야기했다. 그들은 그 이야기를 듣고 분기탱천하여 도끼와 곡괭이, 나무 막대기 등을 찾아 들고 달려왔다. 사령이 총동원령을 내리자 백성들이 모두 몰려들었다. 빠지는 사람이 아무도 없도록, 도성의 종이 울렸다. 군중은 탑 아래에 모여 서서 고함을 질러 대기 시작했다.

젊은 여자는 어떻게든 가웨인을 도우려고 안간힘을 썼다. 그녀는 창가에

서서 큰 소리로 외쳤다.

"우, 우! 미친개처럼 울부짖는구나. 이 천박하고 불쌍한 노예들아! 어떤 악마들의 부름을 받고 이렇게 모이셨나? 뭘 원하는 거냐? 신께 서는 결코 너희에게 기쁨을 주시지 않을 거다! 전능하신 하느님께 맹세하거니와 너희들은 여기 있는 이 기사님을 데려갈 수 없어! 오히려 너희들이 죽거나 다쳐서 땅바닥에 쓰러지게 될 거다. 이 기사님은 이곳에 새처럼 하늘을 날아 들어오신 것도 아니고, 땅 밑으로 숨어들어 오신 것도 아니지. 전하께서 이분을 손님으로 보내시면서 잘 돌보아 드리라고 당부하셨단 말이다. 내가 뭘 잘못했다는 거냐? 어떻게 감히 나를 향해 칼을 뽑아 들 생각을 했지? 너희들은 영문도 모르고 날뛰고 있는 거야. 너희들은 나를 부당하게 모욕했다!"

군중들은 그녀의 말에 콧방귀도 뀌지 않았다. 벌써 문에 도끼질을 하는 소리가 들리기 시작했다. 안쪽에서 지키고 있던 문지기가 입구를 막아섰다. 그는 맨 처음 앞으로 나서는 사람을 인정사정 보지 않고 거세게 후려쳤다. 그러자 뒤따라오던 사람들이 주춤하고 물러섰다. 자기 목숨까지 걸면서 안으로 들어가려는 사람은 없었기 때문이다.

아가씨는 허리띠를 꽉 조여 매고 치맛자락을 걷어 올린 뒤 모아 두었던 체스판을 사람들 위로 내던졌다. 그녀는 잔뜩 화가 난 표정으로 모두 목매달아 버리든지 산채로 껍질을 벗겨 버리겠다고 외쳐 댔다. 그러나 성의 주민들은 탑을 공격해서 탑 안에 있는 사람들을 바깥으로 끌어내겠다는 생각을 포기하지 않았다. 탑 안에 있던 사람들은 체스의 말들이나 그릇 등을 소나기처럼 아래로 집어던지며 저항했다. 군중들은 일단 뒤로 물러났다. 그러고는 곡괭이로 탑 아래의 땅을 파서 탑을 쓰러뜨리자는 전략을 세웠다. 그들은 곧 작전에 착수했다.

가웨인을 맞아들인 젊은 성주는 성안에서 무슨 일이 일어나고 있는지 까맣게 몰랐다. 숲에서 사냥을 하던 그는 날이 저물기 시작하자 성으로 돌아가기로 결정했다. 그때 우연하게도 갱강브레질이 그 성에 도착했다. 그는 성에서 벌어지고 있는 소란의 원인이 무엇인지 물어보았다. 그리고 가웨인이 성의 주민들에게 포위당해 탑에 갇혀 있다는 것을 알고 크게 진노했다. 그는 곡괭이를 들고 탑 아래의 땅을 파고 있는 사람들에게 다가가 탑의 돌이 하나라도 떨어지면 치도곤을 당할 줄 알라고 소리치면서 당장 미친 짓을 멈추라고 명령했다. 그러나 흥분해서 이성을 잃은 성의 주민들은 갱강브레질이 가웨인과 똑같은 운명을 겪기를 원한다면 말리지 않겠다고 불손하게 대꾸했다. 사람들이 자신의 만류를 들은 체도 하지 않자 갱강브레질은 그의 형인 왕에게 달려갔다. 왕은 많은 사람들에게 둘러싸여 막 궁으로 돌아온 참이었다.

갱강브레질이 왕을 향해 외쳤다.

"전하, 지금 전하의 명예가 위험에 처해 있습니다. 전하의 감독관들과 행정관들이 폐하를 모욕하는 짓을 벌이고 있습니다. 언제부터인지는 모르겠습니다만, 그들이 탑을 무너뜨리겠다고 지금 땅을 파고 있습니다."

에스카발론 왕이 놀라서 되물었다.

"뭐라? 무엇이 어찌 되었다고?"

왕은 바로 가웨인을 맞아들였던 그 잘생긴 젊은이였다. 갱강브레질이 말을 이었다.

"전하께서 맞아들이신 그 기사는 실은 우리 아버님을 죽인 가웨인입니다. 전하께서는 그 사실을 모르셨던 것이지요. 전하께서도 아시다시피 저는 가웨인에게 결투를 신청하였습니다. 전하의 백성이 그를 응징하겠다고 나서는 것은 적절하지 않습니다."

왕은 난처한 표정을 짓고 있었다.

"그것 참 일이 공교롭게 되었구나. 가웨인은 내 손님이니, 나는 그를 모든 공격에서 지켜 주어야 한다. 우리가 합의한 대로 우리 아버님의 복수를 하는 명예는 네게 돌아가는 것이 맞다. 가서 당장 이 일을 바로 잡도록 하자."

젊은 왕은 탑을 향해 달려갔다. 왕을 알아본 사람들은 땅 파는 일을 멈추었다. 왕은 감독관과 행정관들에게 일체의 공격적인 행동을 자제하라고 명령했다. 명령에 따르지 않으면 큰 벌을 내리겠다고 엄하게 꾸짖었다. 그런 다음 갱강브레질을 대동하고 탑으로 들어가 가웨인을 만났다.

"나는 그대가 누구인지 몰랐다. 경은 내 손님이니, 내 보호 하에 있는 동안에는 어떤 어려운 일도 겪게 하지 않겠다."

가웨인이 대답했다.

"감사합니다, 전하."

갱강브레질은 어쩔 줄 모르고 얼굴이 파리해져 있는 아가씨에게 절하고 난 뒤 가웨인을 향해 말했다.

"나는 경을 배반과 불충의 죄로 고발하였소. 경은 사십 일 안에 내 앞에 나타나 결투에 응하겠다고 맹세했소이다. 그러나 나는 겁도 없이 이 성에까지 들어와 백성들에게 위협당하는 만용을 부리라고 요구한 적은 없소. 어쨌든 나에게는 경을 보호할 의무가 있으니 그렇게 했을 따름이오. 증인들 앞에서 했던 서약을 면제해 줄 거라는 생각은 하지 마시오."

"그럴 리가 있소. 명예를 귀하게 여기는 경의 태도에 경의를 표하오. 경이 원할 때, 언제든 결투에 응할 용의가 있소이다."

그때 늙고 쇠약한 기사 한 사람이 나섰다. 모든 사람들이 어려운 일이 있을 때마다 의논해 오는 지혜롭기로 유명한 사람이었다. 그가 왕 앞으로 나아가 말했다.

"전하, 좋은 조언을 해 올려야 할 때인 듯합니다. 전하의 아버님을 죽인 사람을 백성들이 공격한 것은 조금도 놀라운 일이 아닙니다. 이곳에 있는 사람들은 누구나 다 그의 죽음을 원합니다. 그러나 전하께서는 그를 맞아들이셨습니다. 그런데 모든 손님은 감옥에 갇히거나 죽어서는 안 됩니다. 여기 있는 갱강브레질 경에게도 그를 보호할 책임이 있습니다. 아더 왕의 궁에 가서 그에게 배반의 죄를 물었기 때문입니다. 가웨인 경은 자신의 무죄를 증명하기 위해 어쩔 수 없이 전하의 궁으로 왔습니다. 따라서 저는 이 결투를 일 년 뒤로 미루는 것이 더 낫겠다고 생각합니다. 그 사이에 가웨인 경이 피 흘리는 창을 찾으러 떠날 것을 제안합니다. 그것은 전설 속에 전해져 오는 창으로서 세상의 왕들이 모두 갖고 싶어 하는 창이기도 하지요."

갱강브레질이 대답했다.

"저는 그 제안에 기꺼이 찬성합니다."

왕이 말했다.

"나도 찬성하오. 가웨인 경, 그대는 어떠한가? 갱강브레질 경과의 결투를 일 년 뒤로 미루고, 그 사이에 신비한 창을 찾으러 떠나겠는가? 그 창은 어느 날 왕국 전체를 파괴할 것이라 예언서에 씌어 있는 창으로, 창끝에서 핏물이 흘러내린다고 한다.”

가웨인이 씩씩하게 대답했다.

“그 제안을 받아들이겠습니다.”

노인이 다시 나섰다.

“정의는 그것이 누구에게나 평등할 때라야 정의인 것입니다. 전하, 가웨인 경이 전하의 보호 하에 있으면서 전하의 백성에게 공격당하여 큰 위험을 겪은 것은 분명한 사실입니다. 따라서 전하께서는 가웨인 경에게 보상해 주어야 할 책임이 있습니다. 제 제안은 다음과 같습니다. 만일 가웨인 경이 일 년 안에 피 흘리는 창을 구해 오면, 그는 갱강브레질 경과의 결투를 면제받고 고발은 취소되어야 합니다. 창을 구해 오는 일이 위험한 일이므로 그렇게 하면 공평할 것 같습니다.”

왕이 갱강브레질에게 물었다.

“아우의 생각은 어떤지?”

“공평한 제안인 듯합니다. 만일 가웨인 경이 일 년 안에 피 흘리는 창을 가져다준다면, 우리 아버님과 관계된 모든 의심을 거두어들이겠습니다. 그걸 가져오지 못한다면 저와 싸워야만 합니다.”

왕이 이번에는 가웨인에게 물었다.

“경의 생각은 어떠한가?”

“좋습니다. 필요하다면 서약하겠습니다.”

왕은 성안에 있는 가장 귀중한 성유물함을 가져오라고 일렀다. 가웨인은 성유물함 위에 손을 얹고, 그 창을 구하기 위해 수고와 고통을 아끼지 않겠다고 엄숙하게 맹세했다. 실패할 경우에는 에스카발론으로 돌아와 갱강브레질과 결투하겠다고 덧붙여 말했다. 젊은 왕은 아더 왕 조카의 의연한 태도에 감탄을 숨기지 못했다.

　　가웨인은 탑을 떠나기 전에 왕과 갱강브레질에게 작별 인사를 하고, 자기 때문에 큰 위험을 겪을 뻔했던 아가씨에게도 위로의 말을 남기는 걸 잊지 않았다. 매력적인 아가씨는 가웨인의 출발이 못내 아쉬워 큰 눈에 눈물을 그렁그렁 담고 있었다. 그러나 그녀는 마음속으로 그가 언젠가 돌아오는 날, 그를 마음껏 사랑할 수 있으리라는 희망을 품었다. 가웨인은 빨리 달리고 싶어서 히히힝대는 그린갈렛을 타고 성의 거리를 달려 내려갔다. 그는 성문을 지나 평원을 향해 말을 몰았다.

05 경이의 섬

다음 날, 정오가 되기 얼마 전에 가웨인은 어떤 언덕에 도착했다. 기슭에 짙은 그늘을 드리우고 있는 커다란 나무가 서 있었는데, 나뭇가지에 방패와 창, 조그만 말 한 마리가 매여 있었다. 가웨인은 호기심이 생겨 가까이 다가가 말에서 내렸다. 주위를 돌아보자 땅바닥에 주저앉아 머리카락을 쥐어뜯으며 울고 있는 여자의 모습이 눈에 들어왔다. 여자 옆에는 기사 한 사람이 드러누워 있었다. 그의 이마에는 칼에 맞아 떡 벌어진 상처가 나 있었다.

가웨인이 여자에게 다가가 조심스럽게 물었다.

"무슨 일이 있었습니까? 부상당한 이 기사는 누구입니까?"

여자가 흐느껴 울며 대답했다.

"제 연인이랍니다. 어떤 나쁜 기사에게 당했습니다."

가웨인이 몸을 기울여 기사를 살펴본 다음 말했다.

"상처를 치료해 주어야 합니다."

"깨우지 마세요. 그랬다가는 죽을 거예요. 기사님은 왔던 길로 돌아가세요. 더 이상 가 봐야 좋은 일은 없을 겁니다. 이 언덕 아래에 있는 나라에서 무사하게 돌아온 사람은 아무도 없어요."

"제가 앞으로 나아가겠다고 결심하면 그걸 막을 수 있는 사람도 없지요."

"그렇다면 신의 가호를 빕니다."

"제가 이분을 위해 할 수 있는 일은 없을까요?"

"없어요. 그냥 자도록 내버려두는 것밖에는……. 죽든지 낫든지, 어떤 결과가 오든 많은 시간이 걸릴 거예요. 모든 병을 고쳐 주고, 고통당하는 사람에게 망각을 베풀어 주는 황금초를 가져오지 않는 한 이 사람의 고통을 덜어 줄 방법은 없답니다."

"아가씨 소원이 그러하시다면, 황금초를 찾아서 가능한 한 빨리 이곳으로 돌아오겠습니다. 약속합니다."

젊은 여자는 가웨인의 말이 믿기지 않는다는 듯 힘없이 "원하시는 대로"

상처 입은 기사와 그 연인을 만난 가웨인

라고 대답하고 계속 머리카락을 쥐어뜯으며 울었다.

가웨인은 초원과 숲을 지나 계속 앞으로 나아갔다. 곧 강과 함께 고결해 보이는 튼튼한 성이 나타났다. 한쪽에는 배가 떠 있는 항구가 있고 다른 쪽에는 비탈길 위에 포도밭이 펼쳐져 있었다. 가웨인은 성채 쪽으로 방향을 잡았다.

다리를 건너고 성벽을 지나자 풀밭이 나타났는데, 느릅나무 아래에 있는 샘물 위에 어떤 여자가 눈처럼 흰 얼굴을 비추고 있는 모습이 보였다. 까마귀 깃털처럼 윤기가 자르르 흐르는 새카만 머리카락은 황금 원으로 장식되어 있었다. 가웨인은 그녀에게 빨리 달려가려고 말의 옆구리를 찼다.

그 여자가 가웨인을 향해 외쳤다.

"기사님! 천천히! 부탁이니 조금만 속도를 줄이세요. 너무 빨리 달리고 있어요. 왜 그렇게 서두르시는 거예요?"

"아름다운 여인이여, 신의 축복을 받으십시오. 왜 조금 천천히 가라고 말했는지 그 이유를 알고 싶군요. 무슨 생각이 있어 그렇게 말한 듯한데……."

"맞아요. 그대의 생각을 읽었거든요. 그대는 나를 붙잡아서 말에 태우고 가려고 했지요?"

가웨인의 얼굴이 무참해서 벌겋게 달아올랐다. 여자가 너무나 아름다워서 순간 그런 생각이 들었던 게 사실이었기 때문이다. 사람의 머릿속을 들여다보는 이 여자는 요정인가 아니면 마녀인가?

여자가 방글방글 웃으면서 이어서 말했다.

"잘생긴 기사님, 나는 그렇게 데려다가 금작화가 핀 들판에 눕힐 수 있는 여자가 아니랍니다. 하지만 인내심을 가지고 내 충고를 따른다면 틀림없이 나를 데리고 가실 수 있어요. 먼저 그대의 용맹을 증명해야 돼요."

"그대의 이름은 무엇인가요?"

"내 이름은 오르구엘루제*, 로루와 왕의 딸이랍니다. 내가 하녀처럼 천하게 행동할 수 없다는 것을 이해하시겠지요? 경고해 두는데, 나를 원한다면 나에게 걸맞은 사람이 되어야 해요. 강 건너편에 있는 내 말이 보이세요? 저 말을 나에게 데려다 주세요. 그러면 나와 함께 다니는 일이 지겨워질 때까지 그대와 함께할게요."

"그것뿐입니까? 다른 조건은 없나요?"

"없어요. 날 원한다면 내 말을 따르세요."

"그대의 말을 데려오리다. 그런데 보아하니 건너편으로 가려면 이 널빤지 위로 올라가는 수밖에 없겠군요. 그 사이에 내 말은 어떡하지요?"

"뭘 그런 일로 걱정하세요? 그대가 그토록 애지중지하는 이 말은 그동안 내가 돌볼게요. 자, 서두르세요. 오래 붙잡고 있진 못해요. 말을 잃어버리면 큰일이잖아요?"

✚ 이 이름은 볼프람 폰 에센바흐의 독일어 판본에서 발췌한 것이다. 이 이름은 프랑스어 단어 오르게이에즈orgueilleuse('오만한 여자')의 오기誤記에 불과하다. 이어지는 사건들은 이 여성이 가웨인이 알아보지 못하도록 변신한 모르간이라는 사실을 알게 해 준다. 그녀는 멀린처럼 변신의 능력을 가지고 있다.

"맞아요. 하지만 말을 잃어버린다 해도 원망은 않겠습니다."

가웨인은 얼른 그린갈렛의 고삐를 여자에게 넘겨준 다음 떠내려 갈 것처럼 불안하게 흔들리는 좁은 널빤지 위에 올라갔다. 그러나 강 건너편에 어떤 위험이 기다릴지 알 수 없으므로 무기는 몸에 지닌 상 태였다. 그는 무사히 강을 건넜다. 강 건너편에 이르자 어디에서 몰 려 나왔는지 한 무리의 사람들이 모두 한 목소리로 그를 바라보며 외 쳐 댔다.

"아, 수많은 악행을 저지른 저 여자를 지옥불이 태워 버렸으면 좋 겠다! 훌륭하고 충성스러운 수많은 기사의 목숨을 빼앗은 나쁜 여자 같으니, 그 여자에게 저주가 내리기를! 기사님께서는 말을 가져가려 고 오셨지요? 하지만 그놈에게 손을 대는 순간 얼마나 많은 고통을 겪게 될지 아시나요? 그놈에게 가까이 다가가지 마세요. 그리고 그 대의 영혼의 구원과 육체의 안전을 원하신다면 아무것도 묻지 말고 도망가세요!"

그러나 가웨인은 그들의 말을 건성으로 들었다. 그들의 충고를 따 를 생각이 전혀 없었던 것이다. 우선, 그는 하겠다고 한번 마음먹은 일을 포기하는 성격이 아니었다. 게다가 이미 오르구엘루제에게 푹 빠져 있어서 무슨 수를 쓰든 그녀의 애인이 되겠다고 마음먹고 있었 다. 그는 말에게 다가가 고삐를 잡아당기려고 손을 뻗었다. 말은 아 주 특이한 모양을 하고 있었다. 머리 절반은 흰색이고 나머지 절반은 검은색*이었다. 그때, 나뭇잎이 무성한 나무 그늘 아래 앉아 있던 키 큰 기사가 가웨인을 향해 큰 소리로 외쳤다.

"기사여, 조심하시오. 쓸데없는 짓을 하고 있소. 말을 가만히 내버려두시오. 말에게 손가락 하나라도 댔다간 자만의 죄를 저지르게 되오. 하지만, 기어이 하고 말겠다면 어찌 말리겠소. 다만 명심하시오. 말을 데려가면 아주 곤란한 일이 생길 거요."

가웨인이 대답했다.

"그런 위협에 겁먹을 내가 아니오. 저기 강 건너편 나무 그늘 아래에 앉아 있는 여자가 나에게 말을 데려와 달라고 말했소. 그냥 빈손으로 돌아간다면 내 꼴이 뭐가 되겠소. 겁쟁이에 비열한 놈이라고 사방 천지에서 손가락질당하게 될 거요."

"이런. 진정하구려, 잘생긴 기사 양반. 말리지 않겠다는데도 그러네. 다만 이 모험이 어떻게 끝날지 알아 두라는 얘기요. 저 말을 데려가려고 고삐에 손을 댄 기사들은 전부 정신이 돌아 버렸다오. 형씨도 그렇게 될까 봐 걱정이 되어 그러는 것이지요. 무슨 짓을 하려는 건지 잘 생각해 보시구려!"

가웨인은 대답하지 않았다. 그는 말을 몰면서 널빤지를 건너갔다. 널빤지

♣ 반반씩 섞인 흰색과 검은색은 아더 왕 전설의 원형이 되고 있는 아일랜드 신화에서부터 이미 뚜렷한 표지로 등장한다. 『다 빈치 코드』에서 댄 브라운은 이 색채를 여성과 남성의 대비로 파악하고 있지만, 그것은 성적 환원주의적인 해석이다. 흑/백은 맥락에 따라 전혀 다른 상징적 의미를 드러내기 때문이다(다윗의 별 다이어그램 참조).
오히려 더 많은 경우에 그것은 켈트적 저승의 특질, 즉 "이승에 깃든 저승"을 나타내는 색깔 표지이다. 그것이 여성과 남성의 표지일 때조차, 그것은 단순한 성적 결합으로서의 합일을 나타내는 것이 아니라, "여성적 없음(잠재태)과 남성적 있음(현실태)"의 결합을 상징한다고 보는 것이 옳다. 정신분석학적으로는 융의 개성화과정과 연관이 있다. —역주

가 심하게 흔들렸지만, 무사히 강을 건너는 데 성공했다. 가웨인은 말의 비단 고삐를 붙잡고 아가씨를 향해 곧장 다가갔다. 그는 말을 아가씨에게 넘겨주면서 말했다.

"자, 아가씨, 올라타세요. 제가 도와 드리지요."

갑자기 아가씨가 화가 잔뜩 난 목소리로 대답했다.

"안 돼요! 내 몸에 손대지 마세요. 내 몸에 손가락 하나라도 댄다면, 나는 그 때문에 수치를 겪을 거예요. 나는 누구의 도움도 받지 않고 혼자서 말을 탈 거예요.[+] 나는 불행과 수치가 당신 몸 위에 쏟아질 때까지 당신을 충실하게 따라다닐 거예요. 당신이 낙담하는 모습을 즐기기 위해 당신이 망신당하는 걸 구경할 거예요. 당신이 죽기 전에는 그 운명을 피할 수 없어요!"

여자는 즉시 말에 올라타고 망토를 여민 다음 소리쳤다.

"자, 이제 가고 싶은 곳으로 가세요. 당신이 어딜 가든 뒤를 밟을 테니까……. 당신이 망신당하는 걸 보고 난 다음에야 떠날 거예요. 당신은 오늘 밤이 가기 전에 수치를 겪게 될 터인데, 내가 그 원인이 될 거랍니다."

가웨인은 도무지 뭐가 뭔지 몰라서 마음이 혼란스러웠다. 해 달라

✚ '나쁜 여자'의 전형인 오르구엘루제는 독립적인 여성이다. 그녀는 결코 남성의 손을 빌려서 말을 타지 않는다. 아더 왕 신화에서 말을 탈 때 남성의 도움을 거절하는 '나쁜 여자'들은 자주 등장한다. ―역주

는 대로 해 주었는데 왜 이 여자는 이렇게 악담을 퍼붓는 것일까. 그는 아무 말도 하지 않고 말을 타고 천천히 달렸다. 눈앞에 펼쳐진 커다란 황야에는 상처와 병을 치료해 주는 황금초라고 불리는 꽃이 지천으로 널려 있었다. 가웨인은 꽃을 조심스럽게 따서 안장 위에 올려놓았다. 아가씨가 깔깔 웃음을 터뜨렸다.

"나의 친구가 무술만큼 의술을 알고 있다면 돈을 아주 잘 벌 수 있을 텐데……. 이 꽃들을 따서 연고를 만들어 장에 내다 팔면 큰돈을 벌었을 텐데 말이야!"

가웨인이 대답했다.

"여기서 멀지 않은 곳에 심한 부상으로 누워 있는 기사가 있습니다 . 빨리 치료해 주지 않으면 죽을 겁니다. 그를 만날 수 있다면 이 황금초로 치료해 주겠습니다. 그러면 그는 건강과 힘을 되찾을 수 있을 겁니다."

오르구엘루제는 짧게 말했다.

"그러지 않는 게 좋겠어요."

어쨌든 그들은 계속 앞으로 나아갔다. 곧 젊은 여자와 부상당한 기사가 있는 곳에 도착했다.

여자가 가웨인을 보더니 벌떡 일어나며 외쳤다.

"오 하느님, 감사합니다! 황금초를 정말로 가져오셨군요!"

가웨인은 얼른 말에서 뛰어내려 죽어가는 기사를 들여다보며 말했다.

"상처에 발라 주려면 즙을 내야 합니다. 하지만 상처에 풀을 대고 붕대를 감아 주는 게 더 나을 텐데."

아가씨가 얼른 속옷을 끄집어내며 말했다.

"이걸 쓰세요."

가웨인은 아가씨의 속옷을 찢어낸 다음, 헝겊 위에 풀을 놓고 으깨어 쓰러져 있는 기사의 상처 부위에 조심스럽게 감아 주었다. 시간이 지나자, 기사가 몸을 떨기 시작했다. 조금 뒤에는 일어나 앉을 수 있게 되었다.

그가 가웨인에게 말했다.

"내가 다시 말할 수 있게 해 준 분에게 신의 축복이 내리기를! 고해 성사를 받지 못하고 죽게 될까 봐 무서웠다오. 벌써 악마들이 한 줄로 늘어서서 내 영혼이 몸에서 빠져나가는 순간을 노리고 있었소. 부탁이오. 고해 성사를 받게 해 주시오. 이곳에서 가까운 곳에 신부님이 한 분 계시다오. 탈것이 있다면 신부님께 가서 고해하고 영성체를 받을 수 있으련만……. 그런 다음에는 죽어도 무섭지 않을 것 같소. 기사여, 나를 도와주시오. 저기 달려오는 종자의 짐말을 내게 주시오."

가웨인이 얼른 뒤를 돌아보았다. 꼴이 비참한 짐말 위에 올라앉아 있는 종자 한 사람이 눈에 들어왔다. 아주 퉁명스러워 보이는 남자였다. 돼지털처럼 뻣뻣하게 삐죽삐죽 솟은 붉은 머리카락이 마구 엉켜 있었다. 머리카락과 똑같은 눈썹이 얼굴 전체를 뒤덮고 있었다. 입은 귀까지 죽 찢어져 있고, 뻣뻣한 수염이 잔뜩 자라 있었다. 가까이 가기가 꺼려지는 흉측한 몰골이었다.

가웨인은 남자에게 다가가 정중하게 말을 걸었다.

"종자여, 그대는 누구인가? 그리고 어디로 가는 길인가?"

상대방이 건방이 뚝뚝 떨어지는 태도로 맞받았다.

"무슨 상관이냐? 네놈 일이나 신경 써라!"

가웨인은 종자의 무례한 태도에 화가 치밀어 큰 소리로 외쳤다.

"그 짐말을 나에게 다오!"

"말도 안 되는 소리! 네놈이 죽어 나자빠지는 걸 보고 싶다!"

가웨인은 피가 거꾸로 솟는 느낌이었다. 그는 울컥하는 기분을 참지 못하고 손을 활짝 펴서 종자의 뺨을 후려갈겼다. 종자는 땅으로 떨어지면서 반드시 복수하고 말겠다고 큰 소리로 맹세했다.

부상당한 기사가 가웨인을 향해 말했다.

"그 종자는 그냥 내버려두고 그 짐말을 내게 가져다주시오. 내가 크나큰 고마움을 느끼고 있는 이 아가씨를 좀 돌보아 주시구려. 아가씨가 말을 타도록 도와주시오."

가웨인은 예의바른 기사답게, 젊은 여자의 팔을 가볍게 붙잡고, 그녀를 말 위에 태워 주었다. 그런데 그가 그렇게 여자를 돕고 있는 사이에 부상당한 기사가 벌떡 일어나더니 가웨인의 그린갈렛 위에 껑충 올라타는 것이었다. 그는 예상치 않은 사태에 놀라서 눈을 휘둥그레 뜨고 있는 가웨인 앞에서 그린갈렛을 타고 빙빙 돌았다.

그가 약이라도 올리는 듯한 목소리로 외쳤다.

"짐말은 네게 남겨 주지! 어쨌든 탈것이 하나 있는 걸 다행으로 여기도록 하라. 네 말은 내가 가져다 쓰겠다. 이제부터 네 말은 내 소유이다."

가웨인이 소리쳤다.

"아, 배반자여! 왜 이렇게 천박한 행동을 하는가?"

상대는 냉소적으로 웃으며 대답했다.

"가웨인, 기억력이 나쁘시군. 몇 달 전에 내 손을 뒤로 묶고 오랫동안 개들과 함께 밥을 먹게 했던 일을 까맣게 잊으신 겐가? 너는 그때 큰 실수를 저지른 거야. 지금 네가 당하는 수치를 보니, 충분히 복수했다는 생각이 든다. 속이 다 후련하군."

그렇게 말한 기사는 연인과 함께 쏜살같이 달려가 버렸다.

그 모든 일이 벌어지고 있는 동안 한 마디도 하지 않고 지켜만 보고 있던 오르구엘루제가 큰 소리로 요란하게 웃었다.

"자, 친애하는 기사님, 이제 어찌 하실 생각이신가요? 큰 수치를 겪게 될 것이라고 내가 예고하지 않았던가요? 그 꼴을 해가지고 어디로 가려는지 정말 궁금하군요. 따라온 게 후회되기는 하지만 그래도 다음에는 어떤 불행을 겪게 될지 구경하기 위해서 계속 따라갈 거예요. 하느님 고맙게도 이 짐말은 암말이로군요. 그대의 모욕을 더욱 완벽하게 만들기 위해 누군가 그렇게 준비한 모양이에요!"✠

가웨인은 모욕감을 꾹꾹 눌러 삼키며 아무 대답도 하지 않았다. 그는 짐말을 타고, 말에게 가자는 신호를 보냈다. 정말로 못생긴 놈이

✠ 가웨인에게 남겨진 암놈 짐말은 고대 여신과 연결되어 있는 이 영웅이 기독교적 남성 영웅들의 출현 앞에서 겪을 수밖에 없는 지위의 하락을 상징적으로 드러낸다. 그는 여성들에게 친절하며 그녀들이 겪는 고통에 민감하지만, 늘상 여성들에게 당하는 모습으로 등장한다. 그의 앞에 등장하는 여성들은 이제 자애로운 어머니가 아니라, 남성을 이용하고 골탕먹이는 팜므파탈일 뿐이다. —역주

었다. 허약한 목에 엄청나게 큰 머리가 달려 있었다. 귀는 나발통만큼 크고, 허리는 뻣뻣하고, 엉덩이에 살이라고는 하나도 없고, 등뼈는 한도 없이 길었다. 어쨌든 그 괴물처럼 생긴 짐말을 타는 수밖에 없었다. 가웨인은 비웃음이 가득 찬 오르구엘루제의 시선 때문에 뒤통수가 따가웠지만, 꾹 참고 다시 길을 떠났다.

두 사람은 한마디 말도 나누지 않고 저녁이 될 때까지 말을 달렸다. 가웨인은 자신이 타고 있는 비참한 말 때문에 너무나 화가 났다. 어떻게 해야 그 말을 치워 버릴 수 있는지, 또 어떻게 해야 모욕적인 방법으로 귀한 그린갈렛을 빼앗아 간 기사에게 복수할 수 있을지 알 수 없어서 속이 부글부글 끓었다.

가웨인이 타고 있는 말의 상태 때문에 그들은 빠른 속도로 이동할 수 없었다. 어쨌든 황폐한 황야를 여러 개 지나서 어떤 강어귀에 도착하게 되었다. 강은 너무나 넓고 깊어서 도저히 건너갈 수 없을 것처럼 보였다. 강 건너편에는 위용을 자랑하는 아주 높은 성채가 우뚝 서 있었다. 인간의 눈이 볼 수 있는 것 중에서 그처럼 아름다운 성은 없을 것 같았다.

암벽 위에 세워진 대리석 궁전의 육백 개나 되는 창문은 모두 활짝 열려 있었다. 창으로 수많은 귀부인들과 아가씨들의 모습이 보였다. 여자들은 창턱에 팔꿈치를 고이고 풀밭과 과수원을 내려다보고 있었다. 하늘하늘하고 우아한 옷을 입은 여자들도 있고, 여러 가지 색깔의 긴 윗저고리를 입은 여자들도 있고, 또 금실로 수놓은 비단옷을 입은 여자들도 있었다. 멀리에서도 그녀들의 아름다운 머리카락과 날씬한 몸매를 알아볼 수 있을 정도였다.

오르구엘루제는 그 장소를 잘 알고 있는 것 같았다. 그녀는 강으로 곧장 다가가더니 말에서 내렸다. 강가에 있는 돌층계 옆에 노가 갖추어진 배가 한

척 보였다. 배는 자물쇠로 묶여 있었다. 여자는 망설이지 않고 돌층계를 뒤져서 열쇠를 찾아내어 배를 풀어냈다. 그런 다음 배를 타고 손에 노를 들었다.

그녀가 가웨인을 향해 소리쳤다.

"빼빼 마른 짐말에서 내려서 닻줄을 끌어올려요. 지금 당장 강을 건너지 않으면 어려운 일을 겪게 돼요. 빨리 도망쳐야 목숨을 구할 수 있어요."

가웨인이 큰 소리로 물었다.

"도망쳐요? 무엇 때문에요?"

"아니, 내 눈에 보이는 게 당신 눈에는 안 보인단 말인가요? 그걸 알았더라면 벌써 멀리 도망쳤으련만!"

가웨인이 몸을 휙 돌렸다. 그린갈렛을 타고 그를 향해 전속력으로 질주하고 있는 기사의 모습이 보였다.

가웨인이 여자를 향해 다시 물었다.

"저 사람은 대체 누구입니까? 오늘 아침에 빼앗긴 내 애마 그린갈렛을 타고 있군요!"

"그래요, 당신 말이 맞아요. 그 기사는 당신에게서 말을 빼앗아 갔던 사람의 조카랍니다. 그의 삼촌이 당신 머리를 가져오라고 그에게 명령했어요. 당신은 지금 위험한 처지에 빠져 있어요. 내 말대로 해요. 이 배를 타고 나와 함께 도망쳐요."

"나는 한번도 내 인생으로부터 도망친 적이 없습니다. 여기 버티고 서서 저자를 기다릴 거요. 또 내 말을 되찾고 싶기도 하고……."

오루구엘루제가 웃음을 터뜨렸다.

"마음대로 하세요! 하지만 조심하세요. 성의 창문에서 내려다보고 있는 아름다운 아가씨들이 당신을 어떻게 생각할까요? 당신이 그 꼴난 말을 타고 싸우다가 쓰러지면 얼마나 웃어 댈까요?"

가웨인이 화가 나서 중얼거렸다.

"정말 뱀의 혀를 가진 여자로군. 그러나 그 따위 말에 용기를 잃을 내가 아니지. 나는 내 말을 되찾고 말겠어!"

두 사람이 그렇게 대화를 나누고 있는 사이에 가웨인의 맞수가 다가와 말고삐를 당기며 멈추어 섰다. 가웨인이 형편없는 말 위에 올라타고 있는 모습에 그는 참지 못하고 웃음을 터뜨렸다.

"아이구! 그렇게 한심한 말을 타고 있으니 기분이 엿 같겠소이다!"

가웨인은 화가 났지만, 조롱을 꾹 참아 넘겼다. 그는 공격할 차비를 갖추고 상대방의 방패 위쪽을 겨냥해 창을 찔렀다. 운 좋게도 창은 상대방의 갑옷을 뚫었다. 상대는 말에서 떨어졌다. 가웨인은 기뻐하면서 그린갈렛의 고삐를 잡고 강으로 향했다. 그가 싸우고 있는 사이에 여자는 강을 건너가 푸르른 벌판에서 말을 타고 신나게 이리저리 달리는 중이었다. 가웨인은 한편으로는 한 번 더 모욕당했다는 생각 때문에, 또 다른 한편으로는 견딜 수 없는 상실감 때문에 참담한 기분이 되었다. 악마처럼 길길이 날뛰는 분노가 마음속에서 치솟아 오르는 것이 느껴졌다. 그때 긴 장대를 들고 배를 몰아오는 뱃사공 한 사람이 보였다.

그가 가웨인에게 다가와 말했다.

"나으리께서 솜씨 좋게 싸우는 것을 지켜보신 아가씨들의 인사를 전해 드립니다. 아가씨들은 나으리께서 제 특권을 빼앗지 말기를 바라고 계십니다."

"어떤 특권을 말함인가?"

"나으리께서는 이곳에서 기사와 싸워 이기셨습니다. 이곳에서 싸워 진 기사의 말은 제가 가지게 되어 있습니다. 그것이 바로 제 특권입니다. 이곳의 관습입지요. 저 기사가 타고 온 말은 제 것입니다."

"여보게, 내겐 말이 필요해. 걷기만 하는 건 아주 고통스럽네."

"나으리, 나으리께서 저와 다투고 망설이는 모습을 보셨으니, 틀림없이 아씨들께선 나으리를 충성스럽지 못한 분이라고 여기시고 나으리의 태도에 화를 내실 것입니다. 이곳에서 싸워서 진 사람의 말을 제가 얻지 못한 적은 한번도 없습니다. 말이 아니라면 싸움에서 진 기사라도 제게 넘겨주셔야 합니다."

"알겠네. 그 이야기를 진작 하지 그랬나. 자네의 특권을 존중할 것을 약속하네."

가웨인은 말에서 내려 검을 빼어들고 땅바닥에 쓰러져 있는 기사에게 다가가 칼끝으로 찌르는 시늉을 했다. 상대방이 다급한 목소리로 외쳤다.

"살려 주십시오. 저는 많이 다쳤습니다. 게다가 다시 결투를 할 수 있는 시간도 아닙니다. 경의 처분에 따르겠습니다."

"일어나서 나를 따라오라."

패배한 기사는 힘들게 겨우 일어났다. 가웨인은 그를 뱃사공에게 맡겼다.

가웨인이 뱃사공에게 물었다.

"배를 타고 강을 건너간 귀부인이 어디로 갔는지 혹시 알고 있나?"

"그 여자가 어디엘 갔든, 그냥 거기 있게 내버려두시고, 그 여자 얘긴 하지 마십시오. 그 여자는 사탄보다도 더 악한 존재입니다. 이곳에서만 해도 벌써 그 여자 때문에 많은 기사들이 목숨을 잃었지요. 오늘밤은 제 집에서 주무십시오. 누추합니다만, 편히 쉬실 수 있을 것입니다. 밤에 이곳에 머무시는 것은 경솔한 행동입니다. 온갖 위험으로 가득 차 있는 야만의 땅이랍니다."

"기꺼이 초대를 받아들이겠네. 고맙소, 친구여."

가웨인은 말과 함께 배에 올라탔다. 패배한 기사도 함께 탔다. 뱃사공은 그들을 강 건너편으로 데리고 갔다. 일행은 강에서 멀지 않은 곳에 있는 그의 집을 향해 갔다. 화려하지는 않았지만, 유쾌하고 편안한 곳이었다. 왕이 묵어도 손색이 없을 것 같았다. 가웨인은 귀한 손님 대접을 받았다. 저녁 식사에는 물떼새, 꿩, 자고새와 사슴 고기, 적포도주가 나왔다. 식사를 끝낸 뒤 그는 좋은 침대에서 잠들었다.

다음 날 가웨인은 아침 일찍 일어나서 집주인과 이야기를 나누었다. 두 사람은 작은 탑의 창가에 서서 바깥을 내다보았다. 깊은 숲으로 둘러싸인 아주 아름다운 고장이었다. 가웨인은 바로 그들의 머리 꼭대기 위에 서 있는 것처럼 보이는 성을 올려다보며 물었다.

"저 성의 성주는 누구인가?"

"모릅니다."

가웨인이 놀라서 반문했다.

"모른다고? 하지만 자네는 저 성의 시종이 아닌가?"

"그렇습니다. 하지만 성주가 어떤 분이신지는 모릅니다."

"그러나 적어도 누가 성을 지키고 있는지는 알겠지?"

"백오십⁺ 개의 강철 활이 언제라도 화살을 쏠 준비를 하고 있습니다. 아주 작은 위험이라도 생기면, 계속해서 활을 날리게 되어 있지요. 아주 정교하게 장치되어 있거든요. 성에는 고결하고 지혜로운 여왕님이 한 분 살고 계십니다. 아주 고귀한 가문에서 태어나신 분이랍니다. 옛날에 금은보화를 많이 가지고 이곳에서 살기 위해 오셨지요. 그분이 저 성을 짓게 하셨습니다. 여왕님은 왕비라고도 부르시고 딸이라고도 부르시는 귀부인과 함께 오셨는데, 그분을 아주 사랑하시지요.

왕비님에게도 딸이 하나 있는데, 진정 그 가문의 후손으로 모자람이 없는 분이랍니다. 그토록 아름답고 우아한 분이 또 있을까요. 저성의 대연회장은 마법의 힘으로 지켜지고 있습니다. 점성술에 통달한 지혜로운 사제 한 사람이 여왕님과 함께 왔는데, 그분이 저 성에 놀랍고도 무서운 마법을 걸어놓으신 거랍니다. 비겁하거나, 탐욕스럽고, 남을 비방하기 좋아하는 기사는 저 성에서 한 시간도 버틸 수

⊹ 15 또는 150은 여신과 관계된 환상 안에서 매우 빈번하게 나타나는 숫자이다. 원탁의 기사는 일반적으로 150명이라고 말해진다. 『아발론 연대기』에서도 15는 매우 빈번하게 등장하고 있다. 이것은 원초적 삼위일체를 나타내는 여성적 3을 인생의 다섯 가지 중요한 계기(역시 여신이 주관하는 탄생, 입문, 결혼, 죽음, 부활)로 곱한 숫자이다. 여신들과의 결합을 기다리는 남자들의 숫자가 500명인 것에 주목할 것.
—역주

없어요. 비겁한 사람이나 배반자들은 저곳에 머물 수 없습니다. 충성스럽지 않은 사람이나 거짓 맹세를 하는 자들도 마찬가지입니다. 그들은 마법의 힘에 의해 곧 죽게 됩니다.

아주 먼 곳에서 온 많은 종자들이 무술을 배우기 위해 성에서 일하고 있습니다. 그들은 오백 명인데, 수염이 난 사람도 있고, 아직 수염이 나지 않은 사람도 있지요. 백 명은 턱수염도 콧수염도 나지 않았고, 백 명은 막 턱수염이 나기 시작했고, 백 명은 면도를 했고, 백 명의 수염은 양털보다 더 희고, 백 명의 수염은 잿빛입니다. 또한 남편이 없는 나이 많은 여자들과, 왕비님들이 곁에 두고 지극 정성으로 돌보아주는 고아 아가씨들도 있습니다. 이들은 이루어질 수 없는 미칠 듯한 소망을 품고 성에 살고 있지요. 그들은 아가씨들에게 남편을 구해주고, 봉토를 빼앗긴 부인들에게 땅을 돌려주고, 종자들을 기사로 만들어 줄, 이 세상에 없는 기사를 기다리고 있습니다. 하지만 바다가 얼어붙는 일이 생겨나기 전에는 그런 기적을 일으킬 수 있는 기사는 나타나지 않을 겁니다.

우선, 성에서 죽지 않고 목숨을 부지할 수 있어야 합니다. 그는 모든 점에 있어서 지혜로워야 하며, 욕심이 없고, 잘생기고, 솔직하고 대담하고 충성스러우며, 어떤 악덕도 지니고 있지 않아야 합니다. 그런 사람이 온다면, 그는 성을 지배할 수 있어요. 그는 왕국에 평화를 돌려주고, 아가씨들을 결혼시키고, 종자들을 기사로 만들어 줄 수 있습니다. 그리고 궁을 짓누르고 있는 마법을 걷어낼 수 있습니다."

그 말을 들은 가웨인은 오랫동안 생각에 잠겨 있었다. 한참 시간이 지난 뒤에야 그는 천천히 입을 열었다.

"친구여, 아래층으로 내려가서 내 무기와 말을 준비해 주시게. 나는 이곳에 한순간도 더 머무르고 싶지 않네."

"어디로 가시려구요? 제 집이 불편하십니까?"

"그런 이야기가 아닐세. 이 집과 또 나를 환영해 준 이 집의 모든 사람들이 복을 받기를 원하네. 다만 그 부인들이 무엇을 하고 있는지, 또 그 마법이라는 게 무엇인지 알고 싶을 뿐이네."

뱃사공이 놀라서 외쳤다.

"그런 생각일랑 하지도 마십시오. 그건 어리석은 생각입니다!"

"아니, 저 성에 꼭 가 보고 싶네. 자, 얼른 내 무기와 말을 준비해 주게."

"어쩔 수 없군요. 하지만 나으리는 제 집에 묵으신 손님이시고, 또 제가 지리를 알고 있으니 안내해 드리고 싶습니다."

"그래 주면 나야 고맙지."

가웨인은 곧 차비를 갖추고 그린갈렛을 탔다. 뱃사공이 자기 말을 타고 그 뒤를 바짝 따라갔다. 두 사람은 궁전으로 들어가는 계단 아래에 도착했다.

그곳에 다리가 한 쪽밖에 없는 남자가 골풀더미 위에 혼자 앉아 있었다. 다른 쪽 다리는 금도금한 은으로 되어 있었는데, 순금 테로 둘려 있고, 보석이 박혀 있었다. 그는 나이프를 들고 조그만 물푸레나무 가지를 부지런히 깎고 있었다.

그는 두 사람에게 아무 말도 걸지 않았다. 두 사람은 그를 지나쳐서 계속 앞으로 나아가 궁전의 입구에 이르렀다. 문들은 화려하고 아

✤ 절름발이 영웅

골풀더미에 앉아 있는 이 절름발이 남자는 단순한 불구가 아니다. 그는 바야흐로 가웨인이 접근하고 있는
여자들의 성(이그레인 왕비가 이 성의 여왕이다. 프랑스어로 이그레인의 표기는 Ygerne, '여왕'을 의미하
는 라틴어 레기나Regina의 애너그램이다)의 자아정체성을 나타낸다. 즉, 이 성의 입구에서 예시되고 있는
자연 상태(골풀더미)의 통합된 자아(유니콘의 상징주의 참고)를 의미한다. 없어진 다리가 금도금한 은으로
되어 있고, 순금 테로 둘러져 있고, 보석이 박혀 있다는 것은 이 절름발이 남자가 추락한 자아가 아니라 승
격된 자아를 상징한다는 것을 말하고 있다.

그가 물푸레나무를 깎고 있다는 것은 그가 마법사라는 것을 의미한다. 켈트 전통에서 물푸레나무는 대표적
인 마법의 나무였다. 또는 절름발이 영웅의 상징성도 생각해 볼 만하다. 고대 신화 안에서 절름발이 영웅은
초월적 세계와 연관성을 가지고 있다. 야곱이 이스라엘이라는 이름을 얻기 전에 신과 씨름하고 난 뒤 '절
름발이'가 되었다는 것을 상기할 것. —역주

름다웠다. 경첩과 문고리는 순금으로 되어 있었고, 문에는 모두 종이
달려 있었다.

안으로 들어가 보니 커다란 방이 나타났는데, 한가운데에 침대가
놓여 있었다. 목재가 보이지 않을 정도로 온통 금과 보석으로 아주
화려하게 장식되어 있는 침대였다. 석류석이 박힌 네 개의 다리가 눈
에 띄었다. 네 개의 촛불은 밝은 빛을 내뿜었다. 침대는 사나운 모습
을 가진 네 마리 개의 형상 위에 올려져 있었는데, 개의 발밑에 아주
잘 구를 것 같은 네 개의 바퀴가 달려 있었다. 살짝 건드리기만 해도
침대는 방 안 여기저기를 굴러다닐 것 같았다.[+]

가웨인은 주위를 돌아보았다. 사방은 화려하기 이를 데 없었다. 대
리석으로 이루어진 벽 위에는 화려한 비단 천이 드리워져 있고, 머리
위에는 색 유리로 만들어진 천창天窓이 있었다. 유리는 가지각색 아름
다운 색채를 자랑했다. 궁전 전체에는 아주 커다란 창문이 사백 개[++]

[+] '경이의 침대'라고 불리는 이 이상한 침대는 '밤의 환상'으로 해석된다. 정신분
석학적으로 말하면, 이 침대는 프로이트의 긴 의자라고 볼 수 있다. 가웨인은 이 침
대에 누워 밤의 환상과 싸워 이김으로써 자아의 통제력을 획득한 것이라고 해석할
수 있다. 그러나 이 침대에 '바퀴'가 달려 있다는 설정이 대단히 흥미롭다. 침대는
어디로도 굴러갈 수 있다. 즉, 규정되어 있지 않은 자아의 상태, 고정되어 있지 않은
주체의 양태로 보인다. —역주

[++] 자아 중심 찾기 환상에서 자주 나타나는 4의 상징주의 참고. 백 개 정도의 창
문이 열려 있었다는 것은 이 내면의 방(테메노스—꿈꾸는 자의 내면 제의가 이루어
지는 영혼의 장소)의 자족성이 완전히 확보되지 않았다는 뜻이다. 영웅이 밖에서
날아온 화살을 다 받아 낸 뒤, 창문이 저절로 닫히는 것은 이 자족적 내면성의 확보
를 나타낸다. —역주

가웨인과 위험한 침대의 모험

있었는데, 그중 백 개 정도의 창문은 열려 있었다.

가웨인은 모든 것을 다 둘러보고 난 뒤, 뱃사공에게 말했다.

"뭘 무서워해야 한다는 건지 모르겠군. 난 이 침대에 잠깐 앉아서 휴식을 취할까 하네. 이렇게 화려하게 장식된 침대는 처음 보네."

뱃사공은 공포로 얼굴이 파랗게 질렸다.

"나으리, 안 됩니다. 그러지 마십시오."

"왜 안 된다는 건가?"

"나으리를 잃게 되면 얼마나 슬프고 원통하겠습니까. 이 침대에 앉거나 누우면 죽음을 피할 수 없습니다. 그 침대에 앉았던 기사들은 전부 죽었어요. 나으리, 제발 부탁이니 모험은 포기하고 저와 함께 돌아가십시다."

"싫네. 난 여기 남아서 침대 위에 눕겠네."

가웨인은 고집을 꺾지 않았다.

가웨인에게 신의 가호를 빌어 준 다음, 뱃사공은 황급히 궁을 빠져 나갔다. 혼자 남은 가웨인은 완전 무장을 한 채 목에 방패를 걸고 침대에 걸터앉았다. 바로 그 순간 궁전의 종이란 종이 몽땅 땡땡 하고 울리기 시작했다. 창문들이 활짝 열리고 화살이 비 오듯 쏟아져 들어왔다. 가웨인은 방패 뒤에 몸을 웅크리고 숨었다. 아주 많은 화살이 그의 몸과 방패에 박혔다. 당황한 가웨인은 대체 누가 이 화살들을 쏘는 걸까 하고 생각했다. 그 화살들이 어디에서 날아오는지, 누가 쏘는지 알 수 있는 방법이 없었다. 가웨인은 너무나 고통스러워서, 다른 곳에 갈 수만 있다면 돈을 얼마든지 내도 좋다고 생각했다. 시간이 얼마나 지났을까, 창문들이 저 혼자 스르르 닫혔다. 가웨인은 방패와 몸에 박힌 화살들을 뽑아냈다. 상처에서 피가 줄줄 흘러내렸다.

무엇인가 문에 와서 쿵쿵 부딪치는 소리가 들렸다. 그러더니 갑자기 굶주린 듯한 사자가 발톱을 세우고 달려들었다. 가웨인은 가까스로 방패를 들어 짐승의 공격을 막는 데 성공했다. 사자가 방패를 세게 내리쳤다. 그 바람에 가웨인은 무릎을 꿇고 주저앉았다. 하지만 곧 펄쩍 뛰어 일어나 검을 뽑아 들고, 사자의 목과 두 발을 베어 버렸다. 한쪽 발은 여전히 방패에 박혀 있었고 다른 발은 다른 쪽 다리에 대롱대롱 매달려 있었다.

짐승을 물리친 가웨인은 숨을 좀 돌리기 위해 침대에 돌아가 몸을 눕혔다. 그때 뱃사공이 기쁨의 환호성을 지르며 그를 향해 달려왔다.

"나으리! 이제는 무서워하실 것이 전혀 없어요. 나으리께서 마법을 걷어내셨어요! 이제 무기를 내려놓으셔도 됩니다. 용기를 내어 마법의 힘에 굴하지 않으신 나으리 덕택에 이제 이 성의 마법은 영원히 사라졌어요!"

수많은 사람들과 아름다운 옷을 입은 종자들이 나타났다. 그들은 모두 무릎을 꿇고 앉아 한 목소리로 외쳤다.

"우리는 경을 섬기겠습니다. 이는 오랫동안 기다려 왔던 분에게 바쳐야 할 당연한 경의입니다. 참으로 오랜 시간이었습니다."

종자들이 방을 나가자 아름다운 여자들과 목에 기사의 멋진 옷 한 벌을 걸친 종자를 거느리고 금발 머리 아가씨가 나타났다. 가웨인은 자리에서 일어나 자기가 먼저 아가씨들을 향해 다가가 정중한 예를 표했다.

그중 한 여자가 허리를 굽혀 절하더니 말했다.

"여왕님께서 경에게 인사를 전하십니다. 여왕께서는 경을 정성껏 돌보아 주라고 명하셨습니다. 제가 동료들의 대표로서 충성스럽게 섬길 것을 약속드립니다."

아가씨들은 가웨인의 얼굴과 손을 씻기고, 상처를 돌보아 주었다. 향기 나는 연고를 바르니, 고통이 씻은 듯이 사라졌다. 종자가 가져온 아름다운 담비 옷을 입었다. 아까 나서서 말했던 여자가 다시 입을 열었다.

"저희는 이만 물러가겠습니다. 쉬시면서 창으로 주변의 풍광을 내다보십시오. 정말 아름답습니다. 조금 뒤에 여왕님께서 찾아오실 것입니다."

뱃사공과 단둘이 남겨진 가웨인은 창가로 가서 바깥을 내다보았다. 수많은 강물과, 넓은 벌판, 사냥감이 많은 숲을 보며 가웨인은 감탄했다. 그는 속마음을 숨기지 못하고 뱃사공에게 말했다.

"저 숲속으로 가서 사냥이나 하면서 이곳에서 살았으면 좋겠군."

"나으리, 그런 생각을 하시면 안 됩니다. 이 성을 마법에서 풀어줄 기사는 신의 사랑을 받는 기사로서 이곳의 성주로 임명될 터인데, 절대로 이 성 밖으로는 나갈 수 없다고 합니다. 그런 얘기를 여러 차례 들었습지요. 그게 옳은 일이든 그른 일이든 법이 그렇다고 합니다. 그러니 사냥이나 활쏘기 얘기는 이제 그만 두셔야 합니다. 이곳이 나으리의 처소입니다. 나으리는 평생 이곳을 떠날 수 없습니다."

생각지도 않았던 얘기였다. 마법을 풀었는데 그 때문에 또 마법의 포로가 되어야 한다는 말인가. 그는 일이 어떻게 돌아가는 건지 지켜볼 심산으로, 일단 침대 위에 벌렁 드러누웠다.

젊은 여자가 다시 들어와 말했다.

"나으리, 여왕님께서 뵈러 와도 좋을지 여쭈셨습니다."

가웨인은 언짢은 기분을 숨기지 못하고 조금 퉁명스럽게 대답했다.

"들어오시게 하라."

귀부인의 모습을 본 가웨인의 마음은 경탄으로 가득 찼다. 그녀는 벌써 나이가 지긋한 부인이었는데, 아직까지 시들지 않은 아름다움을 지니고 있었다. 땋은 흰 머리카락은 허리까지 내려와 있고, 잔잔한 금색 꽃들이 흩어진 흰 비단 드레스를 입고 있었다. 가웨인은 벌떡 일어나 극진하게 예를 표하였다.

여왕은 그에게 답례한 다음 말했다.

"저는 경 다음의 지위를 가진 사람입니다. 저는 경에게 최고의 지위를 넘겨드립니다. 경에게는 그럴 만한 자격이 있으니까요. 아더 왕 궁정 소속이십니까?"

"그렇습니다."

"경은 세상에서 가장 뛰어난 기사들인 원탁의 기사 중 한 분이신가요?"

가웨인은 대답하기 전에 잠깐 망설였다.

"아니오, 유감스럽게도 그렇지 못합니다."

그는 곧 그런 거짓말을 했다는 사실이 부끄러웠지만, 뱉어낸 말을 돌이킬 수가 없어서 덧붙여 말했다.

"감히 가장 높은 평판을 누리는 기사들 중 하나라는 말씀은 드릴 수가 없습니다. 가장 빼어난 기사들 중 한 사람은 아닐지라도, 가장 못한 기사라고 생각지는 않습니다."

"아주 겸손한 대답이로군요. 제게 로트 왕에 대해 말해주세요. 그분은 아드님을 몇 분이나 두셨는지요?"

"넷입니다."

"이름이 어떻게 됩니까?"

"맏이는 가웨인이라고 하며, 둘째는 단단한 주먹을 가진 오만한 아그라베인이며, 나머지 둘은 가헤리에트와 가레스라고 합니다."

"그들이 오늘 우리와 함께 있으면 좋으련만. 그런데 우리엔 왕을 아시는지요?"

"물론입니다. 두 명의 아들을 두셨는데, 하나는 정중하고 교양 있는 이베인이라고 하며, 다른 한 명의 이름도 역시 이베인인데, 앞서 말한 이베인과 친형제 사이는 아닙니다. 사람들은 그를 사생아 이베인이라고 부르지요. 결투를 했다 하면 백전백승입니다. 두 사람 모두 아더 궁정의 뛰어난 기사들이지요."

"아더 왕께서는 어찌 지내시는지요?"

"어느 때보다도 건강하시고 활력이 넘치시고 혈기왕성하십니다."

"언제나 그러셨지요. 조금도 변하지 않으셨군요. 귀네비어 왕비에 대한 이야기를 해 주세요."

"왕비께서는 너무도 아름다우시고 지혜로우십니다. 감히 따를 여인이 없지요. 아담의 갈비뼈로 여인이 만들어진 이후에 그분처럼 높은 명성을 누렸던 여인은 없습니다. 그분은 그 명성을 누리실 자격이 있습니다. 현명한 스승이 어린 아이들을 가르치듯이, 왕비님께서는 살아 있는 모든 사람들에게 가르침을 베푸시니까요. 그분에게서 모든 복이 나옵니다. 왕비께서는 복의 원천이며 근원이십니다. 그분을 만난 사람은 누구나 다 행복해지지요. 왕비께서는 모든 사람이 무엇을 원하는지, 또 어떻게 하면 그 소원을 들어줄 수 있는지 알고 계십니다. 왕비님 곁에서 배우지 못한 사람은 올바름이 무엇인지 모르고 명예도 얻지 못합니다. 그분을 떠나는 사람은 누구나 다 큰 슬픔을 느끼게 된답니다."✝

여왕이 그 말을 듣고 감탄하며 말했다.

"귀네비어 왕비를 모든 여인들보다 높은 곳에 올려놓고 칭송하시

✝ 귀네비어 왕비가 단순한 왕비가 아니라 고대 여신의 현현이라는 것을 확인시켜 주는 대목. 가웨인은 그 여신의 충실한 신도이다. 어떤 연구자들은 크레티엥 드 트르와의 후원자였던 아키텐의 알리에노르가 귀네비어의 모델이었다고 말하기도 한다. 그녀가 마흔 살이 넘도록 놀라운 미모를 유지하고 있었다는 역사적 기록도 있다. —역주

는군요! 경께서 제 곁에 계시니 여쭙겠습니다. 저에 대해서도 같은 말씀을 하실 수 있으신지요?"

가웨인이 진심이 담긴 말투로 말했다.

"그렇습니다. 여왕님을 뵙기 전에는 모든 일이 다 시들했습니다. 슬프고 우울했습니다. 이제는 더할 나위 없이 기쁘고 즐겁습니다."

"잘되었군요! 기쁨은 경을 떠나지 않을 것입니다. 마음이 즐거워지셨다니 언제든 원할 때 식사하십시오. 준비해 두었습니다. 식사를 끝내신 다음에는 이 침대에서 주무시고, 원하시는 대로 궁전을 돌아 다니셔도 좋습니다."

여왕은 가웨인에게 작별 인사를 한 뒤 물러갔다. 젊은 여자들이 와서 가웨인에게 식사를 차려주었다. 가웨인은 뱃사공과 함께 식사하고 난 다음에 경이의 침대에 가서 누웠다. 고요를 깨는 것이 아무것도 없었는데도 가웨인은 쉽게 잠을 이루지 못했다. 오르구엘루제의 영상이 떠올라 그를 괴롭혔기 때문이다.

그는 생각했다.

'아, 나는 왜 이 침대에 누워 있는 걸까? 나는 오르구엘루제가 어디 있는지 알지 못한다. 그녀를 찾아내야 한다. 그렇지 못한다면 완전한 기쁨을 누릴 수 없을 것 같다.'

그는 그런 생각을 하면서 잠이 들었다. 가웨인은 다음 날 해가 중천에 떴을 때야 자리에서 일어나 시종들이 간밤에 가져다 놓은 아름다운 옷을 입었다. 주위에 아무도 없었으므로 그는 혼자서 이 방 저 방 돌아다니다가 어떤 계단 앞에 이르렀다.

계단은 나선형을 이루며 천장 꼭대기까지 치솟아 있었다. 가웨인은 궁금한 마음에 계단을 올라가기 시작했다. 꼭대기에는 아름다운 기둥이 서 있었는데, 썩은 목재로 이루어진 것이 아니라 아무리 무거운 무게라도 지탱할 수 있을 만큼 강한, 밝고 단단한 물질로 만들어져 있었다.[＊]

계단은 장막처럼 둥글게 생긴 방으로 이어졌다. 그 완벽한 선으로 미루어 짐작건대 어떤 솜씨 좋은 마법사의 작품임에 틀림없었다. 창문은 높고 넓었으며 다이아몬드, 자수정, 에메랄드와 토파즈 등으로 화려하게 장식되어 있었다. 천장도 창문들 사이에 있는 기둥과 똑같이 장식되어 있었다.

방 한가운데 서 있는 기둥이 가장 아름다웠다. 가웨인은 수많은 보석들이 반짝이고 있는 둥근 방으로 올라가 보았다. 그곳에서 그는 아무리 보아도 지치지 않을 것 같은 놀라운 사물들을 보았다. 그 커다란 기둥 안에 세상 전체가 들어 있는 것 같았다. 높은 산들이 끊임없이 이어지며 모습을 나타냈다. 말을 타고 있거나 걸어가고 있는 사람

[＊] 나선형 계단 한가운데에 놓인, 사물을 모두 비추는 기둥은 매우 흥미로운 신학적 이미지이다. 이것은 나선형이 상징하는 변전의 운명을 통제하는 신성의 영원성(썩지 않는 물질로 이루어진 직선의 기둥)을 상징한다. 모든 것을 다 비추어 보이는 썩지 않는 단단한 물질로 이루어진 이 투명 기둥은 신플라톤주의자들의 유명한 신의 개념인 유일자唯一者(L'Un : 하나이며 여럿인 자)의 도해이다.
신의 개념을 인간 역사에 적극적으로 통합하려고 애썼던 바로크 미학에서 나선형 기둥이 자주 사용되는 것은 그러한 이유에서이다. 대표적인 바로크 건물로 꼽히는 성 베드로 성당에는 천개天蓋를 떠받치고 있는 화려하기 이를 데 없는 두 개의 나선형 기둥이 있다. —역주

들의 모습이 보였다. 달리고 있는 사람들도 보였고, 가만히 서 있는 사람들도 보였다. 가웨인은 창틀에 앉았다. 그 놀라운 광경에 그는 매혹되어 있었다.

어느 순간 젊고 아름다운 여자 두 명을 거느린 백발의 여왕이 나타났다. 가웨인은 여전히 오르구엘루제의 추억으로 고통스러웠다. 그는 여자들에게 정중하게 인사했다. 여자들이 답례했다. 가웨인은 여왕에게 그 이상한 기둥의 능력에 대해 설명해 달라고 부탁했다.

여왕이 대답했다.

"제가 처음 이 기둥을 본 이래, 이 기둥은 계속해서 사방 육 리외 거리까지 빛을 뿜어내고 있습니다. 이 주위에서 일어나고 있는 일들은, 그것이 강물 위에서 일어난 일이건 벌판에서 일어난 일이건 모두 이 기둥에 거울처럼 비친답니다. 새들이나 야생 동물, 기사, 산사람, 이 나라 사람이나 이방인들, 그 모든 영상을 이 기둥에서 만날 수 있지요. 이 기둥의 빛은 아주 작은 골짜기까지 미친답니다. 이 기둥은 아주 단단해서 아무리 힘센 대장장이가 망치로 두들겨도 깨지지 않아요. 세상에 둘도 없는 신비한 보물이지요."

여왕이 그렇게 말하는 동안 가웨인은 주의 깊게 기둥을 들여다보았다. 전속력으로 달리고 있는 기사 한 사람과 여자의 모습이 보였다. 뛰어나게 아름다운 여자의 모습은 가웨인의 가슴을 쿵쿵 정신없이 뛰게 만들었다. 오르구엘루제였다. 그녀와 동행하고 있는 남자와 말은 모두 갑옷으로 뒤덮여 있었고, 남자의 투구에는 위풍당당한 꼭대기 장식이 달려 있었다. 그들이 늪으로 가로막혀 있는 길을 달리다가 이제 막 평야로 들어서는 모습이 보였다. 그곳이 두 사람의 목적지인 모양이었다. 그들은 늪을 건너기 위해 강으로 이르는 길로 들어섰다. 기사는 여자가 타고 있는 말의 고삐를 잡고 길을 안내하고 있었다. 그는 결투하기 위해 길을 가고 있는 것이 틀림없었다.

가웨인은 창 쪽으로 달려가 보았다. 눈앞에 나타난 광경은 그를 고통스럽게 만들었다. 그는 기둥에 나타났던 영상이 환상일 것이라고 생각했었다. 그런데 두 사람의 모습이 정말로 눈앞에 나타난 게 아닌가. 그녀와 함께 있는 기사는 결투하기 위해 넓은 초원을 가로질러 성으로 달려오고 있는 것이다. 그때 마치 어떤 풀의 냄새를 맡은 것처럼, 가웨인은 재채기를 했다. 기둥의 영상이 실제로 오르구엘루제였다는 것을 확인하자 그의 가슴은 더욱더 미친 듯이 쿵쿵대며 뛰었다.

그는 여왕을 향해 불쑥 말했다.

"감히 여쭙건대, 창가로 오셔서 사분할된 문양의 방패를 든 기사와 함께 다가오고 있는 저 여인이 누구인지 말씀해 주시겠습니까?"

여왕이 창밖으로 눈길을 던지더니 큰 소리로 말했다.

"지옥불이 저 여자를 불태워 버리기를! 어제 그녀가 경을 이곳으로 데리고 오지 않았던가요? 무엇 때문에 그녀를 두려워하시나요?"

"가서 복수하게 해 주십시오."

"그런 말씀하지 마세요. 저 여자와 함께 있는 자는 잔인하고 무자비한 사람입니다. 결투에서 패한 기사를 살려 주는 법이 없습니다."

"그와 싸워야 할 이유가 한 가지 더 생겼군요!"

"안 됩니다. 제가 가시지 못하게 막겠습니다."

가웨인이 차가운 목소리로 대꾸했다.

"여왕님께서는 어제 제가 이 성의 주인이라고 말씀하셨습니다. 그 이야기를 여러 차례 되풀이하셨습니다. 그러니 저를 막을 수 있는 사람은 아무도 없습니다. 저 기사를 맞아 싸우겠습니다."

그는 지체 없이 세 명의 여자를 떠나, 서너 계단씩 건너뛰며 층계를 달려 내려가 시종들에게 무기와 말을 준비하라고 일렀다. 그의 말을 듣고 여왕과 아가씨들은 눈물을 터뜨렸다.

벌써 가웨인은 뱃사공을 데리고 강가로 달려가고 있었다. 뱃사공은 가웨인과 말을 배에 태우고, 밧줄을 풀었다. 그들은 이윽고 강 건너편에 도착했다.

오르구엘루제와 동행한 기사가 다짜고짜 창을 앞으로 겨누고 돌진해 왔다. 도전의 말도 한마디 없었다. 가웨인도 분노에 가득 차서, 상대방에게 덤벼들어 팔과 허리에 부상을 입혔다. 치명적인 상처는 아니었다. 상대방의 투구는 가웨인의 검을 잘 막아냈다. 이내 가웨인의 창날이 상대방 살 속으로 세 뼘쯤 깊이 박혔다. 상대방이 말에서 떨어졌다. 그는 간신히 몸을 일으켰지만, 상처에서 피가 콸콸 쏟아졌다. 그런데도 그는 검을 휘두르며 가웨인을 공격해 왔다. 가웨인은 공격을 잘 피했다. 상대방은 곧 기진맥진해져서 무릎이 꺾였다. 그는 무릎을 꿇고 자비를 구했다.

가웨인은 그를 살려 주고 관습대로 뱃사공의 손에 맡겼다. 오르구엘루제가 말에서 내려 가웨인에게 다가왔다.

가웨인이 그녀에게 인사하며 말했다.

"아름다운 친구여, 다시 말에 오르시지요. 그대를 이곳에 내버려둘 생각이 없소이다. 강을 건너 내가 기거하고 있는 성으로 데리고 가겠소."

오르구엘루제가 비명을 질렀다.

"안 돼요! 나는 맹세했답니다. 강 건너로 그대를 따라가지 않을 겁니다."

"왜 안 되지요? 아름다운 친구여?"

"그대가 어디엘 가든, 나는 그대를 따라갈 생각이 없어요. 그 성에 있는 사람들은 나를 증오해요. 그곳에서 내가 무엇을 할 수 있는지 모르겠어요."

"나는 그 성으로 돌아가야 하오."

오르구엘루제가 웃음을 터뜨렸다.

"잘 되었군요! 그 성을 다스리도록 부름을 받았다고 생각하는군요. 하지만 틀렸어요. 당신은 몇 가지 시련을 이겨내기는 했지만, 사람들이 기다리는 건 당신이 아니에요. 모험을 끝낼 사람은 다른 기사랍니다."

"뭔가 알고 있는 것이 있소?"

"나는 당신이 모르는 것을 많이 알고 있지요. 백발의 여왕이 누구인지 알고 있나요?"

"아니, 모르오. 그분이 아주 훌륭한 분이며 나이가 드셨는데도 아름다우시다는 것, 그것이 그분에 대해 내가 알고 있는 전부라오."

"그분이 누구신지 제가 말씀드리지요. 그분은 아더 왕의 모후이신 이그레인 왕비랍니다."

가웨인이 깜짝 놀라 되물었다.

"그분은 오래전에 돌아가시지 않았소?"

"그랬을지도 모르지요. 하지만 분명히 이그레인 왕비십니다. 그러니까 가웨인 경 당신의 할머님이시지요. 뵌 적이 없으니 그분을 알아보지 못한 것이 당연합니다!"

가웨인은 깊은 생각에 잠겼다. 그는 머리를 들어 성이 있는 곳을 바라보았다. 창문마다 여자들이 서서 크게 슬퍼하며 울고 있었다.

　"아, 우리는 불행하구나! 우리를 구해주고, 우리의 주인이 되어야 할 사람이 멀리 가 버리는 것을 보면서도 우리는 왜 아직 살아 있는 것일까? 나쁜 여자가 그분을 끌고 갔다. 저 여자는 한번 눈독 들인 기사를 놓아 주는 법이 없어. 그분은 돌아오실 수 없을 거야. 아, 우리는 참으로 가엾고 불쌍한 여자들이로구나! 누가 우리의 고통을 알아줄꼬!"

　가웨인이 오르구엘루제에게 말했다.

　"이런 이야기는 모두 그만 둡시다. 당신은 내가 어딜 가든 따라오겠다고 말했소. 비록 나를 수치스럽게 하기 위해 그런 것이라고는 말했지만…….자, 나를 따라 저 성으로 갑시다."

　"너무 늦었어요. 뱃사공이 강을 건너지 못하게 할걸요. 소리쳐 불러도 그는 당신의 목소리를 듣지 못해요. 그의 도움 없이는 이 강을 건널 수 없답니다. 나는 가끔 강을 건널 수 있는데 그건 내게 강을 건널 수 있는 권리가 있기 때문이지요. 하지만 다른 사람까지 데리고 갈 힘은 없답니다."

　가웨인은 갑자기 엄습하는 고통에 사로잡혔다. 그가 한숨을 내쉬며 물었다.

　"대체 당신은 누구요?"

　"말했잖아요. 나는 로루와의 오르구엘루제예요."

　가웨인은 혼란에 빠졌다. 그는 자신이 무엇을 원하는지 정확하게 알 수 없었다. 무슨 수를 쓰든 흰 머리 여왕의 성으로 돌아가고 싶기도 했고, 아름다운 오르구엘루제를 붙잡고 싶다는 생각이 들기도 했다. 그녀에 대한 욕망이 어느덧 점점 커져가고 있었다. 바라보면 바라볼수록 놀라운 여자였다.

가웨인의 혼란을 눈치 챈 오르구엘루제는 어쩔 줄 몰라 하는 그의 모습을 바라보며 방글방글 웃고 있었다.

"가웨인 경, 에스카발론에서 했던 맹세를 잊으셨나요? 피 흘리는 창을 찾아서 일 년 안에 그곳으로 가져가야 하잖아요. 그렇게 하지 못한다면 갱강브레질이 그대를 상대로 고발한 반역죄의 무혐의를 증명하기 위해 그와 결투를 해야 하지요. 당신의 명예는 상관없으신가요?"

가웨인은 그 말을 듣고 "당신 말이 맞소"라고 대답했다.

그는 강을 따라 천천히 말을 몰았다. 그는 놀라운 일들을 무수히 경험했던 그 이상한 성에서 점점 멀어지고 있었다. 오르구엘루제는 천천히 그의 뒤를 따라갔다.

아더 왕의 시대는 기사도의 아름다운 꽃들을 한데 모을 수 있었던 특별한 시대였다. 그 시대에 브리튼 왕국에는 명성이 높은 두 명의 젊은 기사가 있었다. 한 사람은 포틀레구에즈의 메라우기스라고 불렸으며, 다른 한 사람의 이름은 고베인 카드루즈였다. 두 사람은 무술 도반道伴이었으며, 세상에서 가장 좋은 친구 사이였다. 무술 경기에는 언제나 함께 참가하여 서로를 도왔다. 용맹과 변하지 않는 우정 때문에 두 사람에 대한 칭송이 자자했다.

어느 날, 린데소레 성을 다스리고 있는 란데모레 부인이 당대의 뛰어난 기사들을 모두 초대하여 무술 경기를 열었다. 무술 경기의 우승자는 소나무 위에 올라앉은 백조를 상으로 받게 되며, 아름다운 란데모레 부인에게 입맞춤을 할 수 있는 특권을 누린다. 우승자가 백조를 받은 다음에는 소나무 아래 있는 샘물가에서 뿔나팔을 불게 된다. 전나무 횃대에는 이미 허물을 벗은 새매가 앉아 있는데, 경기를 참관한 아가씨들 중에서 한 아가씨가 가장 아름다운 여성으로 뽑히기 전에는 아무도 그 새를 만질 수 없다.

포틀레구에즈의 메라우기스와 고베인 카드루즈도 당연히 그 경기에 참가했다. 두 사람은 우승자가 되지는 못했지만, 경기 내내 눈부신 활약을 보였다. 아가씨들은 두 사람만 바라보았다. 그중에 리도이네라는 이름을 가진 카발론 왕의 딸이 있었다. 조화롭고 뛰어난 미모의 소유자였다. 머리카락은 꾀꼬리 깃털보다도 더 금빛이었고, 높고 깨끗하고 반듯한 이마를 가지고 있었다. 갈색 눈썹은 붓으로 그린 듯 또렷하고 가지런했으며 광대뼈 쪽으로 살짝 내려와 완벽한 모양을 하고 있었다. 눈빛이 너무도 미묘해서 눈 바깥으로 쏘아 내보내는 화살은 능히 다섯 개의 방패를 뚫고도 남을 정도였다. 그 눈빛으로 그녀는 가슴속 깊이 숨은 어떤 냉혹한 마음이라도 정복할 수 있었다. 초원에 핀 장미보다도 더 붉은 뺨, 가늘고 곧은 코, 아름다운 입술과 새하얀 치아. 입을 살짝 벌리고 웃을 때면 치아는 순은처럼 반짝였다. 젖가슴은 눈이나 수정처럼 반짝였고, 긴 목은 희고 곧았다. 그녀의 품에 안긴 남자는 모든 고통을 잊었다.

무술 경기가 열리고 있는 동안 아름다운 리도이네는 사람들의 이목을 집중시켰다. 기사들은 너나 할 것 없이 모두 그녀를 위해 싸우고 싶어 했다. 메라우기스와 고베인도 마찬가지였다. 그녀에 대한 사랑의 열정이 가슴을 짓누르는 듯했다. 두 사람 모두 리도이네를 찾아가 사랑을 고백했다.

리도이네는 그들의 사랑을 받아들이지도 거부하지도 않았다. 두 사람을 똑같이 평가하는 것처럼 보였다. 사실 그녀는 누구를 선택해야 할지 마음을 정할 수 없어서 내심 매우 곤혹스러워하고 있었다.

경기장에 모여 있는 모든 여자들 가운데에서 그녀가 가장 아름다운 여자로 뽑혀 새매를 소유하게 되었을 때, 메라우기스와 고베인 사이의 경쟁심은 절정에 달했다. 변함없는 우정으로 맺어져 있던 두 사람이 아름다운 리도이네 때문에 서로에게 격렬한 증오심을 갖게 되었다. 그 뒤로 두 남자는 만날 때마다 으르렁대고 싸웠다. 나라 전체에 두 사람의 불화에 대한 소문이 퍼졌다.

아름다운 리도이네는 그녀가 높이 평가하는 두 남자가 서로 격렬하게 증오하는 것을 더 이상 견딜 수 없게 되었다. 그녀는 두 사람을 불러, 누가 친구를 위해 양보할 것인지 물었다. 두 사람 중 누구도 친구를 위해 희생할 생각이 없었기 때문에, 현명한 리도이네는 아더 왕의 궁으로 가서 이 문제를 해결하면 어떻겠느냐고 제안했다. 두 사람은 그 제안을 받아들였다. 그들은 카두엘을 방문하기로 약속했다.

카두엘에 도착한 리도이네는, 왕에게 두 사람이 그녀에게 품고 있는 사랑에 대해 말하면서 판결을 내려 줄 것을 청했다. 그녀의 이야기를 들은 아더 왕은 신하들을 불러 누가 더 리도이네의 마음을 얻을 자격이 있는지 판결하라는 명령을 내렸다. 신하들은 즉시 의논하기 시작했다.

제일 먼저 입을 연 사람은 케이였다.

"폐하, 저는 두 사람이 한 달씩 번갈아 가며 리도이네와 지낼 것을 제안하는 바입니다."

이베인이 반박했다.

"케이 경, 그건 너무 경박한 생각이오! 경은 대체 언제나 되어야 그 빈정거리는 태도를 버리시려오?"

케이가 말했다.

"나는 빈정대는 게 아니오. 지금은 서로 원수가 되어 으르렁대고 있지만 전에는 둘도 없는 친구 사이였던 두 사람들을 화해시키려고 그렇게 말하는 것이외다. 두 사람 모두 만족시킬 수 있는 방법을 찾아낼 수 없다면, 그들은 결코 화해하지 못할 것이오."

"케이 경, 그런 방식으로는 두 사람 모두 만족시킬 수 없소."

케이가 투덜대며 말을 받았다.

"그렇다면 이 문제를 어떻게 해결해야 할지 나는 모르겠소."

다른 사람들도 저마다 한 마디씩 의견을 내놓았다. 그들은 오랫동안 의논했지만 결론을 내리지 못했다. 그때 귀네비어 왕비가 자기가 부인들과 함께 판결을 내려 보겠다고 나섰다. 왕은 왕비가 끼어든 것에 화를 내면서 침묵할 것을 명했다. 그러나 왕비는 물러서지 않았다.

"전하, 사랑의 판결은 제 소관이라는 걸 잘 아시잖아요. 전하와 전하의 무사들은 이런 문제에 관해서는 유능하지 못해요."

케이가 외쳤다.

"그건 그래요! 왕비님의 말씀이 맞습니다."

다른 신하들도 그 생각에 동의했다.

신하들이 나가고, 귀부인들이 들어왔다. 부인들은 두세 명씩, 또는 대여섯 명씩 따로 모여 앉아 오랫동안 토론을 벌였다. 한 사람이 의견을 내놓으면 다른 사람이 곧 반박했다. 한 사람이 자신의 의견을 오랫동안 개진하고 나면, 다른 부인이 그보다 더 오랫동안 자신의 의견을 설명했다. 입을 다물고 있는 여자도 있고 쉬지 않고 말을 하는 여자도 있었다. 그러나 자신의 생각과 다른 생각을 받아들이려는 사람이 아무도 없었기 때문에, 결국은 말싸움이 되어버리고 말았다.

어쨌든 결정을 내려야만 했다. 밤늦은 시간이 되어서야 여자들은 포틀레구에즈의 메라우기스 편을 들어주기로 어렵사리 결정했다. 왕비는 그 결정을 왕에게 알렸고, 왕은 궁정의 모든 사람들 앞에서 판결을 공표했다.

고베인 카드루즈는 자기가 배제되었다는 것을 알고 미친 듯이 화를 내며 고함을 질러 댔다.

"저는 이 판결을 받아들일 수 없습니다! 차라리 지금 당장 여러분 앞에서 정정당당한 결투를 하는 편을 택하겠습니다. 저는 이곳에 재판을 받으러 온 것이 아니라, 싸우러 온 것입니다. 리도이네를 메라우기스에게 주는 것은 올바른 일이 아니라는 것을 반드시 증명하겠습니다."

메라우기스는 즉시 그 도전을 받아들였다.

"고베인, 신을 증인으로 삼고 말하거니와, 나는 이 결투를 피하지 않겠네. 곧 무기와 방패를 든 내 모습을 이곳에서 만나게 될 걸세. 자네가 잘못 생각하고 있다는 것을 증명하고 내 권리를 찾겠네!"

고베인이 소리쳤다.

"잘됐군! 드디어 이성을 찾았군그래!"

두 사람은 주먹을 움켜쥐고 상대를 향해 달려들었다. 무기도 말도 기다릴 여유조차 없어서 맨손으로 싸우기 시작했으므로, 조금 있으면 누가 더 강자인지 드러나게 될 터였다. 그러나 아더 왕은 자기 궁에서 불한당처럼 주먹질을 하는 자는 누구든 용서하지 않겠노라고 말했다.

왕비도 두 사람 앞으로 걸어가 말했다.

"나는 궁에서 이 결투가 벌어지는 것을 용납할 수 없어요. 두 분 모두 나의 판결을 따르는 것이 마땅할 것입니다."

메라우기스가 대답했다.

"제가 잘못 행동한 것인지도 모르겠습니다. 그러나 어떤 값을 치르더라도, 리도이네의 사랑을 얻고 싶습니다. 노력 없이 사랑을 얻는 것보다는 검으로 쟁취하고 싶습니다."

"어째서 그렇지요?"

"영광이 저에게 돌아올 테니까요."

"누가 기뻐하게 될지는 모르겠지만 이 말은 꼭 해야겠어요. 싸우고 싶으세요? 그렇게 하세요. 이 궁을 떠나서 말이에요. 다른 궁에 가서 당신들의 입장을 설명하세요."

고베인이 말했다.

"이 궁에서는 싸울 수 없다니, 이 궁에 무슨 마법이라도 걸린 겁니까?"

왕비가 차갑게 대답했다.

"이미 내려진 판결은 바꿀 수 없습니다."

고베인이 응수했다.

"잘 알겠습니다. 정의가 이 궁을 비껴가는 모양이군요."

고베인은 당장 말을 타고 궁을 떠나 버렸다. 왕은 리도이네를 불러 메라우기스에게 사랑을 베풀어 줄 것을 청했다. 메라우기스의 입이 함박만큼 벌어졌다.

기사들이 왕에게 말했다.

"폐하, 아가씨가 입맞춤으로 이 사랑을 봉하는 것이 옳습니다."

기사들의 말에 메라우기스의 기쁨이 한결 더 커졌다. 리도이네도 기분이 나쁘지 않은 것 같았다. 그녀는 메라우기스에게 다가가 말했다.

"왕과 왕비의 명으로, 저는 메라우기스가 받아 마땅한 사랑을 그에게 허락합니다. 그러나 그는 일 년 뒤에야 그 사랑의 기쁨을 매일처럼 누리게 될 것입니다. 그 전에는 어떤 기쁨도 그와 더불어 맛보지 않을 것입니다. 이 약속을 받아들여야만 그의 연인이 되겠습니다. 약속하거니와, 내년에 그는 저와 더불어 다른 기쁨을 누릴 수 있을 것입니다. 오늘은 나의 입맞춤과, 나의 기사라는 칭호만을 드릴 수 있을 뿐입니다."

메라우기스는 사람들이 지켜보는 가운데 이렇게 말했다.

"이 약속을 받아들여, 결코 어기지 않을 것을 맹세합니다."

리도이네는 그에게 다가가 입맞춤으로 약속을 봉인하였다. 왕은 문제가 해결된 것을 크게 기뻐하며 사람들에게 식탁에 앉을 것을 권하고, 손 씻을 물을 가져오라고 지시했다.

어둠이 천천히 깔렸다. 사람들이 거의 식사를 마쳤을 때쯤, 어디선가 흰바탕에 검은 얼룩이 있는 말을 탄 끔찍하게 못생긴 난쟁이가 불쑥 나타났다.

그가 아더 왕에게 다가가 말했다.

"폐하, 제 말을 주의 깊게 들어주시고 주변을 좀 조용하게 해 주십시오. 사람들이 아무 근심 없이 떠들고 있구먼요. 폐하께서는 어떻게 그렇게 즐거워하실 수 있는지요? 저는 정말 놀랐습니다. 이 궁에서는 아무도 즐거워해서는 안 될 텐데요."

왕이 물었다.

"그게 무슨 말이냐?"

"즐거워하실 이유가 없으니까요. 주위를 돌아보십시오. 폐하의 조카인 가웨인 경이 여기 있습니까?"

"없다. 그건 네 말이 맞다."

"세상에서 제일가는 기사가 없으니 폐하의 궁을 두려워해야 할 이유가 없겠군요. 그의 부재를 어떻게 견디실 수 있지요? 폐하께서는 더 높이 솟아오르셔야 할 때에 몰락하고 계십니다."

"어째서 그러하냐?"

난쟁이는 무례하달 수 있는 태도로 거침없이 말을 이어갔다.

"말씀드리지요. 제가 드리는 말씀이 폐하의 심기를 불편하게 할지도 모르겠습니다. 그래도 상관없습니다. 폐하께 진실을 대면하게 해드려야 하니까요. 갱강브레질에게 반역을 저질렀다고 비난당한 가웨인 경이 명예를 회복하기 위해 벌써 몇 주 전에 궁을 떠났다는 사실을 잊으셨는지요?

그뿐이 아니지요. 가웨인 경은 피 흘리는 창을 찾아 떠났습니다. 그가 지금 어디에 있는지 알고 있는 사람은 아무도 없습니다. 누군가 파놓은 함정에 빠져 죽었는지도 모르지요. 어쩌면 머나먼 감옥에서 누군가 구하러 오기만 하염없이 기다리고 있는지도 모르고요. 그 사이에 아더 왕이시여, 폐하께서는 왕국의 안전을 지켜주던 기사의 운명은 나 몰라라 한 채 희희낙락하고 계시다니요. 가웨인 경이 무사하다면 오늘 이곳에 있었을 것입니다. 이곳에 오지 못한 것을 보면 아

✤ 켈트 신화에서의 난쟁이

난쟁이는 켈트 신화 전반에 걸쳐 불쑥불쑥 튀어나오는 인물이다. 대체로 이름이 없으며 아름다운 젊은 여자들과 함께 등장하는데, 많은 경우에 그 등장과 더불어 사건이 엉뚱한 방향으로 뒤틀린다. 그는 신성한 예고자(긍정적이든, 부정적이든)의 역할을 한다. 대체로 불길한 인물이지만 퍼시발의 경우처럼 길한 경우도 있다. 이 인물은 고대적 여신의 긍정적 원초성이 문명화 과정을 거치면서 '괴물스러움'으로 변하여, 여신의 부정적 상징적 부산물로 여신의 옆에 혹처럼 매달린 것처럼 보인다. 가웨인에게 생각지도 않았던 살인을 유도하게 만드는 빨간 난쟁이는 분명히 그러한 역할을 하고 있다.

붉은 커튼을 배경으로 말없이 앉아 있는 흰 옷 입은 창백한 여자는 분명히 죽음의 여신이다. 가웨인을 의도치 않은 실패로 유도하는 난쟁이는 여신의 원초성을 상징하는 빨간색 옷을 입고 있다. 이 존재가 왕왕 혹을 달고 있는 이유는, 여신의 육체적 요건을 '집중적인' 방식으로 뭉뚱그려서 병적으로 지니고 있기 때문인 것 같다. ─역주

주 곤란한 처지에 빠져 있는 것이 틀림없습니다. 그런데, 이 궁전에 서는 부어라 마셔라 즐거워하고 있다니 참으로 놀라움을 금할 수 없습니다."

왕이 대답했다.

"네가 진실을 말하였도다. 가웨인 경은 오늘 이곳에 우리와 함께 있어야 했다. 그가 함께하지 못하였음에도 즐거워하였다니, 진정으로 부끄럽구나!"

아더는 슬픔을 이기지 못하고 한숨을 내어 쉬었다. 그의 얼굴빛이 창백하게 변했다. 그는 자신의 무심함을 자책했다. 왕의 슬픔이 방금 전까지만 해도 미친 듯이 즐거워하던 모든 사람들에게 감염되었다.

왕은 크나큰 고통에 짓눌린 목소리로 난쟁이에게 물었다.

"친구여, 솔직하게 말하라. 가웨인 경은 무사한가? 아니면 감옥에 갇혀 있는가?"

"경이 살았는지 죽었는지 저는 모릅니다. 그것을 알 수 있는 방법은 딱 한 가지뿐입니다. 이 궁의 용감한 기사 한 사람이 가웨인 경을 찾아 떠나는 것입니다. 그러면 그의 소식을 알 수 있겠지요."

"모두 맞는 말이다. 그런데 어디에 가서 가웨인 경의 자취를 찾을 수 있겠는가?"

"에스플뤼무아르 멀린*에 가면 쉽게 알 수 있습니다."

"아, 멀린이 우리와 함께 있었더라면 이 모든 수수께끼를 풀 수 있는 비밀을 가르쳐 주었을 텐데! 에스플뤼무아르 멀린이라! 멀린은 브로셀리앙드 깊은 숲에 있는 그곳에 숨어 있는지도 몰라. 그는 숨어 있지만, 우리를 지켜보고 있다. 그는 우리가 하는 일을 모두 알고 있어. 하지만 그 에스플뤼무아르 멀린이라는 곳이 대체 어디에 있다는 말인가?"

"아무도 모르지요. 하지만 한 가지는 분명합니다. 아무도 그곳에 가지 않으면 가웨인 경이 돌아올 희망은 없다는 것입니다. 이제 그에 관한 이야기는 들을 수 없게 될 것입니다. 누군가 이 탐색에 나선다 하더라도 그 전에 한 가지 말해 두어야 할 것이 있습니다. 가장 용감한 자가 아니라면 탐색은 꿈도 꾸지 말라고 말씀드리고 싶습니다."

"이유가 무엇인가?"

"그가 세상에서 가장 뛰어난 기사라 할지라도 살아서 이 왕국에 돌아올 수 있다는 보장은 없습니다. 다만, 살아서 돌아온다면, 영광과 높은 명성을 누

✤ 이 표현은 어떤 프랑스어 판본들 안에서 나타나는데, 에스플뤼무아르esplumoir가 분명하게 해석되지 않기 때문에 많은 해석이 생겨났다. 그것은 멀린이 지상에서 사라진 뒤 숨어 버린 장소, 즉 요정 비비안이 멀린을 가두어 놓은, 보이지 않는 공기의 탑을 일컫고 있는 것처럼 보인다.

폴 쥠토르는 『예언자 멀린』이라는 저서에서, 프랑스어 판본에 나타나는 중세기 단어 에스플뤼무아르는 몬머스의 제프리가 쓴 『멀린의 생애』를 잘못 번역한 데에서 유래했다고 주장한다. 이 용어는 '펜을 사용하는 자', 따라서 '마법의 글자를 쓰는 자'를 의미하는데, 멀린의 마법사-예언자의 특징과, 멀린이 은거중에 은자 블레이즈(달리 말하면 블레이드Bleidd 또는 블레이즈Bleiz, 즉 '이리')에게 성배의 모험을 받아쓰게 했다는 사실과 연관이 있다.

또한 쥠토르에 따르면, 에스플뤼무아르는 '서기관들의 집'을 의미한다. 이 집은 『멀린의 생애』에 따르면, 멀린의 누이 그웬디드가 멀린을 위해 숲속에 지은 집이다. 수수께끼는 풀리지 않은 채 남아 있다. 그러나 에스플뤼무아르의 원래의 의미가 '허물벗기, 허물을 벗는 동안 새들이 갇혀 있는 둥지'라는 사실을 참조하면, 하나의 가설을 세울 수는 있다. 그것은 멀린이 모습을 감춘 뒤 높은 단계의 의식에 도달하기 위하여 그의 '허물벗기', 즉 '초월'을 완결한 상징적 장소일 수 있다. 이 가설은 멀린의 상징적·신화적 의미와 상충되지 않는다.

리게 되리라는 것은 약속할 수 있습니다. 자, 이제 폐하의 동지 중에서 누가 그토록 부인들과 아가씨들의 사랑을 받는 가웨인 경을 찾으러 떠나겠다고 할지 무척 궁금합니다."

난쟁이의 말을 듣고 왕은 주위를 둘러보았다. 동지들이 입을 봉한 채 다른 곳을 바라보는 체하자, 아더는 크게 실망했다. 그는 가웨인이 모든 사람들의 사랑을 받았다는 사실을 알고 있었기 때문에, 동지들의 그러한 태도에 더 크게 상심했다. 그토록 사랑받았던 기사를 찾는 모험을 떠나겠다는 사람이 아무도 없다니!

그때 메라우기스가 자리에서 일어나 말했다.

"폐하, 만일 리도이네가 허락한다면 제가 이 모험을 떠날까 합니다. 그녀에게 제 청을 받아 주십사 청해 주소서."

리도이네가 앞으로 나섰다.

"제게 청하실 필요 없습니다. 메라우기스 경이 이 모험에 뛰어드는 것은 저에게 큰 기쁨이 되기 때문입니다. 그리고 경이 우리의 약속을 지켜 주신다면 저도 함께 여행을 떠나고 싶습니다."

메라우기스는 서약을 되풀이하고 나서 덧붙여 말했다.

"그대에게 무슨 말을 더 하겠습니까? 명령만 하십시오. 모두 따르겠습니다."

왕은 메라우기스의 결심과 리도이네의 동의에 크게 기뻐했다.

"진실로 완벽한 화합이로다. 리도이네 양은 크나큰 위대함을 보여 주었으며 메라우기스 경은 관대한 기사답게 말하였다. 이들이 망설임 없이 떠나므로, 이 여행이 복을 가져다줄 것을 믿어 의심치 않노

라. 친구들이여, 떠나라. 신께서 두 사람을 지켜 주실 것이다. 조카의 소식을 빨리 듣고 싶구나."

난쟁이는 오가는 이야기를 한마디라도 놓칠세라 주의 깊게 들었다. 메라우기스와 리도이네가 출발 준비를 하는 동안 난쟁이는 떠나기 위해 말 머리를 돌렸다. 그가 막 떠나려고 하는데, 그를 바라보고 있던 케이가 불러 세우며 말했다.

"납작한 쌍통을 가진 피조물아, 이리 오렴. 말에서 내려 쉬면서 네 일행을 기다리렴."

난쟁이는 케이의 고약한 말에 아무 반응도 보이지 않았다. 난쟁이는 말없이 말에서 내려 돌아가 케이에게 조용히 말했다.

"케이 경, 그대는 늘 이 모양이었고 앞으로도 그럴 것이오. 그대의 혀는 살모사의 혀처럼 쉴새없이 날름거리지. 그대의 조롱은 둔하고 형편없소이다. 사람들은 그대의 조롱을 비웃거나 놀려 대지요. 내가 내기를 하나 제안할 테니 잘 들어요. 한번 붙어봅시다. 그러면 우리 두 사람 중 누가 더 센지 알 수 있을 거요."

케이는 난쟁이의 기에 질려서 아무 말도 하지 못하고 가 버렸다. 난쟁이도 즉시 떠났다.

그날 아침에 눈이 내렸기 때문에 날씨가 추웠다. 메라우기스와 리도이네는 난장이가 앞서 간, 알지 못하는 길로 말을 달렸다. 그들은 난쟁이를 따라잡기 위해 말을 재촉하여 튼튼한 말뚝으로 에워싸인 숲을 지났다. 메라우기스는 천천히 난쟁이에게 다가갔다. 타고 있던 말은 어디로 가 버렸는지, 난쟁이는 눈 속을 걷고 있었다. 눈이 높이 쌓여 있었기 때문에 난쟁이는 걸어가는 데 애를 먹고 있었다.

메라우기스가 소리쳤다.

"누가 당신의 말을 빼앗아 갔소?"

"아, 당신이군요. 치욕을 명예로 바꾸어주시오."

"무슨 치욕을 말하는 거요? 기꺼이 돕기야 하겠지만…… 나는 수치심을 느끼고 있지 않은데."

"물론, 지금까지는 그렇지요. 그러나 언젠가 닥치게 될 일이오. 너무나 고통스러운 일이어서 아더 왕의 기사들이 당신의 불행을 듣게 되면 큰 슬픔을 느낄 것이오. 내가 돕지 않는 한, 당신은 그 일을 피할 수 없어요. 내 말을 잘 들으시오. 당신을 기다리고 있는 부끄러움이 수치스러운 일인 만큼, 내 말을 찾아다 주면 더욱 당신의 영광을 칭송하리다."

"걱정하지 마시오. 그런데 대체 누가 말을 빼앗아 갔소?"

"알면 놀랄 거요. 저기 황야의 입구에 있는 늙은 여자⁺가 그랬다

✤ 운명의 여신. 다른 신화에 비해서 켈트 신화는 노파를 많이 등장시킨다. 일반적으로 영웅의 입문안내자 역할을 하는데, 아더 왕 신화에서는 켈트 원형의 긍정적인 노파들은 거의 자취를 감추고 전부 젊고 아름다운 여성으로 대치되어 있다. 이 노파는 드물게 나타난 켈트적 원형인데, 그녀가 몰락한 여신이라는 것은 그녀가 난쟁이와 연관되어 있고, 원래 아름다운 모습이었으며 '황금 관'을 쓰고 있다는 사실로 증명된다. 어쨌든 그녀는 메라우기스를 첫 번째 모험으로 안내하는 도발자의 역할을 수행하고 있다. ─역주

오. 이건 정말 옳지 않은 일이오."

메라우기스가 놀란 표정으로 다시 물었다.

"그게 무슨 소리요? 그 여자가 왜 당신 말을 훔쳤지?"

"모르겠소. 내가 알고 있는 건 그 늙은 여자가 나를 공격했다는 사실뿐이오. 수치스럽게도 늙은 여자에게 얻어맞았다오. 얘기를 자세히 하지는 않겠소. 말을 빼앗긴 건 정말 수치스러운 일이오. 나를 돕고 싶다면, 그 늙은 여자에게 가서 내 말을 찾아다 주시오."

"걱정 마시오. 반드시 찾아다 주겠소."

메라우기스는 말에 박차를 가하여 여자에게 다가갔다. 그는 여자를 자세히 살펴보고 놀라움을 금치 못했다. 여자는 거칠고, 키가 크고, 단단한 골격을 가지고 있었다. 사람들이 모두 추워서 덜덜 떨고 있는데도, 뜨거운 성품의 소유자인 듯, 반쯤 벌거벗은 모습이었다. 마치 한여름처럼 얇은 옷을 입고 있었다.

옛날에는 틀림없이 아주 아름다웠을 것 같았다. 그녀는 여전히 오만하고 우아한 모습을 간직하고 있었다. 나이의 흔적만 아니었다면, 더 이상 우아한 여자를 상상하는 것은 불가능해 보였다. 멋을 부리기 위해서 그녀는 머리카락을 베일로 감추지도 않고, 멋진 황금 관을 쓰고 있었다. 그녀는 난쟁이의 말고삐를 꽉 붙잡고 서둘러 도망치기 위해 있는 힘을 다해 채찍을 휘두르는 중이었다.

여자는 기사 한 사람이 자기를 따라오고 있다는 것을 알고 채찍질을 멈추었다. 메라우기스가 그녀에게 다가갔다. 여자는 메라우기스의 얼굴 한복판을 후려치려고 채찍을 휘둘렀다. 메라우기스는 옆으로 껑충 뛰어 피하면서 허공에서 채찍을 낚아챘다. 여자는 채찍을 빼앗기지 않으려고 있는 힘을 다해 버텼다.

여자가 투덜댔다.

"이게 무슨 일이람? 지금까지 한번도 겪어 보지 못한 일이야."

메라우기스가 물었다.

"그게 무슨 말인가요?"

"설마 늙은 여자를 때리려는 건 아니겠지요?"

"물론 아닙니다. 하지만 정말 예의가 없으시군요."

여자가 빈정대기 시작했다.

"그래서 화가 잔뜩 났구려! 젊은이가 화가 난 걸 보니 난 더 기분이 좋은데……."

메라우기스는 진짜 화가 나기 시작했다. 그가 큰 소리로 말했다.

"입 닥치시오, 부인. 쓸데없는 말을 늘어놓지 말아요. 닥치지 않으면 험한 대접을 받을 줄 아시오. 내가 보호하고 있는 동료 난쟁이의 말을 즉각 돌려준다면 내가 받은 모욕은 용서해 드리겠소."

노파가 물었다.

"젊은이를 친구로 생각해도 될까요?"

"물론이오."

"그렇다면, 그 얘기는 더 이상 하지 마세요. 폭력을 사용하지 않으면 이 말을 끌고 갈 수 없을 거예요. 힘을 사용해서 말을 끌고 간다면 젊은이는 늙은이를 공격했다는 불명예를 겪게 되지요. 꼭 이 말을 끌고 가야겠다면, 내가 방법을 일러주리다. 내가 요구하는 대로 해 주면 즉시 이 말을 돌려주지요. 저기 물푸레나무 아래에 있는 장막이 보이세요? 그리고 나무에 매달려 있는 방패도 보이나요? 나를 위해서 저 방패를 떨어뜨려 주기만 하면 말을 돌려 드리지요."

"내가 세상에서 가장 사랑하는 여인의 이름으로 그렇게 하겠소이다."

메라우기스는 단숨에 내달아 방패를 쳐서 떨어뜨렸다. 그런데 막 말을 돌려 돌아가려고 하는 순간, 장막 안에서 끔찍한 울음소리가 흘러나왔다. 고통에 가득 찬 그 소리는 듣는 사람의 가슴까지 찢어놓을 것만 같았다. 개간지 다른 쪽에서는 노파가 난쟁이에게 말을 돌려주고 떠나는 모습이 보였다. 메라우기스는 말을 달려 난쟁이에게 갔다. 난쟁이는 벌써 말을 타고 떠날 준비를 하고 있었다.

메라우기스가 난쟁이에게 말했다.

"내가 어떻게 수치를 피하고 영광을 얻을 수 있는지 말해 주시오."

난쟁이는 원한에 가득 찬 신랄한 목소리로 대답했다.

"그 질문에 내가 대답하지 않으면 안 되는 어떤 이유라도 있소? 신의 가호를 빕니다. 적당한 때가 되면 답을 얻게 될 것이오."

그는 전속력으로 말을 달려 곧 시야에서 사라졌다. 메라우기스는 난쟁이의 태도에 놀라서 저주를 퍼부었다. 그는 고통스러운 통곡의 원인을 알아보기 위해 황야 한가운데에 세워져 있는 장막으로 돌아가기로 마음먹었다.

장막 안에는 창을 들고 수노새를 탄 젊은 여자가 있었다. 바닥에는 마치 자살이라도 할 것처럼 슬프게 울고 있는 두 명의 젊은 여자들이 있었다. 메라우기스가 걱정이 되었던 리도이네도 안으로 들어왔다. 그녀는 통곡하고 있는 아가씨들을 보더니 함께 울기 시작했다. 연인이 우는 것을 보고 메라우기스는 머리가 돌아버릴 지경이었다.

그가 당황한 표정으로 물었다.

"무슨 일입니까? 왜 이렇게 우시는지요?"

"고통스러워하는 이 여인들이 가엾어서 우는 거예요. 이분들은 불행하게도 땅에 떨어져 버린 방패 때문에 울고 있는 거예요. 당신에게 그 일을 시킨 노파에게 저주가 내리기를!"

메라우기스가 놀라서 소리쳤다.

"그게 대체 무슨 말입니까? 내가 무슨 죄라도 지었나요? 이 여자 분들이 그 때문에 우는 건 아닐 겁니다. 게다가 방패를 본래 있던 대로 해 놓는 건 일도 아니잖습니까?"

그는 방패를 주워서 그것이 원래 있던 자리에다 다시 매달아 놓았다. 그것을 보고 수노새*를 탄 젊은 여자가 말했다.

"이제 방패가 땅바닥보다 나은 장소에 있게 되었군요. 당신에게는 더 이상 요구할 것이 없습니다. 당신은 임무를 완벽하게 수행했어요."

메라우기스는 그녀가 자기를 놀리고 있다는 것을 어렴풋이 알아차렸다.

✛ 아더 왕 신화에서 많은 초자연적 여성들이 '암노새'를 타고 나타나는 것을 볼 수 있는데(거의 언제나 흰색이다), 그것은 '말'의 세속적/남성적 성격과 대비를 이루는 장치로 사용된다. 이 대목에서 아주 수상쩍은 자의 연인이 특이하게 '수노새'를 타고 있는 것은 이 여성이 남성적 질서에 종속되어 있는 존재라는 것을 나타내고 있다. ―역주

"나는 아무것도 확신할 수 없게 되었습니다. 하지만 잘했다고 생각합니다."

"그래요? 그럼 당신은 완벽하게 성공했군요."

그녀는 더 이상 한마디 말도 덧붙이지 않고 손에 창을 든 채 수노새를 채찍질하며 가 버렸다. 장막 안에서는 두 명의 아가씨들이 땅바닥에 쓰러진 채 계속 통곡하고 있었다. 메라우기스를 보자 그녀들이 말했다.

"가세요! 다시는 오지 마세요."

여자들은 더욱 서럽게 울었다. 리도이네도 함께 울었다. 메라우기스는 여자들의 행동을 이해할 수 없어서 작은 소리로 중얼거렸다.

"참으로 이상한 일이로구나! 아무래도 내 잘못 때문에 우는 듯한데, 난 내가 뭘 잘못했는지 모르겠어. 내가 이런 슬픔의 원인이라니 내가 저주를 받은 건가?"

젊은 여자 중 한 사람이 울음을 멈추더니 대답했다.

"기사님, 우리는 우리가 느끼는 슬픔을 표현할 수 없습니다. 기사님의 연인은 지금 우리의 운명 때문에 눈물을 흘리고 계십니다. 머지않아 그분은 당신의 운명 때문에 눈물을 흘리시게 될 것입니다."

메라우기스는 이번에는 화가 치밀어 버럭 소리를 질렀다.

"대체 이게 다 무슨 소리입니까? 나는 알지도 못하는 위험 때문에 협박당하고 있군요. 내가 죽기를 바라며 나를 뒤쫓고 있는 사람이라도 있는 건가요? 나도 가만있지는 않을 겁니다. 겁쟁이 취급을 받고 싶지는 않습니다!"

그는 바깥으로 달려 나가 나무 위에 매달아 놓았던 방패를 벗겨낸 뒤 다시 거칠게 땅바닥에 패대기쳤다. 그 즉시 젊은 여자들이 더 고통스러운 비명을 질렀다.

메라우기스는 장막 안으로 들어가 외쳤다.

"아가씨들이여! 실례지만 오늘 밤 이곳에서 자야겠습니다. 당신들의 미지의 주인이 돌아왔을 때 무슨 일이 일어날지 두고 보겠습니다!"

"기사님, 누추하지만 묵고 가십시오. 당신이 이곳에 머무시든 떠나시든, 우리는 아무 관심이 없습니다. 그러니 고맙다는 인사는 받을 생각이 없습니다. 하지만 기사님에게 불행한 일이 생긴다면 책임질 수 없습니다."

"그럴 생각 없습니다. 나는 단지 두 분의 주인이 이곳에 온다면 그와 싸우겠다는 것을 예고해 두는 것뿐입니다."

그는 땅에 내려섰다.

"이제 여기는 내 집입니다. 이곳에 묵어가려는 자가 있다면 나와 싸워야 할 겁니다."

리도이네가 말했다.

"진정하세요, 친애하는 기사님."

"그러지요. 우리는 이 장막에서 쉬어가야만 하니, 검을 가까운 곳에 두고 자야겠습니다. 누구든 우리의 잠을 방해하는 자는 가만 두지 않겠습니다."

그는 리도이네와 함께 장막에서 밤을 보냈다. 두 명의 젊은 여자들은 두 사람을 친절하게 접대했다.

메라우기스를 찾아와 결투를 신청하는 사람은 아무도 없었다. 메라우기스는 그 사실에 혼란을 느꼈다. 어쨌든 그곳에서 마냥 꾸물거릴 수만은 없었다. 그는 다시 가웨인 경을 찾아 떠나기로 결심하고 리도이네를 깨웠다. 리도이네가 출발 준비를 하는 동안, 그는 아가씨들에게 다가가 작별 인사를 했다.

"어떻게 생각해야 할지 모르겠군요. 아무도 오지 않았으니 이만 가 봐야겠습니다. 언제라도 도움이 필요하실 때는 헌신적으로 도와드릴 것을 약속드립니다. 하지만 한 번 더 진심으로 물어보겠습니다. 왜 그렇게 슬퍼하셨는지요? 이곳의 주인은 누구입니까?"

아가씨들이 대답했다.

"아무 말씀도 드릴 수 없습니다. 곧 아시게 될 겁니다."

메라우기스는 더 이상 대답을 강요하지 않고 리도이네와 함께 떠났다. 두 사람은 어둡고 큰 숲에서 말을 달렸다. 여울목 가까이 이르렀을 때, 재갈도 고삐도 없는 말을 박차도 없이 타고 있는 기사가 그들을 향해 달려오는 것을 보았다. 그는 창과 방패만 들고 있을 뿐이었다.

메라우기스와 가까워지자 그가 소리 높이 외쳤다.

"기사여, 더 이상 앞으로 나가지 말라! 여울목까지 다가가면, 당장 싸울 각오를 해야 할 것이다!"

메라우기스는 못 들은 체하고 계속 앞으로 나아갔다. 상대방이 창을 앞으로 겨누더니 거칠게 공격해 왔다. 메라우기스는 방패 뒤쪽으로 쳐서 상대를 땅에 떨어뜨렸다. 그들은 땅에 서서 결투를 계속했다. 쌍방이 여러 차례 공격을 주고받았지만, 승패는 쉽게 결정되지 않았다. 미지의 기사는 아주 강하고 거칠었다. 그러나 결국 메라우기스가 상대방의 칼을 놓치게 만드는 데 성공했다. 메라우기스는 항복하지 않으면 머리를 날려버리겠다고 상대를 위협했다.

상대방이 큰 소리로 애원했다.

"자비를! 요구하시는 대로 따르겠소이다."

메라우기스가 외쳤다.

"그야 당연한 일! 우선 무엇 때문에 고삐도 재갈도 없는 말을 박차도 없이 타고 있는지 그 이유를 말하시오."

"그것은 한 여인에 대한 사랑의 맹세를 지키기 위해서였습니다. 저의 용맹을 증명하기 위해 도구가 필요 없다는 것을 그녀에게 보여주고 싶었지요."

"너무 큰 위험을 자처했구려. 하나 그렇게 한 것을 보니 그 여인을 진심으로 사랑한 듯하오. 형씨가 마음에 듭니다. 따라서 조건 없이 자비를 베풀겠소. 우정으로 한 가지 일만 해줄 것을 부탁하오. 내가 방금 따라온 이 길을 따라 숲을 지난 뒤, 황야에 있는 장막을 찾아가시오. 두 명의 아가씨가 있을 거요. 그 여자들에게 이곳에서 일어난 일을 들려주시오."

그 말을 듣고는 패배한 기사의 얼굴이 새파랗게 겁에 질렸다.

"그 장막에 가셨었습니까?"

"그렇소. 그곳에서 하룻밤 유숙하기까지 했다오."

"하느님 맙소사! 그럼 나무에 매달려 있던 방패를 건드리셨나요?"

"물론이오. 쳐서 땅바닥에 떨어뜨리기까지 했다오."

"이런! 정말 큰 실수를 저지르셨군요!"

"그게 무슨 뜻이오?"

"그럼 그 사실을 모르신단 말인가요? 감옥에 갇혀 있던 악귀가 도망쳤습니다. 그 때문에 나라 전체가 그의 야비함 앞에 내던져진 상태입니다. 절더러 장막으로 가라구요? 그런 미친 짓일랑 요구하지 마십시오. 그곳에 갔다가는 틀림없이 죽고 말 겁니다. 기사님도 이곳에서 꾸물거려 봐야 좋을 것 하나도 없습니다. 상상보다 더 끔찍한 운명이 기다리고 있으니 말입니다!"

메라우기스는 점점 더 어안이 벙벙해졌다. 그는 화가 치밀어 오르는 것을 느끼며 말했다.

"이보시오. 지금까지 사람들이 이런저런 알듯 모를 듯한 이상한 이야기들을 들려주었는데, 나는 도무지 무슨 소리인지 하나도 모르겠소. 이 모든 수수께끼가 무엇을 감추고 있는 건지 알아야겠소!"

"말해 드릴까요? 아시면 무척 기분 나쁘실 텐데요. 저야 진실이 무엇인지 이미 다 알고 있지만 말입니다.

이 나라의 주인은 '아주 수상쩍은 자'라고 불리는 거인입니다. 그는 무서워하는 것이 아무것도 없습니다. 그는 숱한 기사들과 싸워 이겼기 때문에 사람들은 그의 이름만 들어도 부들부들 떱니다. 나무에다가 방패를 달아놓은 사람은 바로 그 사람입니다. 그자보다 더 잔인한 사람은 아무도 없습니다. 또 무공이 워낙 출중하기 때문에 아무도 감히 그에게 도전할 엄두를 내지 못합니다. 그는 자기 영역에 침범한 사람을 이유 없이 모욕하고 죽이는 데서 큰 쾌감을 느끼지요. 정당한 이유 따위는 없습니다. 그에게 그런 건 조금도 중요하지 않으니까요. 결투가 벌어진다는 것을 알면 그는 누가 잘못을 저질렀는지 물어봅니다. 그리고 당장 잘못한 사람 편에 서서 싸웁니다."

"그러는 이유가 뭐요?"

"그는 너무나 교만하고 악한 사람이기 때문에, 악이 선을 제압하기를 바라는 것이지요. 그래서 잘못을 저지른 사람이 올바른 사람을 이기기를 원하는 것입니다. 그가 옳은 사람 편을 드는 것을 한번도 본 적이 없습니다. 정의가 패배하기를 바라거든요. 그는 아주 미남이랍니다. 그의 육체는 완벽하지요. 하지만 가슴은 썩고 타락했습니다. 연인과 함께 가는 기사를 만나면, 그 기사가 뭐라고 말할 틈도 주지 않고 다짜고짜 연인에게 덤벼듭니다. 그가 보는 앞에서 여자를 능욕하지요. 한때 어떤 여자에게 미친 듯이 빠져 있었습니다. 그는 그녀에게 사랑을 애원했지만 거절당하고 말았답니다."

"왜 그랬소?"

"그가 사악한 사람이기 때문입니다. 그 여자에게 미쳐서 그는 그녀가 명령하는 것은 무엇이든 다 들어주겠다고 약속했지요. 그녀의 강요에 못 이겨 그는 정당방위의 경우라든지, 명예를 지키기 위해 어쩔 수 없는 경우가 아니면, 절대로 사람을 죽이지 않겠다고 성유물함에 손을 얹어놓고 맹세했지요."

"글쎄…… 그게 뭐 잘못된 일은 아닌 것 같은데……."

"제 말을 마저 들어보시지요. 그는 타고난 악당이기 때문에, 언제나 정당방위나 명예가 훼손당했다고 주장할 만한 상황을 만듭니다. 그 때문에 자기 방패를 나무에 매달아 놓은 것이지요. 어떤 기사가 그 방패를 땅에 내던지면, 그걸 빌미삼아서 모욕당했다고 주장합니다. 그 외에도 수없이 많은 교활한 술책을 사용하여 모욕당했다고 주장하면서 사람들을 죽입니다."

"이제 좀 이해가 되오. 장막 안에 있다가 내가 도착하자 떠나 버린 수노새를 타고 있던 젊은 여자는 그의 연인이겠군. 그녀는 내가 방패를 땅에 던졌다는 걸 그에게 알리러 간 것일 테고."

"그렇습니다. 그를 대면하지 마십시오."

"상관없소. 그가 공격해 와도 방어할 자신이 있소."

"그렇다 해도, 저라면 돌아가겠습니다. 이 나라 전체에서 울려 퍼지는 소리는 단 하나랍니다. 아주 수상쩍은 자에게서 도망치라!"

"그와 대면해야 하는 일이 전부라면 망설이지 않고 돌아가겠소. 그러나 해야 할 다른 일이 있다오. 나는 아더 왕의 조카인 가웨인 경의 소식을 알기 위해 에스플뤼무아르 멀린에 가야 합니다. 그러니 이곳에서 지체할 여유가 없소. 형씨는 장막으로 돌아가시오."

"말도 안 됩니다! 갈 수 없어요!"

"이건 명령이오."

"절대로 갈 수 없습니다!"

메라우기스는 검을 들어 올리며 말했다.

"그러면 형씨는 죽어야 하오. 내 말에 복종한다는 조건으로 내가 자비를 베풀었다는 것을 잊지 마시오."

"알겠습니다. 그렇게 하는 수밖에 없겠군요."

"장막으로 돌아가서 포틀레구에즈의 메라우기스가 인사를 전한다고 말하고, 우리의 만남에 대해 이야기하시오. 아주 수상쩍은 자가 그곳에 있거든 즉시 나에게 돌아와 알려 주시오. 그가 없거든 돌아올 때까지 기다렸다가 내 이름을 알려 주고, 그의 방패를 땅에 던진 것은 나이며, 그것은 오로지 그를 해치고 그의 이름을 더럽히기 위해서였다고 말하시오. 그가 복수하겠다고 말하거든 즉시 나에게 데려오시오."

"기사님이 어디에 있는지 어떻게 알 수 있습니까. 기사님은 저쪽으로 갈 테고 저는 다른 쪽으로 갈 텐데 말입니다."

"오른쪽 길만 따라오면 나를 만날 수 있소. 어떤 경우에도 화요일이 되기 전에는 왼쪽 길로 접어들지 마시오. 이제 형씨의 이름이 무엇인지 말해 주시오."

"저는 람파그레스의 라키스라고 합니다."

"좋소, 라키스. 나는 형씨가 해야 할 일을 말했소이다. 그대의 임무를 수행하시오."

"명령대로 따르겠습니다. 그 명령을 이행하지 않으면 불명예를 겪을 것입니다. 목숨을 걸고 임무를 수행하지요."

대화를 끝낸 두 사람은 헤어졌다.

라키스는 곧 장막에 도착했다. 그는 젊은 여자들에게 인사하고 나서 누가 자기를 보냈는지를 말했다. 아주 수상쩍은 자가 아직 돌아오지 않았으므로, 라키스는 말에서 내려 그가 올 때까지 기다렸다가 메라우기스의 말을 전하겠다고 말했다.

라키스를 알고 있고, 또 그를 아주 좋아하는 두 여인이 말했다.

"친구여, 제발 부탁이니 이곳에 머물지 마세요! 다시 말을 타고 떠나세요. 아주 수상쩍은 자가 당신을 죽이고 말 거예요!"

"아니오, 그럴 수 없습니다. 메라우기스 경과 약속했으니, 도망칠 수는 없지요."

그러는 사이에 수노새를 타고 있는 젊은 여자 편에 소식을 들은 아주 수상쩍은 자가 장막으로 돌아오고 있었다. 분기탱천하여 마치 세상 전체를 박살내 버릴 기세였다. 분노가 그의 마음을 찔러 댔다. 그는 장막으로 다가가면서 이웃인 라키스의 모습을 알아보았다. 그는 라키스를 힐끗 바라본 뒤 물푸레나무를 향해 다가가 그의 방패가 땅바닥에 떨어져 있는 것을 보았다.

그가 고함을 질러 댔다.

"이런 빌어먹을! 라키스, 네놈이 내 방패를 내동댕이친 거냐?"

"아니오, 내가 아닙니다. 다른 기사입니다. 나와 싸웠는데 그가 이겼습니다."

라키스는 아주 수상쩍은 자에게 자세한 이야기를 들려주고 메라우기스의 말을 전했다. 아주 수상쩍은 자는 메라우기스가 감히 자기에게 도전했다는 것이 자존심 상한다는 듯 이를 부드득 갈면서 라키스에게 물었다.

"그놈이 어디로 갔느냐?"

"안내해 드리겠습니다."

아주 수상쩍은 자가 버럭 소리를 질렀다.

"그 전에 네놈부터 해치워야겠다. 자, 말을 타고 덤벼라!"

"당신에게 도전한 것은 내가 아닙니다. 나는 그 기사와 싸워서 졌습니다. 나는 당신을 그에게 데려가기 위해서 심부름을 하는 것뿐입니다."

"우리 두 사람 중 누가 더 센지 분명해지기 전에 네놈은 아무것도 할 수 없다. 이유를 말해주마. 네놈이 이긴다면, 나로서는 너보다 더 센 기사를 찾아 떠나야 할 이유가 없다. 내가 이긴다면, 착각하지 마라. 나는 자비를 베풀지 않을 것이다. 네놈을 베어 버릴 것이다."

"그렇다면 하는 수 없군요!"

라키스는 말을 타고 아주 수상쩍은 자와 싸울 준비를 했다.

두 사람의 싸움은 싸움이라고 부를 수도 없었다. 단 몇 초 만에 끝나 버렸다. 라키스는 자비를 애원했다. 두 명의 아가씨들도 라키스를 살려 달라고 애원했다. 소용없는 일이었다.

아주 수상쩍은 자가 라키스에게 물었다.

"그놈이 어느 쪽으로 갔느냐?"

라키스가 고통스러워하며 대답했다.

"오른쪽으로 갔습니다."

아주 수상쩍은 자는 라키스의 왼쪽 옆구리를 붙잡고 머리통을 세게 쳐서 눈 한쪽이 튀어나오게 만들었다. 라키스는 애꾸가 되었다.

"이렇게 하면, 더 정확하게 방향을 잡을 수 있지 않겠어? 오른쪽이 어느 쪽인지 잊을 염려도 없고 말이야."

그러곤 덧붙여 말했다.

"라키스, 무서워할 것 없다. 메라우기스라는 자를 때려눕히기 전에는 네놈에게 아무 해도 끼치지 않을 테니까. 그자를 해치우고 난 뒤에는 틀림없이 네놈을 죽여주마."

"두 사람이 싸우는 걸 본 다음에는 행복하게 죽을 수 있소. 내 가슴을 가득 채우고 있는 분노는 복수의 시간을 알리는 종이 울리기 전에는 가라앉지 않을 것이오."

"이제 수다는 그만! 그놈을 죽일 때까지 네 목숨은 안전하다. 자, 떠나자!"

그는 말의 옆구리를 찼다. 라키스가 그 뒤를 따라갔다. 더 이상 장막에 머물고 싶지 않았던 두 아가씨는 라키스의 운명을 슬퍼하는 뜨거운 눈물을 흘리면서 멀어져 갔다.

한편, 에스플뤼무아르 멀린을 찾아 숲속에서 천천히 말을 달리던 메라우기스는 네거리에 도착했다. 그는 멈추어 서서 어디로 갈 것인가 생각하며 라키스를 떠올렸다. 약속했던 기한이 이미 많이 지나버렸다. 그날은 목요일이었다. 따라서 메라우기스는 어떤 길로 가도 상관이 없었다. 하지만 혹시나 하는 마음에, 그는 그날도 오른쪽 길로 접어들었다.

얼마 지나지 않았을 때 꼽추 난쟁이가 숲에서 튀어나와 길을 막아섰다. 난쟁이는 아무 말도 하지 않고 다짜고짜 막대기로 말 옆구리를 후려쳤다.

메라우기스가 소리치며 멈추어 섰다.

"저주받은 난쟁이 놈아! 저리 비켜라! 계속 못되게 굴면 죽여 버리겠다."

난쟁이는 두 손을 모아 쥐고 벌벌 떨며 물었다.

"나를 정말 죽이실 건가요? 더 나은 편을 택하셔야지요. 한쪽에는 치욕이, 그리고 다른 한쪽에는 나를 도와 준 보답으로 기사님께 약속드린 명예가 있습니다. 무엇을 택하실 건가요?"

"꺼져, 더러운 난쟁이 놈아! 나에게 보답할 필요 없다. 너에게 아무것도 요구하지 않을 것이다. 지옥의 악마들에게나 가 버려라! 대체 뭘 요구하는 거냐?"

"돌아가시라는 거죠. 그 길로 가면 치욕이 기다리고 있으니까요."

"그게 무슨 잠꼬대냐?"

"잠꼬대가 아닙니다. 한 발자국이라도 더 내딛는 날엔 명예를 잃습니다.

너무 멀리 왔어요. 벌써 치욕이 당신의 정신을 혼란스럽게 만들고 있다구요. 돌아가세요."

메라우기스는 불안해졌다. 어쨌든 그가 명예를 치욕보다 더 좋아하는 건 사실이었다.

"난쟁이야, 나를 어디로 데려갈 생각이냐? 명예가 어디 있다는 거냐?"

"곧 안내해 드리지요."

두 사람은 네거리로 돌아가서 다른 길로 접어들었다. 그들은 오랫동안 그 길을 따라갔다. 숲에서 나오자 강가에 이르게 되었는데, 맞은편에 우뚝 선 성채가 보였다. 강과 숲 사이에 풀밭이 있고, 그곳에 많은 기사들이 모여 있었다. 아만곤 왕이 매년 같은 시기에 소환하는 그의 봉신들이었다. 왕은 풀밭에 장막을 치게 하고 기사들이 무술 경기하는 것을 지켜보고는 했다.

난쟁이는 모여 있는 기사들 한가운데로 메라우기스를 데리고 갔다. 장막 앞에 아만곤 왕이 앉아 있는 것이 보였다. 그의 옆 돌 벤치 위에는 왕비가 앉아 있었다. 잘 무장한 서른 명 정도의 기사들도 보였다. 모두 힘센 제후인 것 같았다. 그중 한 사람만이 말을 타고 있었는데, 오른손에는 창을, 왼손에는 방패를 들고, 면갑面鉀이 내려진 투구를 쓰고 있었다. 모든 준비를 마치고 결투의 순간을 기다리는 것이 틀림없었다.

메라우기스가 왕 앞에 섰을 때 난쟁이는 그의 말고삐를 붙잡고 모든 사람들이 들을 수 있도록 큰 소리로 외쳤다.

"아만곤 왕이여, 여기 저를 위해 싸워 줄 장수를 모시고 왔습니다. 제 권리를 받아들여 주십시오."

왕이 대답했다.

"기꺼이 그리하겠다."

왕의 말이 떨어지자 완전 무장한 기사가 서른 명의 기사들 가운데에서 앞으로 나와 왕 앞에 섰다.

왕이 말했다.

"난쟁이여, 이 기사는 이미 말을 타고 있고, 싸울 준비가 되어 있는 듯하다. 어찌 하겠느냐?"

"제 결정은 이미 오래전에 내려졌습니다. 제 장수는 이 일에 관해서 어떤 합의나 토론도 받아들이지 않을 것입니다."

"그대가 어떤 타협도 거절하므로, 두 사람이 싸우는 수밖에 없다. 어쩔 수 없구나."

메라우기스는 머리가 돌아 버리는 것 같았다. 무슨 말인지 한마디도 알아들을 수 없는 이유를 위해서 꼼짝없이 싸우게 된 처지에 빠진 것을 깨닫고 그는 속으로 생각했다.

'이 난쟁이를 믿다니, 정말 어리석은 일을 저질렀구나. 이상한 일에 말려들었다.'

그는 큰 소리로 난쟁이에게 물었다.

"이것이 네가 약속한 그 일이냐?"

"결정은 기사님에게 일임하겠습니다. 두려워하지 마세요. 당신의 명예를 해칠 일은 절대로 없을 테니까."

메라우기스는 어쩔 수 없다고 생각하고 말의 옆구리를 찼다. 상대방도 그를 향해 달려왔다. 첫 번째 격돌은 격렬했다. 두 사람의 창은 부서져서 허공으로 날아올랐다. 두 사람은 검을 빼어 들고 더 격렬하게 맞붙었다. 내리치는 검에 맞아 투구는 찌그러지면서 불꽃을 내뿜었다. 기사는 용감하고 씩씩했지만 그래도 메라우기스가 한 수 위였다. 제후들은 난쟁이가 어디에서 저런 장수를 구해왔을까 하고 궁금해하면서 놀라움을 금치 못했다. 결국 메라우기스는 상대방을 땅바닥에 처박는 데 성공했다. 그는 상대방의 목을 날려 버리려고 검을 높이 치켜들었다.

상대방이 다급한 목소리로 외쳤다.

"내가 졌소. 패배를 인정합니다. 이제 당신이 그 여자들을 결혼시키시오."

메라우기스는 이건 또 무슨 소리람, 하고 황당한 표정을 지었다. 점점 무슨 소리인지 알 수 없는 얘기들만 튀어나오고 있었다.

왕이 메라우기스에게 다가와 말했다.

"기사여, 경이 이 무술 경기의 우승자요. 경의 맞수가 지난해에 받았던 상은 당연히 그대에게 돌아갈 것이오. 백 명이 넘는 아름다운 여자들이 경이 짝지어 줄 것을 기다리고 있소."

메라우기스는 혼란스러워졌다.

그는 왕에게 물었다.

"그게 무슨 뜻인지요?"

"이 모임의 기원과 목적을 모른단 말이오?"

"예, 모릅니다."

"내가 설명해 주리다. 이 왕국에는 오래전부터 내려오는 관습이 있는데, 매년 오늘이 되면 과년한 딸들을 가진 제후들은 축제에 와야 한다오. 제후의 딸들은 남편을 찾기 위해 이곳에 모이는 것이오. 처녀들을 짝지어 주는 특권은 내 주위에 모인 기사들 가운데에서 가장 뛰어난 기사에게 돌아간다오. 그 특권은 누군가 그 특권의 소유자인 기사와 싸워 이기지 않는 한 일 년 동안 지속되오. 때문에 이곳에 용감한 기사들이 많이 모여 있는 것이외다. 그들은 가장 뛰어난 전사임이 밝혀진 자에게 좀처럼 도전하는 법이 없다오. 자신의 생각대로 처녀들을 짝지어 주는 권리를 가진 자의 명예는 대단한 것이오. 그러나 명예를 간직하기 위해서는 귀천상혼을 시켜서는 안 됩니다. 자신에게 연인이 없다면 마음에 드는 여자를 연인으로 선택할 수도 있소.

나는 내 아버님께서 하셨듯이, 이 관습을 충실히 지켜오고 있소. 그리하여 모든 사람이 지켜보는 앞에서 경에게 명예를 부여하는 것이오. 내가 아는 한, 경에게 반기를 들 기사는 아무도 없소. 경이 이곳에 오지 않았더라면 경의 맞수에게 도전할 기사도 없었을 것이오. 작년에 그는 아주 쉽게 상을 받았다오. 올해는 모든 사람들이 원하는 대로 상황이 바뀌었군요."

난쟁이가 메라우기스에게 다가와 말했다.

"어때요? 내가 기사님을 명예의 길로 안내하지 않았나요?"

"그런 것 같군. 너를 비난할 수는 없겠다."

"좋습니다. 이제 내 청을 한 가지 들어주세요."

"나를 불명예스럽게 만드는 것이 아니라면 기꺼이 들어주겠다. 어떤 청이냐?"

"말씀드리지요. 경은 경의 맞수가 땅바닥에 처박히는 광경이 나에게 얼마나 큰 기쁨을 주었는지 상상할 수 없을 거예요. 왜냐하면 나는 그자를 이 세상 그 누구보다도 증오하기 때문이지요. 작년부터 그는 자기도취에 빠져 교만한 태도로 사람들을 괴롭혔답니다.

아름다운 절기 오순절에 왕이 기사들을 소집했습니다. 그도 왔지요. 식사가 끝난 뒤에 그는 가장 아름다운 처녀들 스무 명을 선택했어요. 나는 귀족 사회와 친분이 있었으므로 확신을 가지고 그를 찾아가 왕국 전체에 둘도 없는 아가씨를 나에게 허락해 달라고 부탁했지요. 그것이 내 불찰이었습니다. 그 때문에 그에게 모욕을 당했으니까요. 나를 빼고는 아무도 그 아가씨를 원하지 않았을 겁니다. 나보다 더 키가 작은데다가 나보다 더 심한 꼽추니까요. 미친 남자와 미친 여자가 함께 잘 어울리는 것처럼, 우리 두 사람은 우리의 결합을 요구할 권리를 가지고 있는 것이지요.

나는 저 기사에게 그녀를 허락해 달라고 부탁했습니다. 그는 나를 비루먹은 개 취급을 하더니 다른 데 가서 여자친구를 알아보라고 말하는 것이었습니다. 그렇게 일언지하에 거절당하자 화가 치밀었습니다. 나는 그가 짝지어 주는 권력을 남용하고 있으며, 아내를 얻어야 할 남자들을 놀리고 있다고 말했습니다. 그는 오만하게도 화를 버럭 내면서 나에게 다가와, 폐하의 면전에서 손가락으로 내 코를 튕겼습니다. 나는 상대방을 경멸하는 그 태도 때문에 깊은 마음의 상처를 입었지요.

나는 그 자리에서 전에는 한번도 기사에게 얻어맞은 적이 없다는 것을 증명하겠노라고 제안했습니다. 그리고 그 가증스러운 행동 때문에 그가 자신의 특권이 가지고 있는 권위를 실추시켰으며, 그 자신의 체면도 손상되었다고 덧붙여 말했지요. 나는 모든 궁정이 지켜보는 가운데 그의 반역 행위를 증명해 줄 기사를 한 사람 찾아오겠다고 약속했습니다. 그 때문에 나는 기사님을 이곳으로 안내해 왔던 것입니다. 기사님은 저 기사가 그가 누렸던 명예에 합당한 자가 아니라는 것을 증명해 보였습니다. 세상에서 내가 가장 원하는 여성을 나에게 허락해 줄 수 있는 사람은 기사님뿐입니다. 귀족들은 나를 부끄럽게 여기지만, 내가 사랑하는 여자가 고귀한 가문의 자손인 것처럼 나 또한 높은 가문 출신입니다. 내 아버님은 왕의 친척이십니다."

아만곤 왕이 말했다.

"난쟁이여, 나는 그대를 결코 부끄럽게 생각하지 않는다. 그럴 리가 있는가."

왕은 메라우기스에게 말을 건넸다.

"경이여, 청컨대 이 세상에서 이 난쟁이를 가장 닮은 그 여인을 그에게 허락해 주시오. 나는 이 두 사람이 같은 시에 태어났는지는 알지 못하나, 두 사람 모두 태어날 때부터 꼽추였고 서로 아주 닮았소."

메라우기스가 대답했다.

"기꺼이 그렇게 하겠습니다. 다른 처녀들은 아만곤 폐하 자신께서 짝지어 주시기 바랍니다. 다음 해에도 제가 살아 있어서, 여전히 베풀어 주신 특권의 소유자로 남아 있게 되면, 반드시 이곳으로 돌아와 얼마간 머물도록 하겠습니다. 폐하의 윤허를 얻어 지위와 성품에 따라 처녀들의 짝을 찾아 주겠습니다. 지금은 이곳에 머물 수가 없습니다. 지체 없이 수행해야 할 임무가 한 가지 있기 때문입니다."

"그렇다면 떠나는 것을 허락하겠소. 그러나 부탁이니 경의 이름과 나라를 말해 주시오."

"저는 포틀레구에즈의 메라우기스라 하며, 아더 왕 궁정 소속입니다."

"알겠소, 메라우기스 경. 내 궁전에서는 언제든 경을 환영한다는 사실을 잊지 마시오. 신께서 경을 보호하셔서 탐색을 무사히 마치게 해 주시기를 바라오."

"아만곤 폐하, 감읍하옵니다. 내년에 반드시 이곳으로 오겠다는 것을 약속드립니다."

그가 막 왕에게 작별 인사를 하려고 했을 때, 난쟁이가 그를 사람들에게서 떨어진 곳으로 데리고 갔다.

"기사님의 용기와 충성스러움을 내가 얼마나 고맙게 여기고 있는지 보여 드리고 싶습니다. 에스플뤼무아르 멀린을 찾고 계시지요? 그곳으로 가는 길을 일러 드리지요. 저기 보이는 산맥이 있는 곳까지 강을 따라가세요. 그 다음에 재를 하나 넘으면 깊은 골짜기가 나타날 것입니다. 그 골짜기를 따라 내려가면 강들이 많이 있는 훨씬 더 넓은 장소가 나타날 것입니다. 그곳에 경이 찾고 있는 장소가 있습니다."

메라우기스가 말했다.

"고맙네. 신의 가호를 비네. 신께서 복을 내려 주시기를."

메라우기스는 왕에게 절을 하고 말을 달려 떠났다. 아름다운 리도이네가 여전히 그의 뒤를 따랐다. 그녀는 날이 갈수록 점점 더 연인에게 찬탄하게 되었고, 그에 대한 사랑도 더욱 깊어졌다.

07 일곱 기둥의 섬

메라우기스와 리도이네는 계속 말을 달려 밤이 내릴 때쯤에는 산비탈을 따라 올라가게 되었다. 숲에서 멀리 떨어져 있지 않은 곳을 지날 때였다. 저만치서 천천히 말을 타고 가는 기사의 모습이 나타났다. 리도이네가 먼저 그를 알아보고 말했다.

"라키스예요."

메라우기스는 그를 유심히 살펴보고, 한쪽 눈이 없어진 것을 발견했다. 그의 마음이 슬픔으로 가득 찼다. 아주 수상쩍은 자가 그 지경으로 만들어 놓은 것이 틀림없었기 때문이다.

그는 라키스에게 다가가 인사하며 물었다.

"어찌된 일이오? 누가 이런 몹쓸 짓을 했소?"

라키스가 고통스러운 표정으로 대답했다.

"바로 당신입니다. 나는 당신을 원망할 수밖에 없습니다. 당신의 잘못 때문에 내가 이 지경이 되었으니까. 내가 가지 않겠다고 했는데도 나를 기어코 장막으로 보내지 않았습니까? 무사히 돌아올 수 없을 거라고 내가 진작 말하지 않았습니까? 자, 보십시오, 이런 꼴이 되었습니다. 차라리 죽거나 미치는 것이 나을 것을……."

메라우기스는 라키스가 자신을 원망하는 데 대해 뭐라고 할 말이 없었다. 라키스에게 닥친 불행에 어느 정도 자신의 책임이 있는 것이 사실이었기 때문이다. 공연히 고집을 부렸다는 후회 때문에 마음속으로 자신을 저주했다. 참담한 기분이었다.

그는 한참 만에 겨우 입을 열어 말했다.

"라키스, 내가 잘못했소. 내가 죄인이오. 몸 둘 바를 모르겠구려. 이 일의 수치는 내가 겪게 될 것이외다. 내 말을 들어보시오. 물론 나는 형씨에게 눈을 돌려줄 수도 없고, 내 눈을 줄 수도 없소. 대신 아주 수상쩍은 자가 어디 있는지 알고 있다면 나를 그에게 데려다 주시오. 그자가 형씨에게 저지른 짓의 대가를 비싸게 치르게 하겠소. 내가 죽든지 아니면 형씨에게서 눈 하나를 빼앗아간 그자의 손을 잘라 버리든지 하겠소."

라키스가 한숨을 쉬며 대답했다.

"내가 당신들 두 사람이 검을 들고 싸워서, 한 사람의 머리가 베어지는 광경을 볼 수 있을 때까지 살 수 있을는지! 그렇게 된다면 더 큰 기쁨은 없을 겁니다. 나는 그자를 증오하는 것만큼이나 당신을 증오하기 때문입니다. 아주 수상쩍은 자와 헤어진 지 사흘이 지났습니다. 나는 그가 어디로 갔는지, 또 어떻게 되었는지 모릅니다. 물론, 이 길을 따라오지 않은 건 틀림없는 사실입니다. 백 명의 악마가 그를 뒤쫓았으면 좋겠군요! 내게는 그자를 추격할 능력이 없으니 말입니다. 지금은 집으로 돌아가 쉬고 싶습니다. 몸이 너무 아프군요."

메라우기스가 말했다.

"형씨에게 닥친 불행 때문에 내 마음이 너무나 슬픕니다. 맹세하겠소. 내 말을 믿어야 하오. 아주 수상쩍은 자에게 복수하기 전에는 고향으로 돌아가지 않겠소. 반드시 그의 손을 자르겠소."

라키스는 슬픔과 고통에 가득 찬 표정으로 메라우기스와 리도이네를 떠났다. 리도이네는 흐느껴 울면서 말없이 메라우기스를 따라왔다. 그들은 재를 넘어 깊은 골짜기에 이르렀다. 그들은 사람들을 만날 때마다 에스플뤼무아르 멀린에 대해 물어보았다. 그러나 정확한 것을 알려 주는 사람은 아무도 없었다.

어느 날 아침, 시냇물이 흐르는 골짜기에 이르렀을 때 두 사람의 눈앞에 으스스한 모습의 성이 나타났다. 산 중턱에 있는 뾰족한 바위 꼭대기에 세워진 높은 성이었는데, 하나의 바윗덩어리를 깎아 만든 것처럼 보였다.[+] 무성한 송악이 성벽을 온통 뒤덮고 있어서, 사철 아름다운 초록색을 유지하고 있을 것처럼 보였다. 성채 꼭대기는 둥근 모양을 하고 있었다. 열두 명의 아가씨들이 조그만 과수원에 앉아 있었다. 아가씨들은 월계수 그늘에 앉아 메라우기스와 리도이네가 다가오는 것을 바라보고 있었다.

메라우기스는 성채로 들어가는 입구를 찾아 성벽 아래까지 말을 달렸다. 그러나 성채를 한 바퀴 돌았는데도 입구라고는 찾을 수 없었다. 성채에는 문도 창문도 계단도 없었다. 성을 세 바퀴 정도 돌아보았지만 들어가는 입구를 찾을 수 없었기 때문에 메라우기스는 아가씨들을 향해 큰 소리로 외쳤다.

"어떻게 해야 여러분이 있는 곳으로 갈 수 있습니까?"

"친애하는 기사님, 불가능한 일이랍니다. 원하는 것이 무엇인지 말씀해 보세요."

"몇 마디 대화만 나누면 됩니다."

"뭘 찾고 있는지 말씀해 보세요."

"이렇게 멀리 떨어진 곳에서 공공연하게 내가 찾고 있는 것을 큰 소리로 말할 수는 없습니다. 여러분이 계신 곳으로 올라가게 해 주십시오."

아가씨들은 대답 대신 뒤로 돌아앉아 잠깐 동안 중단했던 대화를 다시 시작했다. 메라우기스가 서너 번 소리쳐 부른 다음에야, 여자 하나가 성벽 가장자리에 와서 아래로 몸을 기울이고 말을 건네 왔다.

"우리와 이야기를 나누고 싶으면 지금 있는 장소에서 하세요. 이곳까지 올라왔던 사람은 지금까지 한 사람도 없었으니까요."

✢ 거석 문화의 문화적 흔적. "단 한 덩어리로 이루어진" 암벽은 이 대목에서 멀린을 상징하는 '야만인'의 특성을 드러내어 보여 준다. 미분화적 존재태. 그 암벽 같은 성을 단 한 그루의 송악이 둘러싸고 있다는 것도 멀린의 초월적 인식을 나타내는 이 장소가 미분화적 자연의 세계와 관련되어 있다는 것을 상징하고 있다.

그 세계는 신화가 형성되던 시기에는 이미 '접근 불가능'한 장소라는 점이 흥미롭다. 메라우기스는 그곳으로 들어가는 입구를 찾지 못한다. 그는 "멀리 떨어진 낮은 장소"에서 그 장소를 "올려다보며" 소통하는 수밖에 없다. 그곳에 살고 있는 여성들은(여성적 미분화의 세계) 가웨인이라는 세속적 영웅의 소재에 아무 관심도 없으며, 왕의 명령을 수행하기 위해 애쓰는 메라우기스와 소통할 의지가 전혀 없다. 그녀들은 돌아앉아 있다.

둥근 지붕은 이 장소의 여성적 성격을 한 번 더 확인시켜 주고 있다. 전체적 모양으로 보아 발기된 남근상이라고 볼 수도 있지만, 고대 문화 안에서 발기 남근상이 많은 경우에 실은 여신이었다는 것은 알려진 사실이다. ─역주 메라우기스는 고집을 부려 봐야 소용없겠다는 것을 깨닫고 여자를 향해 큰 소리로 외쳤다.

"아더 왕의 조카인 오카니의 로트 왕의 아들 가웨인 경의 소식을 아십니까? 어디로 가면 그를 만날 수 있을까요?"

"정말 귀찮게 구는군요. 오른쪽 길을 따라 올라가세요. 저 숲 너머에 있는 산기슭에 성당과 십자가가 있어요. 쉽게 알아볼 수 있을 거예요. 그렇게 아름다운 십자가는 없으니까요. 그곳에 가면 십자가가 가르쳐 줄 겁니다."

메라우기스는 자신이 푸대접을 받고 있다는 사실에 화가 치밀어서 투덜대며 말했다.

"아주 친절한 대답이로군요! 그럼 에스플뤼무아르 멀린으로 가는 지름길은 알려 주실 수 있습니까? 그곳에 가면 가웨인 경의 소식을 들을 수 있을 것 같은데요."

젊은 여자는 그를 차가운 표정으로 노려보다가 깔보는 듯한 목소리로 말했다.

"날 보세요. 이곳이 에스플뤼무아르 멀린이에요. 내가 서 있는 곳이 바로 그곳이라구요. 우리는 당신이 찾고 있다는 가웨인 경에 대해 아무 말도 하지 않을 테니까, 여기 있어 보아야 시간 낭비일 뿐이에요. 당신을 칭찬하기 위해서건 비난하기 위해서건 가웨인 경에 대한 얘기는 한마디도 안 할 겁니다. 자, 이제 그만하면 됐어요! 가세요!"

메라우기스는 더 기분이 나빠졌다. 그는 고개를 쳐들고 소리쳤다.

"아가씨, 당신은 지금 나를 비웃고 있군요! 벌써 오래전에 난쟁이가 에스플뤼무아르 멀린에서 가웨인 경의 소식을 알게 될 거라고 말했습니다. 그런데 시간 낭비일 뿐이라구요? 그곳에 들어갈 수조차 없다구요? 성 데비의 이름에 걸고 말하건대, 당신을 만나볼 수 있다면 가웨인 경에 대해 더 알 수 있을 것 같은데요."

아가씨가 거만한 표정으로 대답했다.

"이 성을 이렇게 높이 쌓은 건 정말 다행한 일이로군요! 아무리 애써도 소용없어요! 절대로 이곳에 올라올 수 없을 테니까! 그렇게 빽빽 소리를 질러대니 피곤해지기 시작했어요. 우린 더 이상 할 말이 없습니다."

그녀는 몸을 돌려 동료들에게 가버렸다.

메라우기스는 부글부글 끓는 가슴을 누르고 리도이네와 함께 방금 아가씨가 말했던 성당과 십자가를 찾아 떠났다. 아닌게아니라 산 중턱에 서 있는 성당과 십자가가 보였다. 황량하기 이를 데 없는 곳이었다. 주위에는 아무도 없었다. 메라우기스는 커다란 나무에 말을 매어놓고 성당 안으로 들어가 보았다. 살아 있는 사람은 아무도 없었다.

"이제 보니 그 아가씨가 나를 바보 취급해서 이곳으로 보낸 것이 틀림없군. 어떻게 하면 좋겠소? 십자가도 살펴보고 성당 안에도 들어가 보았지만, 사람이라곤 그림자도 찾을 수 없군요."

리도이네는 십자가를 바라보았다. 십자가 꼭대기에 황금 글자로 쓴 기록이 보였다. 그녀는 글씨를 읽고 놀라서 메라우기스에게 말했다.

"보세요! 저 십자가 꼭대기에 마법의 조언이 씌어 있어요!"

메라우기스는 글자를 읽으면서 무심코 큰 소리로 발음했다. 그러자 어디선가 목소리가 들려 왔다.

"기사여, 탐색을 위하여 조언을 구하는구나. 여기 세 가지 길이 있으니 선택하도록 하여라. 첫 번째 길은 무자비한 길이라 불린다. 그 길을 따라가면 네가 만나는 사람에게서 어떤 자비도 어떤 동정도 기대할 수 없다. 너는 그 길에서 살아 돌아올 수 없다."

메라우기스가 물었다.

"두 번째 길은 어떻게 불립니까?"

어디에도 없는 곳으로부터 오는 듯한 목소리가 대답했다.

"그것은 불의의 길이니라."

"왜 그렇게 불리는지요?"

"답은 쉽지 않다. 그 길 위에서 사람들은 어디에서나 옳지 않은 방법으로 행동한다. 이 길에 들어선 사람은 그에게 정의를 베풀어 줄 어떤 사람도 만날 수 없다. 세 번째 길은 오른쪽으로 돌아가는 길인데, 그 길에는 이름이 없다."

"왜 그렇습니까?"

"아마도 그 길을 따라가는 자가 그 길에 이름을 붙여야 하기 때문이겠지. 내가 말할 수 있는 것은, 그 길을 따라갔던 자들 중 돌아온 사람은 하나도 없다는 사실뿐이다. 그들이 어디로 가서 어떻게 되었는지 아는 사람은 아무도 없다. 자, 이제 네가 선택해야 한다. 세 길 중에서 너에게 가장 합당한 길을 택할 수 있다."

메라우기스는 당황해서 어쩔 줄 몰라 하며 대답했다.

"이것 참 큰일났군. 어떤 길을 택해야 할지 모르겠소. 이처럼 놀라운 이야기는 처음 듣습니다. 어떻게 해야 할까? 임무를 수행하기 위해서는 세 길 중 하나를 선택하는 수밖에 없겠지요."

그는 리도이네를 향해 물었다.

"다정한 친구여, 어찌 하면 좋겠소?"

"모르겠어요. 하지만, 어딜 가시든 전 경을 따라갑니다."

메라우기스는 한참 동안 생각해 보더니 불쑥 말을 꺼냈다.

"결정했소이다. 이름 없는 길을 따라가겠소. 불의의 길이나 무자비한 길은 따라가고 싶지가 않군요. 그쪽 길에서는 선함을 찾을 수 없을 것 같소. 세 번째 길 역시 위험하기는 마찬가지지만 내 이성은 그 위험을 무릅쓰라고 명령하는군요."

리도이네가 소리쳤다.

"좋아요! 자, 떠나지요!"

두 사람은 곧 이름 없는 길을 따라 다시 떠났다. 두 사람은 나무가 빽빽하게 우거진 어두운 숲속에서 오랫동안 말을 몰았다. 숲을 나서자 산 아래에 펼쳐져 있는 거대한 평원이 나타났다. 평원의 한쪽은 바다에 잇닿아 있었다. 멀리에서 태양빛에 지붕이 반짝이고 있는 도성이 보였다. 두 사람은 그 미지의 도성의 아름다움에 놀라면서, 천천히 그곳을 향해 말을 몰았다. 도성은 해안가에 세워져 있었는데, 높은 성벽이 바다로부터 성을 보호하고 있었다. 파도가 끊임없이 성벽으로 밀려와 부딪쳤다. 성벽과 해안 사이에는 많은 배들이 정박한 항구가 있었고, 해안으로부터 조금 떨어진 곳에는 아주 특이한 모양의 성채가 세워져 있는 섬이 있었다. 성채는 하늘을 향해 높이 치솟아 있는 일곱 개의 돌기둥으로 둘러싸여 있었다.

도성의 변경에서 메라우기스와 리도이네는 눈부시도록 아름다운 여자들을 만났다. 난쟁이 한 사람이 여자들을 위해서 흰 족제비 한 마리와 그물 네 개를 들고 앞서가고 있었다. 메라우기스는 아가씨들에게 인사말을 건넸다.

여자들이 답례하며 말했다.

"경계를 넘어오셨군요. 이제 뒤로 돌아가실 수 없어요."

멀어져 가면서 여자들은 "그대에게는 얼마나 불행한 일인지!"라고 덧붙여 말했다. 멀리에서도 그녀들의 말소리는 또렷하게 들렸다. 메라우기스는 도성에 대해 더 알고 싶어서 리도이네를 뒤에 놓아두고 성문을 향해 말을 달렸다. 가는 길에 어떤 소년을 만나 인사를 건넸다.

소년은 잠시 멈추어 서서 말했다.

"경계를 넘어오셨군요. 이제 뒤로 돌아가실 수 없어요. 그대에게는 얼마나 불행한 일인지!"

소년은 메라우기스에게 더 이상 신경 쓰지 않고 가던 길로 가 버렸다. 메라우기스는 말을 멈추고 생각에 잠겼다.

리도이네가 다가와 말했다.

"이 사람들은 어쩐지 무서워요."

"왜요?"

"모르겠어요. 그냥 너무나 무서워요."

메라우기스는 리도이네를 안심시켜 주려고 노력했다.

"불안해하지 마시오. 내가 죽게 된다면 모르지만, 내가 살아 있는 한 걱정할 필요 없소. 내가 안전하게 지켜 주리다."

"물론이지요. 당신이 옆에 있으면 마음이 놓여요. 당신이 멀리 가 버리면 어쩌지요? 왠지 무섭다는 생각이 드는걸요."

두 사람은 도란도란 이야기를 나누면서 성을 향해 천천히 다가갔다.

성벽 위에 있던 파수꾼들이 두 사람의 모습을 알아보았다. 그들은 즉시 적의 군대가 다가오고 있기라도 한 듯 뿔나팔을 불었다. 성안에서는 큰 소란이 벌어졌다. 불이 났다고 해도 그처럼 야단법석이 일어나지는 않았을 것이다.

메라우기스가 말했다.

"저 나팔 소리는 무엇을 의미하는 걸까요?"

"글쎄요. 어쩐지 좋은 징조 같지는 않군요."

"일이 되어 가는 대로 대처해 나갑시다. 뿔나팔이야 언제든 불 수 있는 거니까, 너무 걱정하지 맙시다."

그러는 동안, 성에서 온갖 종류의 사람들이 쏟아져 나왔다. 그들은 두 사람을 만나고 싶어 하는 것처럼 보였다. 둥글게 서서 노래를 부르고 있는 아가씨들과 부인들이 선두에 서 있었고, 날렵하고 튼튼한 군마를 탄 기사들이 뒤를 따랐다.

메라우기스가 말했다.

"저들은 우리를 환영하고 싶어 하는 것 같군요."

"저는 잘 모르겠어요."

불안 때문에 짓눌린 목소리로 리도이네가 대답했다.

행렬이 두 사람이 있는 곳에 이르렀을 때, 아가씨들과 부인들은 두 사람을 에워싸고 노래를 부르며 춤을 추었다. 기사들이 말에서 내렸고, 풍채가 당당한 남자 한 사람이 도성의 집사장으로서 모든 백성의 이름으로 메라우기스를 환영한다고 정중하게 말했다. 그의 뒤를 이어 기사들이 차례차례 메라우기스에게 다가와 아주 정중한 태도로 인사말을 건넸다. 메라우기스는 그들에게 답례하고, 그들의 무리에 합류했다.

사람들은 성으로 가는 게 아니라 바닷가로 향하고 있었다. 군중은 메라우기스를 에워싸고 호기심에 가득 찬 태도로 메라우기스에 대해 말했다. 큰 소리로 얘기를 주고받는 사람들이 있는가 하면, 자기들끼리 나지막하게 소곤대는 사람들도 있었다. 저승에서 온 사람을 바라보듯이 그를 바라보는 사람들도 있었다.

메라우기스는 자신이 모든 사람들의 호기심의 대상이 되었다는 사실을 견딜 수가 없었다. 이따금 사람들이 떠들어 대는 대화의 편린이 귀에 들렸다. 특히 거의 모든 사람들이 "이 기사도 그 사람만큼 키가 크구먼"이라고 말하는 것을 알아들을 수 있었다. 바닷가에 도착하자 기사들이 말에서 내렸다. 가까운 곳에 아주 탄탄해 보이는 작은 배가 큰 바위에 묶여 있었다.

집사장이 메라우기스에게 말했다.

"친애하는 기사님, 배를 타시지요. 바다를 건너가 저기 보이는 섬으로 가십시오."

예상치 않은 제안에 놀라며 메라우기스가 대답했다.

"절대로 탈 수 없습니다."

"이유가 무엇이지요?"

"타고 싶지 않습니다."

"타시지 않으면 안 됩니다. 이곳에 오는 모든 기사들은 바다를 건너 저 섬으로 가야 합니다. 그것이 관습입니다."

"저는 그 관습을 증오합니다. 신의 도우심으로 그 관습을 없애겠습니다!"

"일단 저 섬으로 가신 뒤에 그렇게 하십시오."

"가지 않겠습니다."

"감히 명령을 따르지 않겠다는 거요?"

메라우기스가 흥분한 목소리로 고함쳤다.

"내가 왜 당신들 명령을 들어야 한단 말이오! 그런 명령 따위에는 관심 없소이다!"

메라우기스는 검을 뽑아 들고 사람들 앞에서 당당하게 휘둘렀다. 집사장이 놀란 목소리로 외쳤다.

"감히 저항하겠다는 거요!"

"그렇소. 여기 있는 모든 사람들에게 경고합니다. 한 사람이라도 움직이면 팔다리가 잘릴 각오를 해야 할 거요!"

집사장이 달래듯이 말했다.

"자, 진정하고 내 말을 들어보시오. 관습을 설명해 주리다. 저기 섬 한가운데에 있는 일곱 기둥에 둘러싸인 둥근 성채가 보이시오? 탑에는 당당한 기사 한 사람과, 이 왕국에서 가장 아름다운 그의 아내가 살고 있소. 두 명의 시녀와 종자 한 사람만이 두 사람의 시중을 들고 있지요. 그들이 섬의 주민 전부라오. 만약 해안가에 나와서 경을 기다리고 있는 기사와 싸워 이긴다면, 부인과 섬은 경의 소유가 될 것이오. 반대로 경이 진다면 경은 영원히 우리의 소유가 되어 우리의 노리개가 되어야 하오. 우리를 둘러싸고 있는 여자들은 기쁘게 기다려 왔던 결투를 축하하기 위해 이곳까지 온 것이라오."

메라우기스는 곰곰 생각해 보았다. 누군지 알 수 없는 그 신비한 기사와 싸운다는 생각은 그다지 기분 나쁘게 여겨지지 않았다.

그가 말했다.

"좋소. 당신들의 그 관습을 기꺼이 받아들이겠소."

그렇게 말한 그는 여자들과 함께 춤을 추기 시작했다. 일곱 기둥의 섬을 바라보니 탑의 기사가 화려한 무장을 갖추고 바닷가를 따라 조용히 거니는 모습이 보였다.

메라우기스가 말했다.

"배를 가져오시오. 저 미지의 기사와 당장 겨루고 싶소!"

뱃사람들이 메라우기스와 말을 배에 태웠다. 닻을 올리고, 섬을 향해 배를 띄웠다. 배는 곧 섬에 도착했다. 메라우기스는 섬에 내려 말 위에 올라탔다. 배는 다시 육지를 향해 떠났다.

그는 그를 지켜보고 있는 기사를 향해 창을 내리고 말을 달려 돌진했다. 상대방은 꼼짝도 하지 않고 우뚝 버티고 서 있었다. 두 사람은 날카로운 창을 들고 격돌했다. 방패가 산산조각이 나 버렸다. 검을 들고 싸우기 시작한 두 사람 중 누구도 확실한 우위를 차지하지는 못했다. 한 사람이 상대를 밀어붙이면서 앞으로 나서는가 하면, 조금 뒤에는 반대로 그가 뒤로 물러서야 하는 상황이 되고는 했다.

시끌벅적한 군중 사이에 섞여 육지 쪽에 남아 있던 리도이네는 두려움에 떨었다. 공포로 마음이 얼어붙어 죽을 것만 같았다. 서로 맞부딪치는 무기 소리에 얼이 빠져 있으면서도 그녀는 깊이 사랑하는 사람의 목숨을 구해 달라고 신에게 간절히 기도를 올렸다. 그녀의 주

오 월 의 매 가 웨 인

일곱 기둥의 섬

위에 모여 있는 사람들은 누가 저 끝나지 않는 결투의 승자가 될 것인가 궁금해 하며 지켜보고 있었다.

시간이 꽤 흘러 지나갔는데도 두 사람의 무공과 체력은 막상막하인 것처럼 보였다. 한 사람이 조금이라도 지친 듯한 기색을 보이면 상대방은 그가 휴식을 취하도록 정중하게 시간을 주었다. 그런 다음 다시 결투를 시작했다. 시간이 지나갈수록 싸움은 거칠고 치열해졌다. 두 사람은 정오 무렵까지 싸웠다.

어느 순간 탑의 기사는 이렇게 마냥 질질 끌 수만은 없다고 판단했는지 있는 힘을 다 끌어올려 메라우기스를 공격했다. 메라우기스는 그를 맞아 있는 힘껏 방어했다. 상대는 점점 더 거칠게 밀고 들어왔다. 공격의 수위가 전과는 달랐다. 그가 가하는 공격은 훨씬 더 격렬했다.

메라우기스는 놀라서 뒤로 물러서며 생각했다.

'결투의 우위를 빼앗겼다는 느낌이 든다. 전세가 불리해지고 있어. 방금 이 기사는 결투에 지쳐서 피곤한 기색을 드러냈었다. 그런데 한순간에 완전히 새로운 힘이 솟은 것처럼 치고 들어오는구나.'

기사는 더욱더 거칠게, 그리고 더욱더 맹렬하게 공격해 왔다. 메라우기스는 공포에 사로잡혀 뒤로 물러서면서 소리쳤다.

"기사여! 그대의 이름을 말해 주시오!"

"숨겨야 할 이유가 없소. 내 이름은 가웨인이오. 브리튼 사람들이 나에게 붙여 준 이름이오. 나는 오카니 로트 왕의 아들이며 아더 왕의 조카요."

메라우기스가 놀란 표정으로 되물었다.

"뭐라구요? 그대가 정녕 가웨인 경이라는 말이오?"

"그렇소. 나는 진실로 가웨인이오. 그대는 누구요? 이름을 말해 주시오."

"아! 나는 포틀레구에즈의 메라우기스라 하오. 경의 친구요. 나는 벌써 오래전에 경을 찾아 아더 왕의 궁정을 떠났소. 신의 도우심으로 이렇게 경을 만나게 되다니 감개무량하오. 사람들은 경이 죽었다고 말하더이다. 왕과 원탁의 동지들은 경을 다시는 만날 수 없을 것이라고 생각하며 슬퍼하고 있었소."

"그 말이 맞소. 숙부이신 아더 왕께서는 살아서는 다시 나를 만나실 수 없을 것이오."

"아니, 어떻게 그런 말을? 지금 제 정신이오? 이 결투에서 내가 패배했다는 것을 인정하오. 경의 포로가 되겠소. 자, 이제 바다를 건너 갑시다. 마침 우리를 실어가기 위해 배가 오고 있소."

"메라우기스 경, 그건 불가능한 일이오."

"왜 불가능하다는 거요?"

"우리 두 사람 중 더 강한 사람이 상대방을 죽이지 않으면 안 되오. 이 섬에서는 어떤 기사도 살아서 나갈 수 없소. 당신은 이 섬을 나갈 수 없소."

"아니, 무엇 때문이오?"

"설명하리다. 저기 탑의 창가에서 밖을 내다보고 있는 여자가 보입니까? 그녀는 고귀하고 아름답소. 그녀의 이름은 로루아의 오르구엘루제라 하는데, 이 나라 전체가 그녀의 소유라오. 언젠가 용감한 기사 한 사람이 그녀에게 다가와 사랑을 구했소. 그녀는 아낌없는 사랑을 그 기사에게 베풀어 주었지요. 그러나 그 기사는 그녀를 무참히 배반했다오. 그 이후로 그녀는 소유욕과 질투심이 강한 여자로 변했소. 그녀는 새 연인을 가두기 위해 이 탑을 짓게 했다오."

"어떻게 그런 일이 있을 수 있지요?"

"그녀는 사랑에 빠진 기사와 함께 이곳으로 왔소. 어느 날인가, 그는 지루해졌는지 떠나고 싶어 하게 되었지요. 그러나 이 섬을 빠져 나가는 것은 불가능한 일이었소. 이 장소의 여주인이 자기가 요구하기 전에는 어떤 일이 있어도 이 섬에서 사람들이 빠져나가지 못하게 하라고 명령을 내렸거든요. 게다가 그녀는 자신의 연인과 싸워 이기지 못하면 어떤 기사도 자기 땅을 지나갈 수 없다는 결정을 진작에 내려 두었다오. 그래서 결투를 좋아하는 수많은 기사들이 이 섬으로 왔고 내 연인의 눈 아래에서 목숨을 잃었소. 용감하고 오만한 그 기사는 그런 삶을 칠 년간 영위했지요. 부인은 그의 명예를 기리기 위해 구름을 찌를 듯 높이 서 있는 일곱 개의 기둥을 세운 것이라오. 허나 모든 일에는 끝이 있는 법, 부인의 사랑은 시들었지요. 그녀는 연인을 치워 버리고 싶다는 생각을 하게 되었소.

바로 그때 그녀가 나를 점찍었던 것이오. 온갖 교묘한 감언이설로 나를 꼬드겨서 이곳으로 데리고 와, 자신의 연인과 싸우게 했다오. 나는 그와 싸워 이겼고 그를 죽였소. 그때는 무척 행복했다오. 하지만 그날의 승리는 내 불행의 원인이 되었소. 누군가가 와서 나와 싸워 승리를 거둘 때까지 나는 이곳에 머물러 있어야만 하는 관습의 덫에 걸려들었기 때문이오. 나를 이긴 자는 내 자리를 차지하게 되오. 나의 귀부인이 연인을 가지고 싶어 하는 동안에는 계속 그렇게 되풀이되는 거요. 그대가 나에게 이기든 아니면 내가 그대를 죽이든, 달라지는 것은 아무것도 없소. 그것이 불문율이오. 승리한 자는 그보다 더 강한 자가 올 때까지 인질로 잡혀 있어야 하오. 그러니 그대는 나와 싸워야 하오. 다른 방법이 없소. 그대가 승리를 거둔다면 그대는 탑의 주인이 되어 귀부인을 소유할 수 있게 되는 거요."

메라우기스가 단호한 목소리로 응수했다.

"나는 그러고 싶은 생각이 전혀 없소. 내가 이 세상 누구보다도 사랑하는 여인이 지금 바다 건너편에서 나를 기다리고 있소. 이 성과 섬을 준다고 해도 그걸 가지고 무얼 하겠소이까? 그런데 아무도 감히 근접하지 않는 이 섬으로 누가 먹을 것과 마실 것을 가져다줍니까?"

"그 일은 전혀 신경 쓸 필요가 없소. 이곳에는 먹을 것과 마실 것이 흘러넘치니까요."

"아니, 어떻게요?"

"매일 아침, 정오가 되기 전에 나의 귀부인은 탑에서 나와 바닷가로 내려가 배의 선장에게 신호를 보낸다오. 그러면 곧 배를 타고 달려오지요. 귀부인이 우리가 필요한 것을 말해 주면 배는 조금 뒤에 필요한 것을 가득 싣고 돌아옵니다. 내가 선창 쪽으로 다가가면, 배는 일단 도착한 뒤에도 당장 돛을 모두 올리고 즉시 바다로 도망칩니다. 부인이 그렇게 하라고 명령을 내려 놓았기 때문이오. 선장은 명령을 거역한다는 건 꿈도 꾸지 못하지요."

"왜 그런 명령을 내린 거요?"

"부인은 내가 배를 타고 도망쳐서 다시는 돌아오지 않을 거라고 생각하는 거지요. 그녀는 그녀의 매력과 고립된 섬을 이용해서 나를 죄수로 붙잡아 두고 있소. 그녀는 나를 감시하고 있어요. 나는 절대로 이곳에서 빠져나갈 수 없소. 나는 너무나 슬프다오. 그 생각만 하면 차라리 번개에 맞아 죽었으면 좋겠다는 생각뿐이오. 내가 잘못 생각하는 거요?"

"아니오. 내가 경의 입장이었더라도 같은 생각을 했을 거요."

가웨인은 바위 위에 앉았다. 지친 모습이었다.

"그대는 나를 찾으러 이곳에 왔지만 나는 어쩔 수 없이 그대를 죽일 수밖에 없소. 하느님, 어쩌면 좋습니까? 산다는 게 지긋지긋합니다. 나는 죽고 싶소. 그대를 구할 수 있다면 자결이라도 하겠소. 그러나 그런다고 해도 그대의 운명은 바뀌지 않소. 이번에는 그대가 이 섬에 머물면서 운 나쁘게도 우연히 이 나라에 들어온 모든 기사들을 맞아 싸우지 않으면 안 될 테니 말이오. 그대는 마지막 숨이 끊어질 때까지 이 세상에서 가장 불행한 남자로 살아가게 될 것이오. 슬프지만 더 이상 뭐라고 할 말이 없구려."

"그럼 아무 말도 하지 마시오. 우리 두 사람이 이 난관을 빠져 나갈 묘책이 있을 것 같기도 하군요."

"어떤 방법인지 너무나 궁금하구려. 어떤 조언이건 따를 준비가 되어 있소. 바다에 뛰어들라고 하면 그렇게 하겠소이다."

"그런 건 아니오."

"자, 어서 말해보시오. 마음이 갑자기 희망으로 가득 차는군요."

"내 계획은 이렇소. 날이 저물 때까지 계속 싸우는 체합시다. 바닷가에 있는 저 골짜기에서 결투를 끝내도록 하지요. 탑의 귀부인이나 성의 주민들은 우리의 모습을 모두 보고 있을 것이오. 저녁이 되면 나는 싸움에 진 체하고 바닥에 쓰러지겠소. 경께서는 죽은 나를 버려두고 떠나는 척하시오. 사람들을 완벽하게 속여 넘기려면, 내 투구를 벗겨서 사람들이 모두 보고 있는 눈앞에서 바다에 던져 버려야 하오. 그렇게 하면 사람들은 경이 내 머리를 잘랐다고 생각할 거요. 그런 다음 탑으로 돌아가시오. 나는 완전히 어두워질 때까지 계속 죽은 체하고 누워 있겠소. 그 다음에는 어둠을 틈타 경을 만나러 가지요. 함께 도망칠 방법을 찾아낼 수 있을 것이오."

"정말 훌륭한 계획이오! 전적으로 찬성이오."

두 사람은 즉시 다시 싸우는 척하다가 약속한 대로 행동했다. 사람들은 사방에서 두 사람을 지켜보았다. 곧 구경꾼들은 메라우기스가 패했다고 큰 소리로 말했다. 절망한 리도이네는 가슴을 치며 대지를 저주했다. 그녀는 당장이라도 바닷물에 몸을 던질 기세였다. 사람들이 달려가 붙잡고 있어야만 했다. 그때 아무도 모르는 낯선 기사 한 사람이 나타나 리도이네를 자기 집에 데려가 보살펴 주겠다고 말하며 그녀를 자기 말에 태웠다. 그는 리도이네를 태운 채 말을 달려 어둠 속으로 사라졌다.

사방이 완전히 캄캄해졌을 때, 메라우기스는 조용히 몸을 일으켜 탑으로 갔다. 창문을 통해 들여다보니 두 명의 시녀와 한 명의 종자가 딸린 아주 아름다운 귀부인의 모습이 보였다. 가웨인은 벽난로 옆에 앉아 불을 쬐고 있었다. 메라우기스는 살금살금 다가가 천천히 문을 열고는 가볍게 껑충 뛰어 방 한가운데 놓인 탁자 앞에 섰다. 귀부인은 그의 모습을 보더니 마치 악마를 보기라도 한 것처럼 놀라서 벌떡 일어났다.

메라우기스가 그녀에게 말했다.

"꼼짝도 하지 마시오. 한 발자국이라도 움직였다가는 죽을 줄 아시오!"

그녀는 겁에 질려 있는 것처럼 보였다. 메라우기스는 그녀와 함께 두 명의 시녀들과 종자를 어둡고 조그만 방에 밀어 넣고, 성에 있는 사람들에게 큰 소리로 도움을 청하는 날에는 가만 두지 않겠다고 위협했다. 그렇게 윽박지른 다음 방문을 단단히 잠갔다. 그는 무기를 내려놓고 가웨인과 함께 식탁에 앉아 느긋하게 먹고 마셨다. 가웨인은 메라우기스에게 몇 번씩이나 고맙다는 이야기를 했다. 이제 드디어 오르구엘루제의 비참한 노예의 처지에서 벗어날 수 있게 된 것이다. 맛있게 저녁 식사를 한 두 사람은 다음 날 아침이 될 때까지 깊은 잠을 잤다.

그들은 아침 일찍 일어났다. 메라우기스가 말했다.

"이제 이 섬을 빠져나가기 위해서 어떻게 하는 게 좋겠소?"

"글쎄, 쉽지 않을 것 같구려. 부인이 바닷가에 서서 신호를 보내야만 선장이 배를 이곳에 댄다오."

"그렇다면 그녀가 신호를 보내도록 만들면 되지 않겠소! 칼로 위협해서 그녀를 바닷가로 데리고 가시오. 나는 바위 뒤에 숨어 있겠소."

"그거 좋은 생각이군. 자, 허비할 시간이 없소, 움직입시다."

두 사람은 포로들을 가두어 놓은 방으로 달려갔다. 그러나 그곳에는 종자와 시녀들뿐, 부인은 어디로 갔는지 보이지 않았다. 하인들은 겁에 질려 서로 부둥켜안고 있었다. 방 한쪽 구석 쇠창살이 달려 있는 곳 아래에 여자의 옷이 떨어져 있는 것이 보였다. 그것을 빼면 오르구엘루제의 흔적은 어디에도 보이지 않았다.

가웨인이 소리쳤다.

"부인은 어디 가셨느냐?"

시녀 하나가 덜덜 떨며 대답했다.

"저희는 알지 못합니다."

메라우기스가 놀란 목소리로 물었다.

"그게 무슨 소리냐? 너희는 부인과 함께 있지 않았느냐?"

하녀가 대답했다.

"저희가 죽을 때가 되었나 봅니다. 입을 열면 마님께서 우리를 죽이실 것이고, 입을 다물면 나으리들께서 우리를 베어 버리실 테니 말입니다."

가웨인이 소리를 질렀다.

"도대체 무슨 소릴 하는 거냐. 우리는 너희를 해칠 생각이 없다. 두려워하지 말고 말해라. 내가 살아 있는 한 부인이 너희의 머리카락 한 올 건드리지 못하게 하겠다!"

시녀는 엉엉 울면서 말했다.

"사실대로 말하겠습니다. 마님은 밤새 분노에 사로잡혀서 몸을 떠셨습니다. 새벽이 되자 큰 소리로 절규하셨어요. 그 순간 방바닥에 마님의 옷이 떨어지는 걸 보았지요. 마님은 사라지고 보이지 않았어요. 검은 새 한 마리가 방 안을 날아다니더군요. 새는 천창天窓 가장자리에 가서 앉더니 쇠창살 사이를 비집고 날아가 버렸어요."

가웨인이 소리쳤다.

"메라우기스! 시간이 없소! 그 여자는 무서운 마법사요. 변신의 재능을 가지고 있소. 지금 이 순간에도 그녀는 우리가 빠져나갈 수 없는 음모의 그물을 짜고 있을 거요."

메라우기스가 대답했다.

"내게 생각이 있소."

그는 이러구러 설명하지 않고 당장 입고 있던 옷을 벗었다. 그리고 오르구엘루제의 옷을 입었다. 끈을 꽉 조이고 예쁘게 치장했다. 그렇게 차려입은 후 검을 망토자락 아래에 숨기고 성채의 계단을 달려 내려갔다. 그는 바닷가에 있는 선착장으로 다가갔다.

그는 바다 건너편을 향해 오르구엘루제가 평소에 하는 것처럼 섬에 배를 대라는 신호를 보냈다. 뱃사람들은 꼼짝없이 착각하고 돛을 모두 올려 섬으로 다가왔다. 선장과 세 명의 뱃사람들이 곧 섬에 도착했다. 메라우기스는 전속력으로 달려가 배 안으로 뛰어들었다. 그 바람에 배의 널빤지가 부서질 것처럼 삐걱댔지만 다행히 출렁 하고 크게 흔들렸을 뿐 부서지지는 않았다. 뱃사람들은 실수를 저질렀다는 것을 깨닫고 부들부들 떨기 시작했다.

메라우기스는 검을 뽑아 들고 휘두르며 말했다.

"너희 마님이 오셨다!"

선장이 물었다.

"마님이 어디 계시다는 말입니까?"

"여기, 내 손 안에 계시지 않느냐!"

메라우기스는 뱃사람들을 향해 다가가며 큰 소리로 말했다.

"이 검이 너희에게 명령을 내리는 마님이시다. 필요하다면 너희에게 벌을 내리시기도 할 것이다. 내가 말하는 대로 하지 않으면 고해 성사를 받지 못하고 죽게 해 주겠다. 대신 내 말대로 하면 큰 상을 내리겠다. 무엇이든 요구하는 대로 다 들어주겠다."

뱃사람들은 생각하고 말고 할 겨를이 없었다. 메라우기스의 검이 계속 그들을 위협하는데다가 고해 성사도 받지 못하고 죽을 생각은 추호도 없었기 때문이다.

"나으리께서 시키는 대로 하겠습니다. 나으리를 거스르는 일은 절대로 없을 것입니다."

"잘 생각했다. 자, 그럼 우선 성의 주민들의 눈에 띄지 않도록 배를 섬의 다른 쪽에 대도록 하라."

뱃사람들은 즉시 메라우기스가 원하는 장소에 배를 대고, 가웨인이 탑에서 나오기를 기다렸다. 가웨인이 배에 올라타자 두 사람의 기사는 기뻐하며 서로 얼싸안았다. 두 사람은 그곳에서 가장 가까운 곳에 있는 다른 지방의 해안에 배를 대라고 선장에게 명령했다.

그들은 물이 별로 깊지 않은 해안을 따라 항해했다. 성을 뒤로 하고 해협을 통과한 뒤에 항구로 진입하여 해안에 배를 댔다. 너무 급하게 진입하는 바람에 배는 바위를 들이받고 두 동강이 나 버렸다. 그러나 무슨 상관이란 말인가? 배에 탔던 사람들은 모두 무사했다. 그들은 곧 육지에 상륙할 수 있었다.

그들이 도착한 지방은 글라드윈 백작의 영토였는데, 백작은 아더 왕의 궁전을 자주 방문하는 훌륭한 기사였다. 배 한 척이 난파했다는 소식을 듣고 그는 서둘러 항구로 내려왔다. 그는 두 사람의 기사를 보자마자 그들이 누구인지 알아보았다. 그는 두 사람을 향해 달려와 얼싸안았다. 그리고 자기 성으로 초대했다. 그들을 성으로 안내하면서 그는 두 사람이 겪은 모험 이야기를 들려 달라고 말했다.

이야기를 다 들은 글라드윈이 말했다.

"어제 어떤 기사 한 사람이 일곱 기둥의 섬으로 싸우러 갔다는 이야기를 들었습니다. 그 사람이 죽었다고들 하더군요. 그런데 신의 은총으로 아무 일도 없었군요. 참으로 다행입니다!"

그 순간 메라우기스가 갑자기 멈추어서더니, 눈물을 흘리기 시작했다.

백작이 물었다.

"무슨 일입니까? 왜 눈물을 흘리십니까?"

"제 연인 리도이네 때문입니다. 사람들이 나를 억지로 배에 태웠을 때 나와 함께 있었습니다. 리도이네를 바닷가에 두고 떠나야 했어요. 오, 하느님. 리도이네가 내가 죽었다고 생각했다면, 그녀에게 어떤 일이 일어났을까요?"

글라드윈이 대답했다.

"그분에 대한 소식도 들었습니다."

"부탁입니다. 제발 그 소식을 들려주십시오."

"경이 죽었다는 이야기를 듣고 그분은 정신을 잃고 쓰러지셨답니다. 그때 어떤 기사가 나타나 그분을 자기 집으로 모시고 가서 돌보아 주겠다고 했답니다. 기사는 그분을 말에 태우고 전속력으로 말을 달려 사라졌다는군요."

메라우기스가 비명을 질렀다.

"그런 말도 안 되는 일이! 그 기사의 이름을 알고 계십니까?"

"사람들이 하는 말에 따르면 카드루즈의 고베인이라고 하더군요."

그 이름을 듣고 메라우기스는 신음 소리를 냈다.

"오, 하느님! 리도이네를 영원히 잃어버렸군요!"

그는 가슴을 치며 울었다. 가웨인은 그를 부축했고, 다른 사람들은 그를 위로하려고 애썼지만 그가 너무나 고통스러워했기 때문에 거의 떠메다시피 해서 데려가야 했다. 그날 저녁 글라드윈은 손님들을 극진하게 대접했다. 메라우기스는 슬픔에 잠겨 몸을 제대로 가누지 못했다. 그는 저녁 내내 고통스럽게 탄식의 말을 쏟아냈다.

가웨인이 듣다 못해서 화를 내며 소리쳤다.

"메라우기스! 지나치지 않소. 우리를 심히 괴롭히는구려."

가웨인의 지청구를 듣고 나서야 메라우기스는 입을 다물었다. 그날 밤 메라우기스는 한숨도 자지 못했지만 다음날 동료들과 함께 일찍 일어났다. 그들은 몸단장을 하고 교회에 가서 미사를 드렸다. 메라우기스는 리도이네에 대한 걱정을 떨쳐버릴 수 없었다.

그는 카드루즈의 고베인을 추격하기로 결심하고 그 생각을 가웨인에게 알렸다.

"가웨인 경, 나는 떠나기로 했소. 리도이네를 찾기 전에는 기쁨도 휴식도 누릴 수 없다오. 아더 왕 궁정의 결정을 무시하고 나에게서 리도이네를 빼앗아간 고베인과 싸울 생각이오."

"그건 그가 경이 죽었다고 생각했기 때문이 아닌가요. 그대에게서 리도이네를 빼앗아간다고 생각하지는 않았을 거요."

"궁정은 그가 아니라 나에게 리도이네를 허락했소. 그에게는 그녀에 대한 아무 권리도 없어요."

가웨인은 아주 난처하다는 표정을 지으며 말했다.

"그건 그렇지요. 잘 알고 있소. 그대에게 닥친 불행은 내 책임이오. 나를 수치스러운 감옥에서 구해주기 위해 사랑하는 사람을 잃었으니 말이오. 어떻게 해야 할지……. 경이 내 생명의 은인이니 경을 돕겠소. 물론, 나는 나와 가문의 명예를 지키겠다고 맹세했소. 또한 피 흘리는 창도 찾아야 하오. 하지만 나는 경에게 빚을 졌소. 리도이네를 찾아 떠나시오. 혼자 가는 게 아니오. 내가 함께 갈 테니까. 나 자신의 모험을 떠나기 전에 있는 힘껏 경을 돕겠소."

"역시 로트 왕의 아드님다우시오. 신의 축복을 받으실 겁니다."

두 사람은 글라드윈 백작에게 작별을 고했다. 그들을 안전하게 데려다준 네 명의 뱃사람은 백작에게 맡겼다.

백작은 그들의 출발을 축복한 뒤에 덧붙여 말했다.

"이 사람들이 떠난다면 그건 실수하는 거지요. 나는 그들에게 많은 걸 베풀 생각이니 말입니다."

백작은 뱃사람들에게 봉토를 주어 곁에 붙잡아 둘 생각이었다. 백작은 두 기사에게 값비싼 말을 내어 주었다. 메라우기스와 가웨인은 진심으로 고마워하며 그 선물을 받아들였다. 두 사람이 무장을 하고 말을 탄 뒤에 그들은 서로 신의 가호를 빌었다. 두 명의 기사는 길을 떠났다.

말을 달리면서 가웨인은 메라우기스에게 이런저런 위로의 말들을 건넸지만, 메라우기스의 마음을 달래지는 못했다. 꽤 멀리까지 갔을 때, 기사 한 사람이 숲에서 나와 두 사람 가까운 곳을 지나갔다. 생각에 잠겨 있던 메라우기스는 그 기사를 알아보지 못했다. 거만해 보이는 그 기사는 두 사람에게 인사도 하지 않고 지나쳐갔다.

가웨인이 불쑥 말을 꺼냈다.

"누군지 궁금하군."

그 말에 메라우기스의 정신이 돌아왔다.

"누구 말이오?"

"지금 방금 지나간 사람 말이오. 우리가 보이지도 않는다는 듯 인사도 없이 지나갔소."

메라우기스는 가웨인이 가리키는 방향을 바라보았다. 벌써 거리가 꽤 멀어져 버렸지만, 메라우기스는 그 키 큰 기사의 실루엣을 알아보았다. 아주 수상쩍은 자였다.

메라우기스가 소리쳤다.

"이런! 저자는 내 원수요! 나와 람파그레스의 라키스의 명예를 위해 복수하겠다고 맹세했던 바로 그자요!"

"그 사람은 경을 알아보지 못했소. 경만큼이나 생각에 빠져 있는 것 같았소."

"가웨인 경, 여기서 헤어져야겠소. 나는 저 괴물과 싸워야 하오. 라키스에게 그의 눈을 파버린 저자의 오른손을 가져다주겠다고 약속했기 때문이오."

"그건 경의 일이니 괜찮다면 람파그레스의 집에서 기다리리다. 경은 그곳으로 가야 할 테니 말이오."

"그렇게 하시오. 그곳에서 만납시다."

두 사람은 헤어졌다.

메라우기스는 눈이 많이 쌓여 있는 곳에 이르렀다. 눈 때문에 앞으로 나아가기가 힘들었지만, 아주 수상쩍은 자의 흔적을 쉽게 찾을 수 있었다. 그 흔적은 대리석으로 지어진 성 앞까지 이어져 있었다. 메라우기스는 망설이지 않고 성문을 향해 다가갔다.

문틈으로 들여다보니, 마당 한가운데에 짙푸른 소나무가 서 있고 나무 주위를 빙빙 돌면서 젊은 여자들이 춤을 추며 노래를 부르고 있었다. 여자들 사이에 기사가 딱 한 사람 끼어 있었다. 방패는 목에 매달고, 검은 허리춤에 찬 그는 여자들과 함께 춤추며 노래를 불렀다. 메라우기스는 그 기사를 보고 기쁨으로 몸을 떨었다. 아주 수상쩍은 자였기 때문이다. 그는 당장 라키스의 복수를 할 수 있겠다고 생각했다.

메라우기스는 문을 밀고 들어가 그 기사를 향해 돌진하며 소리쳤다.

"기사여, 노래를 그치고 나의 도전을 받으라! 이제 너는 곧 죽게 된다!"

그런데 갑자기 그의 생각이 바뀌었다. 방금까지만 해도 적의 목을 베어 버리겠다는 일념뿐이었는데, 이제는 춤추고 노래하고 싶다는 생각뿐이었다. 그는 그 외의 모든 것을 잊어버렸다. 연인마저도 잊었다.

아주 수상쩍은 자는 갑자기 춤과 노래를 중단하더니 원무의 무리로부터 빠져나왔다. 그는 말을 타고 출구를 향해 가다가 막 무리에 끼어든 기사 한 사람을 보았다. 그 기사가 입고 있는 갑옷 덕택에 그는 그 기사를 쉽게 알아볼 수 있었다.

"이런! 이건 또 무슨 조화냐? 내 방패를 땅바닥에 내던진 놈이로구나. 그 놈을 드디어 찾아냈다. 하지만 저놈이 있는 곳으로 갈 엄두가 나질 않는군. 어떻게 한담? 저곳으로 가면 내가 원하지 않는데도 다시 춤추고 노래하게 될 테고……"

그는 큰 목소리로 메라우기스를 불렀다. 무슨 일이 있어도 그를 데리고 이곳을 떠나겠다고 생각했다. 그러나 아무리 고래고래 소리를 질러도 소용이 없었다. 메라우기스는 귀가 먹은 것처럼 들은 체도 하지 않았다. 그저 춤추고 노래하느라 온통 정신이 팔려 있었다.

오랫동안 시간이 흘러 지나갔기 때문에, 제 아무리 천하의 장사인 아주 수상쩍은 자라 할지라도 재간이 없었다. 게다가 배가 너무 고파서 견딜 수가 없었다. 그는 결국 그 장소를 떠났다. 아가씨들과 함께 발을 구르면서 춤추고 노래하는 메라우기스는 즐거워 죽겠다는 표정이었다.

어느 순간, 기사 한 사람이 성 앞을 지나가게 되었다. 그는 안에서 들려오는 즐거운 노랫소리를 듣고 호기심을 이기지 못해 성안으로 들어왔다. 그가 원무에 매혹당해 노래하고 춤추기 시작하자마자 메라우기스는 즉시 즐거운 무리에서 빠져나왔다. 그는 그곳에서 무슨 일이 일어나고 있는지 알 수 없었다. 원무의 마법은 단 한 명의 기사에게만 효력을 발휘했다. 새로운 기사가 들어오면 그보다 먼저 마법에 홀렸던 기사는 풀려나게 되어 있었다. 메라우기스는 아직도 멍한 기분이었지만 얼른 정신을 수습하고 아주 수상쩍은 자를 뒤쫓기 시작했다. 그는 시간을 잃은 것이 원통해서 미친 듯이 말을 몰았다. 넓은 황야에 이르렀을 때 다시 원수의 모습을 만날 수 있었다. 아주 수상쩍은 자는 당장 메라우기스를 알아보고 경계 태세에 들어갔다.

두 사람은 지체 없이 상대를 향해 돌격했다. 두 사람 모두 상대를 너무나 증오하고 있었기 때문에, 가능하면 빨리 죽여 버리고 말겠다는 각오를 단단히 다지고 있던 터였다. 두 사람은 격렬한 공격을 주고받았다. 창과 방패가 부서지고 두 사람 모두 심한 상처를 입었다. 결투가 몇 시간이나 지속되었지만 승부는 끝나지 않았다. 두 사람 중 누구도 승기를 잡지 못하고 있었다.

결투가 길어지자 메라우기스는 연인에게 생각을 집중했다. 리도이네를 구하고 싶으면 아주 수상쩍은 자를 물리치지 않으면 안 된다. 그 생각은 그에게 새로운 용기와 힘을 불어넣어 주었다. 그는 검을 휘두르며 상대방의 투구를 세게 가격하여 깨어 버렸다. 아주 수상쩍은 자의 정수리에 칼날이 깊이 박혔다. 적은 죽어서 나무토막처럼 쿵 하고 쓰러졌다.

메라우기스가 말했다.

"이 괴물은 당연히 사라져야 했도다. 언제나 정의를 거스르며 수없이 사악한 죄를 저지른 악마 같은 자였도다."

그렇게 간단한 추도사를 마치고 나서 그는 적의 오른손을 잘라 말 잔등 위에 자랑스럽게 올려놓고 길을 떠났다.

힘겨웠던 전투에 지쳐 몇 번씩이나 말을 멈추고 호흡을 가다듬어야 했던 메라우기스는 날이 어두워진 다음에야 람파그레스의 집에 도착할 수 있었다. 가웨인은 벌써 도착하여 라키스와 함께 있었다. 메라우기스가 저택 앞에 있는 풀밭에 나타난 것을 보고 두 사람은 그를 맞으러 나갔다. 메라우기스는 두 사람에게 인사하고 즉시 말에서 내려 라키스에게 아주 수상쩍은 자의 오른손을 내밀었다. 라키스는 자기 눈을 잔인하게 파낸 손을 붙잡고 아무 말도 하지 않고 잠깐 동안 서 있다가 말문을 열었다.

"메라우기스 경, 나는 당신이 내 불행에 책임이 있다고 생각해서 증오했습

니다. 물론 당신은 나에게 눈을 돌려줄 수 없지요. 그러나 나의 명예
는 돌려주었습니다. 신의 축복을 받으십시오! 이후로 나는 당신을
섬기는 사람이 되겠습니다. 당신이 나를 필요로 할 때 언제나 충성스
럽게 섬기겠습니다."

그들은 서로 다정하게 얼싸안았다. 둘은 나란히 라키스의 집으로
들어가 식탁 앞에 앉았다.

메라우기스가 불안한 목소리로 물었다.

"리도이네와 카드루즈의 고베인의 소식은 들었소?"

가웨인이 대답했다.

"그렇소. 고베인이 리도이네를 자기 성으로 데리고 갔다는군요.
그는 경이 죽었다고 사방에 떠들고 다닌다 하오. 자기가 리도이네의
보호자라고 공언하면서 말이오."

"사기꾼 같으니, 비싼 값을 치르게 해 주리라."

"그 얘긴 내일 다시 합시다. 경은 일단 쉬어야 하오. 힘든 하루를
보냈으니 말이오."

메라우기스는 가웨인의 권고에 따라 라키스가 마련한 편한 잠자
리에 들었다. 모두들 다음 날 아침까지 깊은 잠을 잤다.

다음 날 아침, 리도이네 문제에 대해 제일 먼저 운을 뗀 사람은 가
웨인이었다.

"메라우기스 경, 우리가 어떻게 하는 게 좋겠소?"

"내 생각에는 카드루즈의 고베인을 찾아가 아더 왕과 귀네비어 왕

비가 내려 준 판결의 이름으로 리도이네를 요구하는 수밖에 없을 듯하오. 그가 판결을 받아들이기를 거절한다면 그가 원하는 때 그가 원하는 장소에서 그와 싸울 용의가 있소."

"경의 말이 맞소. 준비를 마치는 즉시 고베인의 성으로 떠납시다. 나는 이일을 왕과 왕비에게 보고하기 위해서 증인이 되기를 원하오. 궁정이 내린 판결에 대해 왈가왈부하는 건 참을 수 없소이다."

준비를 마치고 나서 그들은 말 위에 올라탔다. 집주인에게 작별을 하려고 라키스를 찾았더니, 라키스 역시 완전 무장을 한 채 말에 타고 있는 것이었다.

라키스가 말했다.

"나도 함께 가겠습니다. 애꾸눈 사내도 어디엔가 도움이 되기를 바랍니다."

그들은 람파그레스의 저택을 떠나 숲속으로 들어갔다. 세 사람 모두 고베인의 성으로 가는 길을 잘 알고 있었다. 그래서 길을 찾느라 시간을 허비하지 않고 곧 성에 도착할 수 있었다. 메라우기스는 망설임 없이 마당 안으로 들어섰다. 가웨인과 라키스가 그 뒤를 따랐다. 그들이 도착하는 소리를 듣고 고베인이 창가에 나타나 누구냐고 물었다.

메라우기스가 큰 소리로 외쳤다.

"나를 모른단 말이냐?"

고베인이 다시 자세히 바라보더니 메라우기스를 알아보았다.

"메라우기스! 아니, 모든 사람들이 죽었다고 하던데 살아 있었나?"

"모든 사람이라고? 그럴 리가 있나. 여기 내가 멀쩡하게 살아서 네놈에게 셈을 요구할 결심을 했다는 걸 아는 사람들이 있다!"

"뭘 요구하는가?"

메라우기스가 분노에 가득 찬 목소리로 대답했다.

"리도이네를 당장 내놓아라."

고베인이 조용히 대답했다.

"내가 왜 그렇게 해야 하나? 리도이네는 자신의 필요에 의하여 나의 성에 있는 것일세. 그녀는 자네가 죽었다고 생각했고, 보호해 줄 사람도 없었네. 나는 리도이네를 돌보아 주었고, 정성을 다해 위로해 주었네. 나는 그녀가 나에게 고마워 할 거라고 생각하네."

"아더 왕과 귀네비어 왕비의 판결은 어쩔 셈인가?"

"그 얘길 다시 해야 하나? 좋아, 말해 주지. 아더 왕의 궁정에서 정의는 제 구실을 못한다네."

바깥에서 시끄러운 말다툼 소리가 들려오자, 다른 쪽 창문에서 젊은 여자가 나타나 마당을 내다보았다. 아름다운 리도이네였다. 그녀는 메라우기스를 보더니 놀란 나머지 비명을 지르며 정신을 잃고 쓰러졌다. 메라우기스도 그녀를 알아보았다. 리도이네를 본 메라우기스는 더더욱 고베인에 대한 분노가 치솟아 올랐다.

그는 등자에 힘을 주고 꼿꼿하게 말 잔등에 버티고 앉아 말했다.

"고베인, 나의 도전을 받으라! 정당한 판결을 통해 나의 연인이 된 여인을 돌려주든지, 아니면 당장 결투를 통해 결정하도록 하자. 그러면 누가 권리를 가지고 있는지 밝혀질 것이다."

"좋다. 나는 오래전부터 이 순간을 기다려 왔다. 메라우기스, 나는 네놈이 오만함의 대가를 비싸게 치르도록 해 줄 것이다. 네놈은 내가 포기할 거라고 생각했겠지! 천만에, 나는 네놈이 리도이네와 함께 있다는 생각만 해도 구역질이 난다."

"그럼 결투하자. 네놈도 원하는 바라니 아주 잘 되었구나."

"무장할 동안만 시간을 달라. 곧 마당으로 나가겠다."

고베인은 창가를 떠나 시종들에게 무기와 말을 가져오라고 지시했다.

가웨인이 메라우기스를 한쪽으로 불러냈다.

"메라우기스 경, 경은 내 은인이오. 내 청을 한 가지 들어주시오."

"친구여, 내 명예가 그로 인하여 훼손되지 않는 한, 내가 그대의 청을 거절할 이유는 없소."

"그럴 리가 있소. 청을 받아들여 주겠소?"

"기꺼이."

"그 결정을 번복하지는 않겠지요?"

"그런 일은 결코 없을 것이오. 맹세하오. 어떤 청이오?"

"경은 방금 내가 경 대신 고베인과 싸우는 것을 허락한 것이오."

메라우기스는 혼란에 빠진 모습으로, 얼굴이 붉으락푸르락했다. 이윽고 그가 소리쳤다.

"말도 안 되는 소리 하지 마시오!"

"경은 맹세했소. 맹세를 번복할 수는 없소. 메라우기스 경, 내가 경을 대신해 싸우겠소. 한때 다정한 동지이며 절친한 친구였던 그대와 고베인 경이 한 여인에 대한 사랑 때문에 싸운다는 것은 볼썽사나운 일이오. 그 여인이 아무리 아름다운 여자라고 해도 그렇소. 두 사람은 그보다 더 나은 일을 해야 할 사람들이오. 나는 경 대신 싸워야 할 의무가 있소. 왜냐하면 경이 이 결투보다 훨씬 더 큰 위험에서 나를 구해 주었기 때문이오. 메라우기스 경, 내가 경의 장수로서 그대의 권리를 수호하겠소."

"고베인이 받아들인다면 그렇게 하겠소."

"걱정 마시오. 받아들일 거요."

그때 고베인이 머리끝부터 발끝까지 무장을 하고 튼튼한 군마를 탄 모습으로 나타났다.

가웨인이 그에게 다가가 말했다.

"고베인 경, 부탁이 한 가지 있소. 나는 메라우기스 경의 장수로서 그를 대신해 경과 싸우려 하오. 내가 진다면 메라우기스 경은 리도이네를 포기할 거요. 만일 경이 진다면 경은 리도이네가 메라우기스의 연인임을 공식적으로 인정해야 하오."

고베인은 그 제안에 적잖이 놀랐다. 조금 생각해 보더니 대답했다.

"좋소. 사실 기분 나쁜 제안은 아니오. 어디엘 가나 기사도의 꽃이라고 칭송이 자자한 아더 왕의 조카와 겨룰 수 있다는 건 기쁜 일이오."

두 사람은 멀리 떨어졌다가, 상대를 향해 달려들어 싸우기 시작했다. 창과 창이 쉴새없이 부딪쳤고, 방패도 부서졌다. 땅에 뛰어내려 검으로 겨룰 때, 그들의 검은 태양빛을 받아 번쩍였다. 가웨인의 무공이 고베인보다 더 뛰어난 것처럼 보였지만, 고베인 역시 놀랍도록 잘 방어했다.

메라우기스는 두 사람에게서 떨어진 곳에 라키스와 함께 서 있었다. 그는 자신의 운명을 결정하게 될 결투를 초조하게 지켜보고 있었다. 리도이네도 정신을 차리고 창가에 서서 가웨인이 이기게 해달라고 열심히 기도했다. 성에 있는 모든 기사들과 종자들, 시종들까지 모두 나와 성벽 위에 올라가 이 혈투를 지켜보았다.

어느 순간 고베인의 발이 살짝 미끄러졌다. 가웨인은 기회를 놓치지 않고 세차게 밀고 들어가 상대방이 균형을 잃고 흔들리게 만들었다. 고베인은 결국 바닥에 넘어졌고, 가웨인은 그에게 뛰어들어 무릎으로 가슴에 올라타고는 칼끝을 상대의 목에 가져다 대며 소리쳤다.

"항복하시오!"

"항복하오. 패배를 인정합니다. 자비를 베풀어 주시오."

"그렇게 하리다. 단, 두 가지 조건이 있소. 첫째, 왕과 왕비의 판결을 존중하겠다고 선언해야 하오. 왕과 왕비께서는 리도이네를 메라우기스에게 허락하셨소. 누구도 그 판결을 어길 수 없소. 둘째, 메라우기스 경과 화해해야 하오. 그리고 그를 해치는 어떤 행동도 하지 않겠다고 맹세해야 하오."

"맹세하겠소. 나는 왕의 판결을 존중하며 메라우기스 경의 충실한 동지가 되겠소!"

"잘 생각했소이다."

가웨인은 그렇게 말하면서 검집에 검을 넣었다. 그 사이에 고베인은 힘들게 몸을 일으켰다. 메라우기스가 가웨인에게 달려와 축하와 감사의 말을 쏟아냈다. 아름다운 리도이네도 가웨인을 축복하는 말을 쏟아내며 마당으로 달려 내려왔다.

가웨인의 엄격한 시선 아래에서 고베인과 메라우기스는 우정과 충성의 맹세를 나누고 얼싸안았다. 성에 있는 모든 사람들이 이 행복한 결말을 지켜보며 즐거워했다. 고베인은 가웨인에게 자기 성에서 당분간 머물다 가라고 초대했다.

가웨인은 정중하게 거절했다.

"초대해 주셔서 고맙소이다. 하지만 이미 너무 오래 지체했소. 궁으로 가서 오랫동안 나를 만나지 못해서 절망에 빠져 계실 숙부님께 인사를 올려야 하오. 그 다음에는 다시 모험을 떠나야 한다오."

작별을 고한 그는 그린갈렛을 타고 아더 왕의 궁전을 향해 전속력으로 달려갔다.

가웨인은 카두엘로 가는 길을 따라갔다. 왕과 왕비, 원탁의 동지들에게 인사하고 그가 겪은 흥미진진한 모험담을 들려줄 생각으로 마음이 급했다.

결코 걸음을 멈추는 법이 없는 태양은 벌써 지평선 위에 아주 낮게 내려와 있었다. 가웨인은 태양이 땅속으로 꺼져 들어가는 것을 보았다. 숲속은 돌연 칠흑처럼 어두워졌다. 가웨인은 무척 당황했다. 집도 피난처도 보이지 않았다. 더 이상 말을 달릴 수 없어서 기둥이 움푹 패인 커다란 떡갈나무가 서 있는 네거리에 멈추어 섰다. 그는 풀을 뜯어먹으라고 말의 굴레를 벗겨준 다음 나무줄기에 파여 있는 구멍 속으로 들어가 보았다. 몸을 쪼그리고 누울 수 있을 만큼 깊이 파인 구멍이었다. 그는 구멍 속에 납작한 돌을 베개 삼아 가져다 놓았다. 밤의 추위를 막기 위한 담요는 없었지만 매우 지쳐 있었기 때문에 동이 틀 때까지 꼼짝도 하지 않고 잠을 잤다.

다음 날 아침에 일어나 기지개를 켜고 있을 때, 아주 고귀한 신분인 것처럼 보이는 기사 한 사람이 나타났다. 그 기사는 한가운데에 표범이 장식되어 있는 붉은 방패를 들고 경쾌하게 말을 달리고 있었다. 그가 가까이 다가올수록 가웨인은 자기가 처음 받은 인상이 맞다는 생각이 들었다. 그 기사의 차림새는 매우 아름다웠다.

가웨인이 그에게 말을 건넸다.

"신께서 그대를 보호해 주시기를!"

미지의 기사가 대답했다.

"신께서 그대 또한 보호해 주시기를!"

가웨인이 다른 질문을 던지려는 기색을 보이자 그 기사는 자기는 아더 왕의 궁전에 도착하기 전에는 멈추어 서고 싶은 생각이 없다고 말한 뒤, 거만하게 덧붙여 말했다.

"자, 그만하면 되었소. 내 이름을 물어볼 생각일랑 하지 마시오. 대답해 주지 않을 테니까."

"좋소. 그대가 원한다면 그리하리다. 함께 길을 가면 어떻겠소. 더 안전하지 않겠소?"

그 기사는 거만한 태도로 대답했다.

"기사여, 나는 한번도 공포 따위를 느낀 적은 없다오. 무장한 남자들 한 무리가 덤빈다고 해도 무섭지 않소. 나에게 도전하려는 것이 아니라면, 나의 길동무가 되겠다고 자처하는 사람은 정신 나간 사람이오. 나는 도움 따위는 필요 없다오. 그대는 어떤 백작, 아니면 어떤 왕의 궁정 소속이오?"

가웨인은 아더 왕 궁정 소속이라고 대답했다. 그러자 상대방이 말했다.

"그러면 아더 왕의 동지들 이름을 대 보시오. 그리고 그 용맹과 무훈으로 인하여 가장 높은 평판을 누리고 있는 사람이 누구인지 말해 주시오."

"대답하기 아주 힘든 질문이군요! 아더 왕의 기사들은 모두 큰 공경을 받고 있어서 누구에게 월계관을 바쳐야 할지 모르겠소이다. 그 무공과 용맹으로 가는 곳마다 명성을 드날린 우리엔 왕의 아들에게 바쳐야 할까요?"

"그 이름은 내가 질문을 던지면서 듣기를 기대했던 이름이 아니오. 나는 원탁의 기사들 중 한 사람인 나의 사촌을 생각하고 있었소. 그가 어디에서나 무공을 드날리고 있지 못하다면 무엇 때문에 그를 만나야 한단 말이오? 포기하겠소."

그렇게 말하고 나서 그 기사는 말을 세웠다. 가웨인은 평소의 말솜씨를 발휘하여 재치 있게 대답했다.

"기사여, 내가 그의 이름을 단번에 말하지 않았다고 화를 내지는 마시구려. 영원하신 신의 이름에 걸고 말하건대, 원탁의 기사들은 그 수도 많고, 또 다들 유명하기 때문에 누가 최고인지 지명하기가 망설여지는 것뿐이라오. 그렇게 사소한 일로 사촌을 만나는 걸 포기하지는 마시구려."

기사는 다시 길을 갔다. 가웨인이 뒤를 따라갔다.

기사가 가웨인에게 말을 걸었다.

"궁정에서 가장 높은 평판을 누리는 다른 사람의 이름을 말해보시오."

"생각해 보았소. 호수의 란슬롯이 아주 높은 평판을 누리고 있다오. 여름에든 겨울에든 무사의 모험을 찾아다니지요."

"우리에게 영혼을 주신 신의 이름에 걸고 말하건대 공연히 시간만 허비했군. 계속해서 길을 간다면, 시간을 더 잃어버리겠어!"

기사는 화가 잔뜩 난 표정으로 다시 말을 세웠다. 가웨인은 이번에는 아더 왕의 젖형제인 케이의 이름을 댔다. 비록 경솔한 행동 때문에 비판의 대상이 되기는 하지만, 그 용맹함만큼은 누구나 다 칭송하는 터였다.

기사가 소리를 버럭 질렀다.

"아더 왕의 궁정에 용감한 사람의 씨가 마른 모양이군! 그 비겁한 자의 잘못 때문에 잠자리가 사나울까 무섭소. 그는 나의 모든 애정을 잃어버렸소! 그가 태어난 시간에 저주가 내리기를. 그의 삶은 나를 부끄럽게 만든다오. 그래서 나는 고통스럽소."

그는 말을 휙 돌려 돌아가려고 했다. 놀란 말이 앞발을 들고 일어섰다. 그가 가웨인에게 말했다.

"기사여, 신의 가호를 비오. 나는 더 이상 당신과 함께 가지 않겠소. 찾고 있는 사람을 만나지 못하는 슬픔보다 더 큰 슬픔은 없다오."

가웨인은 화를 내거나 당황하지 않고, 참을성 있게 다정한 말로 설득해서 그 기사가 계속 자기와 동행하도록 만들었다. 사실 그는 그 기사를 왕에게 데리고 가서 그의 무례함을 심판받게 하고 싶었던 것이다. 두 사람이 황야를 가로지르고 있을 때 갑자기 말을 탄 다섯 명의 남자들이 나타났다. 그들은 두 사람을 공격하려고 줄을 지어 달려오고 있었다.

가웨인이 소리쳤다.

"허허, 이건 또 뭐야! 방패를 들고 달려오는 품새를 보니, 우리와 한번 붙어보자는 거군!"

그의 동행이 말했다.

"제 아무리 대담무쌍한 자들이라도 상관없소. 앞에 서 있는 네 놈은 내가 날려버릴 거요. 당신이 다섯 번째 놈을 맡으시오. 당신이 그놈을 처리하지 못한다면 내가 끝장을 내 주리다."

두 사람은 창을 움켜쥐고 전속력으로 앞으로 돌진했다.

네 놈을 해치우겠다고 큰 소리 친 기사가 가웨인을 앞질렀다. 그는 단 한 차례의 공격으로 두 사람을 날려 버렸다. 가웨인은 동행의 실력을 알고 싶어서 끼어들지 않고 지켜보다가, 뒤늦게 나머지 세 명에게 질풍처럼 달려들었다. 한 사람은 치명상을 입고 말에서 떨어졌다. 가웨인은 그의 겨드랑이에 창을 박아 넣었다. 뒤따라온 다른 사람도 날쌔게 땅바닥으로 떨어뜨렸다. 가웨인의 동행이 난투극에 다시 끼어들기 전에, 다섯 번째 남자는 걸음아 날 살려라 하고 숲으로 도망쳐 버렸다.

가웨인은 속으로 생각했다.

'건방지고 오만하지만 정말 대단한 놈이다. 친구가 되고 싶다. 이 기사만큼 친구가 되고 싶은 사람은 없었다.'

가웨인은 적들이 버려두고 간 말들 중에서 제일 잘생긴 놈에게 다가가 고삐를 잡고 끌고 왔다.

앞장서서 길을 가던 가웨인의 동행이 말했다.

"아니, 그 짐말을 뭐하려고 끌고 오는 거요? 공연히 시간만 지체시킬 거요. 그놈을 끌고 가겠다면, 나는 동행하지 않겠소."

가웨인은 짐말의 고삐를 놓아 주었다. 기사는 가웨인 옆으로 다가와 아더 왕의 궁정에서 가장 평판이 높은 기사의 이름을 말해 달라고 다시 말했다. 오만하지도 않고 자만심도 없는 가웨인은 사그레모르와 거플렛이 무훈으로 이름을 얻었다고 말했다.

표범의 기사가 소리쳤다.

"당신과 계속 길을 가다니 내가 미친놈이오! 신께서 나를 도와주시기를! 더 이상 앞으로 가지 않겠소. 두 리외 반이나 당신과 동행한 것은 쓸데없는 짓이었소."

가웨인이 즉시 응수했다.

"자기가 찾는 것을 찾는 용감한 자, 가는 길 위에서 용맹과 영광을 얻는 자, 그런 자만이 실수를 저지르지 않는 법이오. 이만 헤어지는 것도 나쁘지는 않겠소. 헤어지는 것이 좋겠다고 생각한다면, 그렇게 합시다. 하지만 헤어지기 전에 이름이나 알려 주시오."

"경솔한 사람이로군. 처음에 만났을 때 이름을 묻지 말라고 이미 말하지 않았던가요? 다시 한 번 더 내 이름을 물었다간, 수치와 불행을 겪게 될 거요. 당신과 동행하는 건 정말 불쾌한 일이오. 능력도 없고 말솜씨도 없고."

그는 천천히 황야를 가로질러 멀어져 갔다. 아더 왕의 궁전으로 가는 길과는 다른 방향이었다. 가웨인도 몸을 돌려 화살이 날아가 떨어지는 거리의 두 배쯤 거리를 두고 그 기사를 따라갔다. 가웨인은 그 건방진 친구의 이름을 알아내고, 또 이름을 말해 주지 않는 이유를 알게 될 때까지 그를 뒤쫓을 생각이었다. 카두엘에 도착하는 것이 며칠 늦어지는 한이 있더라도 그 계획을 바꾸지 않을 생각이었다.

그렇게 그 기사를 뒤쫓다가 가웨인은 숲속의 빈터에 세워진 장막에 도착하게 되었다. 주위에는 아주 아름다운 아가씨 여섯 명이 있었다. 여자들은 어떤 귀부인의 시녀였다. 그 귀부인은 성과 궁에서 떨어져 있는 숲에다 자주 장막을 치고 그곳에서 머물곤 했다. 매일 시종들을 시켜 사냥개와 활을 사용하여 사냥을 하게 하고, 성에 가서 먹을 것과 마실 것, 입고 싶은 아름다운 옷을 가져오게 했다.

즐거운 생활을 하고 있는 귀부인의 이름은 이도이네였다. 그녀가 숲에 머무르고 있을 때 그곳을 지나가는 모든 기사들은 반드시 하나의 의무를 수행해야 했는데, 그것은 부인의 시녀 중 하나에게 말을 걸고 그녀와 대화를 나누어야 한다는 것이었다. 만일 그가 멈추어 서고 싶지 않거나 그럴 시간이 없다면, 계속해서 길을 가기 전에 부인에게 입맞춤을 해야만 했다.

가웨인이 그곳에 도착하기 전에 표범 무늬 방패의 기사는 부인과 시녀들을 본 체도 하지 않고 지나갔다. 화가 잔뜩 난 부인은 그의 무례함을 비난하면서, 그의 의무를 환기시켰다.

기사가 소리쳤다.

"뭐라구? 어떻게 당신이 감히 나에게 입맞춤을 요구한다는 말이오? 나는 바람둥이나 창녀가 아닌 여자에게만 입을 맞춥니다."

그는 부인이 분노의 비명을 지르건 말건 들은 체도 하지 않고 말을 달려가 버렸다.

가웨인이 도착했을 때에는 자존심에 상처를 입은 부인이 화가 나서 눈물을 펑펑 쏟아내는 중이었다. 가웨인은 비명과 탄식의 합창을 들으며 장막으로 다가가 무슨 일이 있었느냐고 물었다.

아가씨 하나가 말했다.

"어떤 거만하기 짝이 없는 기사의 태도 때문에 슬퍼하고 있답니다. 그는 방금 이곳을 지나갔어요. 아주 잘생긴 군마를 타고 표범으로 장식한 붉은 방패를 들고 있었어요. 그는 관습을 조롱했답니다."

"어떤 관습이지요?"

부인이 말했다.

"나는 단지 내 권리를 요구했을 뿐이에요. 멈추지 않고 이곳을 지나가는 기사는 나에게 입을 맞추어야 해요. 그 건방진 사람은 입맞춤을 거절했을 뿐만 아니라 내게 참을 수 없는 모욕을 퍼부었어요. 교만이 가득 찬 마음만이 그런 말을 쏟아내고, 그런 행동을 할 수 있어요."

가웨인은 상냥하게 말했다.

"부인께선 잘못하신 것이 없습니다. 그와 싸워서 부인에게 권리를 되돌려 드릴 수 있다면 기쁘겠습니다. 그처럼 잘난 체하고 무례한 기사는 처음 봅니다. 오늘만 해도 나는 그의 태도 때문에 화가 나서 미칠 지경이었습니다. 말을 할 때마다 벌컥벌컥 화를 내더군요. 걱정 마십시오. 오늘 저녁이 되기 전에 우리 두 사람 중 누가 더 강한지 아시게 될 것입니다. 만족하실 만한 결과가 있을 것입니다."

"신께서 축복하실 거예요. 경은 슬픔에 잠겨 도움을 청하는 사람들을 외면하지 않는 분이시군요."

가웨인은 그린갈렛의 옆구리를 박차로 찼다. 부인이 그를 향해 외쳤다.

"계곡을 지나면 오른쪽 길에 그 무례한 사람이 보일 거예요."

가웨인은 빨리 그 기사를 만나고 싶어서 전속력으로 말을 몰았다. 기사가 눈앞에 나타나자, 가웨인은 큰 소리로 도전의 말을 던졌다. 앞서 가던 기사는 말을 돌려 세운 다음, 방패의 가죽 끈 사이로 팔을 집어넣고 경멸감을 드러내며 오만한 표정으로 가웨인을 노려보았다. 가웨인은 결투 자세로 들어갔다.

두 사람은 즉시 방패를 앞세우고 격돌했다. 방패에 부딪쳐 두 사람의 창날은 부서졌지만, 두 사람 모두 끄떡도 없었다. 두 사람은 말에서 뛰어내려 검으로 겨루기 시작했다. 기사는 가웨인을 빨리 해치워 버리고 싶은 마음에 자주 방패를 옆으로 치웠다. 반면에 가웨인은 방패 뒤에 몸을 잘 숨기고 있었다. 상대는 가웨인의 방패를 부수려고 계속 공격을 가해왔다. 방패가 많이 부서지기는 했지만, 가웨인은 오랫동안 버텼다.

그는 상대의 공격을 유도하고 있는 것처럼 보였다. 그가 공격하는 횟수는 상대의 공격 횟수보다 적었다. 상대는 곧 지쳐서 공격의 수위를 낮추려고 옆으로 비켜섰다. 가웨인은 그 틈을 놓치지 않고 그에게 달려들어 밀어붙였다. 가웨인은 쉴 틈을 주지 않고 계속 상대를 공격했다. 상대는 결국 패배를 인정하고 말았다.

기사는 가웨인을 똑바로 바라보면서 여전히 오만한 태도로 말했다.

"싸움에서 이겼다고 해서 내 이름을 알게 될 거라고는 생각하지 마시오. 내가 우정으로 거절한 것을 힘으로 빼앗아낼 수 없을 테니까."

가웨인이 외쳤다.

"진짜 어이가 없군! 미쳤거나 악마에게 씌운 모양이야. 내 말을 잘 들어보시오. 만일 당신이 내 이름을 알고 싶어 했다면 나는 당장 그 자리에서 말해 주었을 것이오. 당신은 내 이름을 묻지 않았소. 그러니 내가 당신에게 먼저 말할 이유가 없었던 것이오."

상대방이 가웨인의 말을 인정했다.

"당신 말이 맞는 것 같소. 그럼 지금 물어보겠소. 이름이 뭐요?"

"나는 오카니 로트 왕의 아들이며 아더 왕의 조카인 가웨인이오."

표범 방패의 기사가 큰 소리로 외쳤다.

"아니, 이런! 우리는 싸워야 할 이유가 전혀 없었군. 왜냐하면 누가 원탁의 기사 중에서 가장 용감한 자인가 물었을 때 내가 듣고 싶었던 이름이 바로 그 이름이었기 때문이라네. 가웨인 경, 나는 그대의 사촌 훈바우트라네. 경을 만나기 위해 궁정으로 가는 길이었지."

가웨인이 검을 던져 버렸다. 그들은 기뻐하며 서로를 얼싸안았다. 그들은 이러한 시련 덕택에 서로 만날 수 있게 되었다는 것을 진심으로 기뻐했다.

"훈바우트, 그대는 정말로 용기 있는 사람이군. 하지만 교만이 끼어들면 무훈의 가치가 사라진다는 것을 명심하시게."

훈바우트가 말했다.

"그 교훈을 새겨두겠네. 앞으로는 말과 행동을 좀더 조심하도록 노력하지."

가웨인은 훈바우트의 행동이 어떻게 부인을 모욕한 것인지 설명해 주었다. 두 사람은 그 잘못을 사죄해야 한다는 데 의견의 일치를 보았다. 그들은 왔던 길을 되돌아갔다. 부인은 장막 앞에 앉아서 가웨인을 기다리고 있었다.

그녀는 가웨인이 훈바우트와 함께 오는 것을 보고 말했다.

"가웨인 경이 저 건방진 기사의 콧대를 납작하게 만들어 줄 줄 알았어!"

그녀를 에워싸고 있던 아가씨들도 기뻐하며 이구동성으로 말했다.

"저런 사람은 날카로운 검으로 혼을 내 주어야 정신을 차린다구요. 이 세상에 가웨인 경 같은 기사는 둘도 없어요. 정말 일당백이라니까요."

가웨인은 말에서 내려 사촌의 손을 잡고 여자들 앞으로 데리고 갔다.

"이 기사를 데리고 왔습니다. 잘못을 뉘우치고 있으니, 여러분의 처분에 맡깁니다."

부인이 대답했다.

"신의 은총을 받으시기를! 이 기사가 잘못을 빌러 왔으니 가벼운 벌을 내릴게요."

그녀는 자기 장막에서 하룻밤 지내고 가라고 말했다. 두 명의 기사들은 그곳에서 아주 즐거운 시간을 보냈다.

두 사람은 이도이네 부인과 시녀들에게 작별 인사를 하고, 다시 카두엘로 향했다. 그들은 중간에 조금도 쉬지 않고 하루 종일 말을 달렸다. 말에게 물을 먹이기 위해서만 이따금 멈추어 섰을 뿐이다. 길을 가면서 두 명의 사촌은 즐겁게 이야기를 주고받았다.

훈바우트의 오만한 태도는 완전히 사라진 것처럼 보였다. 찾고 있던 사람을 만났다는 기쁨 때문인지, 그는 상냥하고 다정하게 굴면서 그동안 가웨인에게 보여 주었던 나쁜 이미지를 걷어내려고 애쓰는 것처럼 보였다.

그가 가웨인에게 말했다.

"이제 밤이 되어가고 있으니, 쉬어가는 게 좋겠네. 이 근처에 있는 성을 하나 알고 있는데 성주가 아주 부자라네. 금과 은을 많이 가지고 있을 뿐 아니라, 엄청나게 넓은 영토를 소유하고 있지. 하지만 명령을 어기면 무섭게 화를 내지. 무자비한 벌을 내린다네. 어떨 때는 교수형을 시키기도 하고. 봐주는 법이 없더군.

그의 성은 아주 단단하게 지어진 철옹성이어서, 성주는 백작도 왕도 무서워하질 않아. 자존심이 대단한 사람이야. 명령을 어겼다간 자유인이라 하더라도 가차 없이 처형하거나 감옥에 집어넣어 버린다네. 그러니 내 경고를 잊지 않도록 조심하시게. 그는 기사들이나 왕을 맞을 때 융숭한 대접을 한다네. 그러니 가능한 아주 맛있게 식사를 해야 하네. 그 성을 나오면, 한참 동안 굶어야 하니까 잘 먹어 두는 게 좋을 거야. 깊은 숲과 황폐한 황야를 지나가야 하기 때문에 돈을 줘도 먹을 걸 구할 수가 없거든. 전에 와 본 적이 있기 때문에 알고 있지.

가웨인 경, 오늘 저녁에는 성주의 기분을 건드리지 않도록 조심하시게. 그가 트집을 잡을 수 있는 핑곗거리를 만들어 주지 않는 게 좋아. 성주 자신이 식탁에 앉기 전에 경을 자기 딸 옆자리인 명예석에 앉힐 걸세. 이 세상에 그녀처럼 아름다운 여자는 없을걸. 경은 그 여자와 같은 그릇에 음식을 넣고 먹게 될 거야.[+]

그 여자는 경의 옆자리에 앉는 걸 기꺼이 받아들일 게 분명해. 경의 방문은 이 세상 어떤 기사의 방문보다도 그녀를 기쁘게 해 줄 테니까. 그 여자는 경에 대해 좋은 얘기를 아주 많이 들었기 때문에, 경의 이름만 들어도 심장이 몸 밖으로 튀어나와 버릴 것처럼 가슴이 뛰게 된다고 말하더군. 언젠가 하루는 그녀가 나에게 속마음을 털어놓으면서 그런 말을 한 적이 있다네.

그 여자는 경이 겪은 모험 이야기를 듣고 싶어 할 거야. 아무도 모르게 경과 단둘이 있고 싶어 할 것이고……. 아버지가 알았다간 큰일이 날 테니까. 그래서 부탁인데, 그녀가 경을 조금 애무한다고 해도 신경 쓰지 말게나. 나는 삼십 주 전부터 성주와 알고 지내왔기 때문에 그를 잘 알고 있거든. 어떻게 행동하는지 아주 잘 알고 있지. 이제 알게 되었으니까 무서워하지 마시게. 아가씨에게 조금이라도 관심을 보였다가는 큰 위험을 겪게 될 거야. 성주의 딸은 아주 똑똑하고 신중한 여자지만, 사랑은 사람들을 바보로 만들어 버리지. 그 여자가 경을 미친 듯이 사랑한다는 걸 명심해 두게. 자, 이제 해야 할 얘기는 전부 말했네."

가웨인이 말했다.

"미리 알려 줘서 고맙네. 실수를 저지를 생각은 없다네. 성주가 내 목을 매단다고 해도 누굴 원망하겠나."

두 사람은 대화를 멈추고 빠른 속도로 말을 몰아 훈바우트가 말한 성에 무사히 도착했다. 성은 넓은 강물로 둘러싸여 있었다. 게다가 아주 튼튼하고 높은 벽으로 에워싸여 있어서 접근이 불가능해 보였다. 성안에는 여러 개의 정

✟ "빵과 소금을 나누다"라는 유명한 속담에서 찾아 볼 수 있는 아주 오래된 관습. 문자 그대로, '빵을 함께 나누는 사람'이라는 의미인 '동지compagnon' (con : '함께'라는 의미. pain : 빵. '친구'라는 말의 프랑스어 속어는 꼬뺑copain이다—역주)라는 말에서도 찾아볼 수 있듯 "같은 그릇에 넣고 먹다"라는 것은 두 명의 개인 사이에 특별한 관계를 맺어 주는 형제애 또는 동지애의 제의이다.

원이 있었다. 어떤 군대가 와서 포위한다고 해도 성을 진압하거나 주민들을 굶겨 죽일 수 없을 것 같았다. 한쪽에는 배들이 많이 드나드는 큰 선착장이 있었고, 다른 한쪽에는 성의 풍요를 드러내 보이는 멋진 과수원들이 줄줄이 늘어서 있었다.

가웨인과 훈바우트는 다리를 건너 큰 길과 시장을 따라갔다. 그들은 곧장 탑을 향해 갔는데, 스무 명도 더 되는 기사들이 그들을 맞으러 나왔다. 집사장과 총사령관이 선두에 서 있었다. 성주는 큰 방에서 트릭트랙 놀이를 하고 있었다. 두 사람은 나란히 손을 잡고 성주에게 다가갔다.

훈바우트가 말했다.

"성주님, 귀한 손님 한 분을 모시고 왔습니다. 아더 왕의 조카인 가웨인 경입니다."

성주는 당장 놀이를 멈추더니 가웨인을 향해 달려오며 말했다.

"신께서 경을 보호하시고 아더 왕을 지켜 주시기를. 하늘이 경을 세상에서 제일가는 기사가 되게 해 주셨으니, 내 집에 잘 오셨소이다."

성주는 시종들에게 갑옷을 벗겨 드리라고 명령했다. 시종들이 달려와 갑옷을 벗기고 잘 어울리는 붉은 비단옷을 입혀 주었다. 가웨인은 성주의 왼쪽에 앉았다. 성주는 가웨인과 그가 겪은 모험에 대해 이것저것 오랫동안 물어보았다. 가웨인은 조금도 숨김없이 모든 이야기를 들려주었다. 그 사이에 시종들은 식사 준비를 하느라고 바쁘게 움직였다.

두 명의 기사는 위층에 있는 성주의 딸의 방으로 올라갔다. 비할 데 없이 아름답고, 한눈에 보아도 뛰어난 자질의 소유자임을 알 수 있는 여자였다. 그녀는 금발 머리 위에 베일을 쓰지 않고 있었다. 그녀의 몸은 우아하고, 날씬했다. 그곳에 있는 사람 모두 감탄하는 표정으로 그녀를 바라보고 있었다. 가웨인은 창백하지도 무미건조하지도 않은, 희면서 붉은 아름다움에 매혹되어 눈부신 듯이 바라보았다. 그녀의 감미로운 눈빛은 실낙원을 환기시키는 그 무엇을 가지고 있었다.

　성주는 그녀를 아주 자랑스럽게 여겼다. 그는 사람들이 그녀를 좀더 잘 볼 수 있도록 명예석에 앉혔다. 그리고 그가 세상에서 가장 뛰어난 기사라고 생각하는 가웨인을 자기 딸 옆에 앉혔다. 그렇게 하면 가웨인을 명예롭게 하면서 동시에 잘 감시할 수 있기 때문이었다.

　가웨인은 빛나는 아름다움을 가진 여자 옆에 편한 마음으로 앉았다. 그는 많은 눈들이 자기를 지켜보고 있다는 것을 알고 있었다. 조금이라도 미인에게 다정한 체 말을 걸었다가는 모두 알아차리고 말 것이다.

　성주는 기분이 아주 좋은 듯했다. 그는 오래전부터 알고 지내온 훈바우트와 같은 그릇을 사용했다. 가웨인은 아가씨에게 아주 정중한 태도로 말을 걸었다. 그녀를 놀라게 하거나 기분 나쁘게 할 만한 말은 일절 하지 않았다. 그러나 시간이 지나갈수록 그녀에 대한 욕망이 점점 커지는 것을 제어할 수 없었다. 결국 그는 처음에는 모호한 말로, 나중에는 좀더 솔직하게 자기 느낌을 말했다. 성주의 딸만이 알아들을 수 있는 아름다운 문장을 사용해서 여자에게 구애했다. 그녀는 가웨인의 말에 기분이 상하지 않았다. 오히려 그의 사랑 고백을 들으며 행복해했다.

그녀는 자기의 느낌을 전하려고 애쓰면서 속삭였다.

"가웨인 경, 저는 당신을 한번도 본 적이 없지만 사람들이 들려주는 이야기를 통해 당신이 용기 있고 관대한 분이라는 걸 알게 되었지요. 두려워하지 마세요. 밤이 다 가기 전에 우리 두 사람만 따로 있을 수 있는 방법을 찾아낼 수 있을 거예요."

두 사람은 아무도 모르게 상대방만이 알 수 있는 약속을 주고받았다.

그때부터 두 사람은 아주 평범해 보이는 이야기들을 나누었다. 그러나 그들의 눈빛은 그들의 마음을 뒤흔들어 놓고 있는 열망을 드러내고 있었다. 훈바우트는 두 사람 사이에 어떤 일이 일어나고 있는지 알아차렸다. 어딘가로 도망쳐 버리고 싶은 심정이었다. 두 남녀의 만남이 불러올지도 모르는 결말이 무서웠기 때문이다.

그는 이따금 가웨인의 주위를 환기시켜 자신의 경고를 상기시켜 주려고 시도했지만, 가웨인은 아무것도 기억하지 못하고 있는 것처럼 보였다. 성주의 딸도 마찬가지였다. 두 사람은 얼른 비밀스러운 장소에서 단둘이 만나는 것 외에는 아무 관심도 없었다.

식사가 끝나고 잠자리에 들 시간이 되었을 때 성주의 딸은 아버지에게 다가가 이만 물러가겠다고 인사했다.

성주가 딸의 손을 잡으며 말했다.

"얘야, 네가 큰 결례를 범하는구나. 세상에서 가장 현명하고 뛰어난 분을 그렇게 빨리 떠나는 법이 어디 있느냐? 너와 한 그릇을 사용했던 아더 왕의 조카를 말하는 거다. 가기 전에 그분에게 입맞춤을 한 번 해 드리는 것이 좋겠구나."

그 말을 들은 가웨인은 별 생각 없이 여자에게 다가가 네 번의 입맞춤을 했다. 여자는 그의 입맞춤을 물리치지 않았다.

성주는 불같이 화를 내며 소리를 버럭 질렀다.

"내가 한 말을 들은 체도 하지 않다니, 이자가 나보다 더 힘센 자인가? 나는 분명히 세웠다. 이자는 내 딸에게 허락된 것보다 세 번이나 더 입맞춤을 했다! 내 말을 우습게 여겼음이 틀림없다! 이자에게 내 힘을 보여 주겠다. 당장 눈을 파낸 다음 감옥에 처넣어라! 그는 나를 심하게 모욕했다. 절대로 잊지 못할 것이다. 가웨인은 백 번이라도 같은 대접을 받아 마땅하다. 아더 왕이 와서 조카의 복수를 한다 해도 어쩔 수 없다. 할 테면 해 보라지! 나는 그의 권세 따위엔 관심이 없다. 나에게는 저항할 능력이 있다!"

가웨인은 꼼짝없이 붙잡혀 끌려갈 판이었다. 그때 모든 기사들이 성주 앞에 엎드려 애원했다.

"이 기사에게 불행한 일이 생기면 성주님도 불행해지십니다. 성주님은 지금까지 많은 무리한 행동을 해 오셨습니다. 이번 일은 그 모든 일보다 더 무리한 일입니다. 우리는 가웨인 경이 따님에게 네 차례 입을 맞추는 것을 보았습니다. 그러나 그는 악의를 가지고 그렇게 한 것이 아니라, 성주님께서 따님에게 가웨인 경에 대한 예의를 표하라고 말씀하셨기 때문에 그렇게 한 것입니다. 우리는 정의를 요구합니다. 우리의 요구를 받아들여 주지 않으시면 성주님을 떠나겠습니다."

기사들이 반란의 조짐을 보이자 성주는 한 발 뒤로 물러섰다. 그는 기사들의 말이 옳다고 생각했다. 어쨌든 그가 아더 왕의 조카에게 지나치게 엄격하게 굴었던 것은 사실이니까. 그는 화를 누그러뜨리고, 가웨인이 자신의 말을 무시하고 딸에게 세 번의 입맞춤을 더 했다는 사실을 비난하는 것으로 만족했다.

가웨인이 말했다.

"예, 인정합니다만 저는 그렇게 함으로써 따님의 아름다움에 더 큰 경의를 바치고자 했던 것입니다."

"알겠소. 이제 그 이야기는 그만 하기로 합시다. 다음번에는 내 명령을 어기는 어리석은 짓은 하지 마시오."

가웨인은 마음속으로 악마처럼 투덜대고 있었다. 그는 성주의 난폭함과 무례함에 큰 충격을 받았다. 물론 겉으로는 일절 내색하지 않았다. 그는 성주에게 인사하고 그의 침소로 정해진 방으로 갔다. 훈바우트도 자기 침소로 갔다.

밤이 이슥해지자 성주의 딸은 몰래 가웨인이 자고 있는 방으로 가서 그의 침대 안으로 살그머니 들어갔다. 그녀는 가웨인을 꼭 껴안으며 속삭였다.

"나는 아주 오래전부터 당신을 깊이 사랑해 왔어요. 그렇지 않았더라면 이렇게 행동하지 않았을 거예요. 그 사랑 때문에 머리 위에 무거운 짐을 올려놓은 것처럼 늘 힘들었답니다."

가웨인이 그녀를 안아 주자 그녀의 머리가 가벼워졌다. 두 사람은 밤새 함께 있었다. 새벽이 되자 더 이상 그곳에 머물러 있을 수 없었다. 아가씨는 울면서 가웨인에게 다정한 입맞춤을 퍼부으며 작별 인사를 했다. 두 사람 중 누구도 이제 그만 헤어지자는 말을 하지 못했다. 아가씨는 자제력을 발휘하여 가웨인의 품을 빠져나와 자기 방으로 돌아갔다. 그녀의 마음은 큰 기쁨으로 가득 차 있었다.

가웨인과 훈바우트는 해가 중천에 뜬 다음에야 일어났다. 두 사람 모두 할 일이 있었으므로 성안에 더 머무르고 싶은 생각이 없었다. 그들은 서둘러 차비를 갖추고 성을 빠져 나왔다. 아침 시간에 성주를 방해하지 않기 위해서 간밤에 미리 작별 인사를 해두었던 터였으므로, 성주에게 따로 작별을 고할 필요는 없었다. 그들은 다시 말을 달렸다. 여행은 힘들지 않았다. 늪도 없었고 가시덤불도 없었다. 황폐한 숲과 바람이 불어오는 황야만이 펼쳐져 있을 뿐이었다.

길을 가면서 훈바우트는 계속 가웨인을 놀려대며 괴롭혔다.

"정말이지 이럴 줄 알았으면 카두엘까지 혼자 가는 게 나을 뻔했어. 개들은 한번 달리기 시작하면 멈추게 할 수가 없다니까! 성주가 얼마나 잔인하고 난폭한 사람인지 내가 경고하지 않았나? 그런데 내 이야기를 귓등으로 들었는지 기어이 일을 저지르더군. 그렇게 혼이 나고 빠져나왔으니 기분이 좋으신가! 사람들 말이, 가웨인 경은 슬픔에 빠진 여자들을 모르는 체하는 법이 없다고 하더니, 과연 소문대로군. 그게 무슨 뜻인지 이제 알겠어!"

그들은 앞서 지나왔던 숲보다 조금 더 나무들이 많은 숲으로 들어서게 되었다. 숲속의 빈터에 이르렀을 때, 슬프게 울고 있는 여자와 만나게 되었다. 그녀는 나무 등치에 앉아서 머리를 마구 쥐어뜯으며 울고 있었다. 저러다간 머리카락이 다 빠져 버리지 싶었다. 가웨인과 훈바우트는 멈추어 설 생각이 전혀 없었지만, 그녀가 왜 그렇게 고통스러워하는지 궁금해서 그 까닭을 물어보지 않을 수 없었다.

여자가 대답했다.

"아버지와 오라버니가 결투에서 패하여 포로로 잡혀 갔어요. 항복하기 전에 두 분은 용감하게 싸웠지요. 그런데 아버지를 따라가야 할지 아니면 오라버니를 따라가야 할지 결정을 못하겠어요. 그러니 떠나시기 전에 제게 조언을 해 주세요.

무서운 강도 일곱 명이 아버지와 오라버니를 잡아갔어요. 오라버니는 네 명의 강도에게 잡혀 오른쪽 길로 끌려갔고, 아버지는 다른 세 명에게 왼쪽 길로 끌려갔어요. 그 때문에 절망에 빠져 있는 거랍니다. 두 분이 각기 다른 길로 끌려갔으니, 어느 길을 따라가야 한단 말입니까."

가웨인과 훈바우트는 서로 얼굴을 마주 보았다.

가웨인이 말했다.

"사촌이 선택하시게."

훈바우트가 대답했다.

"나에게 떠밀다니 옳지 않군그래. 이 아가씨는 사랑하는 사람들을 위해 고통과 아픔을 겪고 있어. 우리 두 사람 모두 기사들이니 이 아가씨의 처분에 맡기도록 하는 게 좋겠네. 나는 벌써 포로 중 한 사람을 구하고 싶어서 마음이 급해졌다네. 전속력으로 달려갈 생각이라네."

"옳은 말이야. 그 생각은 미처 하지 못했군."

대화를 듣고 있던 가엾은 아가씨는 고마워서 어쩔 줄 모르는 눈빛으로 두 사람을 바라보았다. 그녀는 두 기사에게 각기 임무를 할당해 주었다. 가웨인에게는 오라버니의 운명을, 훈바우트에게는 아버지의 운명을 맡겼다. 두 사람은 서로 상대방에게 신의 가호를 빈 다음, 헤어져서 깊은 숲 속으로 들어갔다.

09 건너편 강가에서

　카두엘에 있는 아더 왕은 조카 가웨인의 소식을 들을 수 없어서 걱정이 이만저만이 아니었다. 그는 슬픈 표정으로 생각에 잠겨 있었다. 지금껏 동지들과 이야기 나누는 것을 그렇게 즐겼건만, 그들을 모두 물리치고 성 앞에 있는 풀밭에서 오랫동안 생각에 잠겨 있는 일이 많아졌다.

　란슬롯이 돌아와서 사람들은 기뻐했지만, 돌아온 란슬롯도 왕의 슬픈 마음을 달래 주지는 못했다. 사랑하는 사람이 돌아와서 너무나 행복했던 귀네비어 왕비도 왕 못지않게 마음이 아팠다. 수많은 무훈을 세우고, 어려운 처지에 빠진 많은 여성들을 구해줌으로써 명성을 얻은 오카니 로트 왕의 아들을 다시는 볼 수 없는 걸까? 시간은 계속 흘러갔지만 가웨인은 여전히 감감 무소식이었다.

　어느 날 아더 왕은 동지 몇 사람을 불러 회의를 열었다. 사그레모르, 이더, 카라독 브리흐브라스, 이베인, 거플렛, 케이와 란슬롯 등이 회의에 참가했다.

란슬롯이 입을 열었다.

"폐하, 이렇게 아무것도 하지 않고 마냥 기다릴 수는 없습니다. 가웨인 경의 소식을 수소문하기 위해 보냈던 전령들은 전부 빈손으로 돌아왔습니다. 그를 찾아 떠났던 원탁의 기사들도 마찬가지였습니다. 가웨인 경에 대한 소식을 알고 있는 사람조차 만나지 못했습니다. 우리가 모두 함께 그를 찾아 떠나는 건 어떨까요? 함께 있으면 힘도 더 강해지고, 또 여러 사람이 함께 찾아보면 찾을 수 있는 가능성도 더 많아지지 않을까요?"

왕이 한숨을 쉬며 대답했다.

"경의 말이 맞는 것 같다."

거플렛이 자신의 의견을 말했다.

"저는 어디에 가서 가웨인 경을 찾아야 할지 모릅니다만 우리 모두 그를 찾기 위해 어디든 가야 한다고 생각합니다. 그 때문에 지쳐 쓰러지는 한이 있더라도……."

사그레모르가 말을 이었다.

"저 역시 얼른 떠나고 싶습니다. 온 세상을 뒤져서라도 그를 찾아냅시다."

기사들은 모두 란슬롯의 제안에 찬성했다.

왕이 말했다.

"나도 경들과 함께 가겠다. 무슨 일이 생기든, 절망에 빠져 뒷걸음질치지 않겠다. 반드시 내 조카에게 무슨 일이 일어났는지 알아내고야 말겠다."

그때, 케이가 기분 나쁘다는 듯한 표정으로 끼어들었다.

"가웨인 경의 무심하고 과격한 성격 때문에 우리 모두 난처한 처지에 빠졌군요. 나는 그의 오만하고 절제를 모르는 성격이 한심스러워요. 우리를 슬프게 만들려고 소식을 전하지 않는 거라구요. 지금쯤 어떤 저택에서 예쁜 여자를 끼고 탱자탱자 놀고 있겠지.”

그는 단지 심술 때문에 그렇게 빈정거리고 있는 것이다. 그는 기회가 있을 때마다 동지들을 조롱했다. 그는 무기를 잡으면 때로 경솔하다 싶을 정도로 용감무쌍한 사람이었다. 그러나 심술궂은 성격 때문에 궁정에서 수없이 원성을 듣고 있었다.

왕이 엄한 음성으로 크게 꾸짖었다.

“케이 경, 그만두지 못하겠소! 빈정거리는 건 다음으로 미루고 우리를 호위할 준비나 하시오. 가능하면 빨리 떠났으면 하오.”

그는 시종들에게 말과 무기를 준비시키라는 명령을 내렸다.

아더 왕을 수행하기를 원하는 열 명의 기사들은 출발 준비를 서둘렀다. 아침나절이 끝날 무렵에는 모두 출발 준비를 마쳤다. 그들은 왕비에게 작별 인사를 하고 카두엘을 떠나 남쪽으로 방향을 잡았다. 그들은 잠깐 쉬어가기 위해서 암자에 들를 때마다 은자에게 가웨인의 소식을 물어보곤 했다. 그날은 아무 소식도 듣지 못한 채 그냥 흘려보내야 했다.

일행은 커다란 강가에 도착했다. 그들은 강을 건널 방법이 없을까 찾아보며 강가를 따라갔다. 강은 깊고 넓었다. 석궁을 쏜다 해도 화살이 강의 사분의 일도 건너지 못할 정도로 넓어 보였다.

왕이 말했다.

“건너갈 방법이 없는 것 같다.”

일행은 왼쪽에 있는 언덕 기슭으로 방향을 틀어 언덕 위로 올라가기 시작했다. 언덕 중간쯤 올라왔을 때, 멀리 강가에 있는 배가 한 척 보였다. 케이는 즉시 배가 매여 있는 곳으로 달려갔다. 두 명의 뱃사람이 기사 한 사람과 말 한 마리를 배에 태우는 중이었다.

케이는 "아더 왕의 이름으로 명한다, 기다려라!"라고 소리쳤다. 그들은 막 닻줄을 끌어올린 참인지라 들은 체도 하지 않고 긴 장대를 이용하여 강둑에서 멀어져가고 있었다. 케이는 화가 나서 씩씩대며 뱃사람들의 꼭지에 대고 온갖 저주를 다 퍼부었다. 그러다 배에 타고 있는 기사를 살펴보던 케이의 두 눈이 화등잔만 해졌다.

그는 큰 소리로 그 기사를 불러대기 시작했다.

"가웨인 경, 이보시오, 가웨인 경! 돌아오시오. 폐하께서 이곳에 오셨소. 경을 찾기 위해서 강을 건너가려 하신단 말요! 기다려요!"

그러나 아무 대답도 들려오지 않았다. 배는 물 위를 미끄러져 나아가 건너편 강가에 닿았다. 그 기사는 땅에 내려서더니 말을 타고 숲속으로 사라져 버렸다. 케이는 눈앞에서 벌어지고 있는 광경을 믿을 수가 없었다. 왜 가웨인은 그의 부름에 답하지 않았을까? 그러는 사이에 배는 다시 케이가 있는 쪽으로 돌아오고 있었다.

배가 강둑에 닿자 케이는 뱃사공들에게 달려가 물었다.

"방금 강을 건넌 그 기사가 누구냐?"

"저희야 모릅지요. 강을 건너게 해 달라기에 그렇게 한 것일 뿐이지요."

"왜 나를 기다리지 않았느냐?"

"관습이 그렇습니다요."

그 사이에 아더 왕이 동지들과 함께 도착했다. 케이는 가웨인이 배에 타고 있는 것을 발견하고 소리쳐 불렀지만 아무 대답도 하지 않고 가 버렸다고 말했다.

아더가 대답했다.

"그가 살아 있다니 마음이 놓인다. 그런데 왜 그렇게 이상하게 행동했을까? 어쨌든, 우리도 강을 건너기로 하자. 그런 다음 그의 자취를 찾아보자."

그는 뱃사공들에게 말했다.

"우리를 강 건너로 데려가 달라. 두 사람 모두 충분한 보상을 받을 것이다."

뱃사공 하나가 대답했다.

"그런데 이 배를 이용하려고 하는 사람들 모두 지켜야 하는 관습이 있습니다."

왕이 물었다.

"어떤 관습이냐?"

다른 뱃사공이 대답했다.

"이 배는 짝수 숫자의 손님을 태우면 너무나 무거워져서 마구 흔들리며 제멋대로 떠내려가, 금세 강의 한복판에 이릅니다. 제 아버지와 할아버지는 그래서 강에 빠져 돌아가셨지요. 게다가 수많은 사람이 빠져 죽는 것도 보았습니다. 우리는 아주 조심하고 있습지요. 열둘, 열, 여덟, 또는 심지어 단 두 명의 손님을 태워도 배는 뒤집혀 버립니다. 아무도 살아서 빠져나오지를 못해요. 이 배는 언제라도 이용

하실 수 있지만, 천금을 주신다 해도 여섯, 열둘, 열여섯, 스무 명의 손님은 태울 수가 없습니다."[+]

케이가 소리쳤다.

"그런 이상한 일은 한번도 본 적이 없다! 열세 명이나 열아홉 명은 어떠냐?"

"그렇다면 걱정할 일이 없습지요. 손님 숫자가 홀수일 때는 배가 요동치지 않으니까요."

왕이 말했다.

"그것 참 이상한 일이로다! 우리는 너희들 두 사람을 빼놓고 열한 사람이니 합쳐서 열세 사람이다. 그럼 우리는 안전하겠군."

뱃사공들은 즉시 왕과 일행을 배에 태웠다. 일행은 무사히 강을 건넜다. 그들은 곧 숲에 이어져 있는 넓은 초원에 다다르게 되었다. 아더와 동지들은 다시 말을 타고 골짜기와 산들을 지났다. 한참을 달리니 눈앞에 길이 나타났다. 그들은 몇 시간 동안이나 그 길을 따라갔다. 어느새 날이 저물기 시작했다. 어디서 묵어야 하나 생각하고 있는데 마침 언덕 중턱에 숨어 있는 성이 나타났다.

아더 왕은 케이와 사그레모르에게 가서 하룻밤 유숙할 수 있는지 물어보고 오라 일렀다. 두 사람은 말에 박차를 가하여 달려가 곧 성문에 이르렀다.

[+] 배船의 여성적 금기와 연관되어 있다. 여성에게는 재생산의 가능성 때문에 상징적으로 짝수가 할당된다. 뱃사람들을 지배하고 있던 사이렌의 공포와 관련되어 있는 상징적 장치. ─역주

성안으로 들어가니 단풍나무 그늘 아래 앉아 트릭트랙 놀이를 하고 있는 기사가 보였다. 생김새로 보아 판관이나 총사령관쯤 되는 듯했다. 나이가 지긋한 사람이었는데 점잖고 온화해 보였다. 케이와 사그레모르가 다가가자 자리에서 일어나 그들을 향해 다가오더니 말에서 내려 이야기나 나누자고 청하였다.

케이가 대답했다.

"저희는 아더 왕이 보낸 사람들입니다. 왕께서는 오늘 밤 이곳에서 유숙할 수 있는지 묻고 계십니다."

나이든 기사가 대답했다.

"왕에게 신의 은총이 내리시기를! 왕과 그의 동지들을 환영합니다. 그분은 세상에서 가장 위대한 왕이시니 그분을 모시는 것은 저의 영광입니다. 저는 이 성의 주인이 아닙니다. 세상에서 가장 아름다운 유산 상속인인 제 마님께서 이 성의 주인이시지요. 그분은 부유하고, 힘세고, 아름답고, 우아하고, 뛰어난 분입니다. 원탁의 기사의 사랑을 받으실 만한 분이지요. 마님과 결혼하신 분은 총사령관이나 판관이 되어 이 나라를 지혜롭게 다스릴 수 있을 것입니다."

케이가 대답했다.

"물론, 그분이 우리와 관계를 맺는다면 우리 폐하께서는 잘생기고 고귀한 기사를 한 분 소개해 드릴 겁니다. 약속드릴 수 있습니다."

상대방이 대답했다.

"만일 폐하께서 마님을 결혼시켜 주신다면 마님께서는 누군가의 도움을 받으실 수 있게 되니, 이 땅의 백성이 기뻐할 것입니다. 이 몸은 이제 늙어서 지금까지처럼 그분을 도와드릴 수 없게 되었으니 말입니다. 자, 마님이 계신 방으로 가서 인사를 올립시다."

세 사람은 탑에 있는 여자 성주의 방으로 함께 갔다. 그들이 들어오는 것을 보고 부인이 일어나 맞으러 나왔다. 여섯 명의 젊은 여자들과 열 명의 기사들이 그녀를 에워싸고 있었다. 그들은 아름다운 모험을 그린 소설 낭독을 듣고 있던 참이었다.

케이는 성의 여주인을 어렵지 않게 알아볼 수 있었다. 그녀의 아름다움과 위엄 있는 자태가 다른 여자들을 압도했기 때문이다. 케이는 그녀의 남편이 될 사람은 참 행복할 거라고 생각했다. 그는 귀부인에게 예를 표한 뒤에 말했다.

"신의 가호가 함께하시길 빕니다. 오늘 밤 아더 왕께서 열 명의 동지들과 함께 이곳에서 유하실 것을 청하십니다. 그 청을 드리러 왔습니다."

"황공한 일입니다. 폐하의 청은 저를 기쁘고 명예롭게 합니다."

그렇게 말한 다음 부인은 덧붙여 물었다.

"혹시 폐하의 조카이신 가웨인 경이 열 분 중에 계신지요?"

"유감스럽게도 경은 우리와 함께 있지 않습니다. 우리는 가웨인 경을 찾아 길을 떠난 것입니다."

가웨인이 왕의 일행에 끼어 있지 않다는 사실을 알고 부인은 마음이 많이 상한 듯한 표정을 지었다.

그날 저녁 왕과 그의 일행은 어떤 황제나 왕도 받아보지 못한 극진한 대접을 받았다. 모든 것이 만족스러웠다. 의자는 방금 베어낸 골풀*로 만들어진 것이었는데, 아름다운 초록색 비단으로 덮여 있었다. 집 안에는 사향과 박하

향을 섬세하게 조합한 향기가 떠돌았다. 부인의 취향은 매우 우아했다. 그녀는 향수 분야의 전문가에게 부탁해서 집 안을 향기로 가득 채웠던 것이다.

그녀는 돌계단 위에서 왕을 맞이했다. 그녀는 베일을 쓰지 않은 채 머리를 찰랑이며 왕을 맞았다. 말솜씨도 뛰어나서 듣는 사람의 귀를 즐겁게 했다. 한 사람 한 사람 접대에 소홀함이 없도록 그녀는 함께 살고 있는 태생이 고귀한 네 사람에게 접대를 맡겼다. 그들이 열과 성을 다하여 시중드는 것을 보고 왕은 감탄을 숨기지 못했다.

부인은 즐겁고 명랑해 보였지만 마음속 깊은 곳에 슬픔을 감추고 있었다. 그녀에게는 커다란 비밀이 있었기 때문이다. 그녀의 방에는 실물과 놀랍도록 닮은 입상이 하나 서 있었다. 제작을 맡은 조각가는 아주 정교하게 나무를 깎아 입상을 만들었다. 가웨인을 알고 있는 사람이라면, 제 아무리 속마음을 잘 드러내지 않는 사람이라고 할지라도, "이런, 이건 가웨인이야. 그의 얼굴을 그대로 닮았군" 하고 소리쳤을 것이다.

부인은 몇 시간이나 그 조각을 바라보며 시간을 보내고는 했다. 그

✚ 모든 아더 로망 안에는 12세기와 13세기 작가들이 사용했던 고대 모델을 증언하는 문명이 섞여 있다. 이 표현은 한가운데에 있는 난로 주위에 골풀과 짚을 펼쳐 놓고 전사들이 바닥에 앉아서 냄비에 들어 있는 음식을 나누어 먹던 관습을 환기시키고 있다. 이 관습의 중세적 변형에서 골풀은 의자를 보다 폭신폭신하게 만드는 역할을 하고 있다.

녀는 한번도 가웨인을 만나본 적이 없었지만 이 세상 누구보다 그를 사랑했다.✚✚ 사랑하는 남자를 한번도 만나본 적이 없다는 슬픔에 잠겨, 그녀는 언젠가 그가 자기 앞에 모습을 드러내게 해 달라고, 그래서 그에게 사랑을 고백할 수 있게 해 달라고 기도했다. 그녀는 그 생각으로 수많은 밤을 하얗게 새우곤 했다. 그 때문에 그녀는 솜씨 좋은 조각가에게 가웨인의 입상을 만들어 달라고 부탁했던 것이다. 그 조각을 한없이 바라보는 것으로 그녀는 자신의 마음을 달랬다. 자기 방에 아무도 들어오지 못하게 했기 때문에 그 비밀을 아는 사람은 별로 없었다.

그녀는 가웨인이 왕과 함께 오지 않았다는 것을 알고 매우 실망했지만 아무런 내색도 하지 않고 손님들을 정성을 다해 돌보았다. 그녀는 손님들의 말을 마구간으로 데려가고, 갑옷을 벗겨 드린 뒤에 아름다운 옷을 가져다 드리라고 시종들에게 지시했다. 부인은 몸소 손님들을 큰 방으로 안내해 갔다. 왕의 일행은 식사를 하기 전에 여기저기 다니면서 성을 구경했다.

케이와 거플렛이 제일 먼저 방을 나왔다. 두 사람은 성을 돌아다니다가 아

✚✚ 앞서 나온 일화 「카두엘로 가는 길」에서처럼 가웨인은 그 용맹과 정중함 때문에, 그를 한 번도 본 적이 없는 여자의 사랑을 받고 있다. 오크어를 사용하던 트루바두르(음유 시인. 프랑스 중세에는 북프랑스에서 사용되던 오일어를 사용하는 트루베르들과 남프랑스에서 사용되던 오크어를 사용하는 트루바두르 두 그룹의 음유 시인들이 있었다. 켈트 신화를 적극적으로 수용했던 사람들은 트루바두르들이었다—역주)들, 특히 조프레 뤼델에게서 친숙한 이 '머나먼 사랑'의 주제는 많은 아일랜드 이야기들이 증언하고 있는 바와 같이, 아주 오래된 켈트 전승에서 유래한 것이다. 켈트 이야기 안에서와 마찬가지로, 아더 로망 안에서는 언제나 여성들만이 이 신비주의적인 사랑에 빠진다.

름다운 그림으로 장식되어 있는 부인의 방을 힐끗 들여다보게 되었다. 두 사람은 그 방의 아름다움에 경탄했다. 그런데 시종이 부주의하게 방문을 활짝 열어놓는 바람에 두 사람은 방 한가운데에 비단 새털 이불이 덮여 있는 화려하기 이를 데 없는 침대를 보게 되었다.

케이는 침대 옆에 가웨인이 서 있는 것을 본 것 같았다.

"거플렛 경, 여기 내가 서 있는 자리로 와서 뭐가 보이는지 보시오."

거플렛이 소리쳤다.

"이게 어떻게 된 거요! 가웨인 경 아니오!"

케이가 빈정대며 말했다.

"또 한 건 올리셨군! 그런데 우리는 모든 사람들이 무훈을 칭송해 마지않는 기사를 찾아 죽을둥살둥 고생하고 있단 말씀이야! 하기는 멋진 무훈이로구먼! 이 원정을 떠나는 건 쓸데없는 짓이라고 내가 말하지 않았소. 가웨인 경은 어떤 위험도 겪고 있지 않소. 안전한 곳에 숨어서 우릴 비웃고 있었던 거요. 우리의 존경을 받으며 높은 곳에 올라앉아 내려다보고 있다니, 이 얼마나 어리석고 비겁한 짓이란 말이오. 그의 영광이란 창녀들을 쫓아다니는 게 고작이라니까! 그 일에 관한 한 절대로 열정이 식지 않지!"

거플렛은 어떻게 생각해야 할지 알 수 없어서 아주 난처한 표정을 짓고 있었다. 그가 작은 소리로 중얼댔다.

"여기까지 와서 별로 얻는 게 없을 것 같은데……."

케이가 더더욱 빈정거리는 말투로 말했다.

"천만에, 무슨 소리요! 벌거벗고 부인 앞에 서 있다면 뻔한 거 아니오. 당장 이 일을 왕께 고해야겠소. 이 성의 여주인께 기대하지 않았던 것을 드시게 해 드리지. 가웨인은 도를 넘었소. 우리를 바보 취급한 거요!"

그때 누드의 아들 이더가 다가왔다. 두 사람은 가웨인을 보았다고 말했다. 이번에는 이더가 방 안을 들여다보더니 비명을 질렀다.

"이런 세상에! 가웨인 경 아니오!"

그때 방에서 시종 한 사람이 나와 방문을 갑자기 닫아 버렸다. 세 사람은 동지들을 찾아가 방금 본 것에 대해 이야기했다.

거플렛이 단언했다.

"가웨인 경이 틀림없소. 정말 믿을 수 없는 일이오."

어떤 사람들은 가웨인이 왕과 동지들을 놀릴 리가 없다고 말했다. 그들은 강하게 부정했다.

"그럴 리가 있소. 누군가 닮은 사람이겠지!"

이베인이 말했다.

"창조주이신 신을 걸고 말하지만, 가웨인 경일 리가 없소. 잘못 생각한 거요. 케이 경은 평소처럼 장난을 하는 거라구요! 경 자신이 오늘 아침에 가웨인 경이 숲 쪽으로 달려가는 걸 보았다고 말하지 않았소? 가웨인 경이 이곳에 있다면 그의 애마 그린갈렛이 마구간에 있었을 거요. 나는 마구간에 가 보았지만 그린갈렛은 보지 못했소."

이번에는 란슬롯이 나섰다.

"가웨인 경이 아닐 거요. 이베인 경의 말이 맞소. 그린갈렛이 마구간에 없다면 가웨인 경이 성안에 있을 리가 없소. 어쨌든 그걸 가지고 왈가왈부하는 건 그만둡시다. 여러분의 얘기는 너무나 불쾌하오."

란슬롯은 등을 돌려 큰 방으로 가 버렸다.

케이는 분노로 얼굴이 벌겋게 달아올라 고함을 질러대며 계속 고집을 부렸다.

"좋아요, 그만 둡시다. 내가 귀신을 본 모양이구려. 나는 내가 본 것을 폐하와 이 성의 여주인에게 말하고 말겠소. 이 사기극을 폭로하고 말 테요. 부인이 내 주장에 대해 화를 낸다면, 그 파렴치한 행동을 인정하지 않을 수 없게 만들겠소."

이베인이 말했다.

"하느님 도와주십시오. 도무지 뭐가 뭔지 모르겠습니다."

거플렛이 덧붙였다.

"케이 경의 말이 맞아요. 모두들 가웨인 경을 보호하기 위해서 케이 경의 말을 믿지 않는 모양인데, 내 두 눈으로 똑똑히 보았소. 가웨인 경이 확실하오."

이번에는 이더가 끼어들었다.

"폐하께서 개입하지 않으신다면 내가 모든 걸 폭로하고 말겠소."

케이가 여전히 빈정대는 어조로 그 말을 받았다.

"안돼요, 그러지 마시오! 란슬롯 경와 이베인 경이 화를 낼 거요."

걱정이 되었던지, 어느 틈에 다시 돌아와 란슬롯이 엄격한 얼굴 표정을 짓고 말했다.

"다른 이야기를 하는 것이 좋겠소. 이 이야기는 사람을 피곤하게 만드는군요. 또 나와 상관없는 얘기요."

말다툼은 거기에서 끝났다.

식탁에 앉은 왕과 기사들은 극진한 대접을 받았기 때문에 불평을 늘어놓을 이유가 없었다. 여섯 가지나 되는 코스 요리가 푸짐하게 나왔다. 식사 후 아주 맛있는 포도주까지 마시고 일어서려는 찰나, 기사 한 사람이 성의 뜰에 도착해서 왕의 알현을 청했다. 여주인이 그를 올려 보내라고 일렀다.

남자는 서둘러 계단을 올라왔다. 그는 그때까지도 표범이 장식된 붉은 방패를 목에 걸고 있었다. 그는 방 안의 사람들에게 예를 표한 다음 아더 왕을 향해 말했다.

"폐하, 저는 로트 왕의 누이의 아들인 훈바우트라 하옵니다. 가웨인 경의 사촌이지요."

"그렇다면 그대는 나의 가족이로구나. 무슨 할 말이 있는가?"

"폐하, 저는 가웨인 경의 소식을 전하러 왔습니다."

부인은 그 이름을 듣자 가슴이 떨렸다. 떨려서 쓰러질 것만 같았다. 그녀는 간신히 자신을 제어했다.

왕이 말했다.

"말하라. 그대가 아는 것을 들려다오."

훈바우트는 왕, 기사들, 부인 앞에서 가웨인과 만난 이야기를 들려주기 시작했다. 그는 자신이 오만하게 행동했던 일도 빠뜨리지 않고, 두 사람이 함께 경험했던 모험 이야기를 들려주었다.

"우리는 카두엘 궁으로 가기로 했습니다. 그런데 숲속의 빈터에서 절망에 빠져 울고 있는 아가씨 한 사람을 만나게 되었습니다. 그녀는 일곱 명의 강도에게 붙잡혀 끌려간 아버지와 오라버니 때문에 울고 있었습니다. 네 명은 오라버니를, 나머지 세 명은 아버지를 붙잡았는데, 각기 다른 길로 끌고 갔다고 하더군요. 우리가 나타나자, 아가씨는 큰 소리로 울며 우리를 불렀습니다. 그녀의 이야기를 듣고 나서 우리는 각기 다른 길로 납치범들을 쫓아가기로 결정했습니다.

저는 어렵지 않게 세 명의 강도들을 해치우고, 아가씨의 아버지를 구해서 숲속의 빈터로 돌아갔습니다. 가웨인 경은 아직 돌아오지 않았더군요. 꼬박 한나절을 기다렸더니 아가씨의 오라버니가 모습을 나타냈습니다. 그는 어떻게 풀려나게 되었는지 설명해 주었습니다. 가웨인 경이 강도 두 명을 죽였고 두 명은 쫓아 버렸다고 했습니다. 강도들과 맞닥뜨린 곳은 에스카발론에서 가까운 곳이었다고 합니다. 가웨인 경은 싸움이 끝난 뒤 에스카발론에 가서 처리해야 할 급한 일이 있다고 젊은이에게 말했다더군요. 그러면서 그 젊은이 편에 에스카발론 궁으로 자기를 만나러 오라는 말을 전했습니다.

저는 에스카발론을 향해 전속력으로 말을 달렸습니다. 날이 어둑해질 때쯤 그곳에 도착해서 가웨인이라는 이름을 가진 기사를 보았느냐고 물었습니다. 사람들은 그가 도성 안에 있는 어떤 가신의 집에 묵고 있는데, 다음 날 아침에는 갱강브레질이라는 왕의 동생과 싸워야 한다고 이야기해 주었습니다. 저는 곧장 가웨인 경이 묵고 있는 집으로 갔습니다. 경은 아주 반가워하며 무엇 때문에 그곳에 왔는지 설명해 주었습니다. 자신과 가문의 명예를 지키기 위해 갱강브레질과 싸워야 한다더군요. 피 흘리는 신비한 창을 구해오지 못하면 일 년의 기간 안에 그 결투를 해야 하는데, 그 창을 찾지 못했고, 또 유예

기간이 가까워졌기 때문에 에스카발론으로 와서 고발자와 겨루는 것이 낫겠다고 생각했다는 것입니다. 그는 제가 도착해서 마음이 편하다고 말했습니다. 혹시라도 결투에 지는 불행을 겪게 될 경우, 당장 동생 아그라베인 경에게 알려 복수하게 해 달라는 것이었습니다. 저 또한 그의 사촌 자격으로 그 복수를 수행하게 해 달라고 제안했지만, 가웨인 경은 가문의 명예를 지키는 일은 그의 아우가 해야 될 일이라고 하면서 거절하더군요.

그는 피 흘리는 창을 찾으러 떠났다가 겪게 된 모험과, 여마법사의 마법 때문에 오랫동안 갇혀 있어야 했던 일도 들려주었습니다. 밤이 되어 우리는 잠자리에 들었습니다. 그는 다음 날의 승리에 대해 확신하고 있었지만, 저는 개입하지 않겠다고 약속했기 때문에 마음이 무척 고통스러웠습니다. 그는 다음 날 아침 아주 일찍 일어나 미사를 드린 다음, 결투 준비를 시작했습니다. 결투는 성문 앞에 있는 풀밭에서 열리기로 되어 있었습니다. 수많은 사람들이 이미 그곳에 와 있더군요. 모두들 심각한 표정으로 침묵을 지키고 있었습니다. 중대한 일이기 때문에 두 사람 중 한 사람이 죽어야만 끝날 것이라는 걸 잘 알고 있었기 때문입니다.

아더 왕이여, 무슨 말씀을 더 드릴까요? 가웨인 경의 무공을 아시지 않습니까. 맞수는 열심히 공격하면서 저항해 보았지만 별 소용이 없었습니다. 결국 가웨인 경이 승리를 거두었지요. 사람들이 두려워하던 것과는 달리, 경은 패배자에게 자비를 베풀었습니다. 그가 상대에게 말하더군요.

'목숨을 살려줄 터이니, 가웨인이 저항 수단이 없는 사람을 죽이는 비겁한 짓을 저지른 적이 없다는 것을 세상에 증언하라. 또한 만나는 사람 누구에게나 가웨인이 너에게 자비를 베풀었으니, 이는 그가 불의와 싸우는 데 자신의

삶을 바쳤기 때문이라고 말하라.'

갱강브레질은 모든 사람들이 지켜보는 가운데, 가웨인 경의 명령을 모두 따르겠다고 맹세했습니다. 아더 왕이시여, 이것이 가웨인 경에게 일어난 일입니다."

듣고 있던 기사들이 큰 소리로 웅성대기 시작했다. 부인의 마음은 기쁨으로 가득 찼다. 가웨인이 승리했다는 소식은 그녀의 마음을 기쁨으로 가득 채웠고, 가웨인에 대한 그녀의 기이한 사랑을 더욱 자라나게 만들었다.

아더 왕이 입을 열었다.

"훈바우트여, 그대에게 감사한다. 내 조카가 무사히 살아 있으며 그를 고통스럽게 했던 치욕을 씻었다니 마음이 놓이는구나. 어째서 그대와 함께 돌아오지 않았는가?"

"아직 드릴 말씀이 남아 있습니다. 결투가 끝난 뒤 에스카발론 왕이 가웨인을 정중하게 초대했지만, 경은 그곳에서는 더 이상 할 일이 없다고 말하며 거절했습니다. 그는 몇 시간 동안 휴식을 취한 뒤에 다시 무장을 하고 말고삐를 잡았습니다. 떠나기 전에 제게 말하더군요.

'훈바우트, 나 대신 아더 왕을 알현해 주게. 나를 대신해서 폐하와 모든 원탁의 동지들에게 나의 인사와 깊은 애정을 전해 주시게. 나는 유감스럽게도 그들을 만나러 갈 수 없다고 전하게. 나는 피 흘리는 창에 대한 이야기를 무수히 들었다네. 그것을 찾았어야 했는데 그러지 못했네. 그것을 찾아 세상을 편력할 생각일세. 시간이 얼마나 걸

릴지 모르지. 그러나 내 결심은 단호하다네. 그 창을 찾아내기 전에는 궁전에 돌아가지 않겠네.'

폐하, 가웨인 경이 한 말 그대로입니다. 그렇게 말한 다음, 그는 저에게 신의 가호를 빌어 주고 말을 달려 떠났습니다."

왕이 말했다.

"오호라! 가까운 시일 안에는 가웨인 경을 만나 볼 수가 없겠구나."

케이가 입을 열었다.

"신비한 창에 대한 가웨인 경의 그럴 듯한 얘기는 우리를 속이기 위한 핑계에 불과합니다. 가웨인 경은 폐하를 놀리고 있습니다. 그가 어디 있는지 알고 싶으세요? 그보다 더 쉬운 일은 없지요. 그는 우리에게서 가까운 곳에 있습니다. 지금쯤 우리가 걱정하는 걸 보고 낄낄대고 있을 겁니다."

케이의 말에 아더가 대꾸했다.

"뭐라? 그런 우스운 이야기는 들어 본 적이 없소. 케이 경, 제발 부탁이니 말 좀 가려 하시오. 가웨인 경이 이곳에 있다면, 내가 이곳에 머물고 있는 것을 알면서 만나러 오지 않다는 건 있을 수 없는 일이오."

케이가 계속 자기 생각을 고집했다.

"하지만 제 말은 사실입니다. 제 눈으로 똑똑히 보았습니다. 이더 경과 거플렛 경도 보았습니다."

왕이 물었다.

"그것이 정말이냐?"

두 사람이 대답했다.

"그렇습니다. 케이 경과 마찬가지로 우리 두 사람도 부인의 방에 있는 가웨인 경을 보았습니다."

왕이 여주인 쪽으로 몸을 돌렸다. 그녀는 마치 발밑이 꺼지는 듯한 느낌을 받았다. 그녀의 얼굴이 창백해지더니, 몸을 달달 떨기 시작했다.

왕이 그녀를 향해 말했다.

"부인, 이 모든 이야기들을 나쁘게 받아들이지 말고 솔직하게 답하시오. 내 조카가 진정 이곳에 있소?"

부인은 잠깐 망설이다가 대답했다.

"아더 왕이시여, 하늘에 맹세코 가웨인 경은 이곳에 계시지 않습니다. 저는 그 사실로 인하여 마음이 아픕니다. 폐하의 기사들께서 제 방에서 보셨던 것은, 제 지시를 받고 제작한 그분의 입상입니다. 숨김없이 고백하겠습니다. 저는 가웨인 경을 한번도 만나본 적이 없습니다만 그분을 깊이 사랑합니다. 입상은 그분의 얼굴과 모습을 그대로 본떠 만들어졌습니다. 만일 우연히 그분이 제 집에 오시게 된다면, 저는 당장 그분을 알아볼 수 있습니다."

아더 왕과 기사들은 부인의 그러한 고백에 크게 감동했다.

왕이 부드럽게 말했다.

"부인, 부탁건대 그 입상을 보게 해 주시오. 그대를 믿지 못해서가 아니라, 그 신비한 조각이 궁금하기 때문이오."

부인은 망설이지 않고 자기 방문을 열라고 지시한 다음 왕의 일행을 몸소 방으로 안내해 갔다.

방 안에 들어서자 이베인이 말했다.

"케이 경, 경은 그를 닮은 형상에 속았던 것이오. 어쨌든 정말 착각할 정도로 실물과 비슷하군요."

모두들 입상을 이쪽저쪽에서 살펴보고는 그 놀라운 완벽함에 감탄을 금치 못했다.

그날 밤, 왕과 그의 동지들은 가웨인의 소식을 알게 되어 기쁜 마음으로 편하게 잠자리에 들었다. 다음 날 왕은 동이 트기가 무섭게 자리에서 일어나 출발 준비를 시작했다.

왕이 아름다운 여주인에게 말했다.

"가웨인 경의 소식을 들었으니 우리는 이제 카두엘로 돌아가겠소. 그대의 이름을 알고 싶구려."

"폐하, 기꺼이 말씀드리지요. 저는 '좁은 숲의 부인'이라고 합니다. 가웨인 경을 만나시거든, 제가 기다리고 있다고 전해주소서."

아더 왕은 그러마고 약속했다. 그는 부인에게 작별을 고하고 동지들과 함께 카두엘로 가는 길에 올랐다.

10 대머리 아가씨

조카 가웨인의 소식을 알게 된 터라, 카두엘로 돌아온 왕의 마음은 한결 가벼워졌다. 그는 방방곡곡으로 전령을 보내어 성 요한 축제에 왕국의 남쪽에 있는 카멜롯 성에서 궁을 열겠다고 제후들에게 알렸다. 왕이 오순절이 아니라 성 요한 축제일를 택한 이유는, 오순절까지는 시간이 얼마 남지 않아서 먼 곳에 살고 있는 그의 몇몇 충성스러운 동지들이 궁까지 올 수 없었기 때문이다. 소식은 사방으로 퍼져 나갔다. 황야와 숲으로 흩어져 편력중이던 원탁의 기사들이 그 소식을 듣고 기뻐하며 속속 카멜롯으로 모여들었다. 정해진 날, 호수의 란슬롯과 가웨인을 제외한 모든 기사들이 궁에 도착했다.

태양 빛이 그 아름다운 날을 한결 즐겁게 만들어 주었다. 많은 사람들이 모여든 큰 홀은 아름답게 장식되어 있었다. 식탁 위에는 이미 식탁보가 덮여 있었고, 왕과 왕비는 손을 씻고 난 다음 상석에 앉았다. 왕과 왕비가 좌정하자 기사들도 자리를 잡았다. 기사들의 숫자는 오백여 명을 헤아렸다. 그날은 집사장 케이와 우리엔 왕의 아들 이베인이 잔치를 총지휘했다. 두 사람이 선택한 스무 명 가량의 기사들이 그들을 도왔다. 술 담당 시종인 루케인은 왕과 왕비의 금잔을 채우는 책무를 지고 있었다. 명랑한 햇빛이 스테인드글라스 사이로 홀을 환히 비추고 있었다. 바닥에 흩뿌려져 있는 방금 꺾어온 야생 박하와 꽃들과 골풀이 여름의 온갖 향기를 내뿜었다.

첫 번째 요리를 먹고 두 번째 요리를 기다리고 있을 때, 세 명의 젊은 여자들이 연회장 안으로 들어왔다. 첫 번째 여자는 눈처럼 하얀 암노새를 타고 있었는데, 아주 아름다운 몸매를 가지고 있었다. 얼굴은 평범했다. 그녀는 아름다운 비단옷을 입고, 눈부신 보석들이 박혀 있는 머리 장식을 쓰고 있었다. 그것은 장식을 위한 것이기도 하지만 필요에 의한 것이기도 했는데, 왜냐하면 여자는 완전히 대머리였기 때문이다✢.

그녀의 왼쪽 팔은 금색 스톨라로 목에 매달려 있었는데✢✢, 그녀는 그 팔을

✢ 대머리는 풍요의 상실, 문자 그대로 불모성不毛性을 상징한다. 어부왕의 상처는 이 책 말미의 볼프람의 해석이 보여 주고 있는 바와 같이, 무엇보다 '성적'인 것이다. 물론, 영적인 의미와 접합되어 있다. —역주

✢✢ 이 덜렁거리는 왼쪽 팔은 대머리 아가씨의 왼쪽의 자질(영성. 그녀는 이 팔로 예수의 신성한 피를 받았었다)이 유예 상태에 있음을 나타낸다. 프랑스어 동사 suspendre는 '매달다'와 동시에 '유예하다'라는 뜻을 가지고 있다. 이 유예된 자질은 회복의 전망 안에 있다. 그것은 성직자의 옷인 (금빛) 스톨라(주교나 신부 등이 목도리처럼 목에 걸치는 천)에 감싸인 채 금종(잠들어 있는 자연을 일깨우는 악기, 또는 요령搖鈴)이 달린 쿠션 위에 곱게 올려 놓여 있다. 일시적으로 죽어 있는 어부왕도 거의 똑같은 쿠션 위에 머리를 올려놓고 있는 것을 참조할 것(이 책 363쪽 참조). 이 덜렁거리는 왼쪽 팔의 비밀을 '가장 비겁한 자'가 발설한다는 것은, 가웨인의 '오만'에 대한 도덕주의적 경고로 이해할 수 있다. —역주

짤랑대는 금종이 달린 쿠션 위에 올려놓고 있었다. 손에는 황금 관을 쓰고 이마에 은 봉인이 찍힌 남자의 머리를 들고 있었다. 이 괴상한 차림을 보고, 왕과 그곳에 있던 모든 사람들은 놀라서 벌린 입을 다물지 못했다.

그녀의 뒤로 남자들이 말을 타는 방식으로 노새를 타고 있는 여자가 보였다.[+] 노새의 등에 매인 상자 위에는 조그만 개 한 마리가 올라가 있었다. 그녀의 목에는 은색과 하늘색 줄, 붉은 십자가가 그려진 방패가 목걸이처럼 걸려 있었는데, 방패 중앙은 금과 보석의 둥근 고리로 장식되어 있었다.

세 번째 여자는 남자처럼 옷을 걸어 올린 채, 채찍으로 동행이 타고 있는 노새를 몰면서 걸어 들어왔다. 두 번째 여자는 첫 번째 여자보다 아름다웠지만, 이 세 번째 여자는 그녀와 비할 수 없을 정도로 아름다웠다. 섬세하고 우아한 여자였다.

대머리 아가씨가 왕을 향해 다가와 말했다.

"구세주께서 폐하와 왕비 마마, 이곳에 모여 있는 모든 분에게 명예와 기쁨을 베풀어 주시기를 바랍니다. 노새에서 내리지 않는다 하여 무례하다 나무라지 마소서. 성배를 얻기 전에는 기사들 앞에서 내

✚ 일반적으로 켈트 신화에서 여성은 한쪽 방향으로 다리를 모은 방식으로 말을 탄 모습으로 등장한다. 프랑스어로는 "아마조네스처럼 타다 monter en amazone"라고 한다. 로마에서까지 추앙받았던 켈트의 말의 여신 에포나는 한쪽 방향으로 다리를 모으고 말을 탄다. —역주

려설 수 없으며, 또한 그리해서도 안 되는 까닭입니다."

왕이 대답했다.

"성배의 탐색보다 더 귀한 소원을 알지 못하노라. 나의 현명한 조언자였던 멀린은 이미 오래전에, 그 탐색이 내 살아생전에 이루어질 것임을 예언하였다. 그러나 세월이 흘러 지나갔으되, 성배 탐색의 어떤 징조도 찾을 수 없구나."

대머리 아가씨가 대답했다.

"알고 있습니다. 시간은 가까이 다가오고 있지만 아직 그날은 오지 않았습니다. 하여 한 가지 청이 있사옵니다."

"그대가 원하는 것을 말해 보라."

"폐하, 이 아가씨가 목에 걸고 있는 방패는 예수를 십자가에서 내린 선한 종 요셉의 것입니다. 이 방패를 폐하께 선물하겠습니다. 대신 한 가지 조건이 있습니다. 멀린이 예언했던 징조를 나타내어 보이는 기사가 올 때까지 그것을 귀하게 보관해 주셔야 합니다. 지금부터 그때까지 폐하께서는 방 한가운데 서 있는 기둥에 방패를 매달아 두시고, 사람들에게 명령하여 잘 돌보아 주셔야 합니다. 그 기사를 제외한 그 누구도 그 방패를 내려 자기 목에 걸 수 없기 때문입니다. 그는 이 방패를 들고 성배를 얻기 위한 싸움에 나설 수 있을 것입니다. 그는 이 방패 대신에 흰 사슴이 장식된 진홍색 방패를 남겨 놓을 것입니다. 이 아가씨가 데리고 온 개 또한 이곳에 머물 터인데, 이 개는 폐하께서 기다리는 그 기사가 올 때 크나큰 기쁨을 드러내며 기사를 맞이할 것입니다."

"방패를 귀하게 간직하고, 개 또한 정성을 다해 돌보겠다. 그것들을 가져다주어 고맙도다."

"제 이야기는 아직 끝나지 않았습니다. 지상에서 가장 훌륭한 군왕이시자 가장 충성스럽고 가장 공의로운 왕께서 폐하께 인사를 전하시며 신께서 폐하를 지켜 주실 것을 기원하십니다. 그분은 어부왕이신데 큰 불행을 당하시어 깊이 슬퍼하고 계십니다."

"나는 어부왕을 알고 있다. 그분은 여러 차례 나의 궁을 방문하셨다. 그분이 큰 불행을 겪으신 것도 알고 있다. 신께서 그분을 곧 고쳐 주실 것을 기원하노라."

"신께서는 그분을 고쳐 주실 것입니다. 그분의 슬픔의 원인이 무엇인지 알고 계시는지요?"

"모른다. 알고 싶구나."

"말씀드리겠습니다. 그것은 그분이 코르베닉에 맞이했던 사람들의 잘못 때문입니다. 성배가 나타나는 것을 지켜보았으되, 그들은 마땅히 던져야 할 질문을 던지지 않았습니다. 그리하여 모든 왕국이 전쟁에 휩싸이게 되었던 것입니다. 모든 기사는 길에서 다른 기사를 만나면, 아무 이유도 없이, 단지 폭력을 행하려는 욕구에 사로잡혀 즉시 공격합니다.

아더 왕이여, 폐하께서도 그 불길한 영향력을 겪고 계십니다. 폐하의 기사들 가운데에는 이유 없이 싸우며, 폐하와 폐하의 왕국에 대한 의무를 소홀히 하는 사람들이 많이 있습니다. 폐하께서도 조카 가웨인 경을 기다리시면서 슬픔을 느끼셨습니다. 가웨인 경은 그에게 맡겨진 고결한 목표가 있는데도 만나는 사람들과 싸우고 그들을 죽이느라고 시간을 허비했습니다. 아더 왕이시여, 사람들이 폐하를 향해 불평을 말하며 폐하를 업신여기지 않도록 조심하소서. 폐하께서는 브리튼 왕국의 군왕으로서 선한 것은 물론 악한 것의 거울이시기 때문입니다."

아가씨는 머리에 쓰고 있던 아름다운 머리 장식을 벗고, 왕과 왕비와 기사들에게 그녀의 완전한 대머리를 보여 주었다.

"폐하, 저는 예전에 아름답고 풍성한 머리카락을 가지고 있었습니다. 저는 그 머리를 화려한 금빛 리본으로 묶고 있었지요. 그러나 부유한 어부왕의 궁전에 기사 한 사람이 올 때마다 머리카락이 한 움큼씩 빠졌습니다. 그들은 부주의하거나 못된 성품으로 인하여 왕이 그토록 바라마지 않는 질문을 던지지 않았던 것입니다. 보시다시피, 저는 완전히 대머리가 되었습니다. 저는 어떤 기사가 와서 성배를 얻는 모험을 끝내기 위해 던져야 할 질문을 던질 때까지 머리카락이 다시 나지 않으리라는 것을 알고 있습니다. 저는 그 기사가 누구인지 모릅니다.

폐하께서는 아직까지 무심함의 결과로 생겨난 불행이 얼마나 엄청난지 가늠하지 못하고 계십니다. 지금 궁전 바깥에는 세 마리의 사슴이 끌고 있는 멋진 마차가 한 대 있습니다. 사람을 보내어 그 마차를 살펴보게 하십시오. 멍에는 비단으로 되어 있고, 쐐기는 금으로 되어 있으며, 마차의 몸체는 흑단으로 이루어져 있습니다. 마차는 검은 비단으로 덮여 있는데, 그 비단에는 황금 십자가가 수놓여 있습니다. 이 헝겊 위에는 백오십 명의 왕들의 머리가 놓여 있는데, 그중 어떤 머리에는 황금의 봉인이, 다른 머리에는 은의 봉인이, 또 다른 머리에는 납의 봉인이 찍혀 있습니다. 부유한 어부왕께서는 이 모든 왕들이 질문을 던지지 않은 자들의 잘못으로 인하여 죽었다는 것을 폐하께서 명심하실 것을 원하십니다.

폐하, 방패를 걸고 있는 아가씨는 손에 어떤 왕비의 머리를 들고 있는 바, 납의 봉인이 찍혀 있는 그 머리는 구리 관을 쓰고 있습니다. 제가 손에 그 수급을 들고 있는 왕과, 마차를 장식하고 있는 세 그룹의 수급의 주인인 기사들은 왕을 배반한 이 왕비의 잘못으로 인하여 죽음을 당한 것입니다. 원컨대, 사람을 보내어 그 놀라운 마차를 살펴보게 하소서."

왕은 케이에게 마차를 살펴보고 오라는 명령을 내렸다. 케이는 밖으로 나갔다가 곧 돌아와서 말했다.

"왕이시여, 저는 이보다 더 훌륭한 마차를 본 적이 없습니다. 참으로 화려한 마차입니다. 통통하게 살찐 잘생긴 세 마리 사슴이 마차를 끌고 있더군요. 제일 앞에 있는 놈을 택하시라고 말씀드리고 싶습니다. 그놈이 제일 살집이 좋더이다. 잡아서 구워먹으면 한참 먹겠더이다!"

왕이 화를 내며 소리쳤다.

"케이 경, 대체 어떻게 그런 천박한 소리를 할 수 있소! 나의 왕국만큼 아름다운 왕국을 준다 해도 그런 짓은 할 수 없소!"

대머리 아가씨가 다시 입을 열었다.

"늘 못된 행동을 하는 사람은 그 버릇을 버리지 못하는 법입니다. 케이 경이 무엇이라 말하든 내버려두소서. 폐하께서 그의 말에 괘념치 않으실 것이라는 걸 저는 잘 알고 있습니다. 케이 경은 악한 사람은 아니지만 생각 없이 아무 말이나 내뱉습니다. 그래서 저는 그에게 어부왕의 궁전에는 가지 말 것을 권합니다. 그곳에 갔다가는 망신을 당하고 모든 사람의 조롱거리가 될 것입니다."

케이는 그 말을 듣고 못마땅하다는 표정을 지었다. 대머리 아가씨가 말을 이었다.

"폐하, 방패는 기둥에 매달고 개는 왕비님의 처소에 맡기라고 명하소서. 폐하께서 그 명령을 내리신 뒤에 저희는 물러가겠습니다. 이미 너무 오래 지체하였습니다."

왕이 명령을 내렸다. 이베인이 아가씨가 목에서 풀어낸 방패를 받아서 중앙에 있는 기둥에 매달았다.

아가씨가 말했다.

"성배를 얻을 기사만이 이 방패를 떼어낼 수 있을 것입니다."

왕비의 시녀 하나가 개를 안고 귀네비어 왕비의 처소로 데리고 갔다.

대머리 아가씨가 다시 말했다.

"우리 모두가 기다리는 기사가 올 때라야 이 개는 기쁨을 드러낼 것입니다."

아가씨는 왕에게 물러가도록 허락해 줄 것을 요청했다. 왕이 물러감을 허락하자 그녀는 좌중을 향해 절한 뒤, 동료들과 함께 떠났다.

아더 왕은 꼼짝도 하지 않고 깊은 생각에 빠져 있었다. 그가 낮은 소리로 중얼거리는 것이 들렸다.

"멀린, 오 멀린! 오늘 그대가 내 곁에 없다니 불행하기 짝이 없구려. 그대가 있었더라면 이상한 사건이 일어나리라는 것을 알려 주었으련만. 나는 이 사건이 무엇을 의미하는지 잘 모르겠소. 모험이 시작될 듯한데 나는 그것에 대해 아는 것이 없구려. 그대는 하프를 뜯으며 우리에게 노래를 불러주었지.

그때처럼 그대가 우리와 함께 있었다면, 우리가 방금 보고 들은 이상한 일이 무엇을 의미하는지 가르쳐 주었으련만! 오호라, 나는 내가 책임지고 있는 이 왕국 안에서 참으로 고독하오. 멀린, 어디에 있든 내 말이 들리거든, 성배를 쟁취하여 이 땅에 평화를 가져다줄 그 기사를 우리에게 보내 주시오."

세 명의 아가씨가 떠나고 있는 동안 왕은 그렇게 혼잣말을 하고 있었다.

창밖으로 세 명의 아가씨들과 세 마리 사슴이 끄는 마차가 떠나는 게 보였다. 왕은 기사들과 함께 그 이상한 일행을 지켜보았다. 두 명의 여자를 걸어서 따라가고 있는 아가씨가 제일 아름답고 또 제일 불쌍해 보인다고 다들 생각했다. 하얀 암노새를 탄 대머리 아가씨가 맨 앞에 가고 있었다. 그녀는 숲속으로 들어가는 순간, 머리 장식을 다시 썼다. 일행은 곧 숲속으로 사라졌다.

왕과 기사들은 다시 식탁 앞으로 돌아왔다. 그들의 얼굴에는 수심이 가득 차 있었다. 그들 중 많은 사람들은 생전 처음 보는 대머리 아가씨의 모습에 깊은 충격을 받았다. 그들은 그녀의 존재가 이상한 사건들을 예고하는 것이라고 두런두런 말을 주고받았다.

아더 왕의 궁정이 슬픔과 공포에 짓눌려 있는 동안, 세 명의 젊은 여자들은 곧 숲속으로 들어가 빠른 속도로 달리기 시작했다. 거의 칠 리외 정도 갔을 때, 기사 한 사람과 마주치게 되었다. 남자는 잘생긴 튼튼한 군마를 타고 있었다. 그의 투구는 녹슬었고, 방패에는 일곱 군데 이상 구멍이 뚫려 있고, 손에는 다 찢어진 사슬 갑옷이 들려 있었다. 반면에 창은 매우 단단해 보였다. 그는 대머리 아가씨에게 다가와 정중하게 인사했다.

"신께서 아가씨와 동행을 보호해 주시기 바랍니다."

아가씨가 대답했다.

"신께서 기사님께 기쁨과 행복을 주시기 바랍니다."

기사는 멈추어 서서 오랫동안 일행을 바라보았다. 특히 수레를 끄는 세 마리 사슴을 주의 깊게 바라보았다. 그가 아가씨에게 물었다.

"어디에서 오시는 길입니까?"

"카멜롯의 아더 왕 궁정에서 오는 길이랍니다. 기사님은 그곳으로 가시는 길인가요?"

"아닙니다. 그곳에 여러 번 가 보기는 했습니다. 아더 왕께서 모든 봉신들을 소환하셔서 큰 잔치를 베푸셔서 무척 기쁩니다."

"그럼 어디로 가시는 길인가요?"

기사는 잠시 망설이다가 대답했다.

"저도 모르겠습니다. 이곳저곳을 떠돌아다니고 있습니다."

"무엇 때문에요?"

"무엇인가 찾고 있습니다."

"무엇을 찾고 계신지 여쭈어 보면 실례가 될까요?"

"아닙니다. 숨겨야 할 이유가 없습니다. 피 흘리는 창을 찾고 있습니다."

"그 창을 전에 보신 적이 있나요?"

"아닙니다. 그것을 본 적이 있다면 이렇게 찾아다니겠습니까?"

"이름을 말해 주세요. 잠깐 제 곁에 멈추어 서세요."

기사는 말고삐를 잡아당겼다. 그의 말이 멈추어 섰다. 젊은 여자들이 그를 에워쌌다. 사슴들은 그 사이에 휴식을 취하고 있었다.

"제 이름을 말씀드리지요. 저는 가웨인이라고 합니다. 오카니 로트 왕의 아들이며 아더 왕의 조카입니다."

"이렇게 놀라운 일이! 정말 가웨인 경이군요. 처음 뵈었을 때 그럴 거라는 생각이 들었지만, 긴가민가했거든요."

"제 이름은 가웨인입니다. 정말입니다."

"신의 축복을 받으시길! 경처럼 용감한 분이 부유한 어부왕의 궁에 가야 합니다. 경의 용맹과 관대함을 알기에 드리는 부탁입니다만, 저와 함께 이 숲에 있는 성을 지나가 주세요. 그 성은 조금 위험한 곳입니다. 물론 경은 뒤로 물러서지 않으시겠지요."

"물론입니다. 저는 도움을 요청하는 사람의 부탁을 거절해 본 적이 없습니다."

그는 아가씨들을 따라 인적이 드문 숲속으로 들어갔다. 대머리 아가씨는 수레에 실려 있는 머리에 대해 설명해 주었다. 카멜롯에 두고 온, 미래에 와야 할 기사와 관련되어 있는 방패와 작은 개에 대한 이야기도 했다. 가웨인은, 왜 두 명의 아가씨는 노새를 타고 가면서 다른 아가씨는 수레 뒤를 따라 걷게 하는지 궁금했다.

그가 불쑥 물었다.

"어째서 저 아가씨는 저렇게 힘들게 걷고 있는 겁니까?"

대머리 아가씨가 대답했다.

"그녀는 수레에 탈 수 없어요. 걸어가야만 한답니다. 경께서 평판처럼 용감한 기사라면 그녀가 겪고 있는 속죄의 고통을 끝나게 해 줄 수 있겠군요."

"어떤 죄를 지었습니까? 사연을 알지 못하는데 어떻게 그녀의 고통을 없애 줄 수 있겠습니까?"

"말씀드리지요. 저 아가씨는 옛날에 죄를 지어서 속죄해야만 한답니다. 그녀가 어떤 죄를 지었는지 말씀드릴 수 있는 권리는 제게 없습니다. 다만 우리 셋은 길을 헤매고 다녀야 하며, 또 제가 머리카락을 잃어버린 이유는 어부왕의 궁전에 왔던 기사들이 마땅히 던져야 할 질문을 던지지 않았기 때문이라는 것만 말씀드려 두지요. 그 이래로, 우리는 불행에 던져졌어요. 모든 왕국은 황폐함과 전쟁에 빠져들었고, 어부왕조차 쇠약해져서 끔찍한 고통을 겪고 계십니다. 어쩌면 경이 우리 모두 기다리고 있는 그 기사가 아닐까요? 오랫동안 기다렸던 질문을 던질 그 기사가 아닐까요?"

가웨인은 아가씨의 말을 들을수록 점점 더 무슨 소리인지 알 수 없게 되었다.

"무슨 질문을 말씀하시는 건지요?"

아가씨가 자신 없다는 태도로 우물우물 대답했다.

"저도 모릅니다. 사람들은 언제나 궁금할 때 질문을 던지지요. 문제는 적당한 순간에 요구되는 질문을 던져야 한다는 것입니다."

"어부왕은 누구인가요?"

"원탁의 기사 몇 사람은 그분을 아주 잘 알고 있어요. 아더 왕께서도 알고 계십니다. 궁에서 맞이하신 적이 있거든요. 어부왕의 이름은 펠레스이며, 코르베닉 성에 머물고 계십니다."

"코르베닉은 어디에 있습니까?"

"때가 되면 말씀드릴게요. 하지만 별 도움이 되지 않을 거예요. 그런데 누가 경에게 피 흘리는 창에 대한 이야기를 해 주었나요?"

"에스카발론 왕과 그의 신하들에게서 들었습니다. 그 창에 대한 이야기를 들은 이후로, 제 머리는 온통 그것을 찾고 싶다는 생각과, 그것이 무엇을 의미하는지 알고 싶다는 생각으로 가득 차 있습니다."

"좋은 시작이군요."

그러나 아가씨는 그 이상 말하지 않았다. 대화는 거기에서 중단되었다.

일행은 빠른 속도로 달렸다. 가엾은 아가씨는 뛰면서 그들을 쫓아왔다. 그들은 온갖 색깔의 새들이 노래를 부르고 있는 키 큰 나무를 지나 어둡고 으스스한 숲으로 들어섰다. 몇 그루 나무와 살아남은 몇 개의 나뭇가지들을 제외하면 나무들은 모두 죽어 있었다. 푸른 잎사귀라고는 한번도 피어난 적이 없는 듯한 음산한 숲이었다. 땅은 마치 산불이 휩쓸고 지나간 듯 메마르고 검게 그을려 있었다.

가웨인이 입을 열었다.

"음산한 곳이로군요. 이곳에 오래 머물러 있어야 합니까?"

대머리 아가씨가 대답했다.

"이곳은 황폐한 숲이라고 불리는 곳입니다. 적어도 십 리외에 걸쳐 있는 숲이지요. 하지만 걱정하지 마세요. 이 숲을 모두 통과해야 하는 건 아니니까요."

그들은 다시 길을 떠났다. 가웨인은 이따금 걸어서 따라오고 있는 여자를 바라보았다. 가여워서 견딜 수가 없었다. 무슨 죄를 지었기에 저토록 잔인한 벌을 받아야 하는 걸까? 그는 그녀를 위해 무엇이든 하고 싶었지만, 마음속으로는 그렇게 하는 것이 금지되어 있으며, 또 그녀가 어떤 도움도 받지 않으리라는 것을 알고 있었다.

일행은 이윽고 넓은 골짜기에 도착했다. 골짜기 아래에는 아주 시커먼 성이 있었는데, 다 부서져 버린 흉측한 성벽에 에워싸여 있었다. 가까이 다가갈수록 그 성은 끔찍한 모습을 드러냈다. 아름다운 데라고는 전혀 없었고, 돌벽에는 가시덤불이 엉겨 붙어 있었다.

그 성을 에워싸고 있는 숲도 그들이 방금 지나온 음산한 숲과 똑같았다. 잎사귀가 하나도 없는 나무들은 비틀려 있었고, 땅은 시커먼 색깔이었다. 바위들은 무섭고 끔찍한 모양이었다. 음산한 폭포를 이루며 검은 물을 쏟아내는 강이 성을 관통하고 있었다. 폭포는 끊임없이 울려 대는 천둥처럼 무시무시한 굉음을 내며 으르렁댔다. 성문은 마치 지옥문처럼 추악한 모습이었다.

성안에서 흐느낌과 통곡 소리가 들려왔다.

"선한 기사는 어디에 있는가? 그는 언제나 오는 것일까?"

가웨인은 기분이 나빠지는 것을 어쩔 수 없었다. 그가 대머리 아가씨에게 물었다.

"선한 기사가 찾아올 것을 기다리며 슬피 울고 있는 이 끔찍한 성은 대체 어떤 곳입니까?"

"이곳은 '검은 은자의 성'이랍니다. 이 성의 사람들이 관심을 끌려고 어떤 행동을 하든, 지금은 끼어들지 마세요. 자칫하면 목숨을 잃을 수도 있습니다.

이 사람들을 상대로 어떤 일도 하실 수 없습니다."

그들이 성안으로 조금 깊이 들어갔을 때 검은 갑옷을 입고 검은 말을 탄 기사들이 대문을 빠져나오는 것이 보였다. 백 명도 넘는 것 같았다. 아주 기괴한 모습이었다. 그들은 수레가 있는 곳으로 달려오더니, 수레에 실려 있던 머리를 하나씩 창에 꿰어 들고는 아주 즐거워하면서 성으로 돌아갔다. 가웨인은 그저 지켜보기만 했다. 갑자기 부끄러움이 엄습했다. 대머리 아가씨가 가웨인의 속마음을 눈치 챘는지, 조금 냉소적인 목소리로 말했다.

"가웨인 경, 보셨지요? 경의 힘도 이곳에서는 아무 소용이 없답니다."

"그럼 이곳은 도둑의 소굴인가요?"

"그런 말은 이곳에서 아무 의미가 없어요. 죽은 자들의 머리를 훔쳐가는 자와 살아 있는 자의 머리를 베는 자들 사이에 무슨 차이가 있나요? 선한 기사가 올 때라야 이 일을 바로 잡을 수 있답니다. 그가 죄인들을 벌하고 성안에서 통곡하고 있는 자들을 구할 것입니다."

가웨인이 조금 짜증이 섞인 목소리로 물었다.

"아가씨가 계속해서 이야기하는 그 선한 기사라는 사람이 대체 누굽니까?"

"저는 모릅니다."

"하지만 그를 만나보고 싶군요."

아가씨가 가늘게 한숨을 쉬며 말했다.

"저도 만나보고 싶어요."

"아가씨는 제게 끔찍한 광경을 보여 주었습니다. 그런데 저는 아무것도 할 수 없군요. 그러니 이제 그만 돌아가도 되겠지요?"

"아닙니다. 적어도 이 성을 통과하기 전에는 가실 수 없습니다. 이 성을 통과하고 나면 어떤 길로 가셔야 하는지 일러 드릴게요."

그들은 다시 길을 떠났다. 그들이 막 마지막 성벽을 넘으려는 순간 문짝이 떨어져나간 문을 통해 기사 한 사람이 나타났다. 그는 완전 무장한 모습으로 커다란 말 위에 올라타고 창을 휘두르며 다가왔다. 목에는 황금 독수리가 그려진 진홍색 방패가 매달려 있었다.

그가 가웨인을 향해 외쳤다.

"기사여, 멈추시오!"

가웨인이 물었다.

"뭘 원하시오?"

"나와 싸워 내 방패를 빼앗아야 하오. 그렇지 않으면 형씨는 나의 포로가 되어야 하오. 자, 보시오. 멋진 방패가 아니오? 애써서 차지할 만한 가치가 있는 물건이오. 살아 있는 동안 가장 뛰어나고, 가장 강하며, 가장 현명한 기사가 소유했던 방패요."

"누가 그 방패의 주인이었소?"

"유다 아카베, 처음으로 새를 길들여 다른 새들을 잡으셨던 분이오."✛

✛ 중세기에는 기술을 발명한 사람은 언제나 그리스-로마 시대나 성서의 인물 또는 서구의 신화에 등장하는 인물로 여겨졌다.

"형씨의 말이 맞소. 그는 훌륭한 기사였소."

"그러니 이 방패를 쟁취할 수 있으면 세상에서 가장 뛰어난 기사가 되는 거요. 그런데 형씨가 그럴 수 있다는 생각은 들지 않는구려. 기사가 들고 있는 방패 중에서 그렇게 꼴사납게 망가진 방패는 처음 봅니다. 원래 무슨 색깔이었는지도 알아보기 힘들 지경이구려."

대머리 아가씨가 끼어들었다.

"그건 이 기사님이 방패를 들고 여러 차례 싸웠다는 증거지요."

"시끄럽소! 어쨌든 나와 싸워야 하오. 나는 이 기사에게 도전하는 거요."

가웨인이 짤막하게 대답했다.

"도전을 받아들이겠소."

가웨인은 상대방을 공격하기 위해 뒤로 물러났다. 상대방도 뒤로 물러났다. 두 사람은 전속력으로 달려와 맞부딪쳤다. 상대방은 가웨인의 형편없는 방패를 창으로 뚫는 데 성공했지만 창을 부러뜨리고 말았다. 가웨인은 상대방의 가슴 한복판을 세게 쳐서 땅바닥으로 떨어뜨렸다. 창이 족히 한 뼘은 상대의 어깨에 박혔다. 상대방은 씩씩하게 창을 뽑아내더니, 일어서서 다시 말을 타려고 했다. 막 등자에 발을 넣으려고 하는 순간 대머리 아가씨가 소리쳤다.

"가웨인 경, 그가 말을 타지 못하게 하세요. 그 사람과 싸워 이기기는 힘들어요!"

기사는 가웨인이라는 이름을 듣더니, 깜짝 놀라 뒤로 물러서며 외쳤다.

"뭐요? 그럼 형씨가 아더 왕의 조카인 가웨인 경이라는 말이오?"

아가씨가 대답했다.

"그래요. 그분이 가웨인 경이에요."

기사가 말했다.

"맙소사. 내가 찾던 사람이 바로 가웨인 경이오."

"왜 나를 찾았소? 내게 무엇을 원하시오?"

"만일 당신이 가웨인 경이라면, 내가 진 거요. 공격하기 전에 누구인지 알았으면 좋았으련만."

기사는 목에서 방패를 벗어내어 가웨인에게 내밀었다.

"자신의 시대에 가장 뛰어난 자의 소유였던 이 방패를 받으시오. 경보다 더 이 방패를 가질 자격이 있는 사람을 나는 알지 못하오. 지금 성안에 갇혀 있는 기사들은 모두 이 방패 때문에 졌다오."

가웨인은 방패를 받아들고 그 아름다움에 감탄했다.

기사가 가웨인에게 말했다.

"대신 경의 방패를 내게 주시오. 방패를 두 개씩 가지고 다닐 수는 없으니 말이오."

"맞는 말이오."

가웨인은 목에서 가죽 끈을 풀어 내어 방패를 상대에게 건네려고 했다.

그 순간, 걸어서 따라오던 아가씨가 소리쳤다.

"가웨인 경, 지금 뭐 하시는 거예요? 경솔한 행동이에요! 그 기사가 경의 방패를 성안으로 가지고 들어가면 사람들은 모두 당신이 싸움에 졌다고 생각할 거예요. 그러면 모두 당신을 찾으러 나와서 끔찍한 감옥에 가둘 거예요.

패배한 기사들의 방패만 안으로 가지고 들어간다구요."

가웨인은 부서진 방패를 손에 든 채 뒤로 몇 걸음 물러섰다.

"형씨가 이 방패를 달라는 것은 나를 위해서가 아니었군!"

"다시 한번 자비를 베푸시오. 내가 졌소. 이 방패를 성안으로 가지고 들어갈 수 있었다면 기뻤을 겁니다. 경보다 더 뛰어난 기사의 방패가 안으로 들어간 적이 없으니까. 그러나 어쨌든 경을 만나서 무척 기쁘오. 경은 나에게 상처를 입혔지만, 나는 그것이 기쁘다오. 그 때문에 일찍이 어떤 기사도 겪지 않았던 고통스러운 시련에서 벗어나게 되었으니 말이오."

가웨인이 어리둥절한 표정으로 물었다.

"그게 무슨 소리요?"

"설명하리다. 이 성 앞으로 기사들이 자주 지나가지요. 용감한 자들도 있고 겁쟁이도 있소. 나는 그들 모두와 싸워야만 했다오. 내가 경에게 방금 그렇게 했듯이, 언제나 내 방패를 승리의 대가로 제안하지요. 많은 사람들은 용감해요. 그들은 잘 싸워서 나에게 고통스러운 상처를 입힌다오. 그러나 경처럼 나를 세게 쳐서 땅바닥에 떨어뜨린 사람은 아무도 없었소. 경이 방패를 쟁취했고 내가 졌기 때문에, 이제 성 앞을 지나는 기사는 누구도 나와 성안에 있는 사람을 두려워할 필요가 없게 된 것이오."

"그렇다면, 나의 승리보다 더 기쁜 일이오."

"자, 이제 그만 물러가겠소이다. 나를 기다리고 있는 사람들에게 부끄러움을 감출 수 없소."

"그만 가 보시오. 신의 가호를 비오."

남자가 성안으로 들어가자 대머리 아가씨가 가웨인의 낡은 방패를 자기에게 달라고 부탁했다. 가웨인은 기꺼이 그러마고 대답했다. 걸어서 따라왔던 아가씨가 방패를 받아서 수레 위에 올려놓았다. 그 순간, 성안에서 무서운 소리가 들려왔다. 울부짖는 소리와 고함 소리로 숲과 주변의 골짜기가 쩌렁쩌렁 울렸다.

대머리 아가씨가 말했다.

"아까 그 기사를 어두운 감옥에 가두기 전에 욕설을 퍼붓고 있는 거예요. 이제 우리는 이곳을 떠날 수 있어요."

그들은 다시 길을 떠났다. 꽤 멀리까지 왔을 때, 가웨인이 말했다.

"아가씨, 허락하신다면 이제 그만 작별할까 합니다."

대머리 아가씨가 대답했다.

"언제든 원하실 때 떠나셔도 됩니다. 우리와 함께 와 주셔서 감사합니다. 신께서 경을 지켜 주시길!"

"언제라도 아가씨나 또 친구 분들도 제 도움이 필요하시면 돕겠습니다."

"정말 감사합니다. 이제 약속했던 대로 어떤 길로 가셔야 할지 일러 드릴게요. 숲이 끝나는 곳까지 가시면 길의 입구를 나타내는 커다란 십자가가 있을 거예요. 그 길을 따라가세요. 우리가 지나왔던 길과는 비교도 할 수 없을 만큼 아름다운 길이랍니다."

그들은 마지막으로 인사를 나누었다.

가웨인이 그린갈렛에게 박차를 가하기 전, 걸어왔던 아가씨가 그에게 말했다.

가웨인 경의 실패

"가웨인 경, 경은 제가 생각했던 것만큼 지혜로운 분이 아니군요."

가웨인은 깜짝 놀라 몸을 돌렸다.

"왜 그런 말씀을 하시는지요?"

"대머리 아가씨에게 왜 황금빛 목도리로 팔을 목에 매달아서 아름다운 쿠션 위에 올려놓고 다니는지 물어보지 않으셨잖아요. 부유한 어부왕의 궁전에 가서도 제대로 해내시지 못할 것 같아요……."

가웨인이 무슨 뜻이냐고 막 질문을 던지려는 찰나, 대머리 아가씨가 끼어들었다.

"친구여, 그 때문에 가웨인 경을 비난하지 마세요. 아더 왕이나 궁정에 있던 모든 기사들도 마찬가지였어요. 그 문제에 대해 질문을 던진 사람은 아무도 없었잖아요."

그녀는 가웨인을 향해 말했다.

"이제 떠나세요. 저에게 더 이상 질문을 던지셔도 소용없어요. 대답하지 않을 테니까요. 세상에서 가장 비겁한 기사의 입에서만 그 진실을 들을 수 있어요. 그는 저의 봉신인데 저를 찾고 있어요. 그러나 제가 어디 있는지 알지 못하지요."

그렇게 말하고 그녀는 혼란에 빠진 가웨인을 버려두고 떠나갔다. 그는 멍한 표정으로 그녀의 뒷모습을 바라보았다.

11 안개의 성

가웨인은 나무들이 빽빽하게 우거진 숲속에서 말을 달렸다. 온갖 종류의 사냥감이 가득 차 있는 풍성한 숲이었다. 기분이 아주 좋았다. 그러나 수레를 끌고 다니던 젊은 여자들과 함께 지나온 을씨년스러운 곳에 대한 기분 나쁜 기억이 완전히 사라진 것은 아니었다. 더욱이, 걸어서 수레를 따라왔던 아가씨의 말이 계속 그의 마음을 괴롭히고 있었다. 그녀는 무슨 말을 하려고 했던 것일까? 앞으로 만나게 될 사람들로부터 비난당하게 될 것이라는 뜻이었을까? 가웨인은 하루 종일 말을 몰았다.

저녁에 그는 어떤 은자의 집에 도착하게 되었다. 집 바로 옆에 성당이 하나 있고, 집 앞에는 맑은 물이 퐁퐁 솟아나오는 샘물이 있었다. 넓은 잎사귀를 가진 나무 한 그루가 샘물 위에 그늘을 드리웠다. 그 나무 아래로 젊은 여자의 모습이 보였다. 여자는 암노새의 고삐를 잡고 있었는데, 안장 앞쪽에 남자의 잘린 머리가 올려져 있었다.

가웨인은 여자에게 다가갔다.

"부인, 신의 가호를 빕니다."

"신께서 그대 또한 일생 동안 돌보아 주시기를."

여자는 가웨인을 맞이하기 위해 자리에서 일어났다.

가웨인이 물었다.

"누구를 기다리고 계시는지요?"

"은자를 기다리고 있습니다. 숲에 가셨어요. 어떤 기사에 대해 물어볼 것이 있어서요."

은자는 곧 돌아왔다. 그는 여자와 가웨인에게 인사를 하고 말과 암노새의 고삐를 풀어주었다. 그가 말의 안장을 내려 주려고 하자 가웨인이 달려와서 막아섰다.

"이런 일은 은자님께 어울리지 않습니다."

"뭐가 어때서요? 나는 이런 일을 아주 잘 합니다. 전에 종자 일을 했었지요. 그 다음에는 기사가 되어 이 암자에 오기 전까지 우터 왕을 오랫동안 모셨습니다. 벌써 삼십 년이 넘은 옛날 일이군요."

가웨인이 놀란 표정으로 은자를 뚫어져라 바라보았다.

은자는 손님들의 손을 잡고 성당으로 안내해 갔다. 아주 깔끔한 성당이었다. 은자가 가웨인에게 말했다.

"갑옷을 벗지 마십시오. 이 숲은 위험하답니다. 제 아무리 용감한 사람이라 하여도 갑옷을 벗으면 위험합니다."

그는 가웨인의 창과 방패를 성당으로 가지고 왔다. 그 다음에야 은자는 젊은이들에게 먹을 것을 대접했다.

아가씨가 은자에게 말했다.

"은자님, 어떤 기사 한 분을 찾고 있는데, 그에 대한 이야기를 해 주세요."

"어떤 기사를 말하는지?"

"고귀한 가문의 기사인데 이름은 모릅니다. 사람들이 선한 기사라고 한다는 것만 압니다."

은자는 오랫동안 한숨을 내쉬었다.

"나는 아무것도 말해 줄 수 없다오."

여자는 가웨인을 향해 물었다.

"그럼 기사님, 당신은 아시는 게 없나요?"

"어디엘 가나 사람들은 그 선한 기사에 대해 말하더군요. 하지만 저는 아무것도 모릅니다. 정말 그를 만나보고 싶군요."

"그럼 대머리 아가씨는 아시나요?"

"예, 얼마 전에 알게 되었습니다."

"여전히 왼팔을 목에 매달고 다니나요?"

"예, 저도 그 이유가 너무나 궁금했지만, 질문을 던져 보지는 않았습니다."

"그녀는 앞으로도 오랫동안 그렇게 팔을 매달고 다녀야 해요."

그때 은자가 불쑥 말을 꺼냈다.

"기사여, 그대의 이름은 무엇이오?"

"저는 아더 왕의 조카 가웨인입니다."

그 말을 듣고 아가씨가 벌떡 일어나 외쳤다.

"세상에서 가장 형편없는 가문 출신이군요!"

"왜 그런 말씀을 하십니까?"

"저는 아더 왕의 가문에 대해 말하는 거예요. 그의 잘못 때문에 세상이 멸망하게 될 거예요. 초기의 아더 왕은 빛나는 왕이었어요. 하지만, 지금 그는 나쁜 왕이에요. 그의 기사들도 왕처럼 가치 없는 사람들이에요. 그 기사들 중 한 사람 때문에 어떤 남자를 증오하게 되어 그의 머리를 요구하게 되었지요. 그 기사는 제 말에 복종하여 그 머리를 제게 가져다주었어요. 노새 등에 실려 있는 그 머리를 보셨지요? 그래서 선한 기사를 찾아 헤매는 처지가 되었답니다."

가웨인이 대답했다.

"아가씨, 저는 이 일에 있어서 당신이 옳은지 그른지 알지 못합니다. 하지만 아더 왕이 나쁜 왕이라고 주장하시는 것은 잘못된 판단입니다. 그는 결코 몰락한 왕이 아닙니다. 자랑스러워할 만한 많은 기사들에 둘러싸여 계십니다."

"숙부님이니까 옹호하는 건 이해해요. 하지만 다시 말씀드리지요. 아더 왕은 나쁜 왕입니다. 왜냐하면 그는 자기 주위를 불의가 지배하도록 방임하고 있으니까요. 왕의 잘못으로 인하여 왕국은 곧 멸망할 것입니다."

은자가 끼어들어 가웨인에게 말했다.

"마음쓰지 마십시오. 이 아가씨가 하는 말은 아무 의미도 없습니다. 신께서 아더 왕을 보호하시어 만수무강하게 해 주시기를 바랍니다. 폐하는 나를 기사로 만들어 주신 우터 왕의 아드님이십니다. 나는 지금은 사제입니다. 부유한 어부왕의 궁전을 찾아갔다가 사제가 되었지요."

가웨인이 물었다.

"어부왕의 궁전으로 가려면 어느 길로 가야 합니까?"

"그 길을 가르쳐 줄 수 있는 사람은 아무도 없습니다."

가웨인은 크게 낙담했다. 그가 다시 물었다.

"피 흘리는 창에 대해서는 아시는 것이 없는지요?"

"대답하지 않겠습니다."

대화는 거기에서 끊겨 버리고 말았다. 은자는 가웨인을 집으로 데려가 쉬게 했다. 젊은 여자는 성당에 남아 있었다. 가웨인은 갑옷을 입은 채 잠들었다. 다음 날 새벽에 가웨인은 잠에서 깨어나 그린갈렛과 여자의 노새를 찾았다. 놈들은 재갈이 물려지고, 등에는 안장이 올려져 있었다. 은자는 미사 준비를 하는 중이었다. 여자는 제단 앞에 무릎을 꿇고 앉아 자신이 하고자 하는 일을 도와 달라고 기도하고 있었다. 그녀는 조용히 울고 있었다. 눈물이 철철 흘러내렸다. 오래 기도하고 난 다음, 그녀는 몸을 일으켰다.

가웨인이 그녀에게 물었다.

"왜 그렇게 슬퍼하고 계시나요?"

"몇 가지 이유가 있어요. 선한 기사를 찾지 못하면 저는 유산을 잃게 돼요. 안장 위에 놓여 있는 머리를 검은 은자의 성으로 가져다주어야 해요. 그렇게 하지 않으면 능욕당하거나 포로가 되는 위험을 겪지 않고 숲을 지나갈 수 없거든요. 그렇게 해야 통과할 수 있는 권리를 얻게 된답니다. 그 다음에는 대머리 아가씨를 찾아야 해요. 그녀를 반드시 만나야 해요."

"어제 그 아가씨를 보았습니다. 멀리 가지 않았을 겁니다. 틀림없이 만나실 수 있을 거예요."

"아니오, 그보다 더 불확실한 건 없어요. 이곳의 거리는 다른 곳의 거리와 달라요. 그녀를 만날 때까지 몇 년이 걸릴 수도 있어요. 하지만 그건 중요한 일이 아네요. 어차피 선한 기사가 저를 도우러 올 때까지 저는 아무것도 할 수 없는걸요."

은자가 미사를 드리기 시작했다. 두 명의 손님도 무릎을 꿇고 앉아 미사를 드렸다. 미사가 끝난 뒤에 가웨인과 여자는 은자에게 작별을 고했다. 두 사람은 각기 다른 길로 떠났다.

가웨인은 여전히 피 흘리는 창이 무엇을 의미하는지 알고 싶었다. 그의 머리는 어부왕의 궁전으로 가는 길을 찾고 싶다는 생각으로 가득 차 있었다. 가웨인은 키 큰 나무들이 서 있는 숲을 정오가 될 때까지 달렸다. 그때, 나무 아래에서 쉬고 있는 젊은 남자의 모습이 눈에 들어왔다. 그 남자 곁에는 사냥용 말 한 필이 있었다. 가웨인과 남자는 인사말을 주고받았다.

어부왕의 궁전을 찾아 나선 가웨인

가웨인이 남자에게 말했다.

"나는 어부왕의 궁전을 찾고 있습니다."

"많은 기사들이 똑같은 걸 물어보지요. 찾는 사람은 드물답니다."

"그곳으로 가는 길을 알고 있습니까?"

젊은이는 조금 냉소적인 말투로 대답했다.

"그걸 알고 있다면 진작에 어부왕의 궁전에 가 있었을 겁니다."

"좋습니다. 그 이야기는 그만둡시다. 이 숲속에 오늘 밤 묵어갈 만한 곳이 있습니까?"

"지금 가고 있는 방향으로 이십 리외 안쪽에는 아무것도 없습니다. 벌써 날이 꽤 지나갔으니 이십 리외 밖으로 나가려면 서둘러야 할 겁니다."

가웨인은 젊은이에게 작별 인사를 하고 나서 전속력으로 말을 몰았다. 해가 저물 무렵에 가웨인은 숲의 끝에 도착했다. 저무는 태양이 고요하고 평온한 하늘을 보랏빛으로 물들이고 있었다. 젊은이를 만난 이후로 족히 이십 리외는 달려 왔지만, 몸을 쉬어갈 만한 곳은 보이지 않았다.

숲을 빠져 나오자 아름다운 초원이 펼쳐졌고, 그 초원 끝에 조그만 집이 하나 보였다. 가웨인은 말을 재촉하여 문 앞으로 달려갔지만 아무도 보이지 않았다. 가웨인이 안에 대고 큰 소리로 불렀다.

아주 새빨간 옷을 입은 난쟁이 하나가 나타났다.

"기사여, 무엇을 원하십니까? 주인님께서는 부재중이십니다. 오늘 아침 사냥을 떠나셨는데, 내일이나 되어야 돌아오십니다. 안주인

마님께라도 청을 넣어 볼까요?"

가웨인은 난쟁이를 따라 둥근 천장이 있는 방으로 들어갔다. 벽에는 붉은 커튼이 드리워져 있었다. 그곳에 하얀 옷을 입은 창백한 얼굴의 젊은 여자가 앉아 있었다. 가웨인은 그녀에게 정중하게 인사한 뒤, 하룻밤 유숙을 청했다.

부인이 대답했다.

"남편이 출타중입니다. 하지만 시종이 먹을 것과 잠자리를 마련해 줄 겁니다."

여자는 더 이상 말을 하지 않았다. 마치 깊은 명상에 빠져 들어간 것처럼 보였다. 가웨인은 여자의 태도가 무척 이상하다고 생각했지만, 깊이 생각하진 않았다. 난쟁이가 가웨인을 방으로 데리고 가서 갑옷을 벗는 것을 도와주었다.

가웨인이 물었다.

"네가 섬기는 주인은 누구냐?"

"마르호드 프리데루스라는 분입니다. '낮은 숲'의 영주십니다. 권세 있는 기사이신데, 자기 땅에 사람들이 와서 사냥하는 걸 싫어하시지요."

난쟁이가 식탁을 차리고 식사 준비를 시작했기 때문에, 가웨인은 구석에 앉았다. 모든 것이 준비되고 난 뒤 부인이 자리 잡고 앉았다. 가웨인도 식탁에 앉았다. 그들은 말없이 먹고 마셨다. 가웨인은 마음이 불편해져서 부인을 향해 물었다.

"다른 하인들은 없습니까?"

"없습니다. 무엇 때문에 다른 하인들이 있어야 하지요?"

부인은 다시 입을 다물어 버렸다. 식사가 끝나자 부인은 가웨인에게 작별 인사조차 하지 않고 자기 방으로 가 버렸다. 난쟁이가 들어오더니 다른 침대가 놓여 있는 같은 방으로 가웨인을 데리고 가서 말했다.

"이 방에서 주무십시오."

그는 가웨인을 부인과 함께 남겨두고 방을 나가 버렸다. 부인은 벌써 잠든 것 같았다. 가웨인은 여자에게 아무 관심도 없었다. 그는 옷을 모두 입은 채로 침대에 들어갔다. 낮 동안 말을 달려 너무나 피곤했기 때문에 금방 잠이 들었다.

다음 날, 날이 밝자마자 성주가 돌아왔다. 그는 말에서 내려 마중 나온 난쟁이에게 고삐를 건네주었다. 난쟁이가 성주에게 말했다.

"나으리, 어제 저녁에 어떤 남자가 왔습니다. 부인께서 그를 맞이하셨고, 그에게 식사와 잠자리를 제공하셨습니다."

마르호드 프리데루스가 물었다.

"그게 무슨 말이냐? 이름이 뭐라고 하더냐?"

"모르겠습니다. 기사인데 이름을 말해 주지 않았습니다. 제가 말씀드릴 수 있는 것은 그가 간밤에 아주 즐거운 시간을 보냈다는 것입죠!"

성주가 소리쳤다.

"뭐라? 그럼 그가 내 마누라와 함께 잤다는 말이냐?"

"믿지 못하시겠거든 직접 가서 보시지요. 한방에서 잠들었으니까요."

마르호드 프리데루스는 분노로 얼굴이 시뻘개져서 검을 손에 들고 방으로 달려 들어갔다. 그가 고함을 질렀다.

"일어나라! 이 호색한아! 네놈의 추악한 행동에 대한 대가를 치러야 할 것이다!"

가웨인은 깜짝 놀라 일어나 침대에서 튀어나와 반사적으로 검을 움켜쥐려고 했다. 손은 허공을 스쳤다. 간밤에 무기를 다른 방에 두고 왔다는 것을 잊고 있었던 것이다. 맹렬하게 공격해 오는 남자 앞에서 그는 무방비 상태였다. 그는 방구석까지 뒤로 물러나다가 부인이 자고 있는 침대에 부딪쳐 그녀 위로 쓰러졌다. 여자가 날카로운 비명을 질렀다.

마르호드는 검을 휘두르며 소리쳤다.

"넌 이제 죽었다! 이런 조롱을 당하다니 참을 수 없다! 더러운 날건달 같으니, 당장 잡아서 물고를 내 주겠다!"

성주는 가웨인 쪽을 향해 미친 듯이 검을 휘둘렀다. 가웨인은 침대 반대편으로 유연하게 몸을 피했다. 검은 부인의 몸 위로 곧장 떨어졌다. 마르호드 프리데루스는 자신이 비극적인 실수를 저질렀다는 사실을 알아차리곤, 미친 사람처럼 울부짖으며 밖으로 달려 나갔다. 말 위에 훌쩍 올라탄 그는 숲속으로 사라졌다. 가웨인은 죽은 부인과 함께 방에 남아 있었다.

그는 처음엔 겁에 질려 정신을 차리지 못했다. 그러나 곧 정신을 차리고 마구간으로 달려갔다. 저주받은 장소에서 한시바삐 떠나야겠다는 생각뿐이었다. 그러다 마당에서 도망치는 난쟁이를 보았다. 가웨인은 말에 박차를 가하여 전속력으로 숲을 향해 달렸다. 슬프고 절망해서 미쳐 버릴 것만 같았다.

어쩌다 이런 황당한 일이 벌어졌다는 말인가. 이렇게 어처구니없는 모험은 처음이었다. 그는 밤사이에 무기를 옆에 두지 않았다는 사실을 뼈저리게 후회했다. 무기만 있었더라도, 미친 듯이 화를 내며 공격해 왔던 그 남자와 싸울 수 있었으련만. 그리고 차근차근 설명할 수 있었을 텐데…….
그랬다면 그 남자는 아내를 죽이는 어처구니없는 실수는 저지르지
않았을 것이다.

가웨인은 울적한 기분으로 말을 달렸다. 그러다가 아주 이상한 차
림새의 기사 한 사람과 마주치게 되었다. 그 기사는 말을 거꾸로 타
고 있었다. 그는 가웨인이 달려오는 소리만 듣고도 겁에 질려 숨을
헐떡거렸다. 가웨인의 모습이 나뭇잎에 가려 아직 보이지 않는데도
그는 애처롭게 외쳤다.

"고귀한 기사여, 전능하신 신의 이름으로 애원하건대, 나를 해치
지 마시오. 나는 겁쟁이 기사라오!"

가웨인은 슬프고 우울한 기분인데도 웃음이 터져 나오는 것을 어
쩔 수 없었다. 그는 속으로 생각했다.

'누가 너 같은 멍청이를 해치고 싶어 한단 말이냐!'

그는 상대방에게 다가가 자세히 살펴보았다. 상대방도 가웨인을
조심스럽게 살펴보고 있었지만, 겁을 잔뜩 집어먹은 표정이었다. 이
윽고 겁쟁이 기사가 입을 열었다.

"어서 오시오. 환영합니다."

가웨인이 친절하게 말을 받았다.

"반갑소이다. 형씨는 누구를 섬기는 기사입니까?"

"대머리 아가씨를 섬깁니다."

"이런, 그럴 거라고 생각했소이다."

"그럼 형씨를 무서워하지 않아도 되는 거요?"

"그렇소. 무서워할 것 하나도 없소이다. 해칠 생각은 추호도 없으니까 말이오."

겁쟁이 기사는 가웨인이 들고 있는 방패를 바라보더니, 그것을 알아보는 듯한 눈치였다.

"허락해 주신다면 말에서 내려 의관을 정제하고 안장에 똑바로 앉고 싶습니다만……. 당신이 아더 왕의 조카이신 가웨인 경이라는 것을 알게 되었기 때문이오. 경이 아닌 그 누구도 그 방패를 쟁취할 수는 없을 테니 말이오."

그는 말에서 내려 갑옷과 무기를 정돈하고는 가웨인에게 충분히 시간을 달라고 부탁했다. 가웨인은 흔쾌히 그 부탁을 받아들이고 기사를 도와주었다. 그때 마치 폭풍우처럼 숲을 가로지르는 기사가 한 사람 나타났다. 그는 절반은 희고 절반은 까만 방패를 들고 있었다.

그가 큰 소리로 외쳤다.

"가웨인, 멈추시오. 나는 당신의 잘못으로 인하여 아내를 죽인 마르호드 프리데루스의 이름으로 당신에게 도전하오!"

가웨인이 말했다.

"기사여! 나 또한 마음이 아프오. 그녀는 그렇게 죽어야 할 이유가 없었소."

"가슴 아픈 체하지 마시오. 그녀의 슬픈 죽음은 당신 책임이니까! 내가 이기면 당신의 유죄는 확정되는 거요. 반대의 경우에는 나의 주군에게 비난과 수치가 돌아가고, 당신이 그의 집과 땅을 소유하게 되오. 그러나 나는 살려서 돌려보내 주어야 하오."

"그 결투를 거절해야 할 이유가 없소. 신께서는 내가 결백하다는 것을 알고 계시오."

그때 겁쟁이 기사가 끼어들었다.

"가웨인 경, 이 결투에 관해서 나에게는 아무 기대도 하지 마시오. 나는 당신을 도울 수 없소."

"걱정 마시오. 나는 다른 많은 위험들과 싸워 이겼소."

두 사람의 적수는 서로에게 달려들었다. 방패에 부딪쳐 두 사람의 창은 모두 부숴졌지만, 가웨인은 기사를 스쳐 지나가면서 말과 함께 쓰러뜨렸다. 그가 검을 뽑아 들고 다가서자, 기사가 외쳤다.

"가웨인 경! 나를 죽이려는 겁니까? 항복하겠소이다. 다른 사람의 어리석음 때문에 죽고 싶은 생각은 조금도 없소. 자비를 베풀어 주시오."

가웨인은 그 기사가 주군의 명령 때문에 어쩔 수 없이 자기에게 도전했던 것을 알고 있었으므로 기꺼이 자비를 베풀었다.

"목숨을 살려 주겠소."

상대방 기사는 일어서서 그의 주군 마르호드 프리데루스의 이름으로 가웨인에게 손을 내밀었다. 그는 가웨인의 집과 영토에 영광을 돌리고, 자신은 이제 가웨인의 봉신이 되겠다고 맹세했다. 그는 가웨인에게 작별 인사를 한 뒤 말을 타고 멀어져 갔다.

겁쟁이 기사가 말했다.

"신께서 나를 그대의 용맹으로부터 지켜 주시기를! 저 남자가 나에게 도전해 왔더라면 나는 그 자리에서 줄행랑을 치거나 그의 발밑에 몸을 던지고 자비를 빌었을 거요."

"결국 형씨는 무엇보다 평화를 사랑한다는 거군요."

"그렇소. 폭력은 불행을 가져올 뿐이오. 나는 한번도 다친 적이 없소. 숲에서 가시 많은 나뭇가지에 긁혔던 게 전부라오. 가웨인 경, 그대의 얼굴은 상처투성이군요. 아니오, 나는 경이 하나도 부럽지 않소. 경을 신의 가호에 맡기고 나는 대머리 아가씨에게 돌아가겠소."

"잠깐만! 가기 전에 왜 대머리 아가씨가 팔을 황금빛 목도리로 목에 매달고 다니는지 이야기해 주시오."

"그러지요. 아가씨가 어부왕의 궁전에 머물고 있었을 때, 그 손으로 어떤 기사의 시중을 들었다오. 그 기사는 사람들이 그에게 기대하는 질문을 던지지 않았소. 아가씨는 그 손으로 창끝에서 흘러내리는 피를 받는 잔을 들고 있었기 때문에, 성배가 보관되어 있는 성으로 돌아가기 전에는 그 손을 사용하지 않는 것이라오. 자, 나는 진실을 말했소. 이제 가 보겠소. 내 창을 받으시오. 나에게는 소용없는 창이니 당신에게 주겠소."

가웨인은 자기 창이 부숴졌으므로 기쁘게 그 창을 받았다. 겁쟁이 기사는 숲속으로 멀어져갔다.

가웨인은 여전히 생각에 잠겨 다시 길을 떠났다. 어부왕의 궁전으로 가는 길을 찾아낼 수 있을까? 그곳에 가야만 피 흘리는 신비한 창이 무엇인지 알게 될 터였다. 그의 의무가 그곳에 갈 것을 강요하고 있었다. 끝까지 탐색을 계속해야 하는 것이다. 하지만 어디로 간단 말인가? 어부왕의 궁전이 어디 있느냐고 물어보면, 사람들은 언제나 가웨인 자신이 그 길을 찾아내지 않으면 안 된다고 말한다.

과연 그에게 성배를 쟁취할 수 있는 힘이 있을까? 멀린이 세상으로부터 사라지기 전에 그토록 여러 번 말했던 그 신비한 잔을? 얼마 전부터 가웨인에게 닥쳐온 모든 모험들은 현실이라고 하기엔 너무나 믿기 어려운 일들뿐이었다. 지금 그는 꿈을 꾸고 있는 것일까? 아니면 그 어느 곳에도 이르지 않는 길을 헤매고 있는 것일까?

가웨인은 평야를 여러 개 지나 아름다운 성이 있는 곳에 도착했다. 길고 긴 여행이었다. 나이가 많아 보이는 기사 한 사람이 막 성에서 나오는 참이었다. 주먹 위에 매를 올려놓고 있는 것으로 보아, 바람을 쐬러 나온 것 같았다. 두 사람은 서로 인사를 나누었다. 가웨인은 저기 보이는 아름다운 성이 누구의 소유냐고 물어보았다.

그는 그곳에 '비할 데 없는 부인'이라 불리는 귀부인이 살고 있는데, 그 어떤 기사도 감히 그녀의 이름을 물어보지 못했기 때문에 그런 이름으로 불린다고 대답했다. 그러고 나서 덧붙여 말했다.

"우리는 그분을 섬기고 있지요. 그러나 안심하시오. 내 여주인은 아주 예의바른 분이라오. 그대는 융숭한 대접을 받게 될 것이오. 빼어난 미인이지만 미혼이라오. 세상에서 제일가는 기사가 아니면 남편으로 맞이할 생각이 없다고 하시더군. 안내해 드리다. 나를 따라오시구려."

기사는 가웨인의 손을 잡고 안내했다. 홀 안으로 들어가자 가웨인의 갑옷을 벗기고 모피로 안을 댄 비단 망토를 가져와 걸치라고 말했다. 그런 다음 그는 비할 데 없는 부인을 모셔왔다. 부인이 다가오는 것을 보고 가웨인이 자리에서 일어났다.

"신께서 부인과 함께하시기를 빕니다."

"어서 오십시오."

그녀는 가웨인의 손을 잡고 자신의 처소를 지나가며 물었다.

"성당을 보여 드릴까요?"

"물론입니다. 괜찮으시다면 보고 싶습니다."

부인은 가웨인을 성당으로 데리고 들어갔다. 가웨인은 건물을 찬찬히 살펴보았다. 화려하게 장식된 참으로 아름다운 성당이었다. 그곳에는 세상에서 가장 아름다운 네 개의 무덤이 있었는데, 모두 묘석으로 덮여 있었다. 오른쪽 벽에는 금과 보석으로 장식된 벽감 세 개가 파여 있었고, 맞은편 벽에 있는 십자가들 앞에는 감미로운 향내를 내뿜는 무수한 촛불들이 타고 있었다.

부인이 가웨인에게 물었다.

"저 무덤들이 보이시나요?"

"예. 하지만 빈 무덤들인 것 같군요."

"그렇습니다. 무덤 세 개는 세상에서 가장 뛰어난 기사들의 것이고, 나머지 하나는 제 무덤이랍니다. 그 기사 중 한 사람은 아더 왕의 조카 가웨인 경이지요. 다른 한 사람은 베노익 반 왕의 아들 호수의 기사 란슬롯입니다. 세 번째 기사는 퍼시발이라는 이름을 가지고 있는데 저는 그 기사를 앞의 두 사람보다 더 좋아한답니다. 벽에 파놓은 벽감 속에는 성유해가 들어 있어요. 그들에 대한 사랑을 위해 그곳에 넣어 두었지요. 만일 그들이 내 앞에 나타난다면 내가 그들의 머리를 어떻게 할지 보아 두세요."

그녀는 벽감이 있는 쪽으로 손을 내밀어 벽에 박혀 있던 황금 쐐기를 뽑아냈다. 그러자 세 개의 입구가 동시에 닫히면서 면도날보다 더 날카로운 칼날이 갑자기 툭 떨어졌다.

부인이 말했다.

"그 기사들이 벽감 속에 들어 있는 성유해를 공경하려고 머리를 숙일 때, 이렇게 해서 그들의 머리를 자르는 거지요⁺. 그 다음에 그들의 몸을 무덤 안에 넣고 그들의 지위에 맞도록 화려하게 꾸며 매장할 거예요. 내가 살아서 그들과 누리지 못했던 행복을 그들의 죽음이 나에게 베풀어 줄 거예요. 신께서 내게 죽음을 허락하시면, 나는 네 번째 무덤 안에 눕게 되는 거지요. 그렇게 해서 나는 영원히 그들과 함께 있게 되는 거예요."

비할 데 없는 부인의 이야기를 들은 가웨인은 소름이 끼쳤다. 그는 극심한 혼란을 느꼈다. 밤이 빨리 지나갔으면 하는 생각뿐이었다. 성 안에는 부인을 섬기면서 성을 호위하고 있는 많은 기사들이 있었다. 그들은 가웨인을 아주 정중하게 대접했다. 그에게 이름을 묻는 사람은 아무도 없었는데, 그것은 부인이 정한 관습에 따른 것이었다.

그 ⁺ 각주 내용

> ✤ 당당한 켈트 여신 원형은 아더 왕 신화 안으로 편입되면서 '원한을 가진 여성'으로 변질된다. '비할 데 없는 부인'이라는 여성주女城主의 이름, 그리고 그녀가 유숙자들의 이름을 묻지 않는다는 사실이 이 궁전이 그 주민의 정체성을 규명할 수 없는 무인 지대라는 것을 나타내고 있다. 이곳에서 사람들은 이름이 없('Nobody')다. 가웨인이 성을 나간 다음에야 자기 이름을 밝히는 것은 그렇게 이해되어야 한다. 이 성 안에 기사들의 무덤이 있다는 사실도 이 궁전이 단순한 유숙지가 아니라, 저승이라는 사실을 나타낸다. 그러나 아더 왕 신화가 구성되던 시대에 여신은 이미 몰락한 뒤였다. 고대의 여신들은 이처럼 원한에 사무치는 여성이라는 부정적인 모습으로 그 흔적을 남기고 있다. 이 요정-부인의 복수극은 신화기술자가 무의식으로부터 완전히 내쫓지 못한 고대적 여신의 중세기의 신화적 복수라고 말할 수 있다. ─ 역주

오
월
의
매
가
웨
인

330
─
331

안
개
의
성

부인은 언젠가 그녀가 사랑하는 세 명의 기사가 자기 성 앞을 지나가리라는 사실을 알고 있었다. 그래서 그녀는 네 명의 충성스러운 기사에게 주위를 끊임없이 감시하고 있다가 세 사람 중 누구든 그곳에 모습을 나타내면 즉시 데리고 오라는 명령을 내려 두었다. 부인이 상을 내리겠다고 약속했기 때문에, 네 사람은 열심히 파수를 보았다.

비할 데 없는 부인의 성에서 하룻밤을 보낸 가웨인은 아침 일찍 일어나 미사를 드리고, 부인과 기사들에게 작별 인사를 한 다음 성을 빠져나왔다. 그는 다시는 그곳으로 돌아갈 생각이 없었으므로 급하게 말을 몰았다. 숲속으로 들어가 상당한 거리를 달렸을 때, 계곡에서 두 사람의 기사와 맞닥뜨렸다.

두 사람은 가웨인을 보자마자, 방패와 창을 들고 말 위에 뛰어올라 그를 향해 달려오면서 소리쳤다.

"기사여, 멈추시오. 이름이 무엇인지 이실직고하시오."

"기꺼이. 사람들이 물어보면 나는 내 이름을 감추는 법이 없다오. 나는 아더 왕의 조카 가웨인이오."

두 명의 기사는 그 이름을 듣더니 기쁨을 감추지 못하며 말했다.

"가웨인 경, 환영합니다. 우리는 아주 오래전부터 경을 기다려 왔습니다. 자, 오십시오. 비할 데 없는 부인께 안내해 드리겠습니다. 부인께서는 이 세상 누구보다도 경을 만나고 싶어 하시지요. 그분의 성은 부유하고 아름답습니다. 부인께서는 그곳에서 경을 극진하게 모실 것입니다."

가웨인이 대답했다.

"말씀은 참으로 고맙소이다만 부인을 뵈러 갈 수 없소. 다른 곳에서 할 일이 있소이다."

"가웨인 경, 우리와 함께 가 주서야겠습니다. 마님께서는 경을 기다리고 계시고, 또 경이 순순히 따라오지 않으면 억지로라도 모시고 오라는 명령을 내리셨거든요."

가웨인이 화를 내며 버럭 소리를 질렀다.

"다시 말하지만, 나는 가지 않을 것이오."

기사들은 가웨인에게 달려들어 그린갈렛의 고삐를 잡아 끌고 가려고 했다. 가웨인은 거세게 저항했다. 그는 검을 뽑아 기사 한 사람을 세게 쳐서 팔 한 짝을 잘라 버렸다. 다른 기사는 고삐를 놓고 걸음아 날 살려라 도망치고 말았다. 부상당한 기사가 그 뒤를 쫓았다. 그들은 성문 앞에서 부인을 만났다.

부인이 물었다.

"누가 너희들을 이 꼴로 만들었느냐?"

"아더 왕의 조카 가웨인의 짓입니다."

부인이 놀라서 소리쳤다.

"뭐라고? 어디에서 그를 만났느냐?"

"숲에서 만났습니다. 성에서 나와 우리가 있는 쪽으로 정신없이 달려오던 중이었지요. 이름을 물었더니 말해 주었습니다. 그러나 성으로 가자고 했더니, 한사코 거절했습니다. 억지로 끌고 오려 하자 우리를 공격했습니다. 이 사람은 팔 한 짝을 잃어버렸습니다."

비할 데 없는 부인은 뿔나팔을 불라고 지시했다. 곧 모든 기사들이 무장하고 말 위에 올라탔다. 부인은 그들에게 가웨인을 추격하라는 명령을 내렸다. 그를 잡아오는 사람에게는 기름진 땅과 많은 재산을 주겠다고 약속했다.

열다섯 명의 기사가 추격대를 구성했다. 그때 숲에서 파수를 보고 있던 다른 두 명의 기사가 달려 들어왔다. 두 사람 모두 부상을 당해 몰골이 말씀이 아니었다. 부인이 누구에게 이렇게 당했느냐고 묻자, 그들은 가웨인을 억지로 끌고 오려고 하다가 오히려 그에게 당했다고 대답했다.

부인이 물었다.

"그가 멀리 갔느냐?"

"적어도 여기에서 사 리외는 떨어져 있는 곳에 있을 것입니다."

추격을 준비하고 있던 열다섯 명 중 한 사람이 나서서 말했다.

"그를 추격하는 것은 어리석은 일입니다. 우리는 더 큰 수치만을 겪을 뿐입니다. 게다가 그가 도망치도록 내버려두었던 것은 마님 자신이 아니십니까? 가웨인은 어젯밤 이 성에 유숙했던 기사가 틀림없습니다. 그 기사가 황금 독수리가 그려진 붉은 방패를 들고 있지 않던가요?"

부상당한 기사들이 이구동성으로 대답했다.

"그렇습니다. 그런 방패를 들고 있었습니다."

비할 데 없는 부인이 작은 소리로 말했다.

"그가 틀림없구나. 오만 때문에 그가 도망가도록 내버려두었어. 앞으로는 내 성에 머무는 기사에게는 반드시 이름을 묻도록 하겠다. 그러나 이미 너무 늦었다. 신께서 어느 날인가 그를 이곳에 다시 데려다 주신다면 모를까, 나는 이제 그를 영영 잃어버린 것이다. 그 때문에 다른 사람들도 잃어버리게 생겼구나."

부인은 슬프고 원통한 마음을 부여안고 자신의 처소로 돌아갔다.

그 사이, 가웨인은 자신과 비할 데 없는 부인과의 거리를 가능한 한 멀리 벌리기 위해서 죽어라 달렸다. 그 소름끼치는 이상한 사랑법이라니 생각하기도 싫었다. 곧 나무들 사이로 흘러가는 강에 이르게 되었다. 사람들이 다닌 흔적이 역력한 길*이 강을 따라 나 있었다. 한참 동안 강을 따라가니 아주 아름다운 집이 나타났다. 집 옆에는 성당이 있었는데, 집과 성당 모두 산사나무 생 울타리로 둘러싸여 있었다.

생 울타리 입구에 있는 나무 아래에 아주 잘생긴 남자가 앉아 있었다. 차림새로 보아 은자인 듯했다. 그의 머리카락과 수염은 온통 하얀색이었다. 그는 손을 턱에 고인 모습으로 종자가 끌고 온 아주 잘생긴 군마 한 마리와, 태양빛을 받아 빛나고 있는 방패와 갑옷을 세심하게 살펴보고 있는 중이었다. 가웨인이 다가오고 있는 것을 본 그는 얼른 일어나 인사말을 건넸다.

"기사님, 소리 내지 말고 조심조심 다가오십시오. 일이 잘못될까 걱정이 되어 그런답니다. 무례하게 군다고 나무라지 마십시오. 피치 못할 사정이 아니었더라면 기사님을 제 암자로 모셨을 겁니다. 지금 기사 한 분이 암자에 누워 계시답니다. 세상에서 제일가는 기사라고 알려진 분이지요. 그분은 지금 아프답니다. 저는 다른 기사가 이 울타리 안으로 들어오는 걸 바라지 않습니다. 그랬다가는 그분이, 지금

✚ 가웨인이 이 성을 나와서 "사람이 다닌 흔적인 역력한" 길을 찾아내었던 것은 그가 방금 나온 성이 저승이었다는 것을 한 번 더 확인시켜 준다. —역주

아주 어려운 처지에 놓여 있기는 하지만, 새로 온 기사가 누구든 맞아 싸우려 할 겁니다. 그분의 건강은 더욱더 나빠지겠지요. 저는 그분을 정성을 다해 돌보고 있습니다. 기사님이건 아니면 다른 누구건 그분을 만나지 마셨으면 합니다. 비극이 일어나는 걸 막기 위해서랍니다."

가웨인이 물었다.

"그분의 이름이 무엇이지요?"

"그분의 이름을 알아 무엇 하시게요. 대답하지 않겠습니다."

"적어도 그분을 만나 뵐 수는 있지 않나요?"

"절대로 안 됩니다. 이미 그 이유를 설명해 드리지 않았습니까."

"그러면 그분이 어떤 가문 출신이신지라도 말씀해 주십시오."

"그건 말씀드릴 수 있습니다. 그분은 예수를 십자가에서 내린 아리마테아 요셉 가문에 속하신 분입니다."

젊은 여자가 은자에게 다가오더니 낮은 소리로 대화를 나누었다. 은자는 즉시 가웨인에게 작별 인사를 하고 성당으로 들어가 조심스럽게 문을 걸어 잠갔다.

가웨인은 다시 길을 떠나 숲으로 접어들었다. 마음이 무척 혼란스러웠다. 그 이상한 성에서 본 으스스한 광경들……. 은자는 왜 그렇게 쫓아내듯 가웨인 앞에서 문을 닫아걸었을까. 그를 쫓아내게 만든 그 이름 모를 기사는 누구일까. 이 두 사건은 연관이 있을까, 없을까.

곧 황폐해 보이는 지역에 접어들게 되었다. 바위가 여기저기 우뚝우뚝 솟은 평원 한가운데에 성 한 채가 서 있었다. 가웨인은 성을 향해 다가갔다. 벽은 큰 강물로 에워싸여 있고, 성문은 단단히 잠겨 있었다. 입구에는 사슬로 벽에 묶인 사자 한 마리가 버티고 앉아 있었다. 구리로 만들어진 사람 입상 두 개가 성문 양쪽을 지키고 있었는데, 정교한 기계 장치가 되어 있어 무서운 힘으로 화살을 쏘아 댔다. 가웨인은 사자와 자동 인형에 겁을 집어먹고 감히 성문 앞으로 다가갈 엄두를 내지 못했다.

눈을 들어 총안을 바라보니, 사제와 기사인 듯한 한 무리의 사람들이 이쪽을 살피는 중이었다. 총안 구멍마다 십자가가 하나씩 세워져 있었다. 성벽 꼭대기에 세워진 성당은 성의 큰 방을 통해서 출입이 가능해 보였다. 성당 지붕에 세워진 세 개의 십자가에는 황금 천사상이 서 있었다.

접근한다는 것은 엄두도 낼 수 없는 일이었다. 자동 인형들이 화살을 쏘아 대는 힘은 엄청나서, 제 아무리 튼튼한 방패라도 화살을 막을 수 있을 것 같지 않았다. 성문으로 이어져 있는 길 말고는 왼쪽으로도 오른쪽으로도 길이 없었다. 돌아가는 방법뿐이었다. 설상가상으로, 그때까지 구름 한점 없이 맑던 하늘이 시커멓게 어두워지기 시작했다. 태양은 자취를 감추어 버리고, 골짜기에서 솟아오르는 두터운 안개가 온통 사방을 뒤덮어 버렸다.

가웨인은 우유처럼 뿌윰한 어둠 속에 있었다. 희끄무레한 빛 한줄기만이 겨우 보일 뿐, 사방은 온통 숨이 턱턱 막히는 두텁고 시커먼 안개에 싸여 있었다. 어둠 속에서 비치는 빛은 거의 초록색으로 보였다. 가웨인은 함정에 빠졌다는 생각이 들었다. 조금이라도 앞으로 나가면 구리 인형들이 쏘아 대는 화살을 맞게 될 것이다. 뒤로 돌아가면 어떤 적이 기다리고 있다가 달려들어서 영원히 빠져나올 수 없는 늪에 처박아 버릴지 알 수 없는 형국이었다.

가웨인은 땅에 내려서서 그린갈렛의 고삐를 잡고 걷기 시작했다. 그는 뒤로 돌아가고 있다고 생각했지만, 실은 앞으로 나가고 있었다. 길이 깔려 있는 자갈들이 발에 닿는 것이 느껴졌다. 가웨인은 그것이 좋은 징조라고 생각했다. 그는 길에서 벗어나지 않으려고 애쓰면서, 한 걸음 한 걸음 앞으로 나아갔다. 지금으로선 안개가 걷히고 밝은 빛 속으로 나가게 되기를 간절히 바라는 수밖에 없었다. 어느 순간, 다리 하나가 가까워지고 있다는 것을 알아차렸다. 해자 위에 걸쳐져 있는 다리였다. 건너편에는 문이 달린 돌 벽의 모습이 어렴풋이 보였다. 좁은 문이었지만 말을 타고 통과하기에는 충분할 것 같았다. 다행히 문이 열려 있었으므로 가웨인은 망설이지 않고 다리를 건너 조심스럽게 사방을 둘러보았다. 갑자기 찬란한 빛이 내리쪼이더니, 안개가 걷히기 시작했다. 가웨인은 다시 용기를 내어 앞으로 나아갔다. 만일의 경우에 대비하여 검을 뽑아들었다.

열쇠 두 개를 들고 있는 문지기가 나타났다. 그는 가웨인의 얼굴을 뚫어져라 바라보더니 말했다.

"가웨인 경, 환영합니다."

가웨인은 문지기가 자기 이름을 말하는 것을 듣고 소스라치게 놀랐지만 아무 질문도 던지지 않았다. 문지기는 가웨인을 데리고 마당을 지나 어떤 성 앞까지 갔다. 지붕은 아직까지 안개에 덮여 있었다. 가웨인은 문지기를 따라 집 안으로 들어갔다. 구불구불한 계단이 눈앞에 나타났다. 문지기는 가웨인의 팔을 붙잡고 계단을 따라 올라갔다. 계단은 화려하기 이를 데 없는 방으로 이어져 있었다. 바닥에는 부드러운 향을 내뿜는 신선한 꽃들이 아름답게 뿌려져 있었다.

침대 위에 잿빛 머리카락을 가진 성주가 앉아 있었다. 족히 백 살은 되었음직한 그 노인이 입고 있는 옷 빛깔은 구름색이었다. 노인은 어깨를 짓누르고 있는 시간의 무게가 너무 무거워, 다른 사람의 도움을 받지 않고는 한발자국도 움직일 수 없었다. 평소에는 침대에 앉아 있거나 누워 있어야만 했다.

노인은 가웨인을 바라보더니 아주 부드러운 목소리로 말을 걸었다.

"가웨인 경, 어서 오시게."

가웨인은 노인의 환영에 마음이 놓여 진심으로 감사하다고 대답했다. 문지기는 가웨인의 팔을 붙잡고 다른 곳으로 데리고 갔다. 가웨인은 문지기를 따라 수없이 많은 복도를 지나갔다. 그러다가 조그만 천창 하나만 달려 있는 방에 혼자 남겨지게 되었다. 가웨인이 놀란 목소리로 "이봐, 어디 있는 거야?"라고 외쳤다. 문지기는 어디로 사라졌는지 보이지 않고, 자신의 목소리만 메아리가 되어 웅웅 돌아올 뿐이었다.

가웨인은 다시 안개 속에 던져진 것처럼 공포에 사로잡혔다. 어디론가 사라진 문지기를 몇 번씩이나 불러보았지만 대답은 들려오지 않았다. 문지기는 이 미지의 성안에 가웨인을 버려두고 가 버린 것이다. 일단 발길이 가는 대로 왼쪽으로 돌아가는 복도를 따라가 보았다. 육중한 나무 문 하나가 복도 끝에 있었다. 밀어 보니 어렵지 않게 열렸다. 성당의 내부가 눈앞에 펼쳐졌다. 제단은 가지가지 색깔로 장식되어 있었다. 가웨인은 무릎을 꿇고 기도하기 시작했다.

그가 다시 바깥으로 나가려 하자 갑자기 햇빛이 사라지고 어둠이 엄습했다. 성 밖에서 만났던 어둠보다 더 짙고 깊은 어둠이었다. 한치 앞도 가늠할 수 없었기 때문에 손으로 더듬거리며 앞으로 나아가야 했다. 그는 다시 무릎을 꿇고 앉아서 이 악몽으로부터 빠져나갈 수 있는 길을 가르쳐 달라고 신에게 애원했다. 그때 어둠 속에서 불꽃 하나가 솟아오르더니, 주위에 있는 모든 촛불에 불을 붙였다. 빛이 사위를 밝히자, 비단 천에 덮여 있던 커다란 떡갈나무 관 하나가 금사슬＊에 매달려 궁륭으로부터 스르르 내려오는 게 보였다. 관에는 검이 꽂혀 있었다. 가웨인은 오랫동안 검을 살펴보았다.

어느 순간, 관이 감쪽같이 사라졌다. 관이 사라지자, 공포에 질려 있던 가웨인의 마음에 기쁨이 돌아왔다. 그는 일어나서 궁륭과 벽을 찬찬히 살펴보기 시작했다. 무슨 일이 일어나고 있는 건지 이해하고 싶었다. 벽에서 손 두 개가 스윽 솟아 나왔다. 쇠 장갑을 끼고 있는 것으로 보아 기사의 손이 틀림없었다. 그 두 손은 아주 무거워 보이는 창을 똑바로 잡고 있었는데, 순금으로 만들어진 창날에서 피가 철철 흘러내리고 있는 것이었다.

가웨인은 저도 모르게 "피 흘리는 창이다!"라고 외쳤다.

＊ 금사슬에 매달린 사물은 켈트 신화 도처에 나타난다. 특히 이 금사슬은 사물을 허공에 매다는 역할을 한다. 즉, 하늘과 이어져 있는 신성한 사물을 나타내는 상징적 장치. 이 관이 예사 인물의 관이 아니라는 것을 의미한다. 그러나 가웨인은 공포에 질려 그 의미를 이해하는 데 실패함으로써 성배의 탐색에서 밀려난다. ─역주

커다란 굉음이 갑자기 성당을 뒤흔들었다. 촛불의 불꽃들이 일제히 날아올라 바닥으로 떨어져내려 흔들리다가 꺼져 버렸다. 가웨인은 어떤 목소리가 고통스러운 비명을 세 번[+] 지르는 것을 들었다. 물론, 누가 지르는 소리인지는 알 수 없었다. 그러나 그것이 얼마나 크나큰 고통을 드러내고 있는지는 누구라도 느낄 수 있었다. 그 목소리는 아직 고통스러운 절규를 마저 끝마치지 못했다는 듯이 슬프디슬픈 탄식을 쏟아 냈다. 얼마나 크나큰 탄식이었던지, 궁륭 아래 서 있던 가웨인은 그 소리가 전하는 고통을 이길 수 없어 정신을 잃고 죽은 사람처럼 쓰러졌다.

다시 눈을 뜨니 햇빛이 성당을 밝히고 있었다. 주위를 둘러보았다. 성당 안에는 여전히 아무도 없었다. 다만 눈에 보이지 않는 어떤 사제가 미사를 올리고 있는 목소리만이 나지막하게 들려올 뿐이었다.

가웨인은 늙은 성주가 있던 방으로 돌아가기 위해 성당을 나왔다. 그는 여러 개의 계단을 오르내렸지만, 방을 찾을 수 없었다. 그러던 중 한 무리의 기사들과 만나게 되었다. 그들은 가웨인에게 깍듯하게

[+] 이 세 번의 고통스러운 비명은 켈트 신화 안에서 특징적으로 나타나는데, 원초적인 죽음의 공포와 연관되어 있다. 신화기술자가 이 대목을 기독교화하려고 노력했는데도, 이 비명 소리의 이교적 원형성은 훼손되지 않고 있다. 존재의 원초적 처참함 같은 시적 메시지를 전달하는 비명 소리. 프랑스의 현대 작가 크리스토프 바타이유는 『시간의 지배자』(문학동네, 1997)에서 이 세 번의 비명 소리를 아름답게 묘사한다. 현존하는 가장 위대한 프랑스 시인이라고 일컬어지는 이브 본느프와의 작품에도 이 절규가 철학적으로 형상화되어 있다. —역주

예를 올린 다음, 성에서 편안하게 지낼 수 있도록 도와주겠다고 말했다.

어둠이 내리자, 기사들은 가웨인이 그토록 찾아 헤맸지만 찾지 못했던 방으로 데리고 갔다. 늙은 성주는 여전히 같은 자리에 앉아 있었다. 사람들은 아무 말도 하지 않았다. 식탁은 이미 차려져 있었다. 사람들은 노인을 식탁 앞에 앉힌 다음, 자신들도 각기 자리를 잡았다. 가웨인도 그들 사이에 앉았다.

그는 다른 사람들처럼 먹고 마셨다. 식사는 완벽했다. 진귀하고 맛있는 음식이었다. 가웨인은 늙은 성주가 전혀 먹지도 마시지도 않는다는 것을 알아차렸다. 사람들이 거의 식사를 마쳤을 때 아름다운 여자 네 명이 방 안으로 들어왔다. 모두들 관을 쓰고 아름다운 비단옷을 입고 있었는데, 손에는 촛불이 밝혀진 황금 촛대가 들려 있었다. 여자들은 촛대를 내려놓은 다음 밖으로 나갔다.

곧 앞의 여자들보다 더 아름답고, 더 화려하게 치장한 여자가 나타났다. 손에는 눈부신 빛을 발하는 잔이 들려 있었다. 가웨인은 그 잔을 자세히 바라보았다. 안에는 피로 보이는 붉은 액체가 들어 있었다. 젊은 여자는 아무에게도 눈길을 던지지 않고 조용히 앞으로 나아갔다.

그녀는 늙은 영주 앞에 서더니 무릎을 꿇고 앉아 잔을 내밀었다. 노인이 떨리는 손으로 잔을 받아 들고 입으로 가져갔다. 그는 오랫동안 잔 안에 든 액체를 꿀꺽꿀꺽 마시고 나서 여자에게 잔을 돌려주었다. 가웨인은 그 잔에 액체가 여전히 가득 차 있는 것을 보고 무척 놀랐다. 분명히 노인이 잔을 받아들고 마시는 것을 보았는데, 잔에 들어 있는 액체는 조금도 줄어들지 않았던 것이다.

이 이상한 일들은 대체 무엇을 의미하는 것일까. 그는 속으로 수없이 많은 질문을 던져 보았지만, 감히 주위에 있는 사람들에게 소리 내어 물어 볼 용기를 내지 못했다. 게다가 그 방에 있는 누구도 말을 하지 않았다. 가웨인은 그 이상한 침묵을 자기가 먼저 깨야 할 어떤 이유도 찾을 수 없었다.

기사들은 식사를 마친 뒤 노인을 부축해서 침대에 데려다 눕혔다. 그러고는 일제히 방을 나가 버렸다. 방 안에는 아무도 남아 있지 않았다. 가웨인은 사람들이 곧 그를 데리러 올 거라고 생각했다. 그러나 아무도 오지 않았다. 아무것도 보이지 않았고, 아무 소리도 들리지 않았다. 성안에 있는 사람들이 모두 잠들어 버린 모양이었다. 가웨인은 그렇게 어둠을 멍하니 쳐다보며 앉아 있었다.

그는 한참 뒤에 몸을 일으켰다. 아직 불꽃이 이는 초를 들고, 노인의 침대 주위에 있는 촛대 네 개에 불을 붙였다. 침대에 누워 있는 노인에게 그가 이 성에서 만났던 모든 이상한 일의 의미를 물어볼 생각이었다. 그러나 침대에 누워 있는 육체는 이미 오래전에 죽은 것처럼 차게 굳은 상태였다.

가웨인은 공포에 사로잡혀 후다닥 방에서 뛰어나왔다. 촛불을 들고 마당으로 이어진 계단을 구르듯이 달려 내려갔다. 마구간에는 그린갈렛뿐이었다. 놈이 주인을 알아보고 반갑게 울었다. 흥분과 공포로 지칠 대로 지친 가웨인은 버티고 서 있을 힘조차 없었다. 그는 옆에 있는 짚더미 위에 푹 쓰러져 그대로 잠이 들었다.

그를 깨운 것은 아침 햇살이었다. 두리번두리번 주위를 살펴보니 마구간에는 그린갈렛과 자신뿐이었다. 생각이 뒤죽박죽 엉켜 있고 머릿속은 안개처럼 흐릿했다. 그린갈렛은 어젯밤 좋은 건초와 맛있는 귀리를 배불리 먹은 것 같았다. 가웨인의 무기도 가지런히 챙겨진 채 바닥에 놓여 있었다.

가웨인의 머릿속에는 괴상한 일들을 수없이 겪은 이 이상한 성을 한시라도 빨리 떠나야 한다는 생각밖에 없었다. 오래전에 죽은 노인이 침대에 누워 있었다. 가웨인은 노인이 놀랍도록 아름다운 젊은 여자가 가져온 잔에 담긴 피를 마시는 것을 두 눈으로 똑똑히 보았다. 도무지 뭐가 뭔지 알 수가 없다. 무기를 챙긴 가웨인은 그린갈렛을 타고 그 마법의 성을 전속력으로 빠져나왔다.

다른 놀라움이 그를 기다리고 있었다. 마당과 성의 내부는 아침 햇살로 환하게 밝혀져 있었는데, 성 밖에 나오자 캄캄한 안개가 주위를 가득 채우고 있는 것이었다. 어젯밤처럼 땅에 내려서서 말고삐를 붙잡고, 발아래에 밟히는 자갈을 발로 더듬으면서 한 발자국 한 발자국 앞으로 나아가는 수밖에 없었다. 그는 지금 자기가 어디에 있는지, 어디로 가고 있는지 전혀 알지 못했다. 절망이 엄습했다. 순간, 될 대로 되라 하는 심정으로 땅바닥에 드러누워 버리고 싶다는 유혹을 느꼈다.

그때 어디선가 그를 부르는 목소리가 들렸다.

"가웨인! 가웨인!"

몸이 부들부들 떨렸다. 그는 귀를 기울였다.

"가웨인! 가웨인!"

목소리가 다시 그의 이름을 불렀다. 어쩐지 낯익은 목소리였다. 혼란스러운 기억들이 떠올랐다. 그래, 멀린을 찾아 브로셀리앙드 숲을 헤매고 있었을 때 들었던 바로 그 목소리다! 두터운 안개에 파묻혀 목소리의 음색은 분명하게 알아들을 수 없지만 숲에서 들었을 때와 똑같은 억양이었다.

가웨인이 소리쳤다.

"멀린! 멀린이지요?"

먼저 웃음소리가 들려왔다. 목소리가 이어졌다.

"가웨인, 내 목소리를 알아듣다니, 이거 고마운걸. 자네 동지들은 대부분 나를 잊어버렸지!"

"당신을 잊는다구요? 내가 어떻게 당신을 잊겠습니까? 어디 있는 겁니까?"

"나는 아무 곳에도 없고 또 어디에나 있다네. 자네는 그걸 잘 알지 않나. 비록 내 목소리는 시간의 밑바닥으로부터 자네에게 이르는 것이지만, 나는 자네 곁에 있네. 지금 무얼 하고 있는 건가?"

"안개 속에서 길을 잃었는데 빠져나갈 수가 없군요."

"뭐 대단한 일은 아니지. 사람들은 누구나 다 안개 속에서 길을 잃고 헤매고 있다네. 하지만 인정하려 하지 않지. 자네는 적어도 길을 잃었다는 것은 인정하는군."

가웨인은 그린갈렛의 목에 몸을 기댔다. 아주 먼 곳에서 들려오지만 동시에 아주 가까운 이 목소리, 친근하고 다정한 목소리를 듣자 마음이 따뜻해졌다.

"멀린, 내가 지금 어디 있는지 모르겠군요. 부탁입니다. 나를 도와주세요. 어떻게 해야 하는 겁니까?"

"그 전에 먼저 자네가 무얼 했는지 그것부터 알아야겠네. 어디에서 오는 길인가?"

"어떤 성에 갔었습니다. 성의 이름조차 모르지만요."

"성에서 무엇을 보았는가?"

"잔에 가득 찬 피를 마시는 노인을 보았지요. 노인은 실은 죽은 사람이었습니다."

"그래서 놀랐나?"

"어떻게 놀라지 않을 수 있겠습니까."

"그러면 왜 질문을 던지지 않았는가?"

그 말을 듣고, 가웨인은 흰 사슴이 끌고 가는 수레를 걸어서 뒤쫓아 가던 아가씨의 경고가 갑자기 떠올랐다. 그리고 대머리 아가씨의 비난도 생각났다. 또한 그녀가 들려주었던 기사들의 이야기도 그제야 기억이 났다. 어부왕의 궁전에 들어갔지만, 사람들이 기대하는 질문을 던지지 않았던 기사들, 그

공기의 탑에 갇힌 멀린과 이야기를 나누는
가웨인

때문에 성주의 병을 고치지 못한 책임을 져야 하는 기사들에 대한 이야기. 가웨인은 갑자기 자기가 얼마나 어리석은 행동을 했는지 깨달았다.

목소리가 큰 소리로 물었다.

"가웨인! 가웨인! 내 목소리가 들리는가?"

"들립니다. 나 자신이 부끄럽다는 고백을 해야겠군요."

"그래, 자네는 정말 잘못 행동했지. 자네는 왜 이 탐색에 뛰어들었나?"

"피 흘리는 창의 진실을 알기 위해서였지요."

"그래 피 흘리는 창은 보았는가?"

"예, 분명히 보았습니다."

"그래서 그 창에 관하여 던져야 할 질문은 던졌는가?"

"아니오, 멀린, 그렇게 하지 못했습니다."

목소리가 껄껄대며 큰 소리로 웃었다.

"그러면 불평할 일이 없지 않은가? 자네 자신을 탓할밖에. 담대하지 않으면, 아무것도 얻을 수 없다네. 나는 어땠을 것 같은가? 용기를 내야 할 일 앞에서 한번도 망설이지 않았을까? 그래, 한번도 망설이지 않았지. 인간이 할 수 없는 것처럼 여겨지는 행동을 해야 할 때나, 심지어는 신에게 도전해야 할 때조차.

가웨인, 나는 여러 차례 신에게 도전했다네. 그건 아마도 내가 악마의 아들이기 때문이겠지. 그러나 이 모든 것은 결국 아무것도 아니네. 세상은 전처럼 돌아가니까."

"잘 모르겠습니다. 폭력과 증오가 왕국에 만연해 있고, 아더 왕을 비난하는 소리도 자주 들려요. 불의가 지배하도록 왕이 내버려두었다는 겁니다."

"누구의 잘못인가? 브리튼 왕국을 다스리는 건 아더 왕인가, 아니면 나인가? 가웨인, 아더 왕은 나라를 다스리는 것이 고작 궁 안에서 기사들 사이를 으스대며 돌아다니는 것이라고 오랫동안 생각했지. 그는 고통스러운 각성을 준비하고 있다네. 틀림없네."

"멀린, 뭘 알고 계십니까? 말해 주세요!"

"나는 많은 걸 알고 있지. 그러나 그것을 알려 줄 권리는 내게 없다네. 인간의 운명을 완성하는 건 인간 자신에게 달려 있는 문제라네."

"당신은 인간을 도와줄 수 있지 않습니까!"

목소리가 냉소적인 어조로 속삭이듯 말했다.

"그들이 나의 도움을 원할 때뿐이지."

가웨인이 항의하는 어조로 말했다.

"나는 당신의 도움을 원해요! 멀린, 내 운명을 완결하고 싶어요!"

"자네에게 그럴 능력이 있을까?"

"모르겠습니다. 그러나 나는 그렇게 하기를 원합니다."

오랫동안 침묵이 흘렀다.

목소리는 다시 들려왔지만, 전보다 더 약하고 더 멀리에서 들리는 듯했다.

"가웨인, 내 말을 듣게나. 나는 오래 이야기를 할 수 없네. 자네에게 이 말을 전하느라고 힘을 소진했어. 모험의 시간은 끝나지 않았어. 자네는 자네의 역할을 해야 하네. 피 흘리는 창과 피의 잔을 마신 노인이 있던 성으로 돌아갈 수 있는 방법은 딱 한 가지밖에 없네. 세례 요한의 목을 친 검을 가지고 그 성 앞에 다시 서는 것일세."

가웨인이 단호하게 대답했다.

"그 검을 쟁취하겠습니다. 검이 어디에 있는지만 말해 주세요."

목소리는 이제 아주 약해져 있었다.

"나는 이제 더 이상 말할 수 없네. 하지만 걱정하지 말게. 안개는 곧 걷힐 것이네."

"멀린! 멀린! 나를 버리고 가지 말아요. 이야기를 더 해 주세요!"

그러나 울부짖으면서 멀린의 이름을 몇 번씩 불러보아도 아무 소용이 없었다. 가웨인은 아무런 대답도 들을 수 없었다. 멀린의 목소리는 더 이상 들리지 않았다.

가웨인은 다시 견딜 수 없는 고뇌에 휩싸였다. 의심이 밀려들었다. 나는 내 운명을 완수할 수 있을까? 지금까지 나의 모험은 실패의 연속이었다. 그는 눈물을 흘리기 시작했다. 자신이 저지른 잘못이 후회스러워 견딜 수가 없었다.

왜 그렇게 경박하게 행동했던가. 수많은 징조를 만났다. 그러나 그것들을 무시했기 때문에 함정에 빠지고 말았다. 본질적인 일들 가까이 스치고 지나가면서도 중요성을 알아차리지 못했다. 그는 오랫동안 가슴을 치며, 자신이 일생 동안 저지른 죄를 용서해 달라고 신께 애원했다.

커다란 바람이 소용돌이치며 일어나 그의 몸을 감싸 안았다. 바람이 안개를 조금씩 걷어갔다. 곧 태양이 다시 찬란하게 빛났다. 태양은 그 은혜로운 빛으로 온 세상을 감싸 안았다.

가웨인은 주위를 둘러보았다. 주위는 온통 늪이었다. 그는 일찍이 보지 못했던 끔찍한 늪지대를 관통하는 길 위에 서 있었다.

12 아발론의 길

눈부시게 아름다운 날씨였지만 가웨인은 슬프고 불행했다. 그는 황야와 골짜기를 가로질러 말을 달렸다. 알지 못하는 낯선 땅에서 어디로 가야 할지 막막했다. 갑자기 그의 눈앞에 멋진 군마를 타고 있는 우아한 옷차림의 상인 한 사람이 나타났다.

상인은 가웨인을 향해 다가와 아주 공손하게 예를 갖추어 인사했다.

"그렇게 슬픈 표정으로 방랑하고 계시는 것을 보니 제 마음이 아픕니다. 기사님들은 언제나 그렇게 슬픈가요?"

가웨인이 대답했다.

"슬퍼하는 이유가 있답니다. 지금 탐색중인데 어디로 가야 임무를 완수할 수 있을지 몰라서 그렇습니다."

"무엇을 찾고 계십니까?"

"세례 요한의 목을 자른 검을 찾고 있습니다."

상인이 놀라서 소리쳤다.

"맙소사! 큰 위험을 겪으실 것입니다. 그 검은 어떤 이교도 왕의 수중에 있습니다. 구르가란이라는 자인데, 잔인하고 타락한 사람이라 하더군요. 많은 기사들이 그 검을 찾아 이곳을 지나갔지만 돌아온 사람은 아무도 없습니다."

"나는 돌아올 것입니다. 구르가란이라는 자의 궁이 어디 있는지 알려 주시면 고맙겠습니다."

상인은 구르가란의 궁으로 가는 길을 가르쳐 주었다. 가웨인은 상대방에게 진심으로 고맙다고 말한 뒤, 한결 가벼워진 마음으로 말을 몰았다. 어떤 암자에서 밤을 보낸 가웨인은 구르가란 왕의 영토를 향해 떠났다. 가는 길에 대단히 기분 나쁜 숲을 만났다. 가시덤불과 잎사귀가 삐죽삐죽한 나무들이 가득 차 있었다. 가웨인은 어떤 샘물가에 도착하게 되었다. 수반水畔은 어둠에 잠겨 있고 가장자리에는 대리석 기둥들이 솟아 있었는데, 기둥 꼭대기는 금과 보석으로 치장되어 있었다. 가운데 있는 기둥에 금잔이 은사슬에 묶여 매달려 있는 것이 보였다. 물 한가운데에 입상이 하나 있었다. 얼마나 정교한

군데스트룹의 솥.
성배의 원형이라 할 만한 이 고고학적 유물에는
각종 신화적 상징들이 빼곡하다

지 꼭 살아 있는 사람처럼 보였다. 목이 말랐던 가웨인은 말을 멈추고 샘물을 향해 다가갔다. 물을 마시려고 땅에 무릎을 꿇는 순간, 입상이 물속으로 떨어져 사라져 버렸다.[✛] 가웨인은 금잔을 잡으려고 손을 내밀었다.

어떤 목소리가 들려왔다.

"너는 그 잔으로 치유받을 수 있는 기사, 우리가 섬겨야 할 기사가 아니다!"

가웨인은 흠칫 놀라 뒤로 물러섰다. 어떤 성직자 한 사람이 샘물을 향해 다가오고 있었다. 온통 하얀색으로 차려입은 그 남자는 팔에 스톨라를 걸치고, 손에는 사각 모양의 금 그릇을 들고 있었다. 그는 기둥에 매달린 금잔을 향해 다가가더니 안을 주의 깊게 살펴보았다. 성직자는 들고 온 그릇을 정성스럽게 씻고 나서 황금 잔 안에 들어 있던 것을 그릇에 부었다.

매우 아름다운 세 명의 젊은 여자들이 다가왔다. 역시 흰 옷을 입

✛ 연금술적 상징주의가 뚜렷하게 드러나 있는 대목. 성배의 원형적 고대성 위에 덧칠되어 있는 기독교적 상징성이 분명히 드러난다. 우선, 일반적으로 성배 행렬에서 등장하는 네 명의 여성 중에서 한 명이 기독교 남성 성직자로 대체되어 있고, 한가운데 서 있는 입상은 완전한 인간인 예수(성배 탐색에서는 갈라하드가 그 역할을 한다)를 상징하고 있다. 한없이 퍼내도 퍼내도 나오는 음식은 켈트적 풍요의 솥인 다그다의 솥이 분명하지만, 그것을 비워내고 "사각형의 금 그릇"에 옮겨 담았다는 것은 이 고대적 상징성이 이미 남성화한 제도의 기독교적 상징성에 포섭되었음을 나타내고 있다. 이어서 등장하는 성찬의 상징주의는 의심의 여지없는 기독교적 덧칠이다. ―역주

었고, 머리에도 흰 너울을 쓰고 있었다. 맨 앞에 선 여자는 빵이 든 황금 잔을, 그 뒤를 따르는 여자는 포도주가 든 상아 잔을, 맨 뒤에 선 여자는 음식이 든 은잔을 들고 있었다. 여자들은 기둥에 매달린 황금 잔을 향해 다가가 들고 온 음식을 부어 넣었다. 여자들은 왔던 길로 돌아갔다. 가웨인에게 여자들은 단 한 명의 똑같은 여자로 보였다.

가웨인은 금 그릇을 가지고 온 성직자를 향해 다가갔다.

"한 가지 질문을 드려도 될는지요?"

"물론이지요."

"이 그릇과, 이 그릇에 들어 있는 것을 어디로 가지고 가시는지요?"

"답해 드리기 어렵지 않습니다. 숲에서 살고 있는 은자들에게 가지고 갑니다."

가웨인은 더 이상 묻지 않고 자리를 떠났다.

시간이 조금 지난 뒤 그는 어떤 은자의 암자를 지나가게 되었다. 은자는 방문 앞에 앉아 있다가 가웨인에게 인사하며 물었다.

"기사여, 어디로 가시는 길입니까?"

"구르가란의 왕국으로 갑니다. 이 길이 맞습니까?"

"그렇소. 그러나 그곳으로 지나가는 기사들은 많이 보았지만, 돌아온 사람은 한 사람도 없었다오."

"먼가요?"

"아주 가깝소. 그러나 검이 있는 성은 훨씬 더 먼 곳에 있소."

가웨인은 그날 밤 은자의 암자에서 묵었다. 그리고 다음 날 아침 아주 이른 시간에 길을 떠났다. 구르가란 왕의 영토에 도착했을 때, 가웨인은 백성들이 크게 슬퍼하고 있는 모습을 보았다. 지나가는 기사에게 왜 사람들이 저렇게 슬퍼하고 있느냐고 물어 보았다.

기사가 대답했다.

"말씀드리지요. 구르가란 왕에게는 아들이 하나밖에 없는데, 어떤 거인이 그 아들을 잡아갔습니다. 거인은 왕국 전체를 초토로 만들었지요. 왕은 아들을 찾아 주는 사람에게는 그가 가지고 있는 가장 귀중한 보물인 검을 주겠다고 나라 전체에 알렸습니다. 하지만 모험을 자청할 만큼 용감한 기사가 아직 나타나지 않았지요."

가웨인은 그 소식을 듣고 뛸 듯이 기뻤다. 찾고 있는 검을 얻을 수 있는 기회가 생각보다 빨리 닥쳐왔기 때문이다. 그는 기사에게 감사를 표하고 곧장 구르가란 왕의 궁으로 갔다. 그가 궁에 들어가자마자, 사람들이 달려와 왕에게 데리고 갔다.

왕은 가웨인에게 어디에서 온 누구냐고 물었다.

"저는 가웨인이라 합니다. 아더 왕의 조카입니다."

"오호라, 훌륭한 기사들을 많이 배출한 왕국에서 왔구려. 그 왕국의 기사들은 틀림없이 내 왕국의 기사들보다 뛰어날 것이오. 나를 도와줄 기사들이 그중에 있을 것이라는 생각이 드오. 만일 그대가 용기를 내어 나를 도와준다면 큰 상을 내리리다. 어떤 거인이 내 아들을 잡아갔소. 둘도 없는 귀한 아들이라오. 무슨 수를 쓰든 그 아이를 구하고 싶소. 내 아들을 구하기 위해 목숨을 걸어준다면, 세상에서 제일가는 신비의 검을 주겠소. 세례 요한의 목을 쳤던 검*인데, 진실로 기적과도 같은 검이라오. 매일 정오가 되면 예언자의 목이 떨어졌던 사실을 기억하여 피가 배어 나온다오. 그 검을 보여 주리다."

왕은 검을 가져오라고 명령했다. 그는 보석이 잔뜩 박힌 검집에 든 검을 가웨인에게 보여 주었다. 황금 장식이 달린데다 끈은 비단으로 되어 있었으며 손잡이는 황금이었다. 손잡이 끝의 둥근 부분은 동방에서 온 마법의 돌로 만든 것이었다. 왕이 검을 뽑았다. 칼날이 온통 피에 물든 채 모습을 드러냈다. 마침 정오가 되었던 것이다.

가웨인은 경외심에 가득 찬 눈으로 오랫동안 검을 바라보았다. 시간이 지나자 검은 에메랄드처럼 초록색으로 변하여 반짝이기 시작했다. 가웨인은 경탄하며 그 신비한 현상을 지켜보았다. 기필코 이 보검을 얻어 어부왕의 궁전으로 가고 말겠다는 강한 열망이 마음속에 솟아났다.

그는 왕에게 말했다.

"왕이시여, 폐하를 돕기로 결심했습니다. 어디에 가면 거인을 만날 수 있는지 말씀해 주십시오."

왕은 가웨인에게 거인의 소굴이 있는 장소를 일러주었다. 가웨인은 지체 없이 길을 떠났다. 그는 곧 평야 위에 우뚝 솟은 높은 산에 도착했다. 평야에는 거인이 휩쓸고 지나간 자취가 역력했다. 산기슭의 둘레는 족히 삼 리외는 될 것 같았다. 거인은 그곳에 자기 소굴을 지어 놓았다.

✠ 가웨인은 성배 탐색에서 밀려나지만, 제의를 준비하는 자의 역할을 하고 있다. 그가 세례 요한의 목을 친 검을 얻어서 어부왕에게 가져다주는 것은, 가웨인이 성배 탐색 안에서 예수의 길을 예비한 세례 요한의 역할을 하고 있다는 것을 나타내고 있다. —역주

거인의 키는 엄청나게 컸고, 그 모습은 상상할 수 없을 만큼 무시무시했다. 무엇도 두려워하지 않을 만큼 힘세고 흉측한 놈이었다. 이미 오래전부터 소굴을 찾아와 거인에게 도전하는 기사는 아무도 없었다. 게다가 그의 소굴로 들어가는 길이 너무 험하고 좁아서 도전하기란 쉬운 일이 아니었다. 길은 두 개의 깎아지른 듯한 바위 사이에 나 있는 틈이었다. 말을 타고 갈 수 없을 정도로 좁았다. 가웨인은 말에서 내려 걸어가야 했다. 게다가 방패도 창도 모두 포기한 채였다.

겨우겨우 힘들게 길을 헤치고 앞으로 나아가 산 건너편에 도착했다. 평야를 굽어보는 고원이었다. 눈앞에 보이는 나무 아래에 철퍼덕 주저앉아서 청년 한 사람과 체스를 두고 있는 거인이 보였다. 가웨인은 그들을 향해 다가갔다. 갑옷을 입고 허리춤에 검만 차고 있는 상태였다.

거인은 가웨인을 보더니 벌떡 일어나 옆에 놓인 거대한 도끼를 집어 들었다. 거인은 무기를 휘두르며 가웨인을 향해 달려왔다. 당장이라도 머리를 바술 기세였다. 가웨인은 살짝 왼쪽으로 몸을 피하면서 있는 힘을 다해 검을 휘둘러 거인의 손목 하나를 잘라 버렸다. 그러자 거인은 뒤로 돌아가더니, 남은 손 하나를 사용해서 왕자의 목을 졸라서 죽여 버렸다. 그런 다음 가웨인을 향해 다가와 몸뚱이를 꽉 껴안아 꼼짝도 할 수 없게 만들었다. 거인은 가웨인의 몸뚱이를 허공에 높이 쳐들고 바위 꼭대기에 있는 자기 소굴로 끌고 갔다. 그러나 소굴이 있는 곳에 왔을 때 거인은 비틀거리다가 쿵 하고 쓰러져 다시 일어나지 못했다. 가웨인이 칼로 거인의 심장을 찔렀기 때문이다. 가웨인은 거인의 머리를 벤 다음, 왕의 아들이 죽어 쓰러져 있는 곳으로 다가갔다. 젊은이의 죽은 몸을 내려다보는 그의 마음이 슬픔으로 가득 찼다.

숨을 좀 돌린 가웨인은 가엾은 젊은이를 들쳐 업고, 손에는 거인의 머리를 들고, 어렵사리 말과 방패와 창을 놓아 둔 장소로 돌아갔다. 그는 안장 앞쪽에 왕자의 시신과 거인의 머리를 올려놓고 말을 탔다.

가웨인이 다시 모습을 나타낸 것을 보고, 구르가란 왕과 그의 백성은 기쁨의 환호성을 질렀다. 하지만 젊은이가 죽었다는 것을 알게 되자 그들의 기쁨은 슬픔으로 변했다. 가웨인은 말에서 내려 왕에게 가엾은 아들의 시신과 거인의 머리를 전해 주며 말했다.

"살아 계신 왕자님을 모시고 올 수 있었더라면 제 기쁨이 한량없었으련만……. 최선을 다했습니다만 어쩔 수 없었습니다."

왕은 고통스러운 마음을 다스리며 조용히 말했다.

"경의 말을 믿소. 내 아들을 구하기 위해 경은 목숨을 걸고 최선을 다한 것이오. 약속한 대로 상을 내림으로써 나의 고마움을 표할까 하오."

왕이 아들의 죽음을 슬퍼하며 눈물을 흘리기 시작하자 백성들이 큰 소리로 왕을 따라 통곡하기 시작했다. 그들의 곡소리에 하늘이 쩌렁쩌렁 울렸다. 왕은 검을 가져오라고 하여 가웨인에게 내 주었다.

가웨인은 왕에게 고마운 마음을 표현하며 깊이 머리를 숙여 절하고 성을 떠났다. 성배와 피 흘리는 창을 보았던 그 성으로 가는 길을 다시 찾아내고 싶어서 마음이 급했다. 그는 왔던 길을 되짚어 돌아갔다. 하룻밤 재워 주었던 은자를 만나 인사하니, 은자는 가웨인의 성공을 축하해 주며 크게 기뻐했다. 가웨인은 다시 숲으로 들어갔다.

어부왕의 궁전은 그리 멀지 않은 곳에 있었다. 그는 날이 저물 때까지 말을 달렸다. 인적이 없는 곳이었기 때문에 가는 길에 사람도 집도 만나지 못했다.

숲 한가운데에 넓은 초원이 펼쳐져 있었다. 강은 초원을 감싸고 흘렀다. 맑은 물은 즐거운 소리를 내며 초원을 휘돌아 숲속으로 사라졌다. 조금 뒤에 가웨인은 푸르른 초원이 펼쳐진 계곡으로 들어가게 되었다. 아름다운 강들이 구불구불 흘러가고 있는 멋진 곳이었다.

낯선 장소였으므로 가웨인은 멈추지 않고 계속 앞으로 나아갔다. 하늘이 보이지 않을 정도로 나무들이 빽빽하게 자란 어두운 숲이 나타났다. 바람이 쌩쌩 불어오기 시작했다. 폭풍우가 다가오는 것 같았다. 가웨인은 한데서 비를 맞고 싶은 생각이 조금도 없었으므로 그런 갈렛을 재촉했다. 숲을 나오자 거대한 황야가 눈앞에 펼쳐졌다. 그는 황야로 접어들어야 하나 어쩌나 하고 망설였다. 검은 구름이 몰려오고, 바람의 세기도 점점 커졌다. 날은 이미 어둑어둑해지고 있었다.

저 멀리 성채처럼 보이는 실루엣이 가물가물 보였다. 가웨인은 그 실루엣을 향해 말을 몰았다. 캄캄한 밤이 되기 전에 그 성에 도착할 수 있었으면 하고 바라면서 전속력으로 달렸다. 그러나 앞으로 달려갈수록 그 실루엣은 멀리 달아났다. 어느새 쏟아지기 시작한 빗방울은 점점 더 거세어지고 있었다.

이윽고 가웨인은 희미한 불빛이 보이는 작은 성당 앞에 도착했다. 날씨는 더 나빠져서 천둥은 으르렁대고 번개는 번쩍대며 내리꽂혔다. 세상에 있는 금을 몽땅 준다고 해도 한 발자국도 앞으로 나갈 용기를 낼 수 없을 것 같은 악천후였다.

가웨인은 성당 안으로 들어갔다. 폭풍우가 좀 가라앉아서 밤을 지낼 만한 더 편한 곳을 찾을 수 있게 될 때까지 몸을 숨길 생각이었다. 그는 곧 말에서 내려 제단 앞으로 다가갔다. 제단 위에는 커다란 초가 타고 있었다. 가웨인은 무릎을 꿇고 잠시 기도를 드렸다. 그때 벽 왼쪽에 있는 구멍에서, 생전 처음 보는 흉측한 손이 나타났다. 거대하고 끔찍한 그 손은 전혀 사람의 손처럼 보이지 않았다. 그 손이 초를 움켜쥐고 불을 꺼 버렸다.

어둠 속에서 매우 슬픈 목소리가 성당을 뒤흔들며 솟아올랐다. 겁에 질린 그린갈렛이 뒷발로 일어서더니 쏜살같이 밖으로 달려 나갔다. 거우 그린갈렛을 잡아탄 가웨인은 말에서 굴러 떨어질 뻔했다. 그린갈렛은 폭풍우 속을 미친 듯이 달렸다.

그린갈렛은 넓은 황야를 가로질러 좁은 골짜기로 접어들었다. 어느 틈에 바람은 좀 가라앉은 것 같았다. 구름도 흩어져서 어렴풋한 빛이 떠돌았다. 사물들의 윤곽을 조금 분간할 수 있게 되자, 언덕 중턱에 있는 거대한 성채가 보였다. 가웨인은 곧장 그 성채로 이어지는 듯한 길을 따라갔다. 그는 희망에 가득 차서 앞으로 말을 몰았다.

성채 조금 못 미치는 곳에 이르자 아래쪽으로 아름다운 묘석이 덮인 화려한 무덤이 보였다. 성 가까운 곳에 있는 무덤이었으므로 가웨인은 그곳에 작은 공동묘지가 있는 모양이라고 생각했다. 그는 비석을 읽어 보기 위해 그린갈렛에서 내렸다. 울타리가 무덤을 에워싸고 있었지만, 다른 무덤은 없었다.

가웨인이 좀더 앞으로 다가가려고 발걸음을 옮기자 어디선가 엄격한 목소리가 들려왔다.

"기사여, 그 무덤에 다가가지 마라! 너는 그곳에 누워 있는 자가 누구인지 우리에게 알려 줄 자가 아니다."

그 목소리가 어디에서 솟아난 것인지 가웨인은 알 수 없었다. 가웨인은 겁이 나서 무덤에 가까이 다가가는 것을 포기하고 그린갈렛의 고삐를 끌어 성문을 향해 갔다.

눈앞에 연이어 있는 세 개의 다리가 나타났다. 아주 이상하고 무섭게 생긴 다리였다. 다리 아래에는 세 개의 강이 평행을 이루며 빠른 속도로 우릉우릉 흘러가고 있었다. 첫 번째 다리는 화살이 날아가 떨어질 만한 길이였는데 폭은 아주 좁았다. 이처럼 물살이 세고 깊은 강물을 건너기에는 턱없이 좁아 보였다.

가웨인은 생각했다.

'어쩐다? 말을 타고 가는 것은 물론이고 걸어서 건너는 것도 불가능해 보이는군.'

성에서 고결한 모습의 기사가 한 사람 나오더니 가웨인을 향해 큰 소리로 외쳤다.

"기사여, 얼른 다리를 건너시오. 날이 저물고 있소이다. 성에서 그대를 기다리고 있소!"

"어떻게 건너갈 수 있단 말이오?"

"그 다리를 건너는 방법밖에는 없소이다. 정녕 이곳으로 오고 싶다면 그 다리를 건너야 하오!"

말을 마친 기사는 성안으로 모습을 감추어 버렸다.

가웨인은 자신의 소심함을 탓하며 한번 부딪쳐 보자고 마음먹었다. 그는 그린갈렛을 천천히 앞으로 몰았다. 신기하게도 앞으로 나아갈수록 다리는 넓어졌다. 가웨인은 신비한 현상에 놀랐지만 처음에 그토록 좁아보였던 다리가 실은 아주 넓은 다리였다는 것을 알게 되자 매우 기뻤다. 그가 다리를 건너자마자 다리는 저 혼자 스르르 일어나 버렸다. 이제는 아무도 사납게 흐르는 검은 강물을 건널 수 없을 것이다.

두 번째 다리를 향해 다가갔을 때, 가웨인은 다시 공포에 사로잡혔다. 그 다리 역시 첫 번째 다리만큼 길고 좁아 보였고, 그 아래에서 흘러가는 강물도 첫 번째 강만큼 그 흐름이 빠르고 사나웠다. 그래도 마음을 다잡고 그린갈렛을 앞으로 몰았다. 다리는 그가 전에 보았던 어떤 다리보다도 견고하고 아름다웠다. 다리를 다 건너자 그 다리 역시 앞의 다리처럼 혼자서 스르르 일어섰다. 가웨인은 세 번째 다리를 향해 다가갔다.

세 번째 다리는 앞의 두 다리와 사뭇 달랐다. 다리 가장자리에는 대리석 기둥들이 세워져 있고, 기둥 위에는 순금으로 만든 것으로 보이는 둥근 장식들이 달려 있었다. 다리 건너편에선 커다란 사자 한 마리가 뒷발로 일어서서 으르렁대며 겁을 주었다. 가웨인은 잠시 흠칫했지만, 앞서 두 개의 다리를 아무 문제없이 건넜던 것을 기억해 내고 다리 위로 올라섰다. 사자는 가웨인이 다리를 건너는 동안 내내 얌전하게 앉아 있었다. 다리를 건너자 그 다리 역시 앞의 다리들처럼 큰 소리를 내며 저절로 일어섰다. 가웨인은 큰 문을 지나 안으로 들어갔다. 그가 안마당으로 들어서는 순간 문은 요란한 소리를 내며 닫혔다.

텅 빈 마당은 어둠에 잠겨 있었다. 그러나 승마용 발판을 식별해 낼 수 있었다. 가웨인은 가장 큰 건물로 다가가 벽에 창과 방패를 기대어 놓았다. 계단을 따라 올라가니 웅장한 방이 나타났다. 벽에는 조그만 횃불 두 개가 매달려 있었고, 여기저기 금으로 그린 초상화들이 걸려 있었다. 방 한가운데에는 높고 아름다운 침대가 놓여 있었다. 침대 머리맡에는 황금 술 장식이 달린 쿠션 위에 휘황찬란한 체스판이 놓여 있었다. 체스판에는 말이 없었다. 가웨인은 그 아름다움에 놀라움을 금할 수 없었다.

가웨인이 깊은 생각에 빠져 있을 때, 부속실에서 두 명의 기사들이 나왔다.

"기사여, 환영합니다."

가웨인이 대답했다.

"신께서 두 분에게 기쁨과 행복을 베풀어 주시기를 바랍니다."

기사들은 가웨인에게 침대에 앉으라고 권하고는 종자 두 명에게 갑옷을 벗겨 드리라고 명령했다. 가웨인이 갑옷을 벗자 얼굴과 손을 씻을 수 있도록 물이 들어 있는 금 대야 두 개를 가져왔다. 그 다음에는 두 명의 젊은 여자가 금실로 짠 아름다운 옷을 들고 와서 가웨인에게 입혀 주었다. 화려한 옷차림을 한 가웨인은 아주 귀한 사람처럼 보였다.

모든 것이 순조로웠지만, 한 가지가 마음에 걸리긴 했다. 바깥은 어두운 밤인데, 방 안은 두 개의 횃불이 거의 다 타서 꺼져가고 있었는데도 한낮처럼 환했던 것이다.

기사 중 한 사람이 가웨인에게 말했다.

"이곳의 주인을 보러 가시겠습니까?"

"물론입니다. 그분에게 아주 거룩한 검을 드려야 하기 때문에 더욱 뵙고 싶습니다."

기사들은 풀과 꽃이 바닥에 흩뿌려진 방으로 가웨인을 데리고 갔다. 침대 다리가 상아로 만들어진 가죽 침대 위에 아름답고 하얀 머리카락을 가진 남자가 누워 있었다. 머리에는 금이 박혀 있고 비단으로 장식된 검은 담비 모자를 쓰고 있었다. 노인은 네 귀퉁이가 반짝이는 보석으로 장식된 쿠션을 베고 있었다. 쿠션에서는 은은한 향기가 풍겨 나왔다. 침대 뒤에는 구리 기둥이, 그 기둥 위에는 황금 십자가를 두 손으로 잡고 있는 천사의 입상이 있었다. 네 개의 촛대 위에서는 커다란 초가 타들어 갔다. 가웨인은 침대에 누워 있는 사람이 어부왕이라는 것을 깨달았다. 그는 왕에게 다가가 정중하게 예를 표했다.

"폐하, 여기 세례 요한의 목을 쳤던 검이 있습니다."

"고맙소. 경이 그 검을 가져온 것을 알고 있었소. 그대든 누구든 그 검이 없으면 이곳으로 들어올 수 없소. 용맹하지 못했다면, 그 검을 얻지 못했을 것이오."

왕은 검을 들고 오랫동안 감동에 가득 찬 눈으로 바라보았다. 곧 침대 머리맡으로 다가온 젊은 여자에게 그 검을 건네주었다. 여자는 검을 두 손으로 받쳐 들고 다른 방으로 가지고 갔다.

가웨인을 안내해 왔던 두 명의 기사들이 식사가 차려져 있는 커다란 방으로 가웨인을 데리고 갔다. 그곳에는 눈처럼 흰 머리카락을 가진 스물두 명의 기사들이 앉아 있었다. 그들은 백발인데도 아주 탄탄하고 우아한 몸매를 가지고 있어서 전혀 나이가 들어 보이지 않았다. 그들은 가웨인을 아름다운 상아 탁자 앞에 앉게 하고 자기들도 곁에 앉았다.

구운 사슴 고기와 다른 맛있는 음식들이 황금 그릇에 담겨 나왔다. 가웨인이 한참 맛있게 먹고 있을 때 두 명의 젊은 여자가 방 안으로 들어왔다. 한 명은 찬란한 빛을 발하는 에메랄드 잔을, 다른 한 명은 붉은 피가 흘러내리는 창을 들고 있었다. 그 광경을 바라보면서 가웨인은 이상한 마비 상태에 빠져들어 갔다.

그는 꿈을 꾸기 시작했다. 꿈속에서 부왕의 궁전을 찾아 헤매는 자신의 모습이 보였다. 그는 성을 발견하고 전속력으로 말을 달렸지만, 성을 향해 다가갈수록 성은 지평선에서 점점 더 멀어지는 것처럼 보였다. 다른 모습들도 나타났다. 여마법사 오르구엘루제, 장막의 두 젊은 여자들. 왜 기꺼이 자기 자신을 내어 주던 그 여자들과 함께 장막에 머물러 있지 않았을까? 숲을 달리다가 대머리 아가씨를 만나는 자신의 모습도 보였다.

대머리 아가씨의 모습 때문에 그는 갑자기 몽상에서 깨어났다. 가웨인은 자기 앞을 똑바로 응시했다. 피 세 방울이 식탁보 위로 떨어지는 것이 보였다. 그는 핏방울을 만져 보려고 앞으로 손을 뻗었다. 그러나 그가 손을 내미는 순간, 핏방울은 어디론가 흔적도 없이 사라져 버렸다. 갑자기 불안이 엄습했다. 그는 자리에서 벌떡 일어났다. 주위를 살펴보니 방은 어느새 텅 비어 있었다. 기사들은 온데간데없고 식탁도 이미 치워져 있었다.

가웨인은 비틀거리면서 앞으로 몇 발자국 내딛다가 침대 위에 주저앉았다. 체스판 앞에는 여전히 두 개의 촛불이 타고 있었다. 체스판 위에 말이 놓여 있었다[+]. 어떤 것은 상아로, 다른 것들은 금으로 만들어진 것이었다. 가웨인은 말들을 오래 바라보다가 침대에 누워 잠이 들었다.

다음 날 아침, 그의 잠을 깨운 것은 뿔나팔 소리였다. 그는 침대에서 벌떡 일어나 급히 옷을 차려 입었다. 어부왕에게 작별 인사를 하려고 방을 나왔을 때, 그는 계단으로 통하는 방을 제외한 모든 방의 문이 닫혀 있는 것을 발견했다.

그는 성을 빠져 나왔다. 넓고 큼직한 다리들이 눈앞에 놓여 있었다. 가웨인은 편하게 다리를 건넜다. 마지막 다리를 건너자, 다리 세 개가 일제히 엄청난 굉음을 내며 위로 일어섰다. 어디에선가 다시 뿔나팔 소리가 들려왔다. 가웨인은 그린갈렛을 재촉하여 도망치듯이 달렸다.

숲에 도착했을 때, 어젯밤처럼 사나운 비바람이 불기 시작했다. 천둥은 으르렁대고 비는 퍼붓듯이 쏟아져 내렸다. 그런데도 하늘은 별로 어둡지 않았다. 바람이 미친 듯이 불어 댔다. 나무들은 이리저리 몸을 비틀며 휘어졌다. 비를 피하려고 가웨인은 작은 성당을 찾았다. 그러나 문이 닫혀 있어서 안으로 들어갈 수가 없었다. 가웨인은 다시 길을 떠났다. 말이 비 때문에 숨이 막히지 않도록 방패를 말머리 부분에 씌워 주어야 했다.

가웨인은 강을 따라가다가 강 건너편에 있는 숲속의 빈터를 발견하게 되

✛ 가웨인이 성에 처음 들어갔을 때, 체스판 위에 말이 없었다는 사실은 그가 자신의 운명의 지배자가 될 수 있다는 것을 의미한다. 그러나 탐색에 실패한 가웨인의 체스판에는 말이 나타난다. 가웨인은 다시 운명의 지배를 받는 자, 운명의 말이 놓이는 대로 끌려갈 수밖에 없는 수동적 처지로 전락한 것이다. ―역주

었다. 기사 한 사람과 젊은 부인 한 사람이 아주 편하게 말을 타고 가는 모습이 보였다. 기사의 주먹 위에는 새 한 마리가 앉아 있었고, 젊은 부인은 금실로 수놓은 머리 장식을 쓰고 있었다. 사냥개 두 마리가 기사의 뒤를 따랐고, 태양은 풀밭 위로 눈부시게 쏟아졌다. 청명하고 투명한 공기 때문에 풀밭의 푸르름이 더더욱 찬란하게 느껴졌다.

가웨인은 멍한 표정으로 멈추어 섰다. 어떻게 자기가 있는 강 이쪽에는 억수처럼 비가 퍼붓고 있는데, 건너편 날씨는 저렇게 맑을 수가 있다는 말인가? 강 건너편에 있는 기사와 부인은 아주 즐겁게 산책하고 있는 것처럼 보였다. 가웨인은 그들에게 말을 걸어 보고 싶었지만 거리가 너무 멀었다. 잠시 뒤에, 여전히 강 건너편이지만 조금 더 가까운 곳에 기사의 종자인 듯한 사람이 모습을 나타냈다.

가웨인은 멈추어 서서 그를 향해 소리쳤다.

"이보시오. 강 이쪽에는 비가 퍼붓고 있는데, 건너편에서는 해가 쨍쨍 하니 이게 어찌 된 일입니까?"

종자가 대답했다.

"그야, 당신이 비를 맞을 만한 사람이기 때문이지요. 그것이 이 숲의 관습이랍니다."

"이 비를 아직도 오래 맞아야 합니까?"

"첫 번째 다리에 도착하면 그 즉시 멈출 겁니다."

종자는 조용히 대답하고 난 뒤 기사와 부인에게 가 버렸다.

가웨인은 계속 강을 따라갔다. 종자의 말대로 다리가 하나 나타났다. 그는 서둘러 다리를 건넜다. 다리를 건너자마자 미친 듯이 퍼붓던 비가 그치고 태양이 따스한 햇살로 가웨인의 몸을 쓰다듬어 주었다. 가웨인은 말을 멈추고 땅에 내려섰다. 물에 빠진 생쥐 꼴이었다. 그는 불행했고, 가슴은 달랠 길 없는 슬픔으로 짓눌려 무거웠다. 그는 나무줄기에 기대어 앉아 눈물을 흘렸다.

"경은 좀처럼 눈물을 보이지 않는 사람이 아니었던가요?"

나무 뒤쪽에서 여자의 목소리가 들려왔다. 가웨인은 깜짝 놀라 목소리의 주인공이 누구인지 알기 위해 돌아보았다. 아름답고 붉은 비단옷 위에 검은 망토를 걸친 검고 긴 머리의 여자였다. 여자는 비웃는 듯한 미소를 띠고 가웨인을 똑바로 쳐다보고 있었다.

가웨인이 소리쳤다.

"모르간!"

"그래요, 나랍니다. 놀랐나요?"

"여기서 뭘 하는 거요?"

"내가 어디에나 있고 아무 곳에도 없다는 걸 경은 잘 알잖아요. 나는 내가 원할 때, 같이 가고 싶은 사람과 함께 내가 가고 싶은 곳으로 가지요. 하지만 가웨인 경, 썩 좋아 보이지 않는군요. 무슨 일이 있었기에 이런 처지에 빠지게 되었나요?"

가웨인은 대답하기가 망설여졌다. 그녀가 아더 왕의 누이이기는 했지만, 그는 그녀를 신뢰하지 않았다.

그는 한참 뒤에야 입을 열었다.

"얘기하자면 길다오."

"나에게 들려주지 않을래요?"

"말하고 싶지 않소."

모르간은 다시 나무 뒤로 숨었다. 곧 까만 새 한 마리가 하늘로 날아오르는 것이 보였다. 까마귀였다. 까마귀는 가웨인의 어깨 위에 올라앉아 깍깍댔다. 가웨인은 새를 쫓았다. 새는 그의 주위를 몇 번 맴돌다가 나무 뒤로 사라졌다.

모르간이 다시 모습을 나타냈다.

"내 말을 들어 봐요. 놀이 하나를 제안할게요. 질문을 몇 가지 던질 테니까, 대답하고 싶은 질문에만 대답해요. 어때요?"

가웨인이 어쩔 수 없다는 표정으로 대답했다.

"그럽시다."

"좋아요. 시작하지요. 피 흘리는 창을 보았나요?"

"보았소."

"그 창이 무엇인지 아나요?"

"모르오."

"창을 들고 가는 사람들에게 왜 물어보지 않았지요?"

가웨인은 대답을 망설였다. 점점 더 마음이 불편해지기 시작했다.

"경이 대답하고 싶어 하지 않으니까 내가 대신 답해 드리지요. 그건 경이 교만하기 때문이에요. 경은 언제나 스스로의 힘으로 모든 것을 알 수 있다고 주장하지요. 자신의 무지를 고백하면 실패하는 거라고 생각할 거예요. 경은 탐색의 끝까지 가겠다고 결심했지요. 하지만 마지막 순간에 교만 때문에 탐색을 끝낼 수 없었던 거예요. 내 말이 맞지요?"

그 말을 듣고 가웨인은 벌떡 일어나 모르간의 얼굴을 뚫어져라 바라보았다. 그녀의 얼굴에는 무심하고, 아득하고, 도달할 수 없는 표정이 나타나 있었다. 가웨인은 그 표정이 거의 잔인함에 가까운 신랄한 감정을 숨기고 있다는 것을 간파해냈다. 모르간은 아름다웠다. 보기 드문 강렬한 아름다움. 세월이 지나도, 검은 머리카락에 절반쯤 감추어진 천사 같은 모습은 조금도 바래지 않았다.

가웨인은 속으로 생각했다.

'검은 천사야…….'

그는 퉁명스럽게 내뱉었다.

"모르간! 지금 내가 교만하다고 비난하는 거요? 왕국의 모든 여자들 중에서 제일 교만한 당신이? 그대의 교만을 만족시키기 위해서라면, 그대는 결코 뒤로 물러서는 법이 없소. 비열한 행동을 하거나 배반을 저지르는 일도 마다하지 않지요. 우리는 당신의 술책 때문에 많은 고통을 겪었소. 아더 왕께서 관대함을 베풀지 않으셨다면, 진작에 당신에게 마땅한 자리를 마련해 주었을 텐데……. 마을의 마녀 자리가 당신에게 딱 어울리는 자리요!"

"겁이 없군요! 자기가 찾고 있는 물건이 옆으로 지나가고 있는데도 그걸 그냥 무심코 지나쳐 버리다니, 얼마나 뻔뻔한가요! 이제 알겠어요? 무훈만으로는 충분치 않아요. 사물을 이해하는 눈이 없다면 무훈은 아무것도 아니에요. 경은 교만 때문에 눈이 멀어서 길을 잃고 헤매게 된 것이지요."

가웨인이 응수했다.

"당신의 마법도 그 일과 무관하지 않은 것 같은데!"

모르간이 빈정대면서 말했다.

"오, 그래요?"

"그렇소. 내가 길을 잃고 안개 속에서 헤매도록 당신이 요술을 부린 거요. 멀린에게서 얻은 능력을 아주 잘못 사용하고 있소."

"무슨 말을 하는 거예요? 경은 피 흘리는 창의 의미를 찾기 위해서 탐색을 떠났어요. 그래서 목표에 도달했는데, 경은 그 탐색을 끝낼 용기를 내지 못한 거예요. 경은 어부왕의 궁전에 두 번이나 들어갔었지요. 그건 경 이전의 기사들은 별로 누리지 못했던 특권이에요. 신비를 풀어내는 건 경의 역할이 아닌지도 몰라요. 경은 모험을 끝낼 선한 기사에 대한 이야기를 수없이 들었을 거예요. 가웨인 경, 포기하세요. 그대는 선한 기사가 아니랍니다. 모든 것이 기록되어 있을 때, 운명을 억지로 바꿀 수 있는 사람은 아무도 없어요."

"그렇지만 나는 피 흘리는 창을 보았고, 또한 멀린이 말했던 성배도 보았소. 나는 어부왕의 궁전에 들어갔었고, 또 세례 요한의 목을 자른 검을 어부왕에게 가져다주기까지 했단 말이오!"

"경이 갔던 곳이 분명히 어부왕의 궁전이 맞나요? 어부왕이 마음먹은 대로 모습을 바꿀 수 있고, 자신의 능력을 사용하여 성배의 신비에 접근할 자격을 가지지 못한 자를 헤매게 한다는 걸 모르세요?"

"내가 보았던 것은 분명히 멀린이 말했던 것과 똑같았소."

"멀린은 성배의 진정한 역사를 몰랐던 게 아닐까요? 성배에 관해서는 정말 놀라운 이야기들이 많거든요.

옛날에 세상의 감추어진 비밀을 찾아서 천하를 주유하는 키요라는 시인이 있었답니다. 그러던 중 톨레도에서 잊혀진 필사본 하나를 찾아냈지요. 그 안에는 성배를 알 수 있게 해 주는 아주 중요한 이야기가 씌어 있었어요. 아주 오래된 옛날 말로 씌어 있었기 때문에 아무도 읽을 수가 없었지요. 키요는 오랫동안 끈질기게 연구하여 문자를 해독해 내고, 그 의미를 이해할 수 있게 되었어요.

그 이야기에 따르면, 옛날 옛적에 플레제타니스라는 사람이 살고 있었는데, 높은 학식으로 유명한 사람이었대요. 이 위대한 박물학자는 아주 유서 깊은 가문의 일원으로 지혜로운 솔로몬의 후손이었어요. 그는 별들이 언제 지고 뜨는지 모두 알고 있었지요. 천체들의 공전 주기를 알고 있었으며, 인간의 운명이 별들의 주기와 밀접한 관계를 맺고 있다는 것도 알았지요. 그는 세상 사람 누구도 모르는 별자리들을 찾아냈어요. 그 신비가 너무나 광대무변하고 오묘해서 자기 혼자만 알고 있었지요. 그는 성배라는 이름을 가지고 있는 사물이 존재한다는 이야기도 했어요. 별에서 그 이름을 읽어 냈던 것이지요. 또한 말하기를 한 무리의 천사들이 성배를 땅에 가져다 놓고는 하늘로 날아올라 사라졌다고 했어요.

이것이 플레제타니스가 성배에 대해 알아낸 것이에요. 키요는 모든 학문에 통달한 사람이었으므로, 그 대목을 읽고 나서 악에 물들지 않은 땅에 성배를 보관해 둘 수 있을 만큼 순결한 민족이 어디 살고 있나 알아보기 위해 책을 뒤지기 시작했어요. 모든 나라의 연대기들을 섭렵하다가 다행히 브리튼 왕국의 연대기를 읽게 되었지요. 키요는 자신이 알게 된 것을 토대로 이야기를 하나 만들어 냈어요. 그 이야기에서 그는 용감한 기사들이 코르베닉이라고 불리는 성을 하나 짓고 그곳에 성배를 숨겨 놓았다고 말했답니다. 이 기사들은 그들의 성으로 접근하려는 자들과 맞서 싸우기 위해 종종 모험을 떠나지요.

키요가 주장하는 바에 따르면, 그 기사들의 힘은 하늘에서 떨어진 돌에서 생겨나는 것이라고 해요. 그 돌의 효능 때문에 불사조는 불에 타서 재가 되고, 어느 때보다 아름답게 재로부터 부활하는 것이랍니다. 그 돌을 바라보는 사람은 누구라도 죽지 않을 것이라는 확신이 든다고 하더군요. 그것을 바라보도록 허락받은 사람은 더 이상 늙지 않게 되구요.

키요는 또한 성배를 지키는 임무를 누가 부여받았는지 알아볼 수 있는 방법도 이야기했어요. 돌의 윗부분에 운명에 의해 신성한 잔의 파수꾼으로 정해진 남자와 여자의 이름이 나타난다고 합니다. 자, 이것이 내가 알고 있는 전부예요. 내가 마지막으로 들려줄 말은, 가웨인 그대의 이름은 그 돌 위에 한번도 나타난 적이 없다는 겁니다……"

가웨인이 소리쳤다.

"나는 돌은 보지 못했소. 당신이 이야기한 것은 성배와 상관없는 이야기요. 나는 창과 성배를 보았소. 신비한 기록이 나타나는 돌 같은 건 없소. 분명히 말할 수 있소."

"경에게 보여 주고 싶지 않았나 보지요. 더 이상의 수치를 안겨 주지 않으려는 것 아니었을까요?"

가웨인이 화를 내며 모르간의 말을 받았다.

"거짓말 마시오. 나에게 의심을 품게 만들기 위해서 이야기를 꾸며 내고 있는 거요."

"조카님, 무슨 이득이 있다고 내가 거짓말을 하지요? 나는 다른 사람들이 오래전에 했던 이야기를 들려주는 것뿐이랍니다. 게다가 내 이야기는 끝나지도 않았어요. 뒷이야기가 궁금하지 않으세요?"

"맘대로 하시구려. 들을 준비가 되어 있으니까."

"천사들이 그 돌을 날라 왔다는 걸 잊지 마세요. 그런데 천사들은 너무 순수해서 사람들 사이에 머물러 있을 수 없었어요. 그들은 그 신성한 물건을 다른 사람들보다 덜 타락한 것으로 보이는 사람들에게 맡기고 신이 계신 곳으로 다시 돌아가야 했지요. 그런데 그들은 왕을 한 사람 섬기고 있었어요. 어떤 사람들은 그 왕을 안포르타스라고 부르기도 하고, 또 펠레스라고 부르기도 해요. 어쨌든 그 왕은 어부왕이랍니다.

그는 어떤 동지들의 모임을 지배하고 있는데, 그 모임을 구성하고 있는 선민들이 그때까지 성배를 잘 지켜왔어요. 그 때문에 성배의 신비는 숨겨질 수 있었던 거예요. 성배의 동지로 지명된 사람들만이 비밀을 알고 있답니다. 불행하게도, 경이 확인했던 바와 같이 어부왕은 상처를 입었어요. 그는 다리를 절고, 여러 가지 고통을 겪고 있어요. 그것은 그가 저지른 잘못 때문이었지요.

어부왕은 그가 소유하고 있는 왕관과 힘에 걸맞게 그 역할을 수행할 자격이 있었답니다. 그의 운명은 가엾어요. 그는 어떤 이상한 모험 때문에 지금의 상태가 되었지요. 성배의 왕은 신분이 낮은 여성을 아내로 맞이할 수 없어요. 만일 돌 위에 이름이 나타난 여성이 아닌 다른 여성을 사랑하게 되면 벌을 받아서 무자비한 고통을 겪게 된답니다.

그런데 왕은 젊은 시절에 고귀한 신분을 가진 것처럼 보이는 여성을 사랑하게 되었던 거예요. 그는 여인을 섬겼고, 그녀를 위해 위대한 무훈을 세웠어요. 그가 전쟁에 나갈 때 외치는 고함 소리는 "아모르(사랑)"였답니다. 경도 알다시피 영웅에게도 약점은 있게 마련이잖아요.

어느 날 그는 말을 타고 모험을 찾아 떠났어요. 일대일 결투에서 독을 바른 창날에 남성의 기관을 찔렸어요. 그 뒤로 영영 건강을 회복하지 못했답니다. 왕과 싸운 사람은 머나먼 땅에서 태어난 어떤 이교도였는데, 무공으로 성배를 차지할 수 있을 것이라고 믿었지요. 그는 성배의 이름을 창의 자루에 새겨 놓기까지 했어요. 사람들이 이야기하는 성배의 효능에 매료된 그는 기사도의 모험을 찾아 땅과 바다를 건너 왔던 거예요. 물론 왕은 그와 싸워 이겼고, 그로써 성배를 지킬 수 있었지요.

하지만 창날이 그의 몸에 박혀 있었어요. 사람들은 왕을 성으로 모셔 왔고, 의사가 창날을 뽑아냈지만 아무 소용도 없었답니다. 상처는 계속 곪아 들어갔고, 고칠 수 없었어요. 사방으로 사람을 보내어 왕을 고칠 수 있는 의사를 찾아보기도 하고, 동서고금의 의학 서적을 뒤져보았지만, 모든 노력이 전부 허사였어요. 맹독성을 가진 살무사나 다른 뱀에게 물렸을 때 사용하는 온갖 종류의 해독제, 모든 약초들, 그 어느 것도 그를 낫게 하지 못했어요.

성배 앞에 데려가면 조금 통증이 덜해졌어요. 그래서 사람들은 매일 왕을 성배가 나타나는 방으로 데리고 갔어요. 그러면 왕은 울면서 자기를 세상에서 거두어가 달라고, 이 고통을 끝내게 해 달라고 탄식했지요. 하지만 속죄가 끝나기 전에는 죽을 수도 없었답니다.

어느 날인가, 돌 위에 기록이 나타났어요. 한 사람의 기사가 와서

단 한 번 질문을 던진다면 왕과 왕국의 문제가 끝날 거라고 말하고 있었지요. 질문자가 어른이든 아이든, 남자든 여자든, 질문을 던지는 행위가 얼마나 중요한지 모른다면, 질문을 던지는 일은 아무 소용도 없어요. 상처는 여전히 벌어져 있을 것이고, 상처는 더욱더 잔인한 고통을 유발시킬 거예요. 기록은 또한 그 기사가 성에 도착한 첫날 밤에 질문을 던지지 않는다면 기회를 잃게 될 것이라고 말하고 있었어요. 만일 그가 적절한 순간에 질문을 던진다면, 성배의 왕국은 그의 소유가 되고, 늙은 왕은 치유될 거예요.

어부왕의 궁전에 벌써 많은 기사들이 모습을 나타냈어요. 그들은 세상 어느 곳에서도 받을 수 없는 극진한 대접을 받았지요. 사람들은 그를 왕 앞으로 데리고 갔어요. 또 그를 위해 잔치를 열었어요. 하지만 성배와 피 흘리는 창이 나타났을 때, 질문을 던져서 늙은 왕을 구하고 왕국에 풍요를 되찾아 준 기사는 아무도 없었어요. 그곳은 다친 왕이 다스릴 수 없는 황폐한 왕국이었으니까요. 선한 기사가 와서 인간이 그 사악함으로 인하여 뒤집어엎은 것을 바로 잡지 못하는 한 그 불행은 계속 될 수밖에 없어요."

가웨인이 대답했다.

"그 이야기는 아무 의미도 없소. 멀린이 들려준 성배의 기원과 어부왕이 다치게 된 원인은 그게 아니었소!"

"부인하지 않을게요. 나는 다만 내가 들었던 얘기를 들려드린 것뿐이에요. 경이 나보다 더 그 이야기를 잘 알고 있어야 할 것 같아서요. 경은 어부왕의 궁전에 들어갈 수 있었던 원탁의 기사 중 한 사람이고, 또한 무슨 이유에서건 단 하나의 유일한 질문을 던지지 않음으로써 결과적으로 늙은 왕의 고통과 왕국의 불행을 연장한 장본인이니까요."

가웨인의 마음은 점점 더 불편해졌다. 그는 한참 동안 침묵을 지키고 있다가 이윽고 입을 열었다.

"당신은 그 이야기로 나를 혼란스럽게 만들려는 것이오. 나는 당신 이야기를 믿지 않소."

모르간은 가웨인의 말을 듣고 잠깐 나무 뒤로 사라졌다가, 잘 익은 과일 두 개가 매달려 있는 나뭇가지를 들고 나타났다.

"다른 걸 알려 드릴게요. 경이 내 말을 믿거나 믿지 않거나 상관없어요. 이 나뭇가지가 무엇인지 아세요?"

"물론이오. 흔히 볼 수 있는 사과나무 가지군요."

모르간이 웃으면서 소리쳤다.

"천만에요! 이건 그렇고 그런 사과나무 가지가 아니에요. 아발론에서 온 거랍니다."

"아발론이 어디에 있소?"

"머나먼 섬에 있답니다. 절대로 약해지지 않는 햇빛을 받아 반짝이고 있는 파도가 그 섬을 에워싸고 있지요. 신비로운 땅이랍니다. 나무에는 일 년 내내 익은 과일이 달려 있고, 꽃들은 일 년 내내 달콤한 향기를 내뿜어요. 그곳에 살고 있는 사람들은 슬픔과 고통을 모르지요. 이루 말할 수 없이 풍요로운 곳이랍니다. 가지각색의 보석이 흘러넘쳐요. 들판에는 아름다운 말들이 뛰어다니고, 과수원은 음악을 들으며 단잠을 자기에 좋은 곳이지요.

이 땅의 한가운데에 나이가 아주 많은 나무가 서 있어요. 이 세상보다도 더 나이가 많이 먹은 꽃나무지요. 그 나무 위에 새들이 날아와 앉아 쉴새없이 기쁨과 행복을 노래한답니다. 아발론은 그런 곳이에요. 그 모습은 수시로 바뀌어요. 하지만 늘 같은 땅이죠. 가깝다고 생각하면 멀고, 멀다고 생각하면 가까운 그런 곳이에요. 그곳에는 아름다운 비단옷을 입고 금빛 머리카락을 가진 수천 명의 여자들이 살고 있어요. 그곳에 다가갈 수 있는 행운을 누릴 수 있었던 사람들에게 그 여자들은 달콤한 음료가 가득 차 있는 잔을 내밀어요.

　하지만 조심하세요. 이 사과나무 가지를 들고 가지 않는다면 아발론으로 가는 길은 코르베닉으로 가는 길만큼 찾기 힘들어요. 자, 받으세요. 이 가지가 경을 행복의 나라로 데려다 줄 거예요."

　가웨인은 화를 내며 고함을 버럭 질렀다.

　"당신 얘기는 전부 다 거짓말이오. 난 거짓말에는 흥미가 없소이다. 당신의 도움 없이 나 혼자 힘으로 아발론을 찾아내겠소. 당신이 조언을 해 주는 건지 아니면 덫을 놓는 건지 누가 알겠소이까."

　가웨인은 그린갈렛 위에 훌쩍 뛰어올라 달려가 버렸다. 모르간은 손에 사과나무를 든 채 혼자 나무 아래 서 있었다. 모르간이 갑자기 웃음을 터뜨렸다. 그녀의 웃음소리가 오랫동안 허공을 울렸다. 그녀는 나뭇가지를 하늘로 치켜들고 흔들었다. 구름 속에서 까마귀 떼가 빠져나오더니, 이상한 소리로 깍깍 울어대며 모르간의 머리 위를 맴돌았다. 이윽고 까마귀 한 마리가 부리로 사과나무를 물고 까마귀 떼가 빠져나왔던 구름을 향해 날아갔다. 까마귀 떼가 함께 그 뒤를 따라 날아갔다.

　다시 혼자가 된 모르간은 왼손에 끼고 있는 반지를 가만히 들여다보았다. 그녀는 잠시 망설이더니 파란색 보석을 손바닥 안쪽으로 돌렸다. 보석은 마치 여름 태양을 받고 있는 거대한 바다처럼 보였다. 바람 한점 일지 않고, 파도조차 일렁이지 않는 고요한 바다. 바닷물 깊은 곳에서 서서히 하나의 얼굴이 떠올라 왔다. 그 얼굴은 이윽고 멀린의 얼굴이 되었다. 그 얼굴은 마치 잠들어 있는 것처럼 눈을 반쯤 감고 있었다. 무심하고 차가운 모습이었다.

모르간이 속삭였다.

"멀린! 멀린! 대답해 줘요. 제발 부탁이에요."

멀린은 말이 없었다.

모르간이 좀더 큰 소리로 다시 말했다.

"멀린! 모험을 완결할 선한 기사는 누구인가요?"

그녀가 아무리 애타게 몇 번씩 물어도 마법사는 눈을 뜨지 않았다. 그의 입은 완강하게 닫혀 있었다. 깊은 절망에 사로잡힌 분노의 몸짓으로 모르간이 반지를 돌려 버렸다.

그녀가 나지막한 소리로 중얼거렸다.

"그토록 많은 것을 알고 있으면서도 본질적인 것을 모르다니! 나는 정말 저주받은 여자일까? 왜 멀린은 내게 아무것도 가르쳐 주지 않으려는 것일까?"

그녀의 얼굴에 수심이 가득했다. 금방이라도 울음을 터뜨릴 것만 같았다. 그런데도 그 얼굴은 여전히 어두운 아름다움으로 빛나고 있었다. 태양이 나뭇잎들 뒤로 천천히 내려왔다. 모르간은 조용히 나무를 떠나 어둠 속으로 숨어 들어갔다.

1. 위험한 아궁이
2. 붉은 도성의 왕
프랑스어 문헌 『위험한 아궁이』(작자 미상, 13세기).

3. 이름 없는 기사
『위험한 아궁이』(이 문헌에는 여러 가지 일화가 들어 있는데, 어떤 일화들은 원탁 로망의 고전적 판본을 패러디한 것 같다).

4. 실망스러운 편력 여행
크레티엥 드 트르와의 『페르스발 또는 성배 이야기』(12세기).

5. 경이의 섬
크레티엥 드 트르와의 『페르스발 또는 성배 이야기』(12세기), 볼프람 폰 에셴바흐의 독일어 문헌 『파르치팔』(13세기).

6. 가웨인을 찾아서
라울 드 우뎅크의 『포틀레구에즈의 메라우기스』(13세기).

7. 일곱 기둥의 섬
『포틀레구에즈의 메라우기스』에 나오는 몇 가지 일화들에 따름. 이야기의 원본은 대단히 길고, 여러 일화들과 예기치 않은 방향으로 전개되는 엉뚱한 이야기들로 가득 차 있다. 서사를 정리하고, 이야기를 방해하는 인물을 쳐 내고, 가웨인의 역할을 부각시켜야만 했다.

8. 카두엘로 가는 길
프랑스어 이야기 『훈바우트』(13세기).

9. 건너편 강가에서
라울 드 우뎅크의 『훈바우트』.

10. 대머리 아가씨

프랑스어 문헌 『페를르보』(작자 미상, 13세기).

11. 안개의 성

『페를르보』, 하인리히 폰 뎀 튀를린의 독일어 이야기 『왕관』(13세기).

12. 아발론의 길

『페를르보』, 에셴바흐의 『파르치팔』, 게일어 이야기 『페발의 아들 브란의 항해』(작자 미상).

❋ 도판 목록 ···

　　호수의 기사 란슬롯의 빛나는 이미지 때문에 때로 다른 원탁의 기사들의 존재가 가려지기도 한다. 그러나 우리는 란슬롯 뒤에서 아더 왕국의 균형을 위해 반드시 필요한 용맹한 영웅들이 몸을 일으키는 것을 볼 수 있다. 그들 역시 란슬롯 못지않게 상징적이며 신화적으로 중요한 의미를 가지고 있는 영웅이다. 란슬롯에게만 관심을 기울이면 아더 왕의 조카 오카니의 로트 왕의 아들 가웨인을 과소평가할 위험이 있다. 가웨인의 명성과 용맹, 정중함은 브리튼 왕국의 국경을 넘어선다.

　　아더 왕 로망을 떠받치고 있는 이데올로기 안에서 전사가 없는 왕은 아무것도 아니다. 더군다나 실존 인물 아더는 왕도 아니었다. 아더 왕과 관련된 가장 오랜 문헌에 따르면 그는 '전쟁 우두머리'에 불과했다. 그러나 블레즈 파스칼의 말에 따르면, 아주 오래된 옛날부터 사람들은 올바른 자를 강한 자로 만들 수밖에 없으므로 강한 자가 올바른 자라는 사실을 받아들이는 수밖에 없었다. 그럼에도 불구하고 왕은 동등한 자들의 우두머리에 지나지 않는다.

그는 전사 계급 출신이며, 왕국의 여러 가지 일—왕국의 방어가 그중 가장 중요한 일이다—을 잘 수행할 능력이 없다는 사실이 드러나면 언제라도 전사 계급으로 몰락할 수 있다. 성직자 계급이 왕을 감시했다. 아더 왕의 왕국 같은 켈트 유형의 사회 안에서 왕은 드루이드 없이는 아무것도 할 수 없었다. 우리는 우터 펜드라곤과, 특히 아더 왕 옆에서 멀린이 수행했던 역할을 앞서 소개한 책에서 지켜보았다. 멀린은 드루이드의 정통 후계자로서 아더 왕의 왕권을 왕국의 모든 전사들이 받아들이게 하고 왕권을 보장해 주는 역할을 한다. 보이지 않는 공기의 탑 속으로 사라지기는 했지만 마법사는 사람들의 마음속에 고스란히 살아남아 있다. 그는 무의식 속에서 개인과 집단의 행동을 이끈다. 그가 공동체 안에 설립한 불안한 균형이 깨지지 않게 감시한다.

멀린이 사라진 후 그의 목소리를 들은 유일한 사람이 가웨인이었다는 사실을 유념해야 한다. 물론 모르간도 그의 목소리를 듣기는 하지만 그녀는 단순한 인간이 아니다. 따라서 가웨인은 멀린의 비밀을 위임받은 자로서, 힘(아더 왕은 공동체의 합의에 의하여 그 힘을 위임받은 것에 불과하다)을 최상으로 효율성 있게 발휘할 수 있도록 왕의 곁에서 전사의 무리를 이끌고 있는 것은 아닐까?

사실 가웨인은 매우 독특한 위치를 차지하고 있다. 그는 아더 왕의 누이 안나(때로는 모르가우제라고 불린다. 그녀는 우터 펜드라곤의 딸이 아니라 콘월 공작의 딸이기 때문에, 아더 왕의 의붓자매이다)의 맏아들로 아더 왕의 조카이다. 안나는 로트 왕과의 사이에서 다른 아이들도 낳았다. 그 아이들인 아그라베인이나 가헤리에트도 용감하기는 하지만 부차적인 역할을 수행할 뿐이다. 막내인 모드레드(때로는 메드라우트라고 불린다)는 우리가 알고 있는 것처럼 저주받은 존재이다. 원탁의 이야기보다 시대적으로 앞서는 라틴어 문헌들에 비춰 재구성한 아더 왕의 초기 신화 안에서 모드레드는 아더와 인척 관계가 없는 것처럼 보인다. 그는 아더의 정치적이며 군사적이고 정서적인 경쟁자에 불과하다. 그가 사악한 존재가 된 것은 훗날의 일인데, 이는 아마도 '착한' 조카 가웨인과 '악한' 조카 모드레드의 이원론적인 대립을 강조하기 위해서인 듯하다. 로베르 드 보롱의 작품에서부터 모드레드는 근친상간으로 태어난 아더 왕의 아들이 된다. 즉 가웨인의 '순수한' 가치가 더욱 돋보이게 하기 위해 그를 '불순한' 아들로 만든 것이다.

아더 왕의 외조카 가웨인은 아더 왕의 정통 후계자가 된다. 고대의 켈트 관습은 모계 혈통을 더욱 중시했다. 어떤 판본들에 따르면 아더 왕에게는 서자들이 많았다고 하는데, 이들은 당연히 후계자가 될 수 없었다. 이러한 예들은 많이 찾아볼 수 있다. 울스터 전설에서 위대한 영웅 쿠훌린은 외삼촌 콘호보르의 후계자로 예정되어 있다. 마크왕의 누이의 아들인 트리스탄의 경우도 마찬가지이다. 이러한 고대 전통의 영향력은 13세기 이야기 속에서도 여전히 느낄 수 있다. 아주 젊은 기사 가웨인은 아더 왕의 궁에 도착하여 불가능한 무훈을 세움으로써 처음으로 자신의 모습을 드러낸다.

왕은 그를 자신의 조카이며 후계자로 공개적으로 인정하며, 아무도 그 선택에 이의를 제기하지 않는다. 그만큼 자연스러운 일로 여겨졌던 것이다.

하지만 가웨인이 왕국의 질서 안에서 특권적인 지위를 가지고 있다는 사실이 이 인물의 복잡하고 역설적이기까지 한 성격을 설명하지는 못한다. 우리는 아더 왕의 동료들 뒤에 아주 오래된 켈트 사회에서 활약했던 신화 영웅의 모습이 숨겨져 있다는 것을 알고 있다. 때로 그 이름이 잊혀지기도 했지만, 그 기능만은 집단무의식 안에 남아 전하고 있는 중요한 신들의 모습을 발견할 수도 있다.

아더 왕의 오랜 '공범'인 케이와 베디비어가 그런 경우이다. 아더 왕의 '젖형제'가 되기 전, 그리고 (프랑스어 문헌에 나타나는 모습에 따르자면) 약간 허풍장이에 집사장의 캐릭터가 되기 전, 케이는 신비한 주술적 능력을 소유한 무서운 전쟁 신이었다. 그는 숲에 있는 키 큰 나무들보다 더 높이 자기 몸을 늘릴 수 있었다(그의 웨일즈어 이름 카이 히르Kai Hir, 즉 '키다리 카이'는 이 능력에서 생겨난 이름이다). 또한 그는 몸에서 엄청난 열기를 뿜어내는데, 이것은 아일랜드의 쿠홀린이나 바트라즈와 같은 불을 내뿜는 신에게 속한 능력이다.

이 능력은 중앙아시아 문화에서 보이는 주술사들의 특징인 '샤만적 열병' 현상과 연관이 있다. 비록 입이 험한 허풍선이 집사장의 지위로 몰락해 있기는 하지만, 케이는 '독이 묻은 혓바닥을 가진' 아일랜드의 브리크리우나 그리스의 테르지테스, 게르만-스칸디나비아의 로키처럼 신적인 존재이다. 베디비어(프랑스어 로망에서는 베뒤이에Béduier라고 불린다)는 '은 팔을 가진' 아일랜드의 누아다나 게르만-스칸디나비아의 티르처럼 인도유럽적인 외팔이 신의 완벽한 이미지이다.

호수의 란슬롯에게서도 켈트의 판 신인 '다재다능한 대장장이' '긴 손의' 루의 중요한 특징들을 찾아볼 수 있다. 루 신은 아일랜드 전통 안에서 과거뿐만 아니라 오늘날까지도 많은 공경을 받고 있는 신이다.

가웨인은 어떤 신과 동일시할 수 있을까? 이것은 답하기 쉽지 않은 질문이다. 왜냐하면 이 인물은 여러 가지 상징적 요소들이 겹쳐져서 만들어진 인물이기 때문이다. 그 요소들은 다양하기는 하지만, 이론의 여지없이 켈트인들에게서 물려받은 신화적 바탕을 가지고 있다. 그러한 사실을 인정하면 그의 이름으로부터 출발해서 몇 개의 가정을 세워볼 수 있다.

'고뱅' Gauvain은 프랑스식 이름이며, '가웨인' Gawain은 그 이름을 영국식으로 옮겨 놓은 것이다. 그러나 그러한 프랑스식 이름으로 모습을 드러내기 전에 가웨인은 몬머스의 제프리가 쓴 『브리튼 열왕기』 안에서, 특히 이탈리아 모데나 성당의 조각 아래 씌어 있는 기록 안에서 라틴어 이름을 가지고 나타난다. 이 조각은 12세기 초에 만들어진 것으로서 왕의 무사들 여러 명이 납치된 왕비를 구해내는 과정을 보여 주고 있다. 그 무사들의 이름 가운데에 갈바그누스Galvagnus라는 이름이 나타난다.

물론, 이 이름뿐만 아니라 그의 동료들의 이름도 라틴어화한 이름이다. 그러나 전문가들은 이 이름들이 모두 브리튼과 아르모리크 근원을 가지고 있다고 주장한다. 그것은 아더 왕 전설이 아르모리크에서 유래했다는 것이 아니라, 아르모리크 판본으로 모데나에 전해졌다는 사실을 의미한다.

　이 이름의 원래 형태는 구알구아근gualguagn 또는 구알구엔gualguen이었던 것 같다. 이 이름은 중세기의 네덜란드식으로 옮겨 쓴 왈웨인Walwein에도 상응한다. 구알구엔(현대 브리튼어로 그왈크웬Gwalc'hgwenn)은 의심의 여지없이 '흰 매'라는 뜻이다.

　이 이름을 웨일즈 이야기에 나오는 그위아르의 아들 그왈흐마이Gwalchmai와 비교해 보면 이야기가 복잡해진다. 구위아르는 '피'(로트Loth의 웨일즈어 판본 루흐Llwch도 마찬가지)라는 뜻이지만, 그왈흐마이(때로는 그왈흐메이Gwalchmei)는 정확하게 '오월의 매'라는 뜻을 가지고 있다.

　중요한 켈트 연구가 조제프 로트는 이 문제를 오랫동안 연구해 왔는데, 우리는 이 이름을 유명하고 귀중한 『르동의 기록집』에서 왈트모에Waltmoe 또는 왈크모엘Walcmoel이라는 정해져 있지 않은 형태로 만나게 된다. 이 이름이 아더 왕의 조카를 지칭할 개연성은 대단히 크다. 그런데 조제프 로트는 왈크모엘이 그왈흐마이로 변한 것은 원래 왈크-모에이Walc-Moei를 잘못 옮겨 썼기 때문이라고 설명한다. 그러나 고뱅이라는 이름이 웨일즈가 아니라 아르모리크 모델이라는 것은 여전히 사실이다. 웨일즈어 모델은 아르모리크 모델보다 더 오래된 것으로서 9세기 이전으로 거슬러 올라가는데, 그 시대에 웨일즈어와 아르모리크 브르타뉴어는 똑같은 언어였다.

　이중에서 어떤 의미를 택해야 할까? 왈크모엘은 쉽게 '대머리 매'라고 해석할 수 있다. 그런데 '대머리 매'와 프랑스어 형태의 '오월의 매' 사이에는 어떤 관계가 있을까? 그리고 왜 '오월의 매'일까? 이 모든 것은 해결하기 어려운 문제이다. 구엔구알크Guengualc(문자 그대로 '흰 매'라는 뜻)라는 인물이 등장하는 트레기에 지방의 아르모리크 전승을 참조해 보면 더욱 복잡해진다.

이 인물이 겪는 이상한 모험은 『성 투그두알의 라틴적인 삶』이라는 매우 교훈적인 문헌에 기록되어 있다. 주인공은 젊은 "학생"(즉 일종의 신학생)인데, 동료들과 함께 강가를 산책하다가 물에 빠진다. 물에서 건져진 그는 놀라운 이야기를 들려준다. '물의 요정'이 그를 잡아당겼다가 그의 발목에 그녀의 목도리를 묶어 놓았다는 것이다. 젊은이는 일 년 동안 비실비실 앓다가 세상을 떠난다.

이 모험은 성 투그두알의 수호성인의 역할을 강조하고, 성직자들이 여성을 어떻게 대해야 하는가 하는 교훈을 들려주려는 목적을 가지고 있지만, 실은 아일랜드에서 잘 알려진 신화 이야기를 베낀 것에 불과하다. 그 이야기는 완전히 이교적이어서 기독교와 상관이 없다. 콘 대왕의 아들 콘들레에게 요정이 나타나 자기가 살고 있는 아름다운 나라로 초대하면서 사과 하나를 주고 사라진다. 일 년 동안 왕자는 아주 쇠약해진 상태로 과일 외에는 아무것도 먹지 못했다. 왕자는 아버지와 드루이드들이 온갖 노력을 아끼지 않았는데도 기어이 유리 배를 타고 요정을 만나러 떠난 뒤에 영영 돌아오지 못했다. 그런데 왜 이 고대의 이야기를 다시 택하여 주인공에게 '흰 매'라는 원본의 주인공과 다른 이름을 주어야만 한다고 느낀 것일까?

이 뒤섞임 안에는 '매'라는 공통점이 있다. 이 표상에서 출발하면 가웨인이 수많은 모험 안에서 수행하고 있는 정확한 역할이 무엇인지 이해할 수 있을지 모른다.

매의 모습으로 재현되는 이집트의 신 호루스가 제일 먼저 떠오른다. 물론, 이집트 신화와 켈트 신화 사이에 직접적인 관련은 없다. 매는 하나의 상징에 불과하기 때문에 항구적인 상징들을 사용하는 세계의 원시 전승의 흔적을 찾아보는 것이 옳을 것이다. 이집트인이 매를 중요한 신적 모티프 중 하나로 여겼던 이유는 이 맹금의 아름다움과 위풍당당함에 매료되었기 때문이다.

게다가 이 새의 눈 아래에는 이상한 점이 있다. 매의 눈은 지평선을 꿰뚫고 작은 구석까지 침투해 들어가는 천리안으로 여겼다. 그 때문에 사람들은 종종 두건을 쓰고 있는 모양으로 매를 재현했다. 매에게 비밀스러운 빛이, 세계를 향해 솟아나오려 하는 잠재적인 눈이 숨겨져 있다는 것을 보이려 했던 것이다. 그토록 간절히 원하지만 붙잡을 수 없는 성배를 찾아서 끝없이 헤매는 영원한 방랑자 가웨인에게 이보다 더 어울리는 표상이 있겠는가? 그러나 가웨인은 두건 속에 파묻혀 버린다. 이상한 여자 요정들이 그를 동굴로 끌어들인다. 그는 그곳에서 탈출하는 데 성공하지만 동굴에서 나온 다음에는 눈이 부셔서 더 이상 길을 찾아내지 못한다.

이집트인은 매를 호루스의 상징으로 여겼다. 이 젊은 신은 이상한 결합에서 태어났다. 어머니신인 이시스는 이미 죽은 오시리스와 결합하여 호루스를 낳는다. 오시리스의 동생 세트는 오시리스를 죽여 사지를 절단했는데, 아내-누이인 이시스가 토막 난 시신을 참을성을 가지고 정성스럽게 복원한다.

그녀는 오시리스의 성기를 찾지 못했다. 아일랜드 신 디안케흐트가 누아다에게 은 팔을 만들어 주어 다시 왕이 되게 해 주었듯이, 그래서 그녀는 성기를 하나 만든다. 자연이 결핍되어 있을 때 그것을 보충해 주는 것은 마법사의 힘—그리고 의무—이다. 젊은 신 호루스는 따라서 마법의 힘으로 태어난 존재로서 오시리스의 계승자이다.

우리는 이 대목에서 호루스와 가웨인의 공통점에 주목하지 않을 수 없다. 가웨인 역시 아더 왕의 후계자로 예정되어 있으며, 어느 정도 무력하고 자신의 직분 안에 갇혀 있다. 그는 자신이 직접 끼어들 수 없는 논쟁의 한가운데에 머물러 있다. 왜냐하면 켈트 유형의 왕(체스의 킹처럼)은 왕국이 균형을 잡게 해 주는 정신적인 신성한 보증인에 불과하기 때문이다. 왕은 아주 드문 경우에만 개입한다. 왕의 이름과, 왕권의 진정한 보유자인 왕비의 이름으로 행동에 나서는 것은 왕의 무사들이다. 왕의 가장 가까운 남성 인척인 가웨인은, 왕의 조카라는 명목으로, 멀린이 세워놓은 세계의 균형을 잡기 위해 반드시 필요한 대리인의 역할을 수행한다. 그러나 게임에 끼어들기 위해서 아주 작은 실패의 순간이라도 포착하려고 노리는 어둠의 세력이 그를 끊임없이 위협한다.

더욱이 매는 맹금이면서도 길들여진 새이다. 사람들이 공중에 놓아 주면 매는 하늘을 휘돈 다음 발톱 사이에 '죄수'를 움켜쥐고 돌아온다. 그것이 바로 가웨인의 역할이다. 아더 왕은 정의와 조화를 회복시키라는, 달리 말하면 거짓의 세력들을 굴복시켜 원탁이 상징하고 있는 빛의 세력과 화해하게 하라는 임무를 부여하여, 가웨인을 어둠의 세력들이 음모를 꾸미고 있는 위험한 지역으로 문자 그대로 놓아 보낸다. 가웨인은 '사냥꾼'이며 무자비한 판관이다.

때로는 혹독한 희생을 치르기도 하고, 일시적으로 지하 감옥(또는 아주 이상한 '아가씨'의 침대에 갇히는데, 결국은 그것도 감옥이다)에 던져지기도 하지만, 그는 먹이를 가져오기 위해 끝까지 싸운다. 아더 왕에 대한 가장 오래된 이야기 중의 하나인『쿨루흐와 올웬』은 "그왈흐마이는 임무가 끝나기 전에 중간에 중단하고 돌아오는 법이 없다. 그는 가장 훌륭한 보병이며 가장 뛰어난 기병이다"라고 말함으로써, 가웨인의 성품을 잘 규정하고 있다. 그의 끈질김과 성실함은 그가 자신의 책임을 의식하고 있다는 사실을 증명하고 있다. 미래의 왕으로서, 그는 자신에게 최소한의 약함도 허용할 수 없는 것이다.

그것은 젊은 매 가웨인이 솟아오르는 싱싱한 힘을 상징한다는 것을 의미한다. 그러나 이 지점에서 대부분의 연구자들은 그의 상승을 태양의 상승으로 해석하여, 그를 어둠의 세력의 맞은편에 있는 전형적인 '태양 영웅'으로 만들어 버리는 오류를 저지른다. 이는 조악한 이원론이다. 왜냐하면 가웨인의 행동은 태양 신화와 연관되어 있기는 하지만, 그 자신은 호루스의 깃털을 장식하고 있는 '젊은 태양'과 무관하기 때문이다.

이러한 실수는 프랑스어로 쓴 많은 이야기들이 표현하고 있는 가웨인의 특징을 잘못 이해한 데서 기인한 것이다. 태양이 정점을 향해 솟아오르는 동안 가웨인의 힘은 점점 더 커졌다가, 오후 중반쯤 되었을 때부터 줄어들기 시작해서 밤이 되었을 무렵에는 거의 사라져 버린다. 그래서 가웨인을 태양의 상징적 이미지라고 생각하기도 했었다.

특히 20세기 초에 프레이저의 유명한『황금 가지』와, 막스 뮐러의 약간은 천문학적인 이론을 따라 그런 해석이 유행했다. 인류의 '행복'을 위해 싸우는 모든 신화적 인물들은 '태양의 영웅'으로서, 무지의 어둠 속에 웅크리고 있는 민족들에게 빛을 가져다주는 '문화영웅'이라는 것이다.

나치즘에 복무한 언필칭 사상가라는 자들은 그들의 추악한 망상과 정확히 일치하는 방향으로 이 수상쩍은 이론들을 개발했다. 인종적 순수의 개념, "열등한" 종족의 제거, 이질적 요소들(달리 말하면 게르만-스칸디나비아 신화에 나오는 거인들이나 아일랜드 전승의 포보르족과 같은 어둠의 세력)에 의하여 위협받는 문명을 "구하기" 위한 전쟁. 영원히 지옥에 처박아 놓았다고 생각했던 인종주의의 늙은 괴물들이 슬금슬금 다시 태어나고 있는 오늘날에는 이러한 해석들의 극단성을 특히 더 뒤집어엎어야 할 필요가 있다.

태양의 상승에 따라 점점 더 힘이 세어진다는 사실은 얼핏 보면 가웨인을 태양 영웅으로 분류하기에 충분한 요소라고 생각할 수 있다. 이 명제는 그리스와 로마, 어쩌면 알렉산드리아(이 도시는 고대 이집트의 사회문화 환경이 아니라, 헬레니즘 문화를 종합한 환경을 가지고 있었다)까지 포함된 지중해 문명권에서는 전적으로 옳다.

그러나 성배 전설의 등장인물들은 지중해가 아니라 켈트 세계에 속해 있다. 이 전설 안에서 우리는 전혀 다른 맥락 안에 있다. 그리고 성배 전설은 이론의 여지없이 그노시스적인, 따라서 알렉산드리아적인 요소를 지니고 있다. 가웨인에게서 지중해적인 솔 인빅투스Sol Invictus(태양신. '무적의 태양'이라는 뜻—역주)를 찾아낼 수 없는 이유는 부정할 수 없는 언어학적 사실에 근거를 두고 있다.

모든 켈트어에서(모든 게르만어에서와 마찬가지로) 태양은 여성 명사이며 달은 남성 명사이다. 신화학자들이 완전히 무시하고 있거나 철저하게 숨기고 있는 이 사실은 중요한 모든 신화들의 해석에 대해 질문을 던지게 만든다. 트리스탄과 이졸데도 마찬가지이다.

이 이야기는 전혀 낭만적인 사랑 이야기가 아니다. 그것은 남성과 여성의 역할과 그들이 결합해야 할 필요에 대한 생각을 담고 있다. 금발의 이졸데(그녀는 공연히 금발머리가 아니다)의 아일랜드 원형은 그레이네인데, 이 이름은 그리안grian 즉 '태양' 이라는 말에서 유래한 것이다. 이졸데는 전형적인 '태양 여성', 정신분석학자 피에르 솔리에가 "본질적인 여성"(이것은 그의 책 제목이기도 하다)이라고 정의한 여성이다. 게임을 주도하는 것은 이졸데이다. 그녀는 두 번이나 트리스탄의 목숨을 구해주고, 살아가고 행동하는 데 필요한 힘과 에너지를 준다. 13세기에 씌어진 트리스탄에 대한 산문 로망 안에는 분명히, 트리스탄은 이졸데와 육체적 접촉 없이는 한 달 이상 살 수 없다고 되어 있다. 이것은 생리 주기에 대한 암시이다. 물론, 그것도 한 가지 해석이 될 수 있다. 그러나 그것만 중요하게 생각하면, 달-남성인 트리스탄이 이졸데 없이는 아무것도 아니라는 사실을 잊어버리게 된다.

28일의 주기가 끝나면, 트리스탄은 달처럼 사라져서 '검은 달' 이 되어 버린다. 태양-여성이 와서 지극한 사랑으로 그를 다시 살려내어 힘을 회복시켜 주어야 한다. 그 놀라운 사랑 없이는 어떤 존재도 살아갈 수 없다.

심리학자와 신화학자의 연구가 있기 훨씬 이전에도 시인은 모두 그러한 사실을 알고 있었다. 특히 16세기의 시인들이 그러했다. 그들은 자기 자신을 밤이슬을 맞고 시들어 버린 꽃으로 표현했다. 그 꽃은 햇빛, 즉 사랑하는 여인의 눈빛을 받고 "다시 창조된다". 트리스탄이 세 번째 상처를 입고 죽은 것은 그의 핏속에 독이 들어갔기 때문이 아니라, 폭풍우 때문에 바다에 붙잡혀 있었던 이졸데가 없었기 때문이다. 이졸데는 너무 늦게 도착했다. 기간이 지나 버렸기 때문에 달은 소생할 수 없었다. 달이 없는 태양은 어떻게 될까? 영원히 트리스탄에게 이어져 있는 이졸데는 더 이상 살 수 없었다.

그렇게 해서 천체 이미지를 딴 원초적 짝이 구성된다. 란슬롯과 귀네비어 왕비, 시구르드-지크프리트와 브룬힐데도 마찬가지이다. 『에다』에서 발키리는 분명히 '태양-여성'으로 나타난다. 화염에 둘러싸인 성에 갇힌 그녀를 '달-남성'인 시구르드가 구해낸다. 그러나 시구르드는 그에게 모든 생명 에너지를 나누어 주던 태양-여성이 그를 버리자 죽게 된다.

서양의 중요한 신화들을 다시 읽어 보면, 뒤집힌 관점에서 이루어진 전통적 해석이 제공하는 그릇된 관점을 심각하게 수정하지 않을 수 없다. 중세기의 궁정식 사랑, **섬세한 사랑**도, 귀부인에 대한 기사의 예속 상태를 완전히 탈신비화하고 바라보면 이렇게 이해해야만 그 깊은 의미를 드러낸다. 그것은 또한 기독교 서양의 모든 나라에서 성모 마리아 예배가 점점 더 중요해지고 있는 사실도 명확하게 설명해 준다.

그런데, 가웨인은 『페르스발』에서 크레티엥 드 트르와의 중재를 통해서 우리에게 그 모든 것을 들려주고 있다. 모험 도중에 가웨인은 귀네비어 왕비에 대한 예기치 않았던 놀라운 찬사에 몰두한다.

"아담의 갈비뼈로 만든 첫 번째 여인 이후에 그처럼 명성이 드높은 여인은 아무도 없었습니다. 그분은 그런 명성을 누릴 만한 충분한 자격을 가지고 계십니다. 왜냐하면 현명한 스승이 어린아이들을 가르치듯이, 나의 귀부인이신 왕비께서는 살아 있는 모든 사람을 가르치고 훈육하시니까요. 그분으로부터 세상의 모든 복이 내려옵니다. 그분은 복의 샘이며 근원이십니다."

모든 것이 분명하다. 가웨인은 외숙모인 그녀에게 비밀스러운 사랑을 품고 있으며, 이 영웅에게 귀네비어는 온전하고 완전한 여성성을 나타내고 있는 것이다. 가웨인이 묘사하고 있는 것은 태초의 여성의 초상이다. 작가인 크레티엥 드 트르와는 개종한 기독교도이며, 카발라의 신봉자였지만 켈트 신화에 푹 빠져 있었다. 그는 자기 이야기의 주인공도 아닌(크레티엥이 쓴 『성배 이야기』의 주인공은 퍼시발이다—역주) 가웨인의 입을 통해 이 말을 하게 할 때, 자신이 무엇을 하고 있는지 아주 잘 알고 있었다. 행동의 어느 순간에 아더의 세계 안에서 태양-여성이 가지고 있는 중요성을 이해해야만 했던 것이다.

우리는 수많은 모험 안에서 가웨인이 보여 주는 행동을 그렇게 설명할 수 있다. 편력하는 동안 유일하고 절대적인 '그의' 여신, 귀네비어의 이미지만을 끊임없이 눈앞에 그리며, 모든 교차로에서 그를 노리고 있는 '처녀들'의 위험한 매력에 결코 굴하지 않는 란슬롯과는 달리, 가웨인은 어떤 여성도 특별히 사랑하지는 않는다. 그는 그가 만나는 모든 여성에게서 절대적인 여성성을 찾는다. 그 때문에 관능적인 바람둥이라는 평판이 생겨났다. 또 그 때문에 돈 주앙과 동일시되기도 한다.

이 두 신화적 인물 사이에는 엄청난 차이가 있다. 돈 주앙은 힘을 갈망한다. 그는 여성성, 그리고 관능에는 더더욱 관심이 없다. 이 점은 몰리에르의 희곡에 특히 잘 나타나 있다. 그가 거짓 사랑을 고백하는 여성의 승낙만이 중요하다. 구애의 대상인 여성이 "예"라고 대답하는 순간, 돈 주앙은 게임에서 이기는 것이다. 그는 주인이 된다. 또한 그는 자유롭기 때문에, 자신의 '지배'의 권리를 사용하든지 사용하지 않든지 마음대로 할 수 있다. 이것은 엄밀한 의미에서 '남성 우월주의적'인 태도이며, 무한한 힘의 의지에 대한 확인이다.

가웨인은 정반대이다. 비록 만나는 모든 여자들과 사랑에 빠지기는 하지만, 그는 진실하다. 따라서 그가 진정으로 여성을 찾고 있는 것인지, 절망적으로 여성성을 찾아 헤매고 있는 것인지 알 수 없다는 생각이 든다. 그의 모험이 전개되는 과정을 따라가 보면(그런데 그 모험은 그가 여성에게 거절당할 때는 종종 낭패로 끝난다) 그는 어떤 여성에게서도 만족을 얻지 못하고 있다는 것을 알게 된다. 마치 지고한 태양신인 여성이 가웨인이 가는 길 위에 아무렇게나 흩어져 있는 여성 한 사람 한 사람 안에 잘게 나뉘어져 있는 것처럼 보인다. 가웨인이 진실로 원하는 것은 그 자신 앞에 모습을 드러내는 파편적인 요소들로부터 출발해서 완전한 여성성을 복구하는 것이다. 이 시도는 실패하도록 예정되어 있는 것인지도 모른다.

가웨인은 여러 가지 위험을 겪는다. 물론, 그는 언제나 호의를 가지고 있다. 슬픔에 빠진 아가씨나 부인이 그에게 도움을 청할 때 그는 결코 도움을 거절하지 않는다. 거절한다면 그것은 그의 평판과 명예를 위험하게 만드는 일이 될 것이다. 그것은 '매'의 임무를 포기하는 것이다. 그러나 그렇게 하면서 그는 무수한 제약들이 얽혀 있는 미궁으로 들어가게 된다. 그것은 전통적 차원에서 보면 아일랜드의 게이스, 즉 어기지 않는 것이 매우 힘든 마법적 금기이다. 그 미궁에서 그는 아무것도 할 수 없는 처지가 된다. 그는 어쩔 수 없이 자신의 한계를 깨달을 수밖에 없는 운명의 그물 안에 갇혀 있다.

가웨인은 시쉬포스와 탄탈로스를 결합시켜 놓은 영웅이다. 그는 자신이 이미 완결한 것을 끊임없이 다시 되풀이하며, 이제 정말 성공했다고 생각하는 순간 그가 마시고 싶어 하는 물이 미망에 불과하다는 것을 깨닫는 영웅이다. 그 미망은 그가 다가가고 싶어 할 때마다 그에게서 도망친다. 강력한 아더 왕의 조카인 가웨인은 그런 점에서 감동적이다. 그는 결코 인간다움을 잃지 않는다. 인간다움을 뛰어넘으려는 시도조차 인간으로서의 의무를 좀더 잘 완수하기 위한 노력일 뿐이다.

그는 그의 실패 안에서 감동적이다. 그는 종종 실패한다. 그는 놀림과 조롱의 대상이 되며, 보이는 것과 보이지 않는 것의 경계에 있는 세계에서 교묘하게 그의 등 뒤에서 꾸며지고 있는 음모의 희생자가 된다. 그는 멀린처럼 두 겹의 시선을 가지고 있지 못하기 때문에 그 세계를 알 수가 없다. 그 때문에 그는 악마와 사악한 마법사를 물리치는 데 성공하지만 성배의 지고한 신비에 이르지 못한다. 그는 끊임없이 성배 가까이 다가가지만 그것을 이해하지도 못하고 그 의미를 배우지도 못한다.

매는 어쩌면 잠재적인 내면적 투시력의 상징인지도 모른다. 그러나 가웨인은 자신이 특별한 상황에 처하게 된 것으로 만족해 버리고 만다. 그가 머리에 쓰고 있는 두건은 외부 현실을 분명하게 깨닫지 못하게 만든다. 하루 종일 태양으로부터 받아들인 에너지를 그는 아무렇게나 써 버린다. 그는 뒤에 나타나게 될 퍼시발처럼 순진한 사람은 아니지만, 단 하나의 얼굴에만 몰두하는 란슬롯 같은 유형의 사람도 아니다. 가웨인이 바라보는 많은 얼굴들은 그가 달려가려고 하는 긴 여정 위에서 그를 헤매게 만든다.

그때, 어디에나 있고, 유령처럼 미묘하고, 붙잡을 수 없는 모르간이 개입한다. 그녀 자신이 여성성의 완벽한 이미지이다. 하지만 여성적 존재에 대한 파편적인 추구에 정신이 팔려 있는 가웨인은 있는 그대로의 모르간을 알아보지 못한다. 그는 아마도 모르간을 어머니의 언니인 이모라고 생각하고 있는지도 모른다.

일반적으로 아더 왕 서사시에 나오는 영웅들은 이런 생각 때문에 머뭇거리지 않는다. 비록 도덕과 종교의 이름으로 행동한다고 주장하기는 하지만, 그들은 이미 오래전에 조심성 따위는 집어던져 버린 것이다.

가웨인은 경계를 넘지 않는다. 아더의 왕국을 차지하기 위해서 왕국의 균형을 깨려는 비밀 계획에 여전히 몰두하고 있는 모르간은, 평소의 습관대로 가웨인을 함정에 빠뜨리려고 한다. 때로는 그녀를 맹목적으로 따르는 여자 보조자들을 그가 가는 길에 배치해 놓기도 하고, 여러 가지 모습과 이름으로 그의 앞에 모습을 나타내기도 한다.

마법의 능력을 가지고 있는 모르간은 변신술을 알고 있으며 그것을 악마적이라고 할 수 있을 만큼 능란하게 구사한다. 그러한 것이 그녀의 진정한 모습인 어머니신의 위대한 형상을 훼손시키지는 않는다. 퇴폐적인 매력과 마법의 '관습'으로 가웨인을 이름 없는 섬에 가두어 놓은 신비한 여왕은 틀림없이 모르간 자신이다. 그녀는 영원히는 아닐지라도 적어도 일시적으로 가웨인을 아더 왕의 궁정에서 멀리 떨어뜨릴 수 있는 방법을 찾았던 것이다.

크레티엥 드 트르와가 "나쁜 처녀"라고 부르고, 볼프람 폰 에셴바흐가 오르구엘루제, 즉 "오만한 여자"라고 부르는, 가웨인으로 하여금 수많은 쓸데없는 모험을 하게 만든 여자 역시 다른 얼굴을 하고 나타난 모르간이다. 가웨인은 매번 그녀가 놓은 덫에 걸려든다. 그는 요정-여자에 대한 사랑에 빠지고, 좀더 명석했더라면 피할 수 있었을지 모르는 많은 모험에 뛰어든다. 가웨인은 언제나 사랑에 빠져 있다. 그는 그를 거절하는 어떤 '처녀들'에게 실망하여, 어떤 시련을 이겨낸다면 그에게 모든 것을 주겠다고 약속하는 처녀들에게 달려간다.

가웨인이 그의 명예를 위험에 빠뜨리는 고통스러운 모험을 치러내면서 성장한다는 것은 역설적이다. 그가 "이름을 잃어 버렸을 때", 어떤 사람들, 특히 여자들이 그가 죽었다고 생각했을 때 겪었던 시련은 자기 자신을 질문에 던지고, 그가 진실로 오카니의 로트 왕의 아들인지 증명하라는 요구이다. 그래서 그는 묘지에 갇혀서 매일 밤 찾아오는 악마의 성적 요구에 시달리고 있는 신비한 '처녀'를 구하게 된다. 이 일화는 '위험한 아궁이'라는 흡혈귀에 대한 민담으로 알려져 있는 이야기인데, 가웨인은 그런 이야기에도 아주 자연스럽게 섞여 들어간다.

가웨인이라는 인물이 매력적인 이유는 바로 이처럼 힘과 약함이 조화롭게 뒤섞여 있기 때문인데, 이러한 특성은 뜨는 해와 지는 해라는 비유로 아주 분명하게 드러난다. 여기 무서운 전사, 무자비한 투사, 자신의 명예와 자신이 보호해야 할 의무를 가지고 있는 여성들의 명예를 단호하게 지키는 남성이 있다.

그는 또한 여성에 대한 욕망으로 고통스러워하며, 여성에 대한 끊임없는 추구 때문에 정신이 몽롱해져 있는, 성적인 차원을 뛰어넘지 못하고 기꺼이 거기에 자신을 던져 버리는 남성이기도 하다. 호수의 란슬롯과 그의 본질적인 차이점은 그것이다. 란슬롯의 '열정' 은 언제나 귀네비어에 의하여 차분하게 가라앉는다. 그러나 가웨인 안에서 타고 있는 불은 누가 꺼 준다는 말인가? 게다가 란슬롯은 귀네비어에게 품고 있는 사랑에 언제나 질문을 던져 본다. 그래서 때로는 미묘하게 양심의 가책을 받기도 한다. 가웨인은 그런 문제는 일절 알지 못한다. 구애의 대상인 여성이 사랑스럽기만 하면 그는 어떤 문제도 느끼지 않는다. 두 명의 영웅은 이 점에 있어서 다를 뿐만 아니라 완전히 정반대이다.

두 사람의 차이는 그것뿐만이 아니다. 아더 왕 서사시에 뒤늦게 편입된 란슬롯은 가웨인의 귀네비어 옆자리를 차지해 버린 것 같다. 가웨인의 이 자리는 트리스탄과 이졸데의 전설에서 분명히 나타나는 바와 같이 고전적인 도식에 일치하는 것으로 보인다. 왕비와 조카 사이에 무의식적인 밀접한 관계가 있었던 것은 분명하다.

그리고 어쨌든, 고르 왕국에서 귀네비어 왕비를 데리고 나왔던 것은 가웨인이지, 란슬롯이 아니었다. 가웨인은 란슬롯과 무술을 겨루고 왕비를 구출한다. 그러나 기독교화한 이야기에서는, 아더 왕과 아무런 인척관계도 가지고 있지 않은 란슬롯이 왕비의 연인의 역할에 있어서 왕의 조카보다는 덜 '충격적'인 것으로 여겨진다.

보다 세련되게 다듬어진 아더 왕 전설 단계에서 가웨인은 여전히 중요한 위치를 차지하고 있는데도 그가 예전에 차지하고 있었던 일등 자리를 란슬롯에게 빼앗기게 된다. 그 사실을 이해하기 위해서는 앞서의 멘탈리티를 염두에 두어야 한다. 두 인물은 라이벌 관계였을까? 이것은 무엇보다 직분상의 라이벌 관계이다. 이 점은 전설의 마지막 단계에서 두 사람이 사법적 결투(일대일 결투에서 이기는 자가 법적으로 옳은 자가 되는 중세기적인 판결. 일종의 신권 재판이다—역주)를 벌일 때 죽도록 싸우는 장면에서 드러난다. 결투의 원인은 물론 귀네비어이다. 비극은 희생자를 필요로 한다. 그리고 가웨인은 전형적이고 의미심장한 희생자가 된다.

그때까지 어쨌든 가웨인은 아더 왕의 세계에서 중요한 인물의 역할을 한다. 상당히 많은 고대의 특징을 간직하고 있는 웨일즈 전승은 가웨인을 매우 중요한 인물로 다루고 있다. 시인들도 앞다투어 그를 칭송했으며, 신화적이고 서사적인 요소들을 총망라해 놓은 유명한 『브리튼 섬의 트리아드』도 가웨인을 "황금의 혀를 가진 세 명의 고귀한 인물" 중 한 사람으로 꼽으면서, 그의 상냥함과 외교 감각을 부각시키고 있다. 란슬롯은 거칠고 화를 잘 내는 것처럼 보이고, 케이는 혼란을 야기하고, 이베인은 격렬한 데 반해서, 가웨인은 언제나 침착하고, 사려 깊고, 균형 감각이 있고, 싸움이 벌어지는 곳에서는 항상 평화를 가져다줄 준비를 하고 있다. 아더 왕에게 절제를 충고할 수 있는 인물은 가웨인뿐이다.

어쩌면 이러한 특징에서 우리는 그가 숲에서 들었고, 그리고 어쩌면 숲과 황야를 헤매는 동안 인간과 요정의 세계가 만나는 접점에서 여전히 듣고 있는지도 모르는 멀린의 목소리의 영향을 읽어내야 하는 건 아닐까?

가웨인은 언제나 두 영역의 접점에 있다. 그는 하나의 세계에서 다른 세계로 놀라울 정도로 쉽게 움직이지만, 그가 그 이름을 따온 매처럼 언제나 출발점인 아더 왕의 궁전으로 돌아온다. 왕의 동료들의 삶이 그 주위에서 조직되고 있는, 언제나 요동치지만 중심적이며 특권적인 그 장소로 귀환한다.

원탁의 동지들의 삶은 탐색이다. 그것이 비록 불가능한 탐색이라 할지라도. 이베인은 모험을 찾아 떠났다. 란슬롯은 귀네비어를 찾고 있다. 순진한 퍼시발은 무엇을 찾고 있는지 알지도 못하면서 기나긴 탐색에 뛰어든다. 예정된 자, 순수한 갈라하드는 성배의 성을 향해 곧장 다가간다. 그러나 멀린의 목소리 아래에서, 모르간의 빈정대는 눈초리 아래에서 떨고 있는 바람 속으로 가웨인은 불가능의 탐색을 떠나는 것이다.

1994. 풀 페탕에서.

아발론 연대기 5
오월의 매 가웨인

초판 2쇄 발행 2006년 2월 13일

지은이 장 마르칼
옮긴이 김정란

발행 편집인 김홍민 최내현
편집장 임지호
표지 디자인 이혜경디자인
본문 디자인 이혜경디자인 차동환
용지 청운지류
출력 경운출력
인쇄 청아문화사
제본 정민제책

펴낸곳 도서출판 북스피어
출판등록 2005년 6월 18일 제105-90-91700호
주소 121-130 서울특별시 구수동 21-1 범우사 3층
전화 02) 701-0427
팩스 02) 701-0428
홈페이지 www.booksfear.com
전자우편 editor@booksfear.com

ISBN 89-91931-06-5 (04860)
ISBN 89-91931-01-4 (전8권)

≫값은 뒤표지에 있습니다.